Kathryn Harrison
DIE GEBUNDENEN FÜSSE

Kathryn Harrison

Die gebundenen Füsse

Roman

Deutsch von
Christine Frick-Gerke und
Sigrid Ruschmeier

List

Die Originalausgabe erschien im Jahr 2000 unter dem Titel
A visit from the Foot Emancipation Society *im*
Verlag Random House, New York.

Der List Verlag ist ein Unternehmen der
Econ Ullstein List Verlag GmbH & Co. KG., München.

ISBN 3-471-79432-8

Für Jill

Du kommst immer in der gleichen Stadt an.
Hoffe nicht auf anderswo;
für dich gibt's kein Schiff,
keine Straße gibt's.

THE CITY, *von Constantine Cavafy, 1894*

SCHWIMMSTUNDEN

In den Torpfosten, rosa Stuck wie die Villa, war eine glasierte Kachel mit einer blauen Nummer eingelassen, der gleichen wie in der Anzeige. *Bitte sprechen Sie persönlich vor, Avenue des Fleurs, 72.*

Ein heißer Tag, und so hell. Die Sonne blitzte in den Fensterscheiben und ließ auf den frisch gegossenen Pflanzen Funken tanzen. Einer nach dem anderen machten die Bewerber am verriegelten Tor Halt und betrachteten die schmiedeeisernen Schnörkel und den sichtlich großspurigen Anstrich des Gebäudes, das sie durchs Gitter erspähten. Sie überprüften noch einmal die Hausnummer, um sich zu vergewissern, dass sie sich nicht verlaufen hatten und drückten dann zögernd auf den schwarzen, von einer runden blanken Messingplatte umgebenen Klingelknopf.

Als der Hausboy, die streng zurückgekämmten Haare pomadeglänzend, mit einem Schlüsselbund erschien, verneigten sie sich ebenso tief wie er und folgten ihm immer noch mit gesenktem Kopf durch das lautlos aufschwingende Tor – geblendet vom glitzernd weißen Quarzkies, mit dem die Rosenbeete am Weg eingefasst waren.

»Möchten Sie sich nicht setzen?«

May empfing sie im Wintergarten. Hinter ihrem Stuhl sah man durch eine Glastür auf die Terrassenanlage des Gartens draußen; ein Meer üppig bunter Blüten, ein langer blau gekachelter Swimmingpool, dessen Wasser zitternde Schatten auf die weißen Wände und die Zimmerdecke warf.

Von den elf Männern und Frauen, die sich auf Mays Anzeige gemeldet hatten, starrten vier sie ungeniert an. Die schickte sie auf der Stelle fort.

Doch wen auch immer man sich beim Lesen der Anzeige unter Mrs. Arthur Cohen vorgestellt haben mochte, auf May wäre man sicher niemals gekommen. Schließlich war Cohen ein jüdischer Name! Und sie war ganz eindeutig eine Chinesin. Wer hatte schon 1927 von so einer Ehe gehört – selbst hier, an der Riviera, wo es von Spielern und Gigolos nur so wimmelte; von Yachtbesitzern und Schwindsüchtigen und unendlichen Scharen verarmter Gräfinnen auf Durchreise, die von verpfändeten Diademen lebten? Unter allen Sonnenhungrigen, die in den Sommermonaten Nizza in Besitz nahmen – barbeinige Frauen auf den Boulevards, ungeschminkt, in Tennisröcken, gerade knielang und kein Tupfer Lippenstift, Bubiköpfe, braune, muskulöse Hälse fast wie Hunde –, wirkte May weniger deplatziert als vielmehr wie ein Wesen von einem anderen Stern.

Trotz der Hitze empfing sie ihre elf Kandidaten in traditionellem Gewand: einem Mandarinmantel aus rosa Seide mit einem Kranichmuster bestickt, rote Kordelverschlüsse, dazu passende rosa Hosen und winzige Seidenschuhe, die wie zwei spitze rote Zungen unter dem Saum hervorblitzten.

Ihr üppiges, tiefschwarzes Haar war zu einem Knoten geschlungen. So zurückgekämmt, unterstrich es den schönen Haaransatz und die blasse, papierglatte Stirn. Ihre Augen waren schwarz und schmal, jede Braue ein kunstvoller Pinselstrich; ihre vollen Lippen waren rot geschminkt. Die Nase war fein, die Nasenflügel bebend, zart; gebieterische, reizbare Nasenflügel, wie von einem detailverliebten Perfektionisten geformt. Doch wohin man auch blickte, jede Einzelheit – die Nagelhaut, die Handgelenke und Ohrläppchen, die bläulich-weißen, schimmernden Mulden am Halsansatz –, alles an May bewies nur eins: Sie war weit mehr als ein biologischer Glücksfall. Mit fünfzig war ihre Schönheit noch immer ganz außergewöhnlich, ein Affront für jeden rechtschaffenen Menschen. Und auch ihr Französisch, ihr Englisch waren makellos.

Von den sieben übrigen Anwärtern (denen, die sich durch Nichtstarren hervorgetan hatten), reichte ihr der Erste ein Zeugnis aus einem der vielen Sanatorien Nizzas. Vielleicht erklärte das auch seine besorgte Art, seinen vorsichtigen, feuchten Blick, so, als sei May dem Tode nahe. »Ich bedauere sehr«, sagte sie. »Sie sind nicht der Richtige.«

Der Zweite, fand sie, war ein Idiot. »Sie hatten – war es ein Unfall?«, fragte er und sie lächelte, aber nicht freundlich.

Als Drittes kam eine dürre, asketische Schweizerin mit einer schlecht operierten Hasenscharte. Ihr Mantel war sorgfältig geflickt und sie wirkte insgesamt, als brauche sie Arbeit. Allerdings rümpfte sie so missbilligend die Nase, dass May sofort den Hausboy herbeiläutete und sie hinausführen ließ.

Der Vierte konnte seine Begeisterung kaum bändigen und seine Hände wurden ganz klamm, als er Mays fest gewickelten, gewölbten rechten Fuß zu Gesicht bekam: Das verhieß nichts Gutes. May setzte beide Füße nebeneinander, stand auf und wünschte ihm noch einen schönen Nachmittag.

Der Fünfte und Sechste überlegten es sich anders.

Blieb also der Siebte und Letzte. Er war schweigsam; und das sprach für ihn.

»Wann fange ich an?«, war sein längster Satz.

»Heute«, sagte May. »Jetzt.« Der Hausboy gab ihm Badezeug, Handtuch und Bademantel und zeigte ihm, wo er sich umziehen konnte.

May ging mit ihrem Jadestock langsam die Treppe zu ihren Räumen hinauf, wo sie alles, was sie trug, ablegte, bis auf die weißen Binden und die roten Schuhe – die waren unerlässlich, sonst konnte sie nicht laufen. Sie schlüpfte in ihren neuen schwarzen Badeanzug, zog die Haarnadeln aus ihrem Haar, bürstete es und flocht es zu einem Zopf. Dann stieg sie in ihrem überlangen weißen Bademantel Stufe für Stufe die Treppe hinab. Unterwegs begegnete ihr Alice, ihre Nichte, die atemlos zwei Stufen auf einmal nahm.

»Ich komme zu spät«, erklärte Alice überflüssigerweise.

»Bitte!«, sagte sie, als May ihr mit dem Stock den Weg versperrte.

»Wohin?«, fragte May. »Zu wem?«

»Ich treffe ihn im Negresco. Zum Tee, mehr nicht. Bitte, keine Diskussionen.« Alice wollte sich an ihr vorbeischieben, aber May hielt den Stock fest über beide Seiten des Geländers. »Lass mich, sonst glaubt er, dass ich nicht komme!«

»Vergiss nicht!« May wies mit der Stockspitze auf Alices Herz. »Wir sterben alle allein.«

»*Bitte!* Dafür habe ich jetzt wirklich keine Zeit!« Alice schlug gereizt nach dem Stock. Abrupt zog May ihn fort und ihre Nichte geriet aus dem Gleichgewicht; sie landete zu Füßen ihrer Tante auf der Treppe. May sah zu ihr hinab.

»Da bin ich glücklicher dran als du.«

»Und wieso?« Die Worte klangen bissig; Alice warf May einen finsteren Blick zu und reckte angriffslustig das Kinn; eigentlich aber fand sie es erstaunlich, wie viele Tragödien ihre Tante schon überlebt hatte.

»Weil«, sagte May, »Opium die bessere Droge ist.«

»Wenn du meinst«, sagte Alice und seufzte vernehmlich. Sie stand auf. »Sonst noch Ratschläge?« Ihre Stimme klang sarkastisch.

May zuckte die Achseln. Sie zog ihre vollkommen symmetrischen Augenbrauen hoch und machte mit ihrer weißen Hand eine abwehrende Geste. »Heirate nie«, sagte sie. »Vor allem heirate nie.« Dann ging sie weiter nach unten, und Alice sah ihr nach, wie sie sich durch die Eingangshalle bewegte. Ihr weißer Bademantel schleppte übers Parkett und verbarg ihre kurzen Schritte, machte sie unsichtbar. Durch den Salon und hinaus zum Swimmingpool: Wer konnte ahnen, dass jeder Schritt eine Qual war?

Im Garten, auf einer Liege, die er aus dem Schatten eines Sonnenschirms in die Nachmittagssonne gezogen hatte, wartete der junge Mann – ausgestreckt auf dem gelben Polster, zu seinen Füßen der Bademantel, unbenutzt zusammengefaltet. Beim Geräusch der Terrassentür öffnete er die Augen und erhob sich. Am äußersten Rand des blau gekachelten, schmalen Beckens befand sich ein Hocker, dicht vor den Stufen, die ins Flache führten. May setzte sich darauf. Schweigend sah der junge Mann zu, wie sie den Gürtel ihres Bademantels löste, ihre weißen Arme aus den weißen Ärmeln zog, den Mantel von den Schultern gleiten ließ und sich dann bückte, um ihre Füße auszuwickeln.

Weil May sich so anmutig bewegte, überraschte ihn, wie unbeholfen sie ins Becken stieg. Doch er sagte nichts; machte keine Anstalten zu helfen, als sie sich mit den Armen vom Hocker an den Beckenrand manövrierte und von dort auf die Stufen. Auf der obersten Stufe hielt sie einen Augenblick inne, tauchte bis zur Taille ein und blickte ins Becken hinunter. Durchs Wasser betrachtet sahen ihre Füße nicht kürzer aus als die jeder anderen Frau.

Eine Hand am Beckenrand, drehte sie sich zu ihm um. »Also?«, sagte sie, und er nickte. Er ging zum Sprungbrett, vollführte eitel einen Kopfsprung und tauchte glitzernd und grinsend wieder auf, bewegte sich leicht und mühelos im Wasser wie ein Bootsmann in Shanghai.

SHANGHAI. Welche Stadt hätte der frischen, beneidenswert strahlenden Küste Südfrankreichs ferner sein können als das schmutzige, brodelnde Shanghai mit seinen verdreckten Kanälen? Die andere Seite der Welt, und dennoch so unmittelbar und unerbittlich wie die Unterseite des Bewusstseins: ein ausufernder Fluss. Nicht einzudämmen. May trug alles in sich – den stinkenden, dunstverhangenen Huangpu, wo sich Fähren und Dschunken drängten, manchmal die Leiche eines Opiumsüchtigen oder einer Hure zwischen den Bootsrümpfen trieb. Barken, die mit ihrer Ladung aus Kohlen und Kohlköpfen tief im Wasser lagen; Dampfschiffe an den Piers, wo Kekskartons gegen Teekisten, Weine gegen Seiden getauscht wurden. Postboote, die säckeweise Schriftstücke und Zeitschriften ausspuckten, Eheverbote, Todesanzeigen – manchmal, zwischen Missionsberichten, ein Liebesbrief – und wochenalte Zeitungen aus Europa.

»Tief einatmen. Mund zulassen.«

May zögerte, und er legte seine Hände auf ihre Schultern und drückte sie langsam nach unten, unters Wasser. Sie sah eine Kette silbriger Luftblasen aus ihrer Nase perlen, dann kam sie schnell wieder hoch; ihre Augen brannten, und sie griff nach dem Beckenrand, seiner Schulter – nur nicht untergehen. Nur nicht ertrinken.

»Nicht schlecht«, sagte er. Und wenn sie wieder zu Atem gekommen war, drückte er sie erneut sacht unters Wasser. So ging es eine Stunde lang.

»Sie müssen sich mit dem Kopf unter Wasser wohl fühlen«, sagte er. »Die Luft anhalten können.«

Kein einziges Mal erwähnte er ihre Füße – nicht am ersten Tag und auch später nie –, und deshalb respektierte sie ihn.

Kam sie zum Unterricht zu spät, machte er am Sprungbrettende schon Klimmzüge, zog seinen Oberkörper mit

Leichtigkeit aus dem Wasser. Durch die Bäume warf die Sonne helle Flecken, die wie Scherben auf den Swimmingpool fielen. Wieder und wieder zog er sich hoch, wühlte das Wasser nur so viel auf, dass die Flecken tanzten.

Nach der Atemtechnik kamen die Beinbewegungen. Er gab ihr einen Rettungsring, an dem sie sich festhielt und dabei heftig die Beine grätschte, über die ganze Beckenlänge, hin und zurück. Sie kam nur langsam voran, blieb immer dicht am Rand. Dreimal musste sie anhalten und nach Luft schnappen. Er schwamm neben ihr her, sein großer Körper trieb wie schwerelos voran, drehte sich vom Bauch auf die Seite und auf den Rücken. Zwischen seinen Schneidezähnen war eine Lücke; durch die stieß er beim Rückenschwimmen silbrige Wasserfontänen.

»Wenn Sie sich nicht anstrengen, machen Sie keine Fortschritte.« Er sagte es beiläufig, als sei es ihm gleichgültig. Seine sonnengebleichten Wimpern waren zu nassen Sternspitzen verklebt, und mit seinem gebräunten Gesicht wirkte er freundlich herablassend, wie ein Tierbändiger. Seine Gleichgültigkeit gefiel ihr; sie zog sie jeder anderen Haltung vor. Ihre Erfolge, ihre Fehlschläge: nicht seine, sondern ihre. Es war ihre Sache.

In der nächsten Welt – hatte man May gewarnt – fände sie einen See, unter dessen Oberfläche jene Frauen schwammen, die Kinder geboren hatten. Der See war ein See aus Blut. Monatsblut und Blut von den Geburten. Das Blut fleckiger Binden, die im Fluss gewaschen wurden.

Um die Leiden der Toten zu lindern, wurde die Tempelglocke, groß und laut wie die Feuerwehrglocke, innen mit ihrem Haar ausgefüttert; ein paar Strähnen von jeder der Frauen, mit einem Tropfen Wachs oder einem Strich Reissirup ans kalte Metall geklebt. Bei jedem Klöppelschlag durfte eine Schwimmerin zum Luftholen auftauchen. So ähnlich hatte Mays Mutter Chu'en es erklärt, vor vielen Jahren – einem ganzen Leben –, als sie am Haustempel vorbeikamen und May fragte, warum im staubigen Vorhof so viele dunkle Haarsträhnen flatterten.

Angestrengt hatten May und ihre Mutter durch die Vorhänge ihrer Sänfte gestarrt. »Dahin gehe ich nie«, hatte May gesagt und den Kopf geschüttelt. »Nicht zu diesem See.« Ihre Mutter hatte nichts erwidert. »Los! Los!«, trieb sie die Boys an, die ihre Sänfte trugen. Sonst kämen sie zu spät nach Hause; Mays Großmutter würde böse werden.

Mit den Armen war es schwerer als mit den Beinen. Sie versuchte den Rettungsring mit einem Arm zu halten, mit dem anderen zu paddeln; schließlich musste er sie doch stützen. Er stand im flachen Teil des Beckens und hielt sie mit seinen breiten ausgestreckten Händen auf der Wasseroberfläche. Seine Hände an ihren Rippen, sein konzentriertes, junges Gesicht, ihre gesittete, dennoch körperliche Nähe – alles erinnerte sie an die Zeit, als sie so jung wie er und Prostituierte in Shanghai gewesen war.

»Nein. Nein. Sie sind aus dem Takt. Kopf hoch beim Armheben. Wenn er oben ist, atmen.«

War Alice zu Hause, sah sie den Schwimmstunden der Tante vom Balkon ihres Schlafzimmers aus zu; wie eine Wächterin saß sie vor der weißen Gardine.

May tat nichts ohne Grund. Nur zum Spaß würde sie nie Schwimmen lernen. Sicher auch nicht um der Bewegung willen; niemals, nur weil ein Arzt es ihr riet. Weshalb also ... Warum?

Kraulen, Rücken, Brust, Seitenschwimmen: Alice verfolgte Mays Schwimmbewegungen, ihre Armarbeit, den Beinschlag, ihre Fortschritte. Sie saß da und sah zu; hielt die Arme verschränkt, den dunklen Kopf fragend geneigt.

16

DIE UHR DES ZAREN

Alice Benjamin war von May nur ein einziges Mal getrennt gewesen, und zwar 1913. Da war sie zwölf und dabei erwischt worden, wie sie klebrige Opiumkugeln formte, die May anschließend in ihrer langen Pfeife aus Elfenbein und Silber rauchte. Ein Dutzend oder mehr hatte Alice schon gerollt, groß wie Murmeln; hatte sie zwischen Parfums und Cremes auf dem Toilettentisch aufgereiht, als ihre Mutter hereinkam. War dies der Augenblick gewesen, in dem sich alles änderte?

Bis dahin hatte die ganze Familie zusammen in dem großen Haus an der Bubbling Well Road gewohnt: Tante May und Alice und deren Schwester Cecily; der Vater der Mädchen, Dick Benjamin, und ihre Mutter Dolly; dazu der Bruder der Mutter, Onkel Arthur. Der hatte sich in eine chinesische Prostituierte verliebt und obendrein den schlechten Geschmack oder das mangelnde Urteil besessen oder was auch immer einen ansonsten intelligenten weißen Mann dazu verleiten mochte, eine Eingeborene – eine Hure! – zu heiraten, selbst wenn sie so schön und kultiviert war wie May.

»Also das«, sagte Dolly und betrachtete die dunklen Opiumränder unter Alices Fingernägeln, »ist nun wirklich der Gipfel.«

»Aber es ist doch nichts passiert«, sagte May. »Du weißt,

dass ich Alice liebe wie mein eigen Fleisch und Blut. Nie würde ich in ihrer Gegenwart rauchen.« Doch Dolly ließ sich durch Mays Beteuerung nicht beschwichtigen. Da auch in Familien die Sympathien unterschiedlich verteilt sind, mochte Dolly Cecily lieber und Alice lieber May; dennoch machte sich Dolly seit langem Gedanken darüber, welchen Einfluss ihre Schwägerin auf ihre jüngste Tochter hatte.

»Alice macht ihr doch immer die Pfeife fertig«, sagte Cecily vorlaut. »Schon seit Jahren.«

»Das macht sie mit Sicherheit nicht!«, protestierte die Gouvernante der Mädchen.

»Doch!«, sagte Alice, die keine Gelegenheit ausließ, der allwissenden Miss Waters über den Mund zu fahren – Miss Waters mit ihrem ach so empfindlichen Porzellangesicht. Die Gouvernante hegte und pflegte ihre vornehme Blässe, eitel wie eine Debütantin, und schluckte für die Erhaltung ihres feinen Teints sogar Arsentabletten.

Doch Abelards Teinttabletten waren eine Sache und Opium eine ganz andere. Alice und Cecily wurden auf der Stelle aus der Mädchenschule genommen und in einem Londoner Internat angemeldet, so weit weg wie möglich. »Siebentausendachthundertvierzig und ein paar Meilen«, errechnete Onkel Arthur, zu dessen Lieblingsbeschäftigungen die Geografie zählte.

»Und außerdem höchste Zeit«, sagte ihr Vater und machte seine üblichen Bemerkungen über Shanghais Klima, Malaria, Seuchen und die üblen Dünste aus dem Huangpu.

Nach London fuhren die Schwestern samt Mutter, Gouvernante und Amah per Bahn. Zuerst nach Harbin in den staubigen schwarzen Wagen der Ostchinesischen Eisenbahn; und dann westwärts den ganzen Weg bis nach Moskau mit der schönen blauen großen Transsibirischen Eisenbahn; dann mit dem Nordexpress weiter nach Paris, von Paris nach Calais und von dort weiter über den Ärmelkanal. Eine lange, lange Reise, während der Alices Mutter allerdings zu der Überzeugung kam, dass es bereits viel zu spät war. Alice hätte schon Jahre zuvor von ihrer Tante getrennt werden müssen. Denn als Alice Benjamin endlich in London an Miss Robesons Akademie für junge Damen eintraf, war sie im Handumdrehen eine Berühmtheit. Berühmt-berüchtigt: Man starrte sie an und flüsterte hinter vorgehaltener Hand. Sie war das Mädchen, das mit einem fremden Mann den Zug verlassen hatte. Und zwar freiwillig!

Jawohl, Alice war auf einem Bahnhof in Sibirien aus dem Zug ausgestiegen, in einer unbekannten Stadt, Hand in Hand mit einem unbekannten Herrn, einem Hauptmann der Armee. Sie war erst zwölf, doch alt genug, um zu wissen, dass man nicht einfach so mit Fremden mitgeht. Natürlich war die Polizei gekommen, ein *gorodowoi* mit blank gewichsten Stiefeln. Drei Tage musste die Familie ihre Reise in Kuibyschew unterbrechen, einem Ort, der keiner war, von dem noch nie ein Mensch gehört hatte. Aber Alice verweigerte jede Aussage. Sie beantwortete Fragen über die Transsibirische Eisenbahn. Ja, es war ausgesprochen komfortabel, vielleicht ein bisschen stickig. Die Fenster ließen sich nicht öffnen.

Damit die fünf Reisenden sich nicht eingesperrt fühlten – besonders die Mutter litt leicht an klaustrophobischen Anfällen –, hatte Alices Vater drei Abteile reservieren lassen, nach Ansicht des Reisebüros Platz genug für zwölf Personen.

Natürlich begleitete May die Verwandtschaft an den Bahnhof; Alice weinte wegen der bevorstehenden Trennung von ihrer Tante während der gesamten Fahrt durch die North Honan Road. Bis, wie zu erwarten, die überwältigende Schar der Bahnhofsbettler und Händler, der Aussätzigen und Diebe, der Opiumsüchtigen, die betäubt am Boden lagen, sie etwas ablenkte.

»Der ganze verdammte *danse macabre*«, sagte ihr Vater, zog sein Taschentuch aus der Hosentasche und rieb sich die Handflächen ab. Er war gereizt, wie immer an Tagen, an denen er das Börsengeschäft, sein Vermögen – die Zukunft! –, wenn auch nur kurzzeitig seinen Partnern überlassen musste.

May küsste Alice und sagte: »Jetzt musst du aber mit dem Weinen aufhören, also wirklich, Schätzchen« – und Alice gehorchte. Denn, wie die Mutter befürchtete, folgte Alice ihrer Tante aufs Wort; ihr zuliebe tat sie alles.

Weil es mit dem Brougham eine Panne gegeben hatte (eine gebrochene Achse, gerade als man die Auffahrt verließ), war die Familie in einem Konvoi von Rikschas zum Bahnhof gefahren. Nun stiegen sie aus: Zuerst Alice und May, dann Alices Eltern, danach Cecily und Miss Waters, und zu guter Letzt verließ die Amah ihren engen Platz zwischen zwei bedrohlich schwankenden Gepäcktürmen.

»Die Speisewagenkellner«, sagte Miss Waters zum sovielten Mal, »sollen Englisch, Deutsch, Französisch und Russisch sprechen. Und die Zugtoiletten sind marmorgekachelt.« Sie besaß eine Broschüre der Schlafwagengesellschaft, und wenn sie nicht gerade Migräne hatte, widmete sie sich hingebungsvoll der Lektüre des darin angepriesenen Komforts. »Ein Salon mit Chaiselongues, Sesseln und Schreibtischen. Private Waschräume und Porzellanbadewannen. Heißes Wasser und täglich frische Bettwäsche.«

»Seit Fertigstellung der Baikal-Magistrale 1904«, verkündete sie, »durchquert die Bahn Sibirien in acht Tagen.«

»Das haben Sie schon mal vorgelesen«, sagte Cecily, die auf einem Koffer saß und zusah, wie ihr Vater auf der

Suche nach einem Gepäckträger in der Menge verschwand.

»Wir haben unser eigenes Essen«, sagte ihre Mutter.

»Ja«, sagte die Gouvernante.

»Dann brauchen wir keine viersprachigen Speisewagenkellner.«

»Nein«, gab Miss Waters zu.

Sie hatten wahrhaft reichlich zu essen: drei Weidentruhen voll. Fünfzig Flaschen Eau Vichy, zwanzig Packungen Lu-Kekse, Gläser mit Pfirsichen und Birnen, Äpfeln und Aprikosen, eingeweckt von Dah Su und seinen Küchen-Boys. Packungen Tee und Kakao, importierte Orangen, einzeln in rosa Seidenpapier mit Wabenmuster verpackt, sechzehn Büchsen portugiesische Sardinen, vier Gläser Zitronenaufstrich, vier Tuben Anchovispaste (die wie braune Zahnpasta aussah), zwei Dutzend Eier (von den eigenen Hühnern, hart gekocht in der eigenen Küche), fünf Pfund Likörpralinen (ein Geschenk von May, der alles Praktische ein Gräuel war), eine Flasche Angoustin Bitter, acht Büchsen Fleisch, zwölf Büchsen Schweizer Kondensmilch, Bärenmarke, und zwei Holländerkäselaibe mit schwarzer Wachsrinde – alles erst zu beträchtlichem Preis importiert und nun wieder auf dem Weg zurück nach Europa. Wer wäre auch so verrückt und kaufte Waren aus China?

Außer den Esswaren hatten sie Handtücher und Bettwäsche dabei, eine Gummimatte für die Zugbadewanne, Bücher, Briefpapier, Schreibzeug, Tinte, Spielkarten und Kästen voller Bilder für das Stereoskop, Handarbeiten, Spielzeug und natürlich Kleider und Toilettenutensilien, alles in drei lederbezogenen, messingbeschlagenen Truhen, einer Reihe passender Koffer und einer Hutschachtel obendrein.

Zwei größere, dunkelblaue Schrankkoffer, gefüllt mit allem Notwendigen für die Schulzeit der Geschwister, wurden für einundzwanzig Rubel und vierzig Kopeken Zuschlag im Gepäckwagen verstaut. In der Ostchinesischen Eisenbahn musste das Gepäck nicht vorgezeigt werden; aber in Harbin und später bei unzähligen weiteren Aufenthalten auf der Reise gen Westen würde jedes einzelne Gepäckstück von russischen Trägern (die ohne üppiges Trinkgeld gern alles fallen ließen) aus dem Zug geholt, geöffnet und auf dem Bahnsteig kontrolliert werden.

Wie immer, wenn der Vater dabei war, kam die Familie zu früh am Bahnhof an. Es war noch reichlich Zeit. Also las Dick im überfüllten Wartesaal Erster Klasse die *North China Daily News*, während Dolly Runde um Runde um die Weidentruhen drehte und in Gedanken deren Inhalt durchging: Lebensmittelportionen, alles mal fünf, geteilt durch fünf, wieder addiert und vorsorglich verdoppelt, für den Fall möglicher Katastrophen oder Verspätungen. Die Reisegruppe hatte Proviant für mehrere Wochen, brauchte keinen Speisewagen; obwohl die Schlafwagengesellschaft annonciert hatte, dass dieser es mit den besten Restaurants Europas aufnehmen könnte.

Dolly Benjamin war überzeugt, dass Tragödien aller Art sie erwarteten – ob Cholera, Typhus oder Gelbsucht – und nur auf eine Nachlässigkeit ihrerseits lauerten. Krankheitskeime in Gestalt höchst verdächtiger Eiscreme-Portionen oder unverpackter Süßigkeiten, die sich in den Körpern ihrer Lieben einnisten würden. Wer wusste schon, was in einer Eisenbahnküche vor sich ging – von den Küchen der besten Restaurants Europas ganz zu schweigen?

Aber der *Grand Express* war wirklich wie ein Grandhotel, besonders nach zwei Tagen in einem schmutzigen chinesischen Zug. Seine Abteile besaßen tatsächlich alle verheißenen Annehmlichkeiten: mit dunkelblauem Brokat gepolsterte Sitze, Wände mit geprägter Ledertapete. Ein

22

großer Spiegel hing, ein wenig gekippt, über dem Diwan, und Cecily stellte sich auf das Polster und betrachtete sich. Sie strich sich mit dem feuchten Finger über die Augenbrauen, leckte ihre Fingerspitze und glättete die feinen dunklen Härchen mit Spucke. Die großen Fenster hatten wegen der Kälte Doppelscheiben, an deren oberem Rand eine Bordüre aus Girlanden und Vasen ins Glas geätzt war. Im Schreibtisch lag ein Vorrat an Papier und Kuverts, alle mit dem Aufdruck *Compagnie Internationale des Wagonlits*, wie in einem Hotel. An der Wand hing ein Foto des Eisbrechers *Baikal* – aus seinen drei Schornsteinen quoll Rauch. Das Schiff schob sich über den zugefrorenen See und schnitt eine dunkle Fahrrinne in die Eisdecke. Große weiße Eisblöcke trieben im schwarzen Kielwasser. Links auf dem festen Eis standen riesige Schlitten, jeder mit drei vorgespannten Rentieren; und dazwischen ein paar Männer, alle pelzvermummt.

Alice betrachtete das Foto und lutschte dabei gedankenverloren am Ende ihres braunen Zopfs. Der Zopf war so dick wie der Arm ihrer Mutter und lang genug, um darauf zu sitzen. Sie war kein hübsches Kind, zumindest nicht im Vergleich zu ihrer älteren Schwester mit ihrem heiteren Blick, den rosigen Wangen und ihren weichen Locken. Alice war dunkel und wild, ihre Lippen waren zu voll, zu gierig für ein kleines Mädchen.

Sie ging mit der Nase bis dicht ans Glas und besah sich das Bild aus nächster Nähe. Die Männer mit den Pelzmützen hatten Lippen- und Kinnbärte wie ihr Vater. Das Bild war von 1900, und in jedem ihrer Abteile hing ein Exemplar davon. Die Abteile lagen hintereinander in einem langen blauen Waggon, an dessen Seite in Weiß die Nummer 578 aufgemalt war. Miss Waters und die Amah teilten sich das erste Abteil; danach kamen Alice und Cecily, zuletzt ihre Mutter. Die hatte ein ganzes Abteil für sich, weil sie immer fürchtete, bei zu großer Enge schlecht zu schlafen; bei Kopf- und Magenschmerzen zog sie gern die Vorhänge zu, ließ die Schlafkoje heruntergeklappt und, wie manchmal zu Hause, die Tür abgeschlossen.

Zuerst kam der Beamte, der die Pässe kontrollierte; ihm folgte ein weiterer Mann in langem schwarzen, gegürtetem Hemd und weiten Hosen, deren Beine in blanken schwarzen Stiefeln steckten. Er klopfte an jede Abteiltür und stellte sich als der *prowodnik* vor, der Schaffner, der um neun die Bettwäsche bringen und ihre Betten machen würde.

»Wie spät ist es jetzt, bitte?«, fragte Cecily.

Der Mann zog seinen Hut. »Halb eins«, sagte er in gutem Englisch.

»Aber wie kann das sein?«, erwiderte Cecily. »Wir haben doch schon Mittag gegessen und Tee getrunken.«

»Ja«, sagte Alice. »Es muss bald Abendessen geben.«

Der *prowodnik* zog eine Ledermappe unterm Arm hervor und kramte nach einer Tabelle russischer Ortszeiten. Ein Exemplar überreichte er ihrer Mutter, ein anderes erhielt die Gouvernante. Die klein geratene Amah überging er; anscheinend zählte er sie zu den Kindern und hielt es für überflüssig – wie ein Kellner, der nicht genügend Menükarten zur Verfügung hat –, ihr ein solches Dokument auszuhändigen. Während die Frauen die in Französisch und Russisch verfasste Tabelle studierten, erklärte er ihnen, dass die jeweiligen Ortszeiten für die Reise keinerlei Bedeutung besäßen, denn zwischen Harbin und Moskau gelte im Zug ausschließlich Petersburger Zeit. Ankunft und Abfahrt richteten sich allein nach der Uhr des Zaren. Er hielt inne und schnappte hörbar nach Luft, dann überreichte er ihnen eine weitere lange, mehrfach gefaltete Liste: den Fahrplan aller Stationen, an denen der Zug halten würde. Zu guter Letzt ließ er sie noch wissen, dass das Verlassen des Zugs nur nach Verschließen der Abteile geschehen dürfe – und niemals ohne Pass. Das Weiterfahren das Zuges werde durch ein dreimaliges Läuten angezeigt: eine Viertelstunde vor Abfahrt, dann fünf Minuten vorher, und ein letztes Mal kurz bevor der Zug sich in Bewegung setzte. In Irkutsk würden die Waggons gewechselt, weil die Spurbreite der Kaiserlich Russischen Eisenbahn gen Westen schmaler als gen Osten sei.

»Und der Speisewagen?« Miss Waters' Stimme stieg vor lauter Hoffnung eine ganze Oktave, obwohl Mrs. Benjamin geschworen hatte, einen großen Bogen um ihn zu machen.

»Geöffnet von morgens sieben, Petersburger Zeit, bis neun Uhr abends.«

»Aber«, sagte die Gouvernante, die gerade im Zeitplan festgestellt hatte, dass es in Harbin sechs Stunden und fünfundzwanzig Minuten früher als in St. Petersburg war, »heißt das nicht, dass es ... mitten ... also, um die Mittagszeit ... Frühstück gibt?

Der *prowodnik* sah sie scharf an: »Von sieben, Petersburger Zeit, bis neun.«

»Ja«, sagte die Gouvernante und wechselte schnell zu ihrem anderen Lieblingsthema. »Die Badewanne ist –«

»Aus Porzellan. Im Waschraum am Ende des Waggons.«

Das war das Stichwort für die Amah, die nun ein angewidertes Gesicht zog. »Kein Waschen Bahn Wanne! Nicht sauber sein! Dreckig sein! Dreckig!« Mit Händen und Füßen redete sie auf die Gouvernante ein: »Dumme Dumme! Viel Geschrei um Porzellan! Wer weiß, wer vorher in Wanne? Porzellan nicht wichtig.«

Der *prowodnik* warf der alten Chinesin in ihrem blauen Anzug mit den flachen schwarzen Schuhen einen vernichtenden Blick zu und wandte sich wieder an die Gouvernante. Sie, hatte er entschieden, wusste als Einzige der ganzen Reisegesellschaft die Wunder dieses Zuges zu würdigen, der sie alle mit Sack und Pack Tausende von Meilen nach Europa bringen würde; westwärts zu Zar und Zivilisation. Nichts wie fort von den vorsintflutlichen Chinesen. Diese Person hier vor seiner Nase stammte doch direkt von den Wilden ab, die ihren Stuhlgang in den Reisfeldern erledigten und sich die Achseln mit Urin wuschen. Was wusste so eine – das Wort Person war hier eigentlich fehl am Platz – schon über Hygiene?

Er verbeugte sich leicht, so leicht, dass man seine Bewegung für ein Schaudern halten konnte – als sei ihm plötzlich die Kälte im Gang bewusst geworden – und entschuldigte sich. Er habe zu tun.

Erst als sich der Zug nach dem dritten, letzten Läuten langsam aus dem Backsteinbahnhof hinausbewegte, merkten sie, dass sich in ihrem Waggon ein weiterer Mitreisender befand, ein russischer Offizier in weißem Hemd und blauer Hose. Zweimal schritt er den Gang auf und ab und strich dabei mit Daumen und Zeigefinger der rechten Hand in einer schwungvollen, hastigen Bewegung über seinen Schnurrbart. Dann machte er vor dem Abteil Halt, in dem Alice und Cecily, Mutter und Gouvernante immer noch über den Zeitplan gebeugt saßen, und klopfte an. Miss Waters drückte auf das Ende ihres Druckbleistifts, bis die Bleimine verschwand, und faltete ihre Berechnungen zusammen; die Mutter stand auf und öffnete die Tür.

»Hauptmann Litowsky«, stellte sich der Offizier vor und verbeugte sich tief. Dabei zog er seine weiß-schwarze Uniformmütze und rückte sie, kaum dass er wieder gerade stand, gleich zurecht. »Ingenieur der Kaiserlichen Garde.«

»Mrs. Benjamin«, sagte die Mutter. »Und meine Töchter, Cecily und Alice. Ihre Gouvernante, Miss Waters.«

Die Erwachsenen tauschten Höflichkeiten aus; die Mädchen starrten den Offizier an und übersahen geflissentlich Miss Waters missbilligenden Blick. Er hatte die faszinierende Angewohnheit, zuerst an seine Mütze zu greifen, dann an seinen Schurrbart, seinen Kragen, seine Taschen und schließlich an eine womöglich in Gürtelhöhe verborgene Pistole – oder ein verborgenes Schwert.

»Wieso sprechen Sie englisch?«, fragte Alice dazwischen.

»Alice!«, rief die Mutter.

»Schon gut«, sagte der Hauptmann und starrte Alice geradezu erschrocken ins Gesicht, als sähe er einen Geist. »Ich ... ich ... ich habe auch Kinder«, stotterte er.

»Darf ich Sie etwas fragen?«, sagte die Mutter. »Ist es normal, dass im Zug dieser merkwürdige Zeitplan gilt? Der, hm, *pow – prowodnik* meint, man richte sich mit den Mahlzeiten ausschließlich nach der Petersburger Zeit, auch hier in Ostsibirien, und ...«

»Abends gibt's Mittagessen!«, rief Miss Waters.

»Wie bitte?«, fragte der Hauptmann.

Die Gouvernante überreichte ihm die Tabellen sowie die Berechnungen, die sie auf dem Briefpapier der Schlafwagengesellschaft angestellt hatte. »Sehen Sie selbst«, sagte sie.

Er hielt die Zahlenreihen unter den Fransenschirm der Leselampe und beugte sich tief darüber, um besser zu sehen.

»Wegen der Mahlzeiten spielt es eigentlich keine Rolle, wir essen ohnehin nicht im Speisewagen, aber wenn die Betten erst im Morgengrauen –«

»Aber warum gehen Sie denn nicht in den Speisewagen?«, unterbrach er Miss Waters, verstummte aber sofort und blickte gedankenverloren aus dem Fenster.

»Hauptmann?«, räusperte sich die Mutter nach einer Minute. »Sir?« Denn er stand wie angewurzelt da, steif und kerzengerade selbst für einen Offizier. Die Tabellen und Miss Waters Zettel waren ihm aus der Hand geglitten, und schon griff er sich wieder mit eigentümlicher Automatik an Mützenrand, Schnurrbart und so fort. Mit unbewegter Miene und starren, aufgerissenen Augen, wie angenagelt.

27

Alice jedoch erkannte in seinem Blick einen ungeheuren Abgrund, als fiele er durch Raum und Zeit. Und da plötzlich fiel er tatsächlich, direkt auf den Fußboden.

Einen Augenblick rührte sich niemand. Keine der Frauen machte Anstalten, ihm zu helfen. Er lag auf dem Rücken, seine Füße ragten aus der Abteiltür auf den Gang, und er redete in drei Sprachen durcheinander; russische Wortfetzen mischten sich mit französischen und englischen. »*Nitschewo*«, murmelte er. »*Nitschewo.*« Das würde er später noch öfter sagen und es ihnen übersetzen: »*Macht nichts.*«

Tränen quollen aus seinen geschlossenen Augen, Speichel rann ihm aus den Mundwinkeln. Er sagte auch einen Namen, mehrmals. *Olga! Olga!* Laut, als riefe er eine Frau in weiter Ferne, als befürchtete er, sie könne ihn womöglich nicht hören. Und dann war er still; sein Körper entspannte sich, als sei er eingeschlafen.

»Er hat einen Anfall«, vermutete Miss Waters.

»Gehen Sie«, befahl die Mutter. »Nein, Sie bleiben und ich gehe mit den Mädchen zum … zum Schaffner oder wie er heißt.«

Aber als sie mit dem *prowodnik* zurückkehrten, stand die Gouvernante im Gang, und der Hauptmann befand sich im Abteil, hatte die Tür verriegelt und die Gardinen zugezogen.

»Was ist los?«, fragte die Mutter. Der *prowodnik* rüttelte am Türgriff.

»Abgeschlossen«, sagte er. »Sir«, rief er. »*Zdrastwujti!* Hallo! Hauptmann, ich muss Sie bitten, unverzüglich aufzuschließen. Dies ist nicht Ihr Abteil!«

»Vielleicht ist er tot«, sagte Cecily.

»Nein, ich höre da was«, sagte die Mutter. »Warum, um Himmels willen, haben Sie ihn allein gelassen, Miss Waters?«

»Ich weiß nicht«, sagte die Gouvernante. »Ich meine ...
hier«, fügte sie hinzu. »Ich habe Ihre Handtasche und die
Pässe geholt.«

Die Amah schnaubte verächtlich.

»Hauptmann!«, rief der *prowodnik*. »*Pazhalsta*! Bitte!
Ich bestehe darauf, dass Sie umgehend die Tür öffnen.«

Da schloss er auf. »Zu Befehl!« Er verbeugte sich; verzog misstrauisch, fast beleidigt das Gesicht. Große
Schweißtropfen standen ihm auf der Stirn; er zog seine
Mütze ab und wischte sich mit einem überdimensionalen,
rosaseidenen Taschentuch übers Gesicht.

»Sir!«, sagte der *prowodnik*. »Was fällt Ihnen ... Alles
in Ordnung?«

»Wieso nicht? Ich ... ich schreibe gerade einen Bericht.«

»Er ist verrückt«, sagte die Gouvernante. »Er ist von
Sinnen.«

»Dies ist nicht Ihr Abteil«, sagte der *prowodnik*.

»Wie meinen Sie das?«

»Ich meine«, sagte der *prowodnik*, »dass dieses Abteil,
Nummer Hundertsechzehn, Mrs. Benjamin gehört, und
dass Ihr Abteil drei Türen weiter liegt, Nummer Hundertneunzehn.«

»Eins, eins, neun«, fügte er hinzu, als der Mann nicht
reagierte. Stumm starrte Hauptmann Litowsky in die Runde. Er drehte sein hübsches Taschentuch zu einer rosa Kordel und zog es nervös um seine Fingerknöchel.

»Sehen Sie doch«, sagte Alice. »Das da auf dem Sitz ist
meine Puppe, und auf dem Schreibtisch liegen Cecilys Karten.«

Der Hauptmann wandte sich um und betrachtete die
Puppe. Er griff sich an Mütze, Schnurrbart, Kragen, Taschen, an die imaginäre Waffe in Gürtelhöhe. »Ja«, sagte
er schließlich. »Verzeihen Sie mir. Mir ist nicht wohl, seit
... Ich habe mich vergessen. Ich fahre nach Sergiewsk zur

Kur. Zu den Quellen von Kuibyschew; auf Anraten meines Arztes. Zum fünfzehnten des Monats habe ich mich eingemietet.« Er tastete sein Uniformhemd ab, als suche er nach einer Bestätigung seiner Aussage, und überreichte dann dem Schaffner eine abgewetzte Brieftasche mit zwei zerknitterten Banknoten, einem Umschlag mit geöffnetem Wachssiegel und seinen *propiska*.

»Das ist Ihr Pass. Ich brauche Ihre Fahrkarte.« Der *prowodnik* klang gereizt. »Wenn Sie Ihre Fahrkarte dabei haben, zeige ich Ihnen, dass Nummer hundertneunzehn –«

»Ja, ja. Jetzt weiß ich es wieder.« Litowsky verneigte sich vor Mrs. Benjamin und ihren Töchtern. »Verzeihen Sie«, sagte er. »Ich … ich … ich bin … ich bin ehren … ich bin entlassen. Ich reise nach Hause und unterwegs mache ich eine Kur.«

»Natürlich«, erwiderte die Mutter. »Bitte, reden wir nicht mehr davon. Hauptsache, es geht Ihnen besser.«

»Ja, es … ich …«

»Soll ich Sie in Ihr Abteil bringen?«, fragte der *prowodnik*.

Wie ein geprügelter Hund folgte der Hauptmann dem Schaffner den Gang entlang; schlingerte im Rhythmus des Zuges hin und her.

»Was ist mit ihm?«, fragte Alice.

»Ein Anfall. Vielleicht …«

»Vielleicht ist er Trinker«, sagte die Gouvernante.

»Er ist Ingenieur, ein Offizier der russischen Armee!«, sagte Alices Mutter.

»Das heißt nicht, dass er nicht trinkt. Womöglich gehört Trinken dazu.« Miss Waters konnte sich ein kleines boshaftes Lächeln nicht verkneifen.

»Was meinst du, wer Olga ist?«, fragte Cecily.

Miss Waters zählte die Umschläge in der Schreibtischschublade. »Seine Frau vermutlich.«

DER FUSSBINDESTUHL

Einmal im Jahr, im September, entzündeten sich Mays Füße. Die Jahreszeit war feucht, auch im Jahr 1913, als Mays Nichten ins Internat fuhren. Das Haus roch nach Moder; die Tapetenränder wellten sich auf dem feuchten Verputz. Die Außenblätter der Zigarren, die Alices Vater rauchte, entrollten sich, und zum Vorschein kam klebriger, duftender kubanischer Tabak. Die Bettwäsche war klamm, und die schneeweißen Leinenbinden um Mays Füße waren schweißgetränkt. May schlief schwer, den dunklen traumschweren Opiumschlaf, in dem die Bandagen um ihre Füße immer enger und enger wurden. Vielleicht waren ihre Träume deshalb so klaustrophobisch. In einem, der immer wiederkehrte, hatte sie sich auf dem Vogelmarkt in Shanghai verlaufen. Während sie einen Ausweg aus dem Labyrinth der Stände suchte, wurde sie immer kleiner und kleiner, bis einer der Händler sie für einen entflogenen Vogel hielt und einfing; ihr die Füße mit Zwirn zusammenband und sie für drei Silbermünzen verkaufte. Erschrocken wachte sie auf, gerade als der Käufer den Zwirn durch Haare aus seinem langen Schnurrbart ersetzen wollte.

Lange zu schlafen bekam ihr nicht; es brachte nur Albträume. Aber das Haus war so still, so trist, trostlos und trübsinnig ohne die Schwestern – besonders ohne Alice. May vermisste Alice, die sie oft wecken kam; das plötzliche Knarren, wenn sie sich auf die Bettkante setzte, und die Freimütigkeit, mit der sie die Füße ihrer Tante an den Zehen griff und schüttelte.

Ein eingebundener Fuß ist nicht im Wachstum gestört, wie Alices Onkel Arthur annahm, bevor er die Füße seiner Frau sah. Ein eingebundener Fuß ist ein gebrochener Fuß: in der Mitte gefaltet, die Zehen nach unten zur Ferse gezwängt.

Ein Bewunderer, der Fang Hsuns Buch »Die Klassifikationen aller Eigenschaften duftender Lotusblüten« konsultierte, würde Mays Füße als drall, weich und fein im klassischen Stil des harmonischen Bogens bezeichnen. Sie waren perfekt, erfüllten sämtliche neun Kriterien; und deshalb pflegte May sie so respektvoll wie ein teuer erworbenes Gut.

May war fünf, als ihre Großmutter sich ihrer Füße, und damit ihrer Zukunft, annahm. Damals hieß May noch Chao-tsing. Eigentlich gehörte es damals zu den Mutterpflichten, der Tochter die Füße einzubinden. Doch Mays Mutter, Chu'en, besaß ein viel zu weiches Herz; außerdem erinnerte sie sich nur allzu gut, welche Schmerzen sie selbst gelitten hatte, als ihre Kinderfüße eingebunden worden waren. Zwar zog Chu'en einen Astrologen zu Rate, um den Termin für einen guten Anfang zu bestimmen. Doch dann ließ sie erst einen, bald einen zweiten verstreichen, ohne May zum Fußbindestuhl, dem Familienerbstück, zu führen. Ihr Zögern hatte natürlich Streit mit Chu'ens Schwiegermutter, Yu-ying, zur Folge. Und deshalb ging Yu-ying immer gleich morgens, wenn die Ehemänner das Haus verlassen hatten, zu Chu'en und redete auf sie ein.

»Liebst du deine Tochter?«, fragte Yu-ying, »oder liebst du ihre Füße?«

Chu'en weinte; sie schlug die Hände vors Gesicht. »Ich kann es einfach nicht tun. Noch nicht. Lass uns noch ein

Jahr warten. Chao-tsing ist noch so klein. Ihre Füße werden in einem Jahr kaum gewachsen sein.«

»Du hast die Wahl«, sagte Yu-ying. »Entweder wird Chao-tsing eines Tages die Braut eines wohlhabenden Kaufmanns, oder sie bekommt Füße wie eine Barbarin und findet überhaupt keinen Ehemann!«

Chu'en schüttelte den Kopf. Sie weinte, sie bat um Zeit, sie machte Versprechungen, die sie gar nicht würde halten können.

Schließlich, am Morgen des neunzehnten Tages des zweiten Monats, am Geburtstag der Göttin Kuanyin, kam Yu-ying wieder zu ihrer Schwiegertochter. Chu'en spielte gerade mit May und hatte im Bett ein richtiges kleines Dorf aus Mah-Jongg-Steinen gebaut. Yu-ying streckte ihre Hand aus. »Komm zur Großmutter«, sagte sie. Chu'en nickte und verbeugte sich tief, zum Dank, dass die Schwiegermutter sie von einer ehrenvollen, aber bleiernen Pflicht befreit hatte.

Immerhin durfte Chu'en eine Schüssel mit Tonbrei anrühren, in die May sich hineinstellte und für die Mutter einen Abdruck hinterließ, ein Andenken an ihre Füße und an ihre Kindheit. Bald darauf brachte Yu-ying May in ihr Schlafzimmer und setzte sie auf den roten Stuhl mit den allegorischen Figuren – Gehorsam, Wohlstand und langes Leben. Sie zog Mays Schuhe aus und warf sie ins Feuer; und als sie zu Asche verbrannt waren, brachte sie eine Schüssel mit aufgebrühtem Jasmin und tauchte Mays Füße hinein. Das Wasser reichte ihr gerade bis zu den Knöcheln. »Magst du den Geruch?«, fragte Yu-ying die Enkelin.

»Ja.« Das Wasser machte May schläfrig und sie döste. Als sie die Augen wieder öffnete, hielt die Großmutter ein Paar winziger roter Seidenpantoffeln in der Hand, mit aufgestickten Schmetterlingen an den Schuhspitzen.

»Gefallen sie dir?«, fragte Yu-ying.

»Oh, ja!« May griff nach ihnen. Es waren die schönsten Schuhe, die sie je gesehen hatte, aber sie waren mehrere Größen zu klein für sie. Mays Füße waren mittlerweile schon drei Zentimeter länger als die ihrer Großmutter.

»Die Schuhe gehören dir«, erklärte die Großmutter, »ich helfe dir, dass sie passen.«

Yu-ying kniete sich vor May nieder. Neben ihr stand ein schwarzes Lacktablett mit einer Rolle breitem weißem Bindeband, einem Messer, einem Topf mit Alaun; Nadel und Faden, daneben ein Pinsel und eine Wasserkastanie. Yu-ying sprach ein Gebet zu Kuanyin. Dann gab sie May die Wasserkastanie in die linke und den Pinsel in die rechte Hand. Die Kastanie, so erklärte sie, sollte Mays Füße zart, der Pinsel sie schmal machen.

»Siehst du das weiße Band?«, fragte sie und griff das Ende der Stoffrolle. »Das ist der duftende weiße Pfad, auf dem du schreiten wirst. Dies ist die Reise vom Mädchen zur Frau.« Sie machte einen Schritt zurück und ließ das Leinen betörend wie ein Banner flattern.

May nickte bedächtig.

Yu-ying nahm Mays linken Fuß und trocknete ihn ab. Sie schnitt ihr die Zehennägel und puderte die Fußsohle mit Alaun. Dann nahm sie das Ende der weißen Binde, hielt es an die Fußwölbung, zog den Stoffstreifen über den Spann und weiter über die vier kleineren Zehen, bis diese sich unter die Fußsohle rollten. Nun wickelte Yu-ying die Bandage fest um die Ferse; dann wieder, mehrfach, in Achterschleifen, über Spann und Zehen. Nur der große Zeh lag noch frei. May spürte, wie unter ihrem Zehennagel das Blut pochte.

»Oh«, sagte sie erschrocken. Sie öffnete die Hände, dass Kastanie und Pinsel zu Boden fielen. Noch nie hatte die Mutter ihres Vaters ihr wehgetan. »Bitte, Großmutter!«

May wollte den Fuß fortziehen, doch Yu-ying hielt ihn fest und sah die Enkelin streng an.

»Habe ich nicht jedes Jahr an deinem Geburtstag deinem Schutzgott geopfert?«

May nickte.

»Und als du klein warst und nicht schlafen konntest, war ich es nicht, die deine Seele zurückgeholt hat?«

Wieder nickte May.

»Du darfst jetzt nicht sprechen«, sagte Yu-ying. »Solange ich dies hier erledige, musst du still sein.« Und dann nähte sie das Ende der Binde mit starkem Garn fest. Als sie links fertig war, begann sie mit dem rechten Fuß. Es war erstaunlich, wie viel Kraft in der kleinen Frau steckte.

Also schwieg May gehorsam, während die Großmutter ihr beide Füße einband. Schließlich zog Yu-ying ihr das erste Paar Übungsschuhe an. Am Ende befahl sie der Enkelin, aufzustehen und zu den Räumen der Mutter zu gehen. May aber rührte sich nicht.

»Ich kann nicht«, sagte sie. »Ich will nicht.«

»Oh, doch«, sagte Yu-ying. Sie zog May hoch und gab dem rotgoldenen Stuhl einen Stoß, dass er umkippte.

May landete hart auf dem Fußboden. Der Schmerz in ihren Füßen war scharf, wie ein Biss. Benommen schloss sie die Augen und sah dabei wieder die Hand der Großmutter, die mit der langen Nadel direkt durch ihre Zehen stieß.

»Geh«, befahl Yu-yin. »Es hilft nicht, wenn du nicht gehst.«

»Mir ist übel. Ich will zu meiner Mutter.«

»Dann steh auf und geh zu ihr.«

»Ich kann nicht«, sagte May.

Yu-ying zuckte die Achseln. Sie nahm Schüssel und Handtuch, das Messer, mit dem sie die Zehennägel geschnitten hatte. Sie hob die Wasserkastanie und den Pinsel auf, die May beide fallen gelassen hatte.

»Bitte«, sagte May.

»Was?«

»Hilf mir.«

»Ja«, antwortete Yu-ying und verließ das Zimmer.

Es kostete May eine Stunde, bis sie in den Flügel des Hauses gelangte, den ihre Mutter bewohnte. Zuerst kroch sie, doch die Großmutter erwischte sie im Flur und zwang sie aufzustehen. »Keine Frau in meiner Familie kriecht auf allen vieren wie eine Schildkröte!« Yu-ying beobachtete, wie die Enkelin sich an einem kleinen Tisch hochzog. Als May immer noch keinen Schritt tat, stellte sie sich ihr gegenüber und zog den Tisch langsam weg. Wenn sie nicht umfallen wollte, musste May folgen.

»Wehe, du lässt los«, sagte Yu-ying. »Wenn du loslässt, binde ich alles noch fester. Und kein Ton mehr! Komm jetzt! Komm zu mir.« Sie schaute May an, schaute ihr fest in die Augen, unverwandt, und trippelte selbst Schritt für Schritt auf ihren winzigen Füßen rückwärts. Die Tischbeine quietschten jämmerlich über den Holzfußboden. May weinte stumm. Yu-ying hatte ihre Füße so gekonnt eingebunden, dass die Binden mit jedem Schritt tiefer in die Zehen schnitten.

»Jetzt tut es dir weh, Chao-tsing; morgen wird es dir auch wehtun, und übermorgen ebenso. Diesen Monat und den nächsten. In diesem Jahr wirst du Schmerzen haben, aber im nächsten wird es besser, und wenn deine Füße in die roten Schuhe passen, spürst du gar nichts mehr.« Beim Reden ging sie weiter rückwärts, zog den Tisch langsam mit sich zurück, und May folgte ihr wie ein Lamm. Sie ließ die Großmutter nicht aus den Augen.

»Wenn du erst erwachsen bist, wirst du eine Schönheit

sein. Deine Füße werden weit und breit die kleinsten sein, perfekt geformt wie Lotusblüten. Dein Gang wird vollkommen sein, der Gang der Schönheit; und wir werden deinen Verehrern erzählen, dass du nicht ein Mal gejammert hast, als deine Füße eingebunden wurden.« Sie waren am Ende des Flurs angelangt, und Yu-ying zog den Tisch nun in den Innenhof, der ihre Wohnung von jener der Schwiegertochter trennte.

»Sag, dass du nie geweint hast«, befahl Yu-ying. »Wiederhole: Ich habe nie geweint.«

»Ich habe nie geweint«, flüsterte May mit nassem Gesicht.

»Noch mal.«

»Ich habe nie geweint.«

»Lauter!«

»*Ich habe nie geweint.*«

»Hast du das gehört?«, wandte sich Yu-ying an Chu'en, die dazugekommen war; die zugeschaut hatte, als die alte Frau und das Kind sich langsam über den Fliesenfußboden fortbewegt hatten, das schwarze Tischchen zwischen ihnen. »Hier ist deine Tochter. Sie sagt dir, dass ihre Füße eingebunden sind und sie nicht geweint hat.«

Mit verschränkten Armen sah Chu'en die beiden regungslos an. Sie stand da, selbst mit eingebundenen Füßen – wie die beiden vor ihr – und kämpfte mit den Tränen. Sie wollte nicht weinen, May zuliebe nicht – sonst würde diese womöglich die Balance verlieren und auch weinen.

Schließlich standen beide vor ihr. Yu-ying nahm Mays Hände vom Tisch – musste sie wegziehen – und schob sie an Chu'ens Hüften. Sie rief nach einem Dienstboten, der den Tisch in den Flur zurückbringen sollte; und als dieser wieder fort war, betrachtete sie Schwiegertochter und Enkelin. »So«, sagte sie, »der Anfang ist gemacht.«

Chu'en biss die Zähne zusammen und verbeugte sich. »Danke, Mutter«, sagte sie.

Yu-ying nickte. »Vielleicht haben wir alle vor dem Essen ein wenig Ruhe nötig.«

In Chu'ens Schlafzimmer legte May sich mit der Mutter aufs Bett; beide umarmten sich und weinten, pressten die heißen, nassen Gesichter aneinander. Ihre Rücken bebten krampfhaft. Doch sie gaben keinen Laut von sich. Draußen bellte ein Hund; der Koch ließ einen Eimer in den Brunnen, und das Seil quietschte in der Rolle.

In jener Nacht, dem Vorabend des Festtags der Göttin der Gnade, kehrte Mays Vater nicht von der Arbeit heim. Stattdessen besuchte er den Polizeichef des Orts und spielte Poker und Mah-Jong mit ihm. Es dauerte also noch einen Tag, bis May ihm ihr Leid klagen konnte. Doch da stellte sie erstaunt fest, dass ihre Tränen ihn nicht rührten, sondern ärgerten. »Gejammer ist für Mutterohren«, sagte er und ließ sie stehen.

Was bildete sich seine Tochter ein? War Leid nicht das Los der Frauen? Er für seinen Teil genoss es, mit einer geschickten, zarten Frau verheiratet zu sein; einer, deren ganzer Fuß in sein Rektum passte – ihre linke Hand an seinen Hoden, die rechte am Penis, ihren Mund an seiner Eichel. Jeder Luxus hatte seinen Preis, auch das Haus und die Dienstboten. Irgendwann kam für jede Tochter der Tag, an dem sie aufhörte, ein verwöhntes, sorgloses Kind zu sein.

Jeden dritten Tag wurden Mays Füße gewaschen und frisch eingebunden. Jeden Monat trug sie kleinere Schuhe. Yu-ying besaß ein Lineal aus Elfenbein, mit dem sie Mays Füße maß. Es war nicht in Zoll eingeteilt, sondern in Grade der Lust, die Mays Füße eines Tages spenden würden. Wohlgefühl. Trost. Befriedigung. Entzücken. Seligkeit. Extase.

May gelangte von einer Stufe zur nächsten, während ihre Zehenknochen langsam, aber unerbittlich brachen. Die Haut an ihren Füßen verweste und wuchs neu. Ihre einst so starken Wadenmuskeln wurden weich; ihre Schenkel schlaff und breit.

Ein ganzes Dutzend immer kleinerer Schuhe trug May, bis ihre Füße in die roten Seidenschuhe mit den Schmetterlingen passten. Nachmittag für Nachmittag, wenn Yuying schlief, umarmten Chu'en und May einander und weinten. So vergingen die Jahre der Kindheit.

DER BAUZUG

Exerzieren, Olga!«, rief Hauptmann Litowsky. »Exerzieren ist der beste Zeitvertreib!«

Er hatte die Schwestern mit ihrer Gouvernante auf dem Weg vom Speisewagen zu seinem Abteil getroffen; in einem Glas mit Silbergriff trug er heißen Tee. »Ich bringe dir bei, wie ein guter russischer Soldat zu marschieren. Kerzengerade! Kopf hoch!«

»Jawohl!«, sagte Alice.

»Ich glaube nicht –«, sagte Miss Waters. Doch er hatte schon die Mütze abgenommen und das dampfende Glas auf seinen Kopf gestellt. »Bitte!«, sagte die Gouvernante. »Der Zug schaukelt doch.«

»Pass auf, Olga!«, sagte er und sah dabei Alice an. Schon mehrmals hatte er Alice aus Versehen Olga genannt; immer nur Alice, nie Cecily oder die Mutter oder Miss Waters. Er ließ das Teeglas los und begann durch den leeren Gang zu marschieren, mit strammem Schritt und durchgedrückten Knien. Der Zug ratterte über die Schienen, doch Litowsky hielt den Kopf so, dass er keinen Tropfen verschüttete. Am Ende des Waggons machte er kehrt und salutierte. »Soll ich es dir beibringen?«, fragte er, das Gesicht feucht vor Anstrengung.

»Bitte!«, bat Alice.

»Du verbrennst dich.« Cecily verschränkte die Arme.

»Dann zuerst mit leerem Glas.«

»Nein, vielen Dank.« Miss Waters packte Alice an der Schulter und schob sie in Richtung Bibliothek.

Doch als Alice bettelte, gab sie nach. »Na, gut.« Sie erlaubte ihr, mit dem Hauptmann in dessen Abteil zu gehen.

Sie näherten sich Chita. Der Zug eilte durch die weiße, nur mancherorts vom Ruß der Lokomotiven schmutzige Landschaft. Die gemeinsame Reise der vergangenen drei Tage hatte die Mutter der Mädchen von der Harmlosigkeit des Hauptmanns überzeugt, und vielleicht war er ja kein Trinker oder Verrückter, sondern einfach eine Abwechslung.

»*Wer* ist Olga?«, fragte Alice ihn. Weiter unten im Gang saß inzwischen Cecily bei Miss Waters und sagte ihre französische Lektion auf. Der monotone Singsang drang durch die offene Tür.

»Hättest du gedacht, dass hier so viel Schnee ist?«, erwiderte der Hauptmann, ohne auf ihre Frage einzugehen. Sie fragte nicht zum ersten Mal.

»Eigentlich noch mehr«, sagte Alice. »Nachts in Shanghai habe ich die Augen zugemacht und meilenweit nur Schnee gesehen. Stille und alles weiß und rein.«

Sie hatte sich eine silbrig weiße Landschaft ausgemalt, wenn sie sich zu Hause die große Reise mit der Eisenbahn durch Sibirien vorgestellt hatte; mit Seen, die wie Quecksilber glitzerten, Quecksilber aus einem zerbrochenen Fieberthermometer. Bevor ihr Bruder starb, hatte die Krankenpflegerin im Flur ein Thermometer fallen lassen, und die schimmernden Glitzerkugeln waren über den Boden in alle Dielenritzen gehüpft. Alice hatte versucht sie einzusammeln, aber sie waren ihr von den warmen Fingern gesprungen.

»Was wollen sie abschneiden?«, hatte Alice Cecily

gefragt. Gemeinsam hatten sie David ausgezogen; sie hatten seinen Penis angeschaut, angefasst. Weil ihre Mutter Angst vor den schmutzigen Händen des Rabbi in Shanghai hatte, war der kleine Bruder noch nicht beschnitten. Wenn er älter war, wollte die Familie mit ihm nach London fahren, zu einem sauberen Rabbi in das saubere London.

»Was genau?« Alice stand auf einem Hocker und beugte sich über den Rand des Gitterbetts.

»Das Ende«, sagte Cecily.

»Warum?«

»Weil dranlassen schmutzig ist.«

Doch dann kam alles anders. David starb an Hirnhautentzündung nach einer Zahninfektion, wenige Tage vor seinem zweiten Geburtstag und bevor er beschnitten werden konnte. Der Rabbi mit den grauen Rändern unter den Fingernägeln begrub ihn auf dem jüdischen Friedhof ganz in der Nähe der Bubbling Well Road. Eine Woche später wurde das Grab geschändet.

»Wäre er beschnitten worden ...«, hatte Alice im Herrenzimmer einen Mann zu ihrem Vater sagen hören. Eine Teetasse wurde klirrend auf eine Untertasse gestellt. Vier Uhr nachmittags war es gewesen. Ihre Mutter war schon zu Bett gegangen. Oder vielleicht gar nicht erst aufgestanden.

Die Stimme des Vaters, kaum hörbar: »Dolly wollte nicht.«

»Nun ...«

»Ein Kindergrab aufbrechen!«

»Bei gewissen Dingen lässt das Volk nicht mit sich scherzen. Es gibt ... Manches wird nicht ...« Lautes Seufzen. Schritte, als glitte eine Schlange über den dicken Teppich. »Sie müssen vergeben und vergessen, um Ihres eigenen Seelenfriedens willen.«

Alice beobachtete, wie der Mann davonfuhr. Die langen roten Fransen am Verdeck seiner Rikscha wippten.

Der Hauptmann sah aus dem Fenster. »Oft liegt hier nicht so viel Schnee, manchmal sieht man nur nackte Erde. Im letzten Monat ist viel gefallen.« Wie gewohnt griff er sich beim Reden an den Mützenrand, dann an Schurrbart und Taschen. »Dieses Unternehmen«, sagte er aufgeregt, »wird mehr Einfluss auf den Fortschritt der Menschheit haben als alles bisher Dagewesene.« Er war laut geworden, als spräche er vor einer Menschenmenge. »Auf den Fortschritt der Zivilisation!«

Alice betrachtete die leere Landschaft. »Welches Unternehmen?«

»Die Bahn! Die große Transsibirische Eisenbahn natürlich!«

»Oh.« Alice war nie in den Sinn gekommen, dass ein Land so arm sein konnte, noch keine Eisenbahn zu haben.

»Ich habe bei ihrem Bau geholfen«, sagte der Hauptmann.

»Wirklich?«

»Ja. Sozusagen. Als Ingenieur … Und die Armee … Was ich sagen will … die Einheimischen … das waren Wilde. Sie warfen Steine und Messer. Knochen. Alles Mögliche. Sie warfen sich sogar auf die Arbeiter, um sie am Verlegen der Gleise zu hindern.«

Litowsky erzählte vom Bau der Eisenbahn. Von dem Zug voller Männer und Materialien, der sich durch die gefrorene Landschaft bewegt hatte; jeder Baum, jeder Berg in Weiß gehüllt, eine wahrhafte tabula rasa – so empfanden sie es wenigstens, Litowsky und die anderen. Eine leere Seite: eine spannende Zukunft, die Wirklichkeit würde, wenn die Ingenieurs-Mannschaft ihr außergewöhnliches Können in den Dienst der Nachwelt stellte. Nach ihren

43

Plänen und Entwürfen arbeitete der Bauzug, verlegte Schritt für Schritt die Gleise, die er selbst befuhr, manchmal kaum eine halbe Meile am Tag. So entstand der Schienenweg, der den Bürgern in den östlichsten Winkeln Sibiriens Dinge bringen würde, von denen sie bisher nicht zu träumen gewagt hätten: Kaffee und Vanille aus Südamerika! Bücher aus Paris! Glas aus Venedig! Medizin aus New York! Uhren aus Genf, auf die Sekunde genau! Alles, was in Sibirien fehlte – alles, was das Herz begehrte!

»Stell dir nur diese Bahn vor, diese Bahn, die sich noch aussuchen kann, wohin sie fährt. Das gibt's nur einmal.« Litowsky drückte seine Handfläche gegen das Fenster. »Wenn ... wenn ich bloß jemandem begreiflich machen könnte, wie majestätisch es war. Das Unmögliche möglich gemacht. Ungeheuer kühn. Und so schön. Selbst als ... Die Schönheit konnte keiner bestreiten.« Er verstummte und starrte hinaus auf die Schneefelder. An wolkenlosen Tagen hatte die Sonne die blanken stählernen Schienen zum Funkeln gebracht; sie hatten einem brennenden Pfad geglichen, an dessen Ende ein Licht loderte, das manche für den Himmel, manche für die Hölle hielten. Die Einheimischen hatten Angst gehabt. Sie besaßen noch Instinkte, die ihm schon fehlten.

»Waren es wirklich Wilde?« Alice hatte sich die Leute auf dem letzten Bahnhof genau angesehen; stumme Gruppen mit verkniffenen, flachen Gesichtern, müde vielleicht. Sie hatten Schlitzaugen gehabt, wie die Chinesen. Ein paar Zigeuner bedrängten die Passagiere und wollten für ein paar Kopeken die Zukunft vorhersagen. Die Mongolen auf dem Bahnsteig starrten den gewaltigen blauen Zug nur erschrocken an; diese hektisch schnaufende, schwarzen Rauch ausstoßende Lokomotive mit ihrem mahlenden Räderwerk. Ansonsten war der Bahnhof voller Männer gewesen, die große Bündel Häute schleppten, und es hat-

te durchdringend nach Gerbstoff gerochen, bitter und ekel-
erregend.

»Wilde?«, wiederholte Alice und sah den Hauptmann
an. »Sind Sie sicher?« Sie konnte sich nicht vorstellen, dass
diese trägen Gestalten auf dem Bahnsteig zu Gewalt fähig
gewesen wären.

»Gewiss! Sie bildeten sich ein, der Zug sei ein böses Tier!
Ein Gespenst! Sie haben uns angegriffen. Und die Arbeiter waren zum Teil auch nicht viel besser. Die Sträflinge.«
Er hielt inne und sah sie wieder vor sich: hagere, ver-
schlossene Männer, die tags an ihre Karren und nachts an
ihre Kojen gekettet waren. Das Elend hatte diese Männer
gefährlich gemacht. Sie hatten alles verloren und waren
deswegen zu allem fähig.

Auch auf den Schlachtfeldern von Mukden hatte er
Zwangsarbeiter unter sich gehabt zur Verstärkung seiner
Mannschaft, jenes kampfesmüden Infanteriekorps, mit
dem wahrhaftig keine Schlacht mehr zu gewinnen war. Ein
erniedrigender Auftrag für ihn – eine Strafaktion –, der
Prozess gegen ihn war damals noch in der Schwebe gewesen. Soldaten und Zwangsarbeiter hatten Seite an Seite
geschuftet, abgerissen, wortlos; die einen unterschieden
sich von den anderen allein durch ihre Uniformen und die
nicht angeketteten Fußknöchel. Unter seinem Kommando
arbeiteten sich die Männer in dieser unendlichen Einöde
langsam voran, vom einen Ende zum anderen; mit Hacken
rissen sie den Boden auf; manchmal förderten sie verges-
sene Bleiklumpen zutage, erstarrte, unheilvolle Gebilde.

Manchmal, wenn der Hauptmann nachts die Augen
schloss, sah er die weite braune unendliche Ebene von
Mukden vor sich. Und im Schlaf träumte ihm, dass er die
harte Erde mit seinen Fingern eigenhändig durchkämmen
müsse. In einem dieser Träume, die ihn auch im Wachen
nicht losließen, war der Zar ein böser Zauberer, der ihm

die Hände von den Armen und die Füße von den Beinen trennte und anschließend die losen Gliedmaßen durch die Luft wirbelte. Später wurden ihm die Hände mit schwarzem Draht an die Beine genäht, und der Zar befahl ihm weiterzugraben.

»Wie viele Frauen haben Sie?«, unterbrach Alice seine Gedanken.

»Also! Das ist mir eine Frage! Eine, natürlich!« Hauptmann Litowsky griff sich an Schnurrbart und Kragen.

»Sie sind kein Mohammedaner?«

»Aber ganz gewiss nicht! Hier, sieh mal.« Er zog ein kleines goldenes Amulett aus der Tasche, mit der Jungfrau Maria darauf, und hielt es Alice hin. Das Gesicht der Jungfrau war blank und ebenso flach wie das der Wilden; so oft hatte der Hauptmann heimlich mit dem Daumen darübergestrichen.

»Ich habe ja viel Verständnis«, sagte er. »Besonders für junge Leute. Aber solche Fragen schicken sich nicht. Ich bin so christlich-orthodox wie der Tag lang ist!«

»Entschuldigung«, sagte Alice. »Ihre Frau – heißt sie Olga?«

»Nein«, sagte er. »Meine Frau heißt Tamara. Nach ihrer Mutter.«

»Aber wer ist dann Olga?«, fragte Alice.

»Erzähl mir etwas über China.«

»Was wollen Sie wissen?«

»Erzähl mir, was du willst.«

Alice musterte den Hauptmann. Europäer mochten am liebsten die wild-verwegenen, exotischen Geschichten; und davon kannte sie eine ganze Menge. Wie sie mit ihrer Amah am Stand eines chinesischen Zahnarztes vorbeigekommen war. Wo auf einem schwarzen Tuch sauber aufgereiht die gezogenen Zähne lagen, kariöse braune Brocken, so als handele es sich um Juwelen. »Der da gehört mir«, hatte die Amah gesagt und dabei den Mund weit aufgrissen, damit Alice das rote rohe Loch sehen konnte, wo noch vor einer Woche ihr Zahn gesteckt hatte.

Männer, kleiner als ihr Vater, die ganze Teestuben auf dem Rücken transportierten, Bambusgestelle mit kleinen Öfen, Kannen, Tassen. Chinesenkinder mit Schlitzen in den Hosen, die sich hinhockten und ihre Notdurft in der Gosse verrichteten. Das Gewimmel auf den Straßen. Alice fiel nur ein Bild ein, das sich mit einer Straße in Shanghai vergleichen ließ; einmal hatte sie mit einem Stock einen toten Waschbären auf den Rücken gedreht und dabei das Heer der Maden gesehen, die blindlings über- und untereinander krochen; da hatte sie gedacht: *Shanghai.*

Jeden Morgen hielt Alice die Arme hoch, damit die Amah sie anziehen konnte. Schaute zu, wie der Rücken der Frau sich krümmte, wenn sie niederkniete, um Alice sämtliche zwölf Knöpfe ihrer ziegenledernen weißen Knopfstiefel zuzuknöpfen. Als David starb, hatte die Amah geweint, hatte sich mit geballten Fäusten die Augen zugedrückt und den Kopf gegen Wand und Boden geschlagen. Doch abgesehen von jenem Tag, war sie immer still. Wie leise chinesische Dienstboten sich in ihren Filzpantoffeln bewegten! Sie hoben auf, was man fallen ließ, säuberten, was schmutzig war, wischten weg, was man verschüttete. War man nackt oder krank, sahen sie darüber hinweg. Sie waren namenlos, alterslos. Küchen-Boy, Riksha-Boy, Boy Nummer sechs. Nummer sieben. Acht. Alte Männer mit grauen Haaren, blinden blauen Augen: *Boy.*

Als Litowsky nun Alice fragte, wie China war, fielen ihr gleich mehrere dieser typischen, fernöstlichen Geschichten ein. Doch als sie den Mund aufmachte, sagte sie: »Wussten Sie eigentlich, dass Chinesen wahre Folterkünstler sind? Gattinnen von Missionaren schlitzen sie einfach auf, von da nach da.« Sie deutete auf ihre Brust, ihren Unterleib.«Sie packen den Darm der Frau, legen ihn um eine Spule und wickeln ihr Innenleben wie einen Gartenschlauch auf. Wenn sie den Mut hat und nicht in Ohnmacht fällt, kann sie dabei zugucken. Einmal habe ich gesehen, wie ein Mädchen in der Mitte durchgeschnitten wurde, aber das war keine Missionarin.«

»Woher, um Himmels willen, kennst du solche Gruselgeschichten!«, stieß der Hauptmann hervor.

»Von meiner Tante«, sagte Alice. »Ihr Vater – der hat die Spule gewickelt. Und das durchgeschnittene Mädchen, das war in der Alten Stadt. Das haben wir uns extra angesehen.«

»Das tut sie mit Absicht«, hatte Miss Waters finster prophezeit, nachdem sie Alice und May bei der Rückkehr erwischt hatte. »Das ist ein Komplott.«

»Was für ein Komplott?«, hatte Dolly gefragt.

Die Gouvernante hatte die Augen zusammengekniffen und an Alices Mutter vorbeigesehen, als blicke sie in die Zukunft. »Sie *indoktriniert* sie.«

»Wie bitte?«

»Diese Frau untergräbt meine Autorität! Bringt ihr Sachen bei, die gibt's gar nicht!«

Und dabei wusste Miss Waters nicht einmal von dem Ausflug in die Alte Stadt. Ihr Unmut richtete sich allein gegen das russische Märchenbuch, das May bei Kelley and Walsh für Alice erstanden hatte. Geschichten über Baba Jaga in ihrer Hütte; einer Hütte, die auf Hühnerbeinen herumlief; langen, gelb geschuppten Beinen, mit Gelenken, die in alle Richtungen schlenkerten. In einer Nacht konnte die Hütte große Entfernungen zurücklegen. Baba Jaga fraß mit ihren scharfen Zähnen auch Kinder auf. Besonders gern jüdische Kinder. Nach der Lektüre dieser Geschichte hatte Alice die Hühner im Shanghaier Hinterhof mit einigem Misstrauen betrachtet. Weiße Orpingtons, die auf der *Tacoma* über den Pazifik zu ihnen gelangt waren. Die Augen der Hühner glänzten golden und grausam, wie Gift; die Schnäbel wie in Blut getaucht.

Es war ein strahlender Tag gewesen; als sie den Buchladen verließen, war der Himmel außergewöhnlich klar und hoch. Alice bildete sich ein, sie könne bis hinunter zum Jangtse schauen. »Bitte, bitte«, hatte sie gedrängt. »Komm, lass uns in die Alte Stadt gehen.« Eigentlich rechnete sie nicht damit, dass May ihr nachgab – sie wusste, wie sehr die Tante das Chinesenviertel hasste –, doch May konnte Alice keinen Wunsch abschlagen. Vielleicht lag es auch am schönen Wetter oder an der bevorstehenden Trennung. May befahl dem Rikscha-Mann, sie zum Nordtor zu bringen.

Auf der anderen Seite der Mauer, die Alt von Neu trennte, Chinesisch von Europäisch, teilte sich die breite Straße in viele kleine Gassen, wo Schilder und Fahnen hingen, verdreckte Passagen, die – fand Alice – etwas Geheimnisvolles, beinah Romantisches an sich hatten. Dann und wann drang ein Lichtstrahl durch die Enge, und sie sah an den Wäscheleinen frisch gebleichte Fußbinden flattern, beim leichtesten Windhauch.

May beträufelte ihr Taschentuch mit Parfum und hielt es sich vor die Nase, als der Rikscha-Mann sie durch die Märkte zog. Alice dagegen atmete tief ein und versuchte allen Gerüchen auf die Spur zu kommen. Der Rikscha-Mann bahnte sich einen Weg durch unzählige Gassen, in denen es von Menschen wimmelte. An der Mauer zum Yu-Yuan-Garten hielt er an. »Nicht weiter«, sagte er zu May, die es für Alice übersetzte. Alice stand auf, neugierig, was ihnen den Weg versperrte. Weiter vorn, im Tempelhof des Stadtgotts, war eine Plattform mit einer Art Fahnenmast aufgebaut; rundherum drängte sich die Menge.

»Ist heute ein Feiertag?«, fragte Alice die Tante, die – ganz langsam – aufgestanden war. Der Rikscha-Mann hockte mit seinem schmalen Hinterteil auf einem der Holme, zwischen denen er Tag für Tag daherlief; auf den anderen hatte er seine Füße gestützt. Ihm kam die Pause gelegen.

»Nein.« Mays Stimme klang seltsam erschöpft, müde. »Kein Feiertag. Ein gewöhnlicher Tag. Du wolltest doch in die Alte Stadt.« Sie breitete ihre Arme weit aus. »China. Da ist es. Wie es leibt und ...« Alice wartete auf das Wort *lebt*, doch May verstummte.

So wurden beide Zeuge, wie ein Polizist ein chinesisches Mädchen mit auf dem Rücken zusammengebundenen Händen eine Holztreppe hoch auf die Plattform zerrte. Während die Schaulustigen noch palaverten, fiel es auf die Knie und weinte bitterlich.

»Was sagt sie? Was tun sie mit ihr?« Alice zog May am Arm, hin und her, als wolle sie die Antwort aus ihr herausschütteln.

»Sieh doch«, sagte May schließlich. »Da.«

Ein zweiter Polizist – dem ersten, der das Mädchen bewachte, zum Verwechseln ähnlich – zog ein Bündel dicken Drahts die Treppe zur Plattform hoch und wickelte den Draht dann ab. Inzwischen verlas der erste Polizist laut einen Text. Alice sah den Draht in glänzenden Schleifen von dem Bündel fallen. Das eine Ende band der Polizist dem weinenden Mädchen um die Taille. Mehrmals überprüfte er, ob der Knoten auch wirklich fest war. Dann stieg er eine Trittleiter hoch und fädelte das andere Ende des Drahts durch eine Rolle an der Spitze des Fahnenmasts. Die Konstruktion glich einem primitiven Flaschenzug. Anschließend ließ er den Draht wieder fallen, und die Drahtspitze pendelte wie eine funkelnde Nadel im Sonnenlicht. Schritt für Schritt ging der Polizist die Leiter wieder hinunter. Dann blieb er stehen, wortlos, und ließ seinen Blick über die erwartungsvollen Gesichter der Zuschauer wandern. Ein paar Worte an die Menge, und ein Korb wurde nach vorn gereicht – über die Köpfe der Zuschauer hinweg. Der Korb war fest geflochten, ein Feuerholzkorb; und der Polizist, der sich bisher an dem Draht zu schaffen gemacht hatte, zurrte nun das andere, baumelnde Drahtende durch die beiden kräftigen Henkel und bog es fest, bis der Korb in Schulterhöhe hing.

Während dieser Prozedur standen die Menschen schweigend aneinander gedrängt, mit offenen Mündern, als bestaunten sie die Vorführung eines Meisterzauberers. Selbst der Rikscha-Mann stand inzwischen auf den Holzholmen seines Gefährts; er hatte aus einer Tasche kalte Fleischbällchen zutage gefördert und kaute so heftig, dass seine Halssehnen hervortraten. Nach ein paar Bissen schob er jeweils einen Finger in den Mund, um einen Knorpelrest zu entfernen, den er nach eingehender Betrachtung in die Menge schnippte.

Der Polizist, der das Urteil verlesen hatte, hielt eine kurze Ansprache. Worauf die Zuschauer sich langsam, einer nach dem anderen, in Bewegung setzten und im Gänsemarsch die Treppe hinaufgingen – gesitteter, als Alice es von Chinesen für möglich gehalten hätte. Es herrschte eine unnatürliche Stille. Nur die Schreie des Mädchens gellten laut.

»Was ruft sie? Was machen sie mit ihr?«, drängte Alice die Tante, doch May schwieg. Gebannt stand sie da, wie alle Übrigen auch.

Alice sah nun, dass jeder, der die Plattform betrat, einen Stein in der Hand hielt. Damit ging ein jeder an den Korb, reckte sich und ließ ihn hineinfallen. Nach und nach wurde der Korb schwerer; das Gewicht der Steine zog ihn immer tiefer. Das Mädchen hatte aufgehört zu schreien; es stellte sich auf die Zehenspitzen, so hoch es ging. Dann wollte es den Mast hinaufklettern, wohl in der Hoffnung, dass der Korb sich auf die Plattform zurücksenke. Doch dazu war es bereits zu spät; die Chinesin hatte zu lange gewartet. Sie konnte sich nicht mehr rühren, und Kraft hatte sie auch keine mehr. Sie sank mit dem Kopf an den Mast, sie keuchte, und aus ihrem Mund quoll Blut.

»Warum?«, flüsterte Alice. »Sie werden ... Sie werden ... Sie werden sie in der Mitte durchschneiden!«

May nickte, ausdruckslos. Sie sah, wie Alice die Tränen übers Gesicht liefen.

»Aber warum?«

»Ehebruch. Sie ist weggelaufen und gefasst worden. Sie hat den Namen ihrer mächtigen Familie entehrt. Ihr war wohl nicht klar, was in der Ehe ... was verheiratet sein heißt.«

»Aber kann denn niemand ...«

»Nein«, sagte May. »Niemand.«

DOPPELTES UNGLÜCK

Als May zwölf war, starb ihr Vater. Nach dem europäischen Kalender war es 1889, im Oktober, wie May viele Jahre später nachrechnete – damals, als sie sich die Mühe machte, alle wichtigen Daten ihres Lebens von der chinesischen Zeitrechnung in die englische zu übertragen. Um den günstigsten Tag für die Beerdigung zu bestimmen, befragte die Familie den Taoisten der Gegend. Zwei Monate mussten sie auf diesen Tag warten – May kam die Trauerzeit endlos vor. Ihr Vater war erst sechsundvierzig gewesen; sein Tod war unerwartet gekommen. Niemand hatte vorgesorgt, und kein Sarg war vorbereitet gewesen, keine Kleider waren da, in denen der Tote den Herrschern der nächsten Welt hätte gegenübertreten können. Das ganze Haus war fieberhaft geschäftig.

Am dritten Tag nach seinem Tod – als die Seele des Vaters die Brücke zwischen den Welten erreicht hatte – erschien ein langer Zug von Priestern, um die ganze Nacht aus der Schrift zu lesen. Bei diesem Ritual überkam May eine solche Müdigkeit, dass sie immerzu gähnen musste und einschlief. Am nächsten Morgen wachte sie auf dem Fußboden auf; sie hatte neben ihrem toten Vater geschlafen.

Am siebten Tag nach seinem Tod, wie am vierzehnten und einundzwanzigsten – jede Woche, sieben Wochen lang – begleiteten May, ihre Mutter und Großmutter den Vater mit ihren Gesängen auf seinem Weg in die nächste Welt; so beschworen sie seine Wiedergeburt. Er war ein berühmter Mann gewesen, ihr Vater. Ganz China wartete auf die Wiederkehr seiner Seele. Hatte er nicht die Stadt gegen die fremden Teufel verteidigt? Mit seinen Brüdern hatte er die Häuser der Missionare in Brand gesetzt, hatte den blassäugigen Missionarsfrauen und -töchtern den Garaus gemacht und die Gegend von der bösen Lehre und diesem erbärmlichen, armseligen, misshandelten Gott befreit. Womöglich, sagte man, würde Mays Vater gar nicht mehr wieder geboren. Womöglich zählte er bald zu den Göttern; bekäme einen Altar und einen Feiertag zu seinen Ehren.

Wochenlang lag sein Leichnam aufgebahrt, hoch geehrt. Seine Lieblingsspeisen wurden aufgetischt, und immer hockte ein Diener da und verbrannte Weihrauch und Geld für die Geister. Ein Künstler, Finger schwarz, Kittel und Hose makellos, mühte sich um ein letztes Porträt. Immer wieder stieg er auf einen Stuhl, um dem Toten ins blinde, stumme Gesicht zu schauen. May klagte, wie von ihr erwartet. Bei der Einsargung kniete sie neben Mutter und Großmutter. Wie diese verbeugte sie sich dermaßen tief, dass sie sich den Kopf auf dem Boden aufschlug und es wehtat.

Gemeinsam leiteten die drei Frauen – Mutter, Ehefrau und Tochter – den Beerdigungszug ein. Sie lösten ihr Haar und ließen es über den schwarzen Lack des Sargs fallen; erlösten damit Mays toten Vater von allem Bösen. Dann trug man den schimmernden Schrein in den Hof. Feuerwerkskörper wurden krachend abgebrannt, um missgünstige Geister zu verjagen. Unbehauste Geister, ohne Familie, die sie liebte und ehrte.

Ganz in Weiß folgte May dem neuen, schmeichelhaften Porträt ihres Vaters durch die engen Straßen zum Friedhof der Ahnen. Neben May weinte Chu'en, riss sich die Haare aus, ganz wie es Pflicht einer Witwe war. Doch auf dem Friedhof erwartete Familie und Trauergäste eine unangenehme Überraschung: In der Grabstätte des Vaters lag ein ungebetener Gast. Ein dreister Schurke hatte das Grab mit Gebeinen gefüllt; jemand wollte vom Segen des Berühmten schmarotzen. Die Gebeine wurden exhumiert und hinter die Friedhofsmauer geschafft. Äußerlich ungerührt schauten May, Chu'en und Yu-ying zu.

Obwohl niemand aus der Familie gestorben war, kehrte der Taoist wieder, als May vierzehn war. Es war an der Zeit, dass sie heiratete; und Mays verstorbener Vater sollte befragt werden, damit die Wahl auch Glück brachte. Der Taoist wurde zu Tisch gebeten, wo sonst nur die feinsten Gäste bedient wurden. Zuerst wurde ihm eine Wasserschale gereicht, und er säuberte seine Finger. Er trank den Wein, den man ihm einschenkte und verspeiste alle Fleisch- und Fischgerichte, jeden Kuchen, den man ihm vorsetzte.

Nachdem Mays Großmutter den Taoisten teuer bezahlt hatte, nahm sie die Dienste eines Heiratsvermittlers in Anspruch. Mays Füße waren mittlerweile so hübsch wie ihr Gesicht – davon war die Großmutter überzeugt. Fast bedauerte es Yu-ying, dass die guten Sitten es verbaten, die Füße des Mädchens fremden Blicken auszusetzen. Ob links oder rechts, beide Füße waren perfekt: Der große Zeh war hochgerollt, die vier übrigen jeweils eingeklappt, und die Fußsohlenfalte so tief, dass sich mehrere Münzen darin verstecken ließen. Unter der Anleitung der Großmutter hatte May gelernt, ihre »goldenen Lotusblüten« selbst zu pflegen und zu waschen; Hornhaut und Hühneraugen mit einem scharfen Messer zu beschneiden, Entzündungen mit Borax zu behandeln und Gerüche mit Alaun. May wusste auch, dass es unschicklich war, beim Sitzen den Rock zu raffen, beim Liegen die Beine zu bewegen; und wenn sie ihr Gesicht im selben Wasser wie ihre Füße wusch – würde sie als Schwein wieder geboren.

Unter Yu-yings Anleitung hatte May für ihre Aussteuer sechzehn Satinschuhe genäht, für jede Jahreszeit vier; hatte für den Frühling die Schuhspitzen mit Pfingstrosen bestickt, für den Sommer mit Lotusblüten, mit Chrysanthemen für den Herbst und mit Pflaumenblüten für den Winter. Sie hatte rote Schuhe für die Nacht genäht – sie schimmerten so rot an ihren weißen Beinen, dass auch der missmutigste Ehemann dahinschmelzen musste. May wusste auch, dass sie als junge Braut in den ersten elf Nächten mit ihren winzigen Füßen in die großen Stiefel ihres Mannes schlüpfen musste, in der Hoffnung, ihn damit in ihren Bann zu ziehen. Sie war gut vorbereitet auf ihre Rolle als gehorsame Ehefrau des reichen Seidenhändlers, den die Großmutter für sie ausgesucht hatte.

Schließlich wurde noch ein Wahrsager herbeigerufen, der anhand der Acht Charaktere die Zukunft dieser Verbindung studierte. Er war blind, seine Augen pupillenlos, auch die Tränenkanäle fehlten – aus den feuchten Augäpfeln strömte unkontrolliert Tränenflüssigkeit über seine Wangen. May, die ihm gegenübersaß, verspürte den kaum zu bändigenden Drang, ihm ihre Daumen in die Augen zu pressen. »Günstig«, verkündigte der Wahrsager. »Die Zeichen könnten nicht günstiger sein.« Nachdem auch er seine Gaben verspeist hatte, rappelte er sich zum Gehen auf und hinterließ mit seinen fettigen Fingern Spuren auf der Wandverkleidung, an der er sich hochgezogen hatte.

Als er ging, sagte sich May, dass sie Glück hätte. Sie musste an ihre Cousine denken, die an einen buckligen Schrotthändler verheiratet worden war. Von allen Bewerbern um May war der Seidenhändler sicher der Ansehnlichste und Höflichste. Zweimal hatte er seinen Diener mit

Geschenken geschickt: zehn kostbare Schließen in zehn verschiedenen prächtigen Farben, dazu eine Näherin, die diese Gaben gleich in Mays Kleider einnähte; obendrein ein Paar Armreifen aus Jade, zwei goldene Haarspangen, ein geschlachtetes Schwein und eine Truhe mit Tee, Gewürzen und Wein.

Die Hochzeit war auf den ersten Tag des zweiten Monats festgelegt worden. An jenem Morgen erschien eine üppige Hochzeitssänfte mit roten Seidenvorhängen, um die prunkvoll gekleidete May von zu Hause abzuholen. Doch wurde die Sänfte nicht, wie May, ihre Mutter und die Großmutter erwartet hatten, vom blauen Tragesessel des Bräutigams begleitet. Stattdessen überbrachte ein Bote einen Brief, in dem der Seidenhändler sich entschuldigte: Leider hielten ihn an diesem Morgen wichtige Geschäfte auf. Doch die Hochzeit würde zur vorausgesagten Stunde stattfinden, und der zukünftige Ehemann erwarte seine Frau sehnsüchtig.

May las die Nachricht und zuckte die Achseln. Nun, da sie kein Publikum hatte, vor dem sie ihre Trennung von Mutter und Großmutter gehörig beklagen und beweinen konnte, bestieg sie die elegante Sänfte schweigend. In der Vornacht hatte sie kein Auge zugetan, und so schlief sie während der holprigen Reise zwischen zwei Orten ein und träumte einen ihr durchaus nicht ungünstig erscheinenden Traum von Laternen. Allerdings wurde ihr beim Aufwachen bewusst, dass die Traumlaternen mit Symbolen geschmückt waren, die sie nicht deuten konnte.

Dann machte die Sänfte Halt. May teilte die Vorhänge und stellte fest, dass man sie vor dem geschlossenen Hauptportal eines großen, wohlhabend wirkenden Anwesens abgestellt hatte. Über dem Türsturz prangten lackierte Wappen mit goldenen Schriftzügen – Ehren, die der Kaiser einst der Seidenhändlersfamilie verliehen hatte. »Hoch geschätzt … reich beschenkt …« Auf dem Gehweg zwischen Tor und Straße stapelte man Mays wenige Truhen und Möbel, die noch am Vortag aus dem Haus der Mutter ihres Vaters geholt worden waren.

May gähnte. »Sind wir zu früh?«, fragte sie einen der Sänftenträger. »Warum sind die Tore geschlossen?« Doch der Mann antwortete nicht. Hinter den Mauern konnte sie die Dächer des Ost- und des Westflügels erkennen, beide waren um einen eigenen Innenhof gebaut. May lehnte sich in die Kissen zurück; ihr steifes Gewand kratzte. Die Zierkämme aus rotem Emaille, rot wie ihr Gewand, schmerzten auf der Kopfhaut. War sie vielleicht am falschen Tag gekommen? – Aber die Diener des Seidenhändlers hatten sie doch abgeholt.

Eine Stunde verstrich, dann eine zweite. Sie verspürte Hunger, Durst, und ihre Blase machte sich bemerkbar. Inzwischen hatten sich neugierige Nachbarn um die Sänfte versammelt; jeder wollte einen Blick auf die Insassin werfen, die reglos dasaß und wartete.

»Geh lieber nach Hause«, sagte eine alte Frau und riss mit der Spitze ihres zusammengerollten schwarzen Regenschirms die Vorhänge weit auf. May wäre dem Rat am liebsten gefolgt, doch sie wusste, die Träger würden sich weigern, sie wieder zurückzubringen.

Die Sonne ging unter, und die vier Männer zogen ihre Umhänge an; sie lehnten sich an die Mauer, die das Anwesen umgab. May zitterte und zwang sich, nicht zu weinen.

»Mach dir nichts draus«, sagte einer. »Der Dritten ist das auch passiert.«

Sie sah den Mann an: »Der Dritten, was?«

Er rollte mit den Augen. »Sind Sie so dumm? Der dritten Frau. Ihrer Vorgängerin.«

May schwieg. Sie blieb wie versteinert sitzen, holte tief

Luft, sagte aber kein Wort. So jung war sie nicht, dass sie einem Dienstboten ihre Gefühle und ihre wunden Punkte preisgab. Stattdessen zuckte sie die Achseln. Sie lehnte sich in die Kissen zurück, gähnte, legte die Hände locker in den Schoß, als sei es das Natürlichste von der Welt und kein Geheimnis, dass sie nicht des Seidenhändlers Erste, sondern seine Vierte würde.

Der Sänftenträger beobachtete sie. »Es kann noch die ganze Nacht dauern«, sagte er. »Unter dem Sitz ist ein Topf, für alle Fälle.«

May gab keine Antwort. Sie zwang sich zu warten, bis alle vier Träger schliefen, dann schloss sie die Vorhänge, befestigte sie und hockte sich ungeschickt hin; das Hochzeitsgewand bauschte sich bis unter ihre Arme.

Hinter der Mauer gellte ein hoher, schriller Schrei. Wäre die Sänfte nicht viel zu eng gewesen, May hätte, wie sie dasaß, sicher den Topf umgekippt. Doch eingezwängt zwischen Vorderwand und Polstersitz horchte sie starr auf die Schreie nicht einer, nein, vieler Frauen. Sie verstand kein Wort, dennoch schien es ihr wie ein Gespräch, wie Fragen und Antworten.

May richtete sich auf, und da sie nicht wusste, wo sie ihn ausleeren sollte, stellte sie den Topf samt Inhalt behutsam an seinen Platz. Sie zog die Vorhänge zu, durch einen Spalt beobachtete sie die Träger. Während des Spektakels im Hof hatten sie weiter geschlafen. Wie war das möglich? Hatte sie sich das Geheul nur eingebildet? War es eine Botschaft der Ehegötter gewesen, eine Botschaft nur für sie bestimmt; sie, die junge Frau an ihrem Hochzeitstag?

Wind kam auf, und im Dunkel hinter dem erzitternden roten Stoff der Vorhänge glättete May ihre Röcke; strich sich über die Frisur. Sie saß da, wie gebannt – für wie lange, hätte sie nicht sagen können. Ein Windstoß teilte die Vorhänge, und sie machte keine Anstalten, sie wieder zuzuziehen. Sie saß da und sah den fliehenden Wolken nach, die den Blick auf die fernen, makellosen Sterne freigaben; auf den Mond, dessen Sichel so dünn wie eine Wimper am Himmel stand.

Kurz vor Mitternacht – immer noch am ersten Tag des zweiten Monats – öffnete sich das Tor in der Mauer, und vier Frauen traten heraus – eine beträchtlich älter als die Übrigen. May wusste, dass nach dem orthodoxen Hochzeitsritual die Braut von einer der Frauen des Hauses über die Schwelle geführt werden musste, von der Mutter des Ehemanns oder einer seiner Frauen – am besten von der Ersten. Doch nach all dem Warten war die Prozession, die nun auf sie zukam, das Letzte, womit sie gerechnet hätte. Sie konnte den vier Frauen vom Gesicht ablesen, wie sie sich schließlich dazu durchgerungen hatten, die lästige Pflicht gemeinsam zu erfüllen.

May stand auf und verbeugte sich. Als sie die Frauen vor sich sah, begriff sie gleich, dass sie an diesem Ort mit ihrer Schönheit wenig ausrichten würde. Die erste Frau ergriff ihre Hand und half ihr aus der Sänfte. Da spürte sie den Hass, der ihr entgegenschlug.

Nun befand sich May also in dem hochherrschaftlichen Garten und suchte vergebens nach Anzeichen für das Hochzeitsfest. Es gab weder Baldachin noch Tische, weder Essen noch Trinken. Keine Laternen, keine Gäste, keine Gaben. Nichts. Womöglich gab es gar keine Feier? May taumelte; was sie da mit eigenen Augen sah – was sie nicht sah –, erschütterte sie im wahrsten Sinne des Wortes. Ein Diener brachte einen Stuhl, und sie setzte sich; es kam ihr vor, als besäße sie keine Schwerkraft mehr und auch sonst keinen Halt, der ihr in der Welt einen Platz sicherte.

In dieser misslichen Lage halfen auch die weisen Ratschläge Yu-yings nicht weiter, die May sich in Erinnerung rief; wie zu schmale Verbände auf einer großen Wunde waren sie wirkungslos, nutzlos. Schlimmer noch, die Enttäuschung, die am Eingangstor ihren Lauf genommen hatte, verstärkte sich – mit jeder Tür, die sie durchschritt. May gelangte in den Innenhof des herrschaftlichen Ostflügels und überreichte ihrer zukünftigen Schwiegermutter das mitgebrachte Geschenk, ein Paar schwarze, mit Flussperlen bestickte Seidenschuhe. Doch diese weigerte sich, die Gabe anzunehmen; so alt sei sie schließlich noch nicht. Da ahnte May, dass diese Frau ihr das Leben schwerer machen würde, als Yu-ying es Chu'en je gemacht hatte.

Mitten in der Nacht, auf einem zugigen Flur im zweiten Stock des Ostflügels, vollzog ein einziger Priester vor den Ahnenbildern des Hausaltars der Seidenhändlerfamilie die Hochzeitszeremonie. Ohne Musik, ohne Beifall, ohne Glockengeläut – May hatte schon einige Hochzeiten erlebt, aber solch eine noch nie. So ließ sie das Ereignis, auf das sie so lange gewartet – auf das sie sich eigentlich ihr Leben lang vorbereitet hatte –, willenlos über sich ergehen. May erinnerte sich hinterher nur an eins: die frisch rasierte Wange ihres Ehemanns, auf der sie zwei blutige Schnitte entdeckte, als sei er unter der Hand seines Dieners zurückgeschreckt.

Minuten später war alles vorbei. Sie stand in ihrem neuen Zimmer, nicht mit ihrem Bräutigam, nicht umgeben von einer lachenden Menge, die übermütige Bemerkungen johlte. Nein, nur eine einzige Person hatte sie begleitet, eine teilnahmslose, stumme Magd, die ihr beim Ausziehen half. May stieg in ein kühles Bett. Dann war sie allein. Sie lag da und dachte an die beiden Schnitte auf der Wange des Seidenhändlers. Vielleicht hatte er sich gar nicht bewegt; vielleicht war dem Diener die Hand ausgerutscht. Wer von beiden hatte sich, wie sie, bei dem mitternächtlichen Geschrei erschrocken? Wer von beiden nahm, wie die schlafenden Sänftenträger, den Protest als Teil des häuslichen Alltags hin?

Die Rivalitäten, die Mays Ankunft ausgelöst hatte, waren dermaßen heftig, dass der Seidenhändler seinen drei bisherigen Frauen versprechen musste, mit jeder zwei Nächte zu verbringen, bevor er schließlich May besuchte. So gab ihr die erste Woche einen Vorgeschmack, worauf sie sich in ihrem zukünftigen Eheleben einzurichten hatte: Langeweile und Furcht. Täglich wartete sie in ihrem Zimmer oder dem angrenzenden Gärtchen, vertrieb sich die Zeit mit den weiblichen Künsten, die man ihr beigebracht hatte, Handarbeit und Zeichnen oder Gesang. Morgens aß sie allein an ihrem Tischchen; mittags aß sie im Esszimmer mit den übrigen Frauen – keine richtete auch nur ein Wort an sie. Doch alle beobachteten jeden Bissen, den sie mit den Essstäbchen zu sich nahm, als hofften sie insgeheim, irgendein Gift würde endlich seine Wirkung tun. Abends aß sie wieder allein, wie die übrigen Frauen – außer jener, welcher der Herr und Gebieter gerade seine Gunst erwies.

Vor Langeweile begann sie sich im Haus umzusehen, trippelte, obwohl jeder Schritt schmerzte, durch Fluchten unbenutzter Räume. Das Haus war dunkel; im muffig-feuchten Erdgeschoss hingen Gemälde aus Europa mit rosigen, üppigen Frauen darauf, deren Körper in Kleidern steckten, die ihr viel zu eng vorkamen. May fand die Bilder traurig und unecht; die Zimmer, die sie schmücken sollten, rochen nach Moder. Der erste Stock war weniger finster als das Erdgeschoss, doch die Wände waren dünn und die Dielen so kalt, dass der Schmerz in ihren Füßen zunahm. Auf der Suche nach einem unauffälligen Ort, um sich auszuruhen, entdeckte May ihre beiden Truhen aus Zedernholz und den Schminktisch. Sie fand das Papier, ihre Pinsel und Tintenfässer, ihren schwarzen Lackkasten mit den Toilettensachen und ihre roten Lackhocker – all die Dinge, die sie zuletzt in der Gosse aufgetürmt gesehen hatte. Sie kniete sich vor ihre Habe, die Truhen, den Tisch, strich über die glatte Oberfläche des schwarzen Lackkastens. Wieso hatte man ihr diese Dinge nicht in ihre Räume gebracht, in ihr enges, ungastliches Gemach?

Schritte näherten sich, und May suchte hinter einem staubigen Vorhang Zuflucht; als es wieder still war, kehrte sie in ihr Zimmer zurück und setzte sich in den Sessel neben ihrem Bett. Zwei Bilder gingen ihr durch den Kopf: die frisch rasierte Wange mit den Schnitten darauf und ihre unausgepackte, aufgetürmte Habe, die immer noch keinen Platz gefunden hatte.

In der siebten Nacht besuchte der Seidenhändler seine vierte Frau. Er war ganz und gar nicht erpicht, diese, seine Jüngste und Schönste endlich in die Arme zu nehmen, vielmehr war er wütend, dass sie ihm solche Unannehmlichkeiten bereitet hatte. Schließlich hatte seine erste Frau die ganze Woche geschmollt, die zweite sich übergeben und die dritte nur geweint. Der Seidenhändler befahl May, sich bis auf die Fußbinden auszuziehen und sich auf allen vieren auf ihr Bett zu knien. Geduldig und geduckt erwartete May seine Schläge – die symbolische Strafe als Erinnerung daran, dass sie als Frau wieder geboren war, weil sie in einem früheren Leben Böses getan hatte. Nicht, dass sie Angst hatte – sie hatte keine Angst –, doch sie hatte gelernt, dass jedes Anzeichen von Stolz meist nur noch mehr Zorn und Strafen nach sich zog, unerträgliche womöglich. In jener Nacht aber schlug ihr Ehemann sie nicht. Stattdessen fesselte er ihre Füße mit den Leinenbinden an die Bettpfosten. Und dann überließ er sie ihrem Schicksal.

In der folgenden Nacht geschah das Gleiche. Zumindest für May; nicht jedoch für ihre Dienerin. Die nahm er gewaltsam auf dem Boden, während May vom Bett aus zusehen musste. Dabei trat ihm eine Ader auf die Stirn, was ihn hässlich machte. Ungerührt betrachtete May das Gesicht ihres Ehemanns: weit auseinander stehende Augen, breite Nase, kräftiges Kinn. In dem Tempel, den sie oft mit ihrer Mutter besucht hatte, gab es eine Statue des Ho Toy, die ihm glich; nur war Ho Toy nicht so dick gewesen. Der jungen Frau, die der Seidenhändler zu Boden gezwungen hatte, waren die vielen Röcke übers Gesicht gerutscht; unter dem Stoff schlug sie wie eine Erstickende mit dem Kopf hin und her. Als ihr Herr und Gebieter ging, lag sie reglos auf dem Rücken. Doch tot war sie nicht; als eine der anderen Dienerinnen aus der Küche nach ihr rief, Mays Essgeschirr hinabzubringen, stand sie auf.

Am folgenden Abend erschien der Seidenhändler früher. »Sing die Lieder, die du gesungen hast, als ich dich im Hause der Mutter deines Vaters besuchte«, befahl er und May sang. Danach speiste er mit ihr, schenkte ihr Wein ein. Dann band er sie wieder mit den Leinenbinden an die Bettpfosten und schlug sie. Kniend, mit gesenktem Kopf, Hüften hoch, ließ sie die Schläge über sich ergehen. Stumm band er seinen Kimono auf, stumm rieb er sich mit Öl ein; sie biss in die Laken, um nicht laut zu weinen, und erduldete stumm sein steifes Glied in ihrem Rektum.

»Lasst die Ehe annullieren«, sagte sie zu ihrer Großmutter und Mutter einen Monat nach ihrer Hochzeit bei ihrem traditionellen Besuch. »Ich bin noch Jungfrau.«

Chu'en, ihr Gesicht so weiß und undurchsichtig wie Kerzenwachs, saß neben der Großmutter und sagte kein Wort.

»Du musst dir Haarlocken von all seinen Frauen in die Schuhe stecken«, sagte Yu-ying.

»Mutter! Heilige Mutter, erbarme dich!«, heulte May und griff eine Schale aus Porzellan, schleuderte sie durchs Zimmer, dass sie an der Wand zerschellte und in tausend weißen Scherben über die Feuerstelle, auf Tisch und Kissen fiel. »Schon den anderen dummen Zauber konnte ich nicht ausführen! Er zieht nicht mal seine Stiefel aus! Er betritt mein Zimmer und steckt mir sein ... sein ... und lässt dabei die Stiefel an!«

May warf sich vor ihrer Großmutter auf die Knie. »Hat der Heiratsvermittler dir nicht gesagt, dass ich die Vierte sein würde? Warum, warum, warum hast du mir das nicht gesagt?«

»Am besten«, antwortete Yu-ying, »du sammelst seinen Samen im Nachttopf, Chao-tsing. Dann kannst du ihn selbst an die richtige Stelle tun.« Zu diesem Zweck überreichte sie May verschiedene Pulver.

Als Mays Besuch zu Ende ging, folgte Yu-ying ihrer Enkelin in den Hof. »Mach deinem Vater keine Schande«, warnte sie. »Wir haben den Taoisten und sein Medium um Rat gebeten: Dein ehrenwerter Vater wünscht, dass deine Ehe gelingt. Deshalb befiehlt er dir, deinem Bräutigam zu gehorchen.«

May sah der Großmutter ins Gesicht. Sie öffnete den Mund, doch dann schwieg sie.

Sie nahm wieder in ihrer Sänfte Platz, ließ die Vorhänge geöffnet und schaute hinaus in die Frühlingslandschaft, die unter ihren Augen zu verdorren schien, so böse war ihr Blick, so hasserfüllt ihr Herz. Die Sänfte schaukelte und schwankte, vorbei am Schrein des Ah Tai, und May erinnerte sich, was ihre Mutter ihr einmal erzählt hatte. Vor Jahren, als Chu'en nicht schwanger wurde, war sie mit Yu-ying zu jenem Schrein gepilgert. Zu den gebundenen Füßen der Göttin Ah Tai hatten Bittsteller unzählige winzige Schuhe niedergelegt. Chu'en hatte sich aus dem Berg ein Paar ausgesucht. Zu Hause hatte Yu-ying die Schnürsenkel verbrannt, hatte aus der Asche einen Tee gekocht und ihn Mays Mutter zu trinken gegeben. Von diesem

Gebräu wurde Chu'en endlich schwanger. Yu-ying nähte der Göttin Ah Tai ein neues Paar Schuhe, die sie mit Goldfäden bestickte, und ging allein mit ihren eingebundenen Füßen den ganzen langen Weg dorthin, um die Schuhe am Schrein niederzulegen.

Natürlich hätte sie sich die Mühe sparen können, denn Chu'en brachte keinen Sohn zur Welt, sondern eine Tochter.

Wieder beim Seidenhändler, hatte May nur noch einen Gedanken. Was tun? Ihr Zorn wich und verwandelte sich in Niedergeschlagenheit; zwischendurch geriet sie in große Erregung und Verzweiflung. Wie war es möglich, dass die Ehe, für die sie alle Freuden ihrer Kindheit geopfert hatte, sich als ein einziges Jammertal entpuppte? Was war sie für eine Närrin gewesen! Wie hatte sie täglich die eigene Mutter erleben können – die schöne, traurige Chu'en –, ohne zu begreifen, dass ihr, der Tochter, ein ähnliches Unglück bevorstand?

Dennoch, May war jung, und die Jugend neigt zum Optimismus. Selbst angesichts ihrer neu gewonnenen, unerquicklichen Einsichten hoffte sie, schwanger zu werden. Sie aß nur wenig und schluckte stattdessen die reinigenden Pulver, die ihr die Großmutter mitgegeben hatte. Selbst als Letzte aller Gattinnen konnte sie die Gunst ihres Ehemanns erringen, falls sie einen Sohn zur Welt brächte. Nur ein Sohn könnte mit viel Glück ihr Schicksal wenden. Vor der Geburt fürchtete sie sich nicht. Schmerz machte ihr nichts aus, und auch dem Tod sah sie gelassen entgegen. Der würde sie nur von Kränkung und Einsamkeit erlösen. Und wenn bloß ein Funken Wahrheit an den alten Sagen war, konnte ein Sohn, der den Tod seiner Mutter überlebte, später als Erwachsener an deren Todestag den Göttern ein Opfer bringen – was für eine Tochter unmöglich war.

66

Nur er konnte seine Mutter aus dem blutigen See im Jenseits retten und aus der Gemeinschaft der Ertrunkenen befreien.

Doch es war wie verhext. May wartete und wartete; aber nur die beiden älteren Frauen des Seidenhändlers, die eigentlich längst unfruchtbar sein sollten, wurden schwanger. Aufgeregt und voller Hoffnung konsultierten die beiden die Wahrsager und gaben ihren ungeborenen Kindern großartige Namen, um die Götter günstig zu stimmen und die Kinder vor allen bösen Geistern zu schützen – vor dem Unglück, das May zweifellos herbeigewünscht hätte, wenn sie nur gewusst hätte, wie.

Ratlos ging May in ihrem abgeschiedenen Zimmer auf und ab, ungeduldig, verzweifelt. Sie schimpfte und fluchte, vergrub ihren Kopf in den Laken und stopfte sich die Fäuste in den Mund, um ihre Schreie zu drosseln. Eines Nachmittags im Herbst, als die Sonne schon unterging und es noch Stunden bis zum Abendessen waren – Stunden voller Dunkelheit –, zündete May die Lampe an und setzte sich zu Boden. Um ihre Füße zu pflegen, wollte sie die Leinenbinden lösen. Doch dann besann sie sich, nachdenklich starrte sie in die flackernde Flamme. Einen Augenblick später löschte sie das Licht und zündete eine Kerze an. Sie hielt die Lampe hoch und untersuchte den Petroleumvorrat. Zu wenig, dachte May. Sie schlüpfte aus dem Zimmer, den Gang entlang zu einer der Vorratskammern; da fand sie, wonach sie suchte.

Wieder in ihrem Zimmer, verriegelte May die Tür. Sie wusste, dass ihr Plan frevelhaft war; so, wie sie vor kurzem heimlich den Lack eines kostbaren Tisches zerkratzt, die Weinfässer des Seidenhändlers angestochen, einer der Elfenbeinfiguren einen Finger abgebrochen hatte. Dabei hatte es ihr weder wirklich Spaß bereitet noch sie befreit. Sie war ihres Schicksals überdrüssig, konnte das eintönige

Leben und die Grausamkeiten keinen Tag länger erdulden. Nun wäre bald alles vorbei. Eine große Ruhe überkam sie. Ihr Entschluss stand fest.

May holte tief Luft. Sie goss das Petroleum in ein Glas, randvoll, und trank. Leerte danach ein zweites Glas.

Doch es brachte sie nicht um. Sie schwebte ein paar Tage zwischen Leben und Sterben und sah dem Tod von nahem ins Gesicht. Der Tod ist ein Verwandlungskünstler; immer sieht er anders aus: Mays Tod war ein weißer Hirsch mit Silbergeweih, mit juwelenbesetztem Zaumzeug und einem Sattel aus Jade. Als sie gesundete, verschwand der Hirsch, setzte tänzelnd, mit leerem Sattel, über einen Hügel.

May war bitter enttäuscht. Der Seidenhändler ließ sie auspeitschen, wobei ihre linke Schulter ausgekugelt wurde. Er war böse und gerissen, der Seidenhändler, niemals hinterließ er Spuren in ihrem Gesicht, nie auf ihrem Hals, ihren weißen Händen oder ihren Unterarmen. May jedoch gab ihren Plan nicht auf. Danach hängte sie sich in ihrem Zimmer an einen Deckenbalken. Aber eine Dienerin entdeckte sie, und der Händler ließ sie abschneiden. Sie hatte schon den weißen Hirsch wiedergesehen, er hatte seinen schönen Kopf gesenkt und ihr wie im Spiel zugenickt. Sein Geweih hatte im Licht geschimmert. Da fiel sie zu Boden.

Diesmal behandelte ihr Ehemann sie wie eine ungehorsame Dienerin. Mitten im Hof musste sie hinknien, in ihren Armen kein Kind, sondern einen schweren Stein.

ERSCHEINUNGEN

Litowsky schlief, als Alice an seine Abteiltür klopfte. Wie so oft in seinen Träumen, befand er sich wieder im Jahr 1895, als er an einer von Ingenieur Doks angeführten Expedition teilgenommen hatte. Obwohl er und die übrigen vier Ingenieure eigentlich in der Nähe von Sludjanka stationiert waren – in einem milden, linden April, als der Boden unter ihren Stiefeln taute und brach –, führte der Traum Litowsky in ein Zelt aus ungegerbten Häuten auf der Eisdecke des Baikalsees. Es war Nacht; er arbeitete an einem Zeichentisch, während die anderen in ihren Schlafsäcken aus Seehundfell lagen. Eine Kerosinlampe beleuchtete die Pläne des Viadukts vor ihm, der nicht zusammenbrechen würde – wie der vorherige. Schwebende Stützen waren die Lösung. Pfeiler wie bei Kathedralendächern. Er zeichnete sie ein als Halt für den Bogen, der über die Schlucht führte.

Vor dem Hauptmann ausgebreitet lagen Berechnungen, Gleichungen. Als Kadett hatte er das Reibungsgesetz gelernt: Horizontalkraft F, Gewicht G, Oberflächenwinkel. Ganz einfach, eigentlich kinderleicht. Doch dann erwachte Aschmentow, einer der anderen Ingenieure; er zog ein gefaltetes Blatt aus dem Seehundfell und reichte es Litowsky. Auf dem Papier stand die Zahl 168.

Was soll ich damit?, fragte Litowsky, der darin gleich die Anzahl der tödlich Verunglückten erkannte.

Aschmentow zwinkerte. *Die musst du mitberechnen,* sagte er. *Du musst sie mit einkalkulieren.*

Aber wie?, wollte Litowsky wissen.

Aschmentow zuckte die Achseln. *Das ist dein Problem,* sagte er.

Draußen vor dem Zelt brach mit gewaltigem Gedonner die Eisfläche des Sees. Litowsky riss den Zelteingang auf und sah, wie schwarze Ströme sich durchs Eis wälzten; Leichen trieben an die Oberfläche. »Olga!«, schrie er laut. »Olga!«

Alice beobachtete, wie Litowsky im Schlaf seine Hände schützend vor die Augen hob. Sie wollte ihn nicht wecken; also blieb sie in der Tür stehen und starrte ihn an. Sie zählte die abgegriffenen Bücher auf dem Lesetisch neben ihm: ein Dutzend Bände, die Titel unleserlich; militärische Erbauungslektüre – wie er sagen würde – Skobelews *Geschenk an die Kameraden* und Lebedews *Der wahre russische Soldat*; außerdem veraltete Handbücher über Strategie, eins von Goremykin, das andere von den Baronen Medem und Jomini; eine Generalstabskarte Russlands, von der einige Seiten fehlten, andere sich gelöst hatten; und zwei Romane von Dostojewski: *Der Spieler* und *Die Besessenen*. Zwischen die Seiten des Letzteren hatte Litowsky einen Zeitungsausschnitt vom 12. Juni 1899 geschoben. Selbst wenn Alice ihn entdeckt hätte, sie hätte die russischen Worte nicht lesen können.

168 TOTE BEI DEM JÜNGSTEN TRAGISCHEN UNFALL BEIM BAU DER GROSSEN EISENBAHN

Schwierigkeiten beim Schienenbau der südlichen Baikalsee-Magistrale haben die Verwirklichung der Pläne Seiner Majestät vereitelt, die Transsibirische Eisenbahn bis zum Jahr 1900 fertig zu stellen. Eine Lokomotive mit drei Wagen entgleiste am vergangenen Samstag während der

Eröffnungsfeierlichkeiten des neu errichteten Viadukts über einen Nebenfluss des Olkhana. Unter den Opfern befanden sich Prinz Kordenky-Nowgorod, der Vetter dritten Grades Ihrer Majestät der Zarin sowie Familienmitglieder der Ingenieure Doks, Litowsky und Aschmentow, die sich aus Anlass der Feierlichkeiten versammelt hatten. Vermutlich wurde der Einsturz des Viadukts durch einen Konstruktionsfehler verursacht. Dementsprechende Untersuchungen sind noch nicht abgeschlossen.

Der Zeitungsausschnitt mit dem Artikel war so oft aufgefaltet und wieder zusammengefaltet worden, dass er an manchen Stellen ganz brüchig war und selbst ein Russe seine Mühe gehabt hätte, ihn zu entziffern.

Alice betrachtete den großen Reisewecker, der auf Litowskys Bücherstapel tickte; sein Messinggehäuse trug die Inschrift *Gottesgebet und Zarendienst sind nie vergebens.* Am Tisch lehnte ein Spazierstock, die Krücke ließ sich abschrauben und verbarg eine Trinkflasche. Entfernte man das Stockende, kam ein langer, scharfer Säbel zum Vorschein.

Litowsky seufzte im Schlaf; im Traum war er wieder ein Kadett, wieder in der Schule am Stadtrand von St. Petersburg, wo sich sein Regiment auf eine Parade in Anwesenheit des Zaren vorbereitete. *Macht alles glatt, glatt, glatt, glatt,* befahl der Kommandeur und schwenkte den Arm durch die Luft, hin und her. *Kein Stein. Kein Maulwurfshügel. Kein Halm und keine Furche.* Wochen vor der Inspektion war es Pflicht der Kadetten gewesen, den Exerzierplatz zu planieren, den gestampften Lehmboden so glatt wie Parkett in einem Ballsaal zu machen.

Unruhig rüttelte Alice an der Abteiltür. »Glatt!«, schrie Hauptmann Litowsky laut. Er schlug die Augen auf und sah verwirrt um sich.

71

»Verzeihung. Habe ich Sie geweckt?«

»Nein. Überhaupt nicht.« Litowsky strich sich über sein Uniformhemd. »*Was* ist los, Olga?«, fragte er, als Alice ihn immer noch anstarrte. Sie öffnete den Mund und wollte ihn berichtigen, dann besann sie sich. »Willst du nicht zur Schule?«, fragte er. Alice schüttelte den Kopf. Sie nahm neben Litowsky Platz. Das Licht, das durchs Fenster kam, schimmerte rosig; Licht, das Schnee verhieß.

Litowsky strich Alice übers Knie, ein wenig abwesend, gütig, wie ein Vater. »Als ich Kadett war, kamen der Zar und seine Söhne in unser Sommerlager. Und der Zarewitsch schenkte jedem von uns einen Kuchen und Nüsse und zwei Silberrubel. Einen besitze ich noch.« Er kramte in der Innentasche seines Hemdes und förderte ein rot besticktes Täschchen hervor. Er zog an der schmuddelig grauen Seidenkordel, mit der das Täschchen verschlossen war, und ließ die Münze in Alices Handfläche gleiten. »Orangen gab es auch. Körbeweise Orangen.« Alice reichte ihm die Münze zurück.

»Ich mag keine Orangen.«

»Aber«, sagte der Hauptmann, »vielleicht magst du die Schule.« Er betrachtete den Rubel, der in dem rosigen Licht glänzte. »Vielleicht magst du die.« Da fiel ihm mit einem Mal Ismailikow ein, der Schüler aus der letzten Klasse, der ihn, als er im ersten Jahr war, gezwungen hatte, seinen eigenen Urin zu trinken. »Jungen sind grausam.« Er steckte die Münze weg. »Ich mag Mädchen lieber.«

Alice kratzte sich an der Nase.

»Du bist im Himmel!«, rief der Hauptmann plötzlich. »Sag mir, dass du im Himmel bist!« Unter seiner Mütze war sein Gesicht heiß und rot, Schweiß stand auf seiner Stirn. »Du bist nur zu Besuch bei deinem alten Papa! Um ihn auf seiner Reise zu trösten!« Alice war nicht darauf gefasst gewesen, wie stark Litowsky war, als er sie an sich zog und so fest hielt, dass seine Hemdknöpfe ihre Wange streiften. »Olga! Olga! Vergib mir!«

Alice schob Litowsky von sich fort – wobei sie die Augen geschlossen hielt; sie hatte Angst vor seinem Gesicht. Als sie sich ihm entwand, bebte sein Oberkörper, so heftig schluchzte er. Sie spürte, wie Panik ihr den Hals zuschnürte. Alice hatte bisher nur einmal einen Mann weinen sehen, ihren Vater, als David gestorben war; da war er auf die Knie gefallen und hatte sich an den Vorhängen im Schlafzimmer festgehalten. Ganz langsam war er gefallen; wenn sie sich an diesen Morgen erinnerte, fiel ihr immer diese Langsamkeit ein. Langsamkeit, die ihr klar machte, dass der Tod Naturgesetze außer Kraft setzen kann, die Schwerkraft, zum Beispiel, oder den Lauf der Erde um die Sonne. Alle Fensterläden waren geschlossen und die Vorhänge zugezogen worden, dennoch herrschte im ganzen Haus wochenlang grelles Licht; niemand ertrug, dass auch nur eine einzige Lampe gelöscht wurde, niemand besaß noch ein Zeitgefühl. Doch dieses Weinen hier war anders. Nackt, misstönend.

»Ein vollkommenes Kind! Unschuldig wie ein Engel!« Alice schubste Litowsky beiseite, und er polterte gegen den Tisch, brachte Bücher und Uhr ins Wanken. »Warum? Warum?« Er schwankte hin und her, rang die Hände. »Warum konnte ich nicht mein Leben für deins geben!« Litowsky hob seinen Spazierstock auf und hämmerte mit der Spitze auf den Fußboden.

Bevor Alice wusste, was sie tat – ohne noch ein Wort abzuwarten –, stürzte sie hinaus, den Gang hinunter. Sie stieß dabei Mitreisende an und riss sich die Fingerknöchel an einem Fenstergriff auf. Sie hielt erst inne, als sie den eiskalten Übergang zwischen den letzten beiden Wagen erreicht hatte. Als sie durchatmete, bildeten sich weiße Wolken vor ihrem Mund.

DIE SICHT DER DINGE
VOM RÜCKEN DES GÄRTNERS

May verbrachte viele Stunden im Hof, wobei sie weniger über ihren Ungehorsam nachsann, der dazu geführt hatte, dass sie – im Arm einen Stein – da kniete; vielmehr sah sie sich um und plante ihre Flucht. Der Selbstmord war ihr misslungen. Vielleicht musste sie, jedenfalls für die nächste Zeit, in dieser Welt ihren Weg gehen. Wenn sie nicht sterben konnte, musste sie leben; zur Zeit tat sie weder das eine noch das andere. Drei Gärtner pflegten das Grundstück des Seidenhändlers: der eine war alt und verhutzelt; der andere war mit Frau und Zwillingstöchtern geschlagen; der dritte war ein strammer Bursche namens Ahng-wah. Auf dessen starken Rücken setzte May ihre Hoffnung.

Nach einem Monat, in dem sie sich fast bis zur Einfältigkeit gefügig gezeigt hatte – sich lächelnd verneigt und von einer widerspenstigen Konkubine in einen schönen Besitz verwandelt hatte, wie die Seidenvorhänge und Cloisonnévasen, – tat May all ihre Juwelen in einen Beutel und versteckte ihn unter den Matratzen. Nach der Mittagsmahlzeit täuschte sie eine Ohnmacht vor, die ihr einen ungestörten Nachmittag im Bett bescherte. Nachdem die Dienerin ihr kühle Kompressen verabreicht und die Vorhänge zugezogen hatte, sagte sie ihr, sie könne gehen.

Dann, als das ganze Haus, wie immer nach dem Essen,

in bleierne Schläfrigkeit gefallen war, setzte May sich auf, schlug die Decken zurück, nahm die Kompressen ab und holte ihre Juwelen hervor. Sie verdrängte den Schmerz in ihren Füßen und lief hastig durch die Gänge bis in den Garten, wo sie Ahng-wah fand, der im Schatten eines Ahorns schlief. Mit vornübergefallenem Kopf und wie schmollend aufgeworfener Unterlippe saß er schnarchend gegen den Baum gelehnt. Sie vergewisserte sich, dass niemand zuschaute und rüttelte ihn wach. Er öffnete die Augen und erblickte eine zierliche, weiche, weiße Hand, die ihm Juwelen und Jade verlockend unter die Nase hielt. »Ich will nach Shanghai«, flüsterte May. »Wenn du mir hilfst, gehören sie dir.«

Ahng-wah nagte an seiner Unterlippe und nickte. Und so lief May bei Anbruch der Nacht, wie im flackernden Schatten der Ahornblätter vereinbart, auf den großen Füßen und starken Beinen des Gärtners davon. Nur einmal machten sie auf dem Weg von Ch'ang-shu nach Shanghai Station – in ihrer Heimatstadt.

Am zweiten Dienstag des Monats gegen Abend kam May ans Tor ihres Elternhauses; jenem Tag, an dem die Großmutter Yu-ying wie gewohnt zu ihren Schwestern schwatzen und Mah-jongg spielen ging. Sie versteckte sich mit dem großfüßigen Gärtner in dem kleinen Schuppen, wo weder Nachbarn noch Dienstboten sie sehen konnten; eine ausrangierte Rikscha stand neben Körben mit Äpfeln und Zwiebeln und Kisten voller Eier, die Ahng-wah beim Warten eins nach dem anderen aufschlug und schlürfte. Es dämmerte schon, als Yu-yings Sänfte sich in Bewegung setzte und May durch den Hof ins Haus schleichen konnte. Sie widerstand dem Drang, bei der Mutter anzuklopfen, unter deren Tür sich blauer Opiumdunst hervorschlängelte. Nur am Altar der Ahnen hielt sie inne und spie blitzschnell auf das Gabentablett für die Seele ihres Vaters.

In einer parfümierten, mit schwarzer Seide ausgeschlagenen Schublade einer Kommode in ihrem Boudoir verwahrte die Großmutter ihre Bettschuhe. May, die den Inhalt der Kommode viele Male heimlich betrachtet hatte, wusste genau, wo der Schlüssel zu finden war; das Messingschloss ließ sich reibungslos öffnen. Kaum zog May am Griff der Lade, glitt diese ihr auch schon wie von Zauberhand geschoben entgegen. Darin lagen viele Paare rotseidener Schuhe: Lieblingsschuhe der Großmutter, die sie in den Jahren ihrer Ehe gesammelt hatte. Schuhe mit Vögeln und Blumen, mit Symbolen für Leben, Gesundheit und Fruchtbarkeit. Schuhe mit Goldfäden durchwirkt und mit Perlen bestickt. Schuhe mit Glöckchen an den Spitzen. Schuhe, die Yu-ying trug, als sie Mays Vater und dessen Brüder empfangen hatte. Schuhe, in denen sie sich in der schwülen schweren Lust ihres Mannes aufgebäumt und gewunden hatte.

Schuhe, zerdrückt, zerbissen, zerleckt; das Futter nass von Tränen, Wein und Samen. Schuhe, die gereinigt, geflickt, parfümiert und sorgsam aufgehoben worden waren.

May zog ihr Manikürmesser aus dem kleinen Beutel, den sie um den Hals trug, und schlitzte damit sämtliche Bettschuhe der Großmutter auf. Mit der scharfen Messerspitze stach sie in die Schriftzeichen für Leben und Glück. Mit ihren Holzsohlen zertrat sie kleine Perlen, zerstampfte die Glöckchen, bis sie schwiegen. Als das Zerstörungswerk vollendet war, hockte sie sich auf den von Goldfäden durchzogenen Fetzenhaufen und entleerte ihre Blase. Dann band sie ihre Hose zu, nahm die nasse rote Seide und stopfte sie zurück in die Lade. Von ihrem Urin war das Bündel schwer und warm, wie ein frisch getötetes Wesen. May schloss die Truhe und weinte lautlos – geräuschvoll zu weinen hatte sie schon lange verlernt.

Auf dem Rückweg durch den Hof blieb sie wieder vor Chu'ens Tür stehen, doch als sie an den abstoßenden Anblick ihrer rauchenden Mutter dachte, deren schrecklich stumpfen Blick, ging sie zu Ahng-wah zurück, der inzwischen im Schuppen zu den Zwiebeln übergegangen war. Sie kletterte auf seinen Rücken, schlang ihre Beine um seine Taille und stopfte die Füße in seinen Gürtel. Dann beugte sie sich über seine Schulter und ließ den Jadeperlenstrang vor seiner Nase tanzen.

»Noch vierzehn Meilen bis Shanghai«, sagte May. »Wir müssen nachts weiter. Dies und noch mehr ist dein Lohn, wenn wir heil ankommen.« Beim Hinausgehen riss sie das Schild vom Außentor herunter, auf dem ihr Vaterhaus als Heim eines mutigen Kriegers gerühmt wurde.

Ahng-wah war dreimal so groß wie May, und auf seinem feisten Nacken prangte ein dickes, unförmiges Mal. Während der unbequemen Reise zur Stadt, die sie über viele unbefestigte Pfade führte, konzentrierte May ihren ganzen Widerwillen gegen den Gärtner auf diesen Fleck. Ahng-wah war so abstoßend wie das Mal in seinem Nacken. Er roch nach Zwiebeln und Schweiß, und May mit ihrer feinen Nase bildete sich ein, die üblen Gerüche kämen direkt aus dem schwarzbraunen Fleck da vor ihr. Inzwischen schmerzten ihr Arme und Beine, die sie über den ganzen breiten Rücken des Gärtners ausstrecken musste, und auch das Mal schien sich mit der Zeit auszudehnen. Der bloße Anblick tat ihr weh.

Vergeblich lugte May über die Schulter des Gärtners, um zu sehen, ob sie nicht eine Karre stehlen könnte. Es war unklug gewesen, ihre Flucht so zu überstürzen. Alle Häuser und Höfe, an denen sie vorbeikamen, waren von Hunden bewacht, und Ahng-wah fürchtete sich vor Hunden. May konnte spüren, wie sein Körper vor Angst erstarrte, wenn in ihrer Nähe ein Hund bellte. Im Grunde fürchtete sich der Gärtner vor allen Tieren und den Geräuschen, die sie machten. Bei jedem Pferdegewieher oder Rascheln im Gras beschleunigte er seinen plumpen Schritt.

In der dritten Nacht kam es noch schlimmer. Aufgescheucht vom fernen Lärm eines Streits und dem beißenden Rauch vom Feuer eines Kriegers, stolperte Ahng-wah über eine Wurzel und stürzte so heftig auf die Hände, dass May in hohem Bogen über seinen Kopf flog. Im Fall zerriss die Schnur ihres Beutels, in dem sie ihre Schätze und ihr Messer hortete, und der Silberbeutel landete auf der Erde. Ahng-wah war schneller als sie und griff gierig danach.

»Aha«, sagte er und warf ihr einen finsteren Blick zu. Denn natürlich verachtete er May genauso wie sie ihn. Beim Laufen empfand er sie zunehmend als einen drückenden Ballast, nicht nur auf seinem sturen Rücken, sondern auch auf seiner Seele, als Last seiner Habgier. Und so wie May von seinem Geruch angewidert war und sich alles in ihr gegen seinen Körper sträubte, konnte auch er sie nicht riechen. Mit ihren gespreizten Beinen auf seinem verschwitzten, schmutzigen Hemd roch sie wie eine Hure: eine unangenehme Mischung aus feinem Parfum und dem scharfen, stechenden Duft ihres Geschlechts. Ahngwah spuckte aus und schalt May ein hässliches, heißes Weib.

In seinen zwanzig Lebensjahren hatte der Gärtner zwei Frauen gehabt: die zurückgebliebene Tochter des Dorfältesten, die jeder, auch der Dorfälteste selbst, gehabt hatte (als ausgleichende Gerechtigkeit dafür, dass man dieses ansonsten nichtsnutzige Wesen durchfütterte), und das Mädchen, dem er im Lagerschuppen seines Onkels zwischen den Chilischoten Unterschlupf gewährt hatte. Auch sie war vor irgendwem oder irgendwas davongelaufen.

»Gib mir meinen Beutel«, forderte May.

Ahng-wah sah sie an. Warum sie nicht als Dritte? Er hatte sie so weit getragen, seine Füße und Knie schmerzten, und eigentlich war eine Hand voll Jade keine wirkliche Entschädigung.

»Warte«, sagte May, als sie sah, wie er den Gürtel öffnete, in den sie elf Meilen ihre Füße gestopft hatte. Machte sie ihm klar, dass eine Vergewaltigung zu riskant war, weil sie ihn anzeigen würde, brächte er sie womöglich um. Doch niemand außer ihr selbst, und sicher nicht dieser Tölpel, besaß das Recht, ihrem Leben ein Ende zu setzen. Eher Wut als Angst ließen Mays Gedanken fieberhaft kreisen. Zwar war Ahng-wah stark, aber er war auch dumm, selbst seine Ängste waren von Dummheit bestimmt.

»Gib Acht!« May hatte eine Idee. »Nimm dich vor den Füchsen in Acht!« Ahng-wah sah sich erschrocken um.

»Welche Füchse?«, fragte er. May ließ sich ihren Triumph nicht anmerken. Ein Segen, dass Ahng-wah Tiere so fürchtete.

»Du hast doch von den Füchsinnen gehört«, fuhr sie fort. In dieser Gegend gab es eine Legende von Grabschänderinnen, die in Gestalt von Füchsen in Windeseile tiefe Löcher buddelten, in denen sie sich und ihre Beute versteckten. »Was meinst du, woher ich die vielen Halsketten habe?«, fragte sie. »Du glaubst doch nicht, dass ich vor einem Ehemann weglaufe, der mir solche Juwelen geschenkt hat?«

Ahng-wah antwortete nicht, sondern betrachtete prüfend Mays Gesicht, ihren spitzen Haaransatz und die langen Eckzähne, wodurch sie, wie sie selbst zugeben musste, ein wenig katzenhaft aussah.

»Na«, sagte sie. »Soll ich meine Schwestern rufen? Soll ich dir meinen Schwanz zeigen? Meine haarigen Hände?« Sie fuchtelte in der Luft.

»Nein!«, schrie er. Mit der Tochter des Dorfältesten war diese Frau nicht zu vergleichen.

»Dann gib mir meinen Beutel!«

Doch Ahng-wah lief, lief so schnell er konnte; und May saß schmutzig in der Gosse und musste ihren Kostbarkeiten hinterherschauen. Sie griff nach der Kette um ihren Hals, der einzigen, die ihr geblieben war.

Fünf Meilen bis Shanghai – höchstens eine Nachtreise; doch nur für jemanden wie Ahng-wah, jemanden mit Füßen, gesunden Füßen. May saß da und konnte ihr Herz klopfen hören. So ein Pech! Die wahre Grausamkeit des Seidenhändlers lag darin, dass er ihr nicht erlaubt hatte zu sterben; jedenfalls schien es ihr so. Sonst müsste sie sich jetzt nicht im Graben verstecken; hätte weder blaue Flecke noch Hunger oder Angst. Ihr blieb nur ein schwacher Trost: die ruinierten Schuhe. Als sie einschlief, sah May, wie die Seide unter dem Messer nachgab, ein Bild, das sie sich in anderen freudlosen Nächten ihres Lebens immer wieder vor Augen hielt.

Bei Sonnenaufgang füllte sich die Straße mit Verkehr in Richtung Stadt: Karren, beladen mit Paprika, Lauch und Eiern; ein Mann, wankend unter einem schweren Joch, an dem mit gefesselten Läufen vierzig lebende Hühner baumelten, flatterten, gackerten und ihren Dreck fallen ließen. Sie hatte Angst, jemanden zu bitten, sie mitzunehmen; sicher ließ ihr Ehemann bereits nach ihr suchen. Deshalb blieb sie in ihrem schützenden Laubdickicht im Graben. Eine weitere Nacht verstrich, ein Tag.

In der dritten Nacht, als May schon döste und ihr Bilder von zerrissener Seide durch den schmerzenden Kopf gingen, wurde sie mit einem Mal von einem eigentümlichen, ohrenbetäubenden Lärm gestört. Aufgeschreckt richtete sie sich auf, spähte über den Grabenrand und sah eine ungestüme, von Fackeln beschienene Gesellschaft nahen; Schatten sprangen im Lichtschein auf sie zu. Es war der ausgelassene, nächtliche Siegeszug eines Räuberkönigs. Seine staubige, ausgelassene Armee führte ein Sammelsurium erbeuteter Gegenstände mit sich: Kanonen, Armbrüste und Katapulte; eine Reihe gestohlener, schmutziger Esel stolperte vorbei, beladen mit dem Sattelzeug der Streitrösser. Das rostige, gepanzerte Gehäuse einer Kutsche wurde an einem Gewirr morscher Taue dahergezogen. Oben auf diesem erstaunlichen Gefährt thronte der Straßenräuber selbst, ungemein dick und fast nackt, nur mit einem Lendenschurz und einem offenen Gewand bekleidet, das seinen fettglänzenden Bauch freigab, in dessen Mitte der Bauchnabel, ähnlich wie bei Kindern, eigentümlich hervortrat – fast wie eine Brustwarze, wodurch der Bauch einer Riesenbrust glich, einer mit Gliedmaßen und Kopf, überlebensgroß und zweigeschlechtlich.

Dieser Mann fürchtete sich ganz bestimmt nicht vor ihrem Ehemann. Der trunkene Zug bewegte sich langsam voran, und May blieb Zeit, ihre Kleider auszuschütteln und ihr Haar zu glätten, bevor sie aus dem Graben kroch. Angesichts der Frau auf der Straße – und einer bildschönen obendrein, wenn auf Fackeln und Mondschein Verlass war – kam die seltsame Armee zum Stehen.

»Was bist du denn?«, fragte der Straßenräuber und traute seinen Augen nicht. Er sprach undeutlich, sah unscharf, so benebelt war er. Einer der Männer, die das Gefährt zogen, ließ sein Tau fallen, stützte sich auf die Knie und erbrach eine außerordentliche Menge Weins mitten auf die Straße.

»Ich bin …« Angesichts des chaotischen Zustands der Männer (und immer noch stolz, dass sie Ahng-wah mit der alten Geschichte hatte überlisten können) hatte May erwogen, ob sie sich als Botin des Siegesgottes ausgeben sollte;

doch dann beschloss sie, ihr Glück nicht herauszufordern. »Ich bin auf dem Weg nach Shanghai«, sagte sie, »und wenn das auch euer Ziel ist, bitte ich demütigst, euch bei eurem Siegeszug begleiten zu dürfen.« Sie verneigte sich sehr tief und wenig unterwürfig.

Der Straßenräuber musterte sie. Eigentlich hatte er zur Feier des Tages erst in Shanghai schöne Mädchen vorgesehen, doch wenn so ein Traumwesen direkt auf der Straße stand, wer konnte da Nein sagen? Was schadete es, wenn er bei seiner Ankunft in der Stadt so ein Täubchen bereits in der Hand hatte? Vielleicht würde es andere anlocken?

Die nächsten fünf Meilen zockelte May also neben dem Räuber daher. Immer wieder wurde Halt gemacht, man trank und amüsierte sich, und der dicke Führer dieser trunkenen Armee wollte nichts anderes von ihr, als dass sie sich seinen jüngsten Erfolg in allen Einzelheiten anhörte – wie er Weiler um Weiler in seine Gewalt gebracht und den Schreckensherrschern dort (die seiner Schrecklichkeit natürlich nicht das Wasser reichen konnten) den Garaus gemacht hatte. Prahlend berichtete er – aus Höflichkeit fragte sie nicht nach seinem Namen, und er verriet ihn auch nicht, weil er seine Bekanntheit voraussetzte – welch enorme List und welchen Mut seine jüngsten Überfälle erfordert hatten, und May hatte bald begriffen, wann sie in seine Pausen besser ein staunendes »Aah« oder ein »Und dann?« einwarf. Da sie sein Bedürfnis nach ehrfürchtig lauschendem Publikum befriedigte, belästigte er sie nicht weiter. Für May holperten die folgenden Stunden in geradezu geselliger Muße dahin. Als der Zug den Stadtrand von Shanghai erreichte, lehnte sie schläfrig an seiner Seite, doch beim Anblick der ungeheuren Häuseransammlung war sie plötzlich hellwach. War dies endlich die berüchtigte Stadt der tausend Gefahren und Möglichkeiten? Die vertraute ländliche Szenerie hatte breiten Straßen Platz gemacht,

Gebäuden mit Mansarden und Giebeln, Kuppeln und Balkonen, verwegen hoch und für aller Augen sichtbar – Häuser ohne Schutzmauern, weil die Bewohner offenbar keinen Schutz brauchten. Vielleicht wurden sie ja von den Göttern bevorzugt, oder aber sie hatten keine Angst und die himmlischen Ränke kümmerten sie nicht. May starrte einer Frau nach, die aus einer schwarzen Tür mit blankem Messingknauf und Klopfer heraustrat; sie hatte Haar von der Farbe eines Hühnereigelbs. Als der Zug anhielt, um einen Ochsenkarren passieren zu lassen, rutschte May von ihrem kriegerischen Gefährt herab.

»He!«, rief ihr Begleiter. Doch sie winkte nur und eilte entschlossen davon; sie nahm ihren ganzen Mut zusammen und ignorierte, so gut sie konnte, was ihr wie spitze Scherben unter ihren wunden Füßen vorkam, wie glühend heißes Eisen, Stacheln, Salz oder siedendes Öl. So ging sie auf und davon, und der Räuber machte keine Anstalten, ihr zu folgen. Sein Alkoholpegel hatte ihn schachmatt gesetzt.

May hockte sich auf einen Baumstumpf, spürte den Schmerz in ihren Beinen, die nächtelang auf dem breiten Rücken des Gärtners gespreizt, dann im Straßengraben gestaucht und in der Kutsche durchgeschüttelt worden waren. Sie war so weit wie möglich gegangen – kaum eine Viertelmeile. Entschlossen zerriss sie nun ihre letzte Halskette. Drei Perlenreihen, ein Hochzeitsgeschenk ihrer Mutter, das sie nie abgelegt hatte, nicht einmal an dem Tag, als sie sich erhängen wollte. Die Perlen waren groß und offensichtlich wertvoll; mit einer einzelnen erkaufte sie einen Platz auf einer Karre, wo sie sich zwischen Arbeiterinnen auf dem Weg zur Baumwollfabrik zwängte.

Je näher sie dem Stadtinnern kamen, desto größer und imposanter wurden die Wohnhäuser, die jedoch plötzlich von Geschäften abgelöst wurden. Nun gab es nur noch Geschäfte, Geschäfte jeder Art. Wo die Straße nach Ningpo die Straße nach Honan kreuzte, entdeckte May das große rote Schild eines Ladens, in dem sie womöglich die Überreste ihrer Kette verpfänden konnte. Sie hielt den Karren an, stieg mühsam ab, duckte sich unter der Fahne, die über dem Geschäft hing, und trat ein. Der Pfandleiher fertigte zwei Kunden ab, dann kam sie an die Reihe. Die Theke war über einen Meter hoch, und May musste sich recken, um alle Perlen, bis auf zwei, die sie, plötzlich von ihren Gefühlen übermannt, von der Schnur löste, auf die schmutzige Platte zu legen. Dann trat sie ein paar Schritte zurück und betrachtete den Pfandleiher hinter seinem Gitter. Er hatte sich eine Vergrößerungslinse vor ein Auge geklemmt und begutachtete ihre Habe; klickte die Perlen gegen seine maroden Zähne, um die Echtheit zu prüfen, und reichte ihr eine Quittung und weniger Geld, als erhofft. Zweimal zählte sie die Scheine durch, rollte sie zusammen und versteckte sie, bevor sie den Laden verließ, in ihren Kleidern.

Noch nie hatte May so viele Menschen gesehen, so viele verschiedene Menschen. Große Menschen, die aus großen Gebäuden kamen, mit braunem, rotem, gelbem Haar. Und Menschen mit schwarzem Gesicht. Alle bewegten sich zwischen der Menge der Einheimischen, der Chinesen, die May geschäftiger vorkamen als in den Dörfern, die hinter ihr lagen. Sie hockten am Fluss und wuschen Wäsche, aßen im Gehen, stritten beim Arbeiten, prügelten Hunde, rupften Hühner, immer, immer in Eile. Der hastige Pulsschlag Shanghais, seine hektische Ruhelosigkeit, als seien alle Bürger vom Wind des Verlangens erfasst und zappelten vor Erwartung – obwohl May erschöpft war, machte die Stadt sie hellwach.

Mit einem gefundenen Wäschestock hinkte sie langsam

zum Fluss, auf dem sich Barken, Fähren und Dschunken drängten; Zollhäuser größer als Tempel und prächtiger noch die Banken, zu deren Stufen Waren entladen wurden. May, gestützt auf ihren Wäschestock, konnte sich nicht satt sehen. Ein Kuli eilte über die Gartenbrücke, auf dem Rücken eine Harfe – eine vergoldete, zwei Meter große Harfe. May sah dem Mann nach, der unter seiner fantastischen Bürde keuchte. Sie begriff, dass sie einen Ort erreicht hatte, an dem alles möglich war.

Mit ihrem Geld buchte sie für eine Woche ein Zimmer im Hotel Astor, einem protzigen steinernen Kasten mit Blick über den Huangpu, gleich nördlich des Punktes, wo der Suzhou Creek mit seinem Schlamm in den undurchsichtigen gelben Fluss mündete. Den Preis ihres kleinen Zimmers betrachtete sie keineswegs als übertriebene Ausgabe, eher als notwendige Investition für eine Übergangszeit. Was würde ihr ein Monat in einem billigen Gasthof bringen? May brauchte ein gutes Hotel als Ausgangspunkt, um diejenigen zu beobachten, von denen sie lernen wollte.

KURZE GESCHICHTE EINES
WUNDERKINDS

Als der Zug weiter gen Westen rollte, boten die Elemente ein elegantes Schauspiel. Stürme hüllten das Äußere der Waggons in glänzendes Eis, und an den Fensterrahmen wuchsen silberne Zapfen. Der allein reisenden rothaarigen Dame, die an ihrem Tisch im Speisewagen Briefe schrieb, kam die Lokomotive wie ein Pferd in einem Leichenzug vor – nur der weiße Dampf hätte eigentlich respektvoll schwarz sein müssen. Die Dame, neununddreißig und unverheiratet, kehrte nach Paris zurück, nachdem sie in Wladiwostok die Angelegenheiten ihres kürzlich verstorbenen Bruders geregelt hatte; in ihrer auch sonst leicht morbiden Gemütsverfassung stieß sie überall auf Bilder des Todes. Diese behielt sie jedoch für sich. Die Briefe, die sie schrieb, waren nichts sagend und heiter, wie sie es als Mädchen von ihrer Mutter gelernt hatte. *Chère Lisette,* schrieb sie an eine Freundin in New York, *der Kaffee in dem berühmten russischen Zug ist so gut wie der Wodka! Gestern gab es Toastspitzen mit Kaviar und zwei Gläser Champagner zum Abendessen!*

Weder den Bankrott ihres Bruders erwähnte sie (er war Pelzexporteur gewesen, doch die Ansprüche seiner Geliebten hatten den Profit, den er im Zobelhandel machte, bei weitem übertroffen), noch dass er sich mit Blausäure vergiftet hatte. (Hatte es am Gift gelegen, dass seine Haut so unnatürlich weiß und glatt wie billige Celluloidkragen gewesen war, oder war es dem Klima zuzuschreiben?) Sie erwähnte auch nicht, dass sie es war, die den Leichnam waschen musste, um den sich bis zu ihrer Ankunft in seiner Wohnung hoch oben in der steilen, gewundenen Snamenski Straße niemand gekümmert hatte. Die Zimmer waren (zum Glück, musste man sagen) nicht geheizt worden, weil er im Vormonat die Kohlenrechnung nicht hatte bezahlen können. In dem Brief an ihre Jugendfreundin nannte die Dame aus Paris das Ableben ihres Bruders *einen Abschied, eine große Reise*; euphemistische Begriffe, die den Tod verschleierten.

Tatsächlich hatte sie, nachdem sein Geschäftspartner sie telegrafisch benachrichtigt hatte, bei Betreten seiner Wohnung den Leichnam an den Teppich gefroren vorgefunden. Dieser Teppich lag nun gereinigt, getrocknet, zusammengerollt und mit ihrem Adressschild versehen im Gepäckwagen zwischen der Tür und zwei blauen messingbeschlagenen Truhen, die Alice und Cecily Benjamin aus Shanghai, China, gehörten, wie zahlreichen Aufklebern und Anhängern zu entnehmen war.

Der rot-blau-schwarze Wollteppich war in Buchara handgefertigt und, abgesehen von zwei Silberfischlöchern, so gut wie neu. Er sowie ein Mahagoni-Schreibtisch, zwei Lampen mit Malachitfüßen und ein silberner Taufbecher mit den Initialen S.S.P. begleiteten die immer noch gefrorene Leiche ihres ehemaligen Besitzers (in einem erbärmlich billigen Fichtensarg – sie hatte ihre ganzen Ersparnisse für das Eisenbahnbillet ausgegeben). Mehr hatte die Dame aus Paris nicht vor dem gleichermaßen gierigen Zugriff der Gläubiger, Geschäftspartner und Geliebten retten können. Im letzten Augenblick hatte sie noch einen Muff gegriffen, der so groß war, dass sie zunächst dachte, es handele sich um eine zusammengerollte, dicke Katze. Wem der Muff gehörte, wusste sie nicht; hoffentlich der Geliebten. Sie hatte ihn auf einem Regal in der Speisekammer der Wohnung gefunden, zwischen zwei Büchsen mit altem Tee; und da jeder Zugreisende Anrecht auf eine komplette zollfreie Pelzgarnitur hatte, trug sie den Muff immer mit sich herum und hatte ihn in den vergangenen vier Nächten sogar mit in ihre Koje genommen. *Ich habe mir einen Zobelmuff gekauft*, log sie in ihrem Brief, *erlesen fein und weich, wie es ihn nur in Russland gibt. Aber wo sonst hat man so ein Ding auch nötig? Ich benutze ihn des Nachts, um mir im Bett die Hände zu wärmen. Die Polster in meinem Abteil sind aus grünem Brokat. Auf dem Schreibtisch stehen eine Leselampe und ein Tintenfass, das nie überschwappt, wenn der Zug schlingert. Und im Bibliothekswagen sind die Wände mit geprägter Ledertapete bespannt.*

Die Dame aus Paris tauchte ihren Federhalter in besagtes Tintenfass und beendete ihren Brief mit einer schnörkeligen Unterschrift – Beweis, dass sie Schreibzeug und gutes Papier zu schätzen wusste. Sie hieß Suzanne Petrowna. Vierzehn Jahre später würden sie und Alice Benjamin einander wieder begegnen, in Nizza, in der Avenue des Fleurs, 72. Auch wenn sie einander nicht mehr erkennen würden, würden sie in Erinnerungen an die Transsibirische Eisenbahn und deren üppige Schreibutensilien schwelgen. Suzanne würde sich nicht mehr an den Skandal erinnern – ein Mädchen, das von einem Offizier entführt worden war; und Alice würde die Dame, deren Hände meist in einem Muff steckten, bis dahin auch vergessen haben. Obwohl sie der französischen Dame nachspioniert hatte, sollte Alices Erinnerung an sie durch die gravierenden Ereignisse, die noch folgen sollten, verwischt werden.

Oben in der rosa Villa hinter dem schwarzen schmiedeeisernen Tor unterhielten sie sich an besagtem Abend in Nizza über Briefpapier – dass Suzanne blaue Tinte, Marke Waterman, und Alice schwarze bevorzugte. Suzanne würde einen der rotseidenen Bettschuhe, die Alices Tante gehörten, vom obersten Regal nehmen und May bitten, die Schuhspitze bei ihr zu benutzen.

Die Suzanne im Speisewagen wäre wahrscheinlich nicht in der Lage, sich ihr älteres Ich überhaupt nur vorzustellen, eine Person, die sich alle Kleider vom Leibe riss und theatralisch daherredend nackt durchs hell erleuchtete Zimmer schritt. Diese Suzanne hatte ihre Gemütsruhe restlos verloren; sie war weder behutsam noch umsichtig, noch war sie Herrin ihrer selbst. Sie warf mit Gegenständen um sich, von denen manche zerbrachen. Sie holte nicht die Trittleiter, um ans obere Regalbrett zu gelangen; wie in einem zerstörerischen, unwiderruflichen Rausch riss sie eine Schublade auf und stellte sich hinein, mitten in die sorgsam gefalteten Wäschestapel.

Enlève-moi! Suzanne forderte May auf, den roten Schuh zwischen ihre Beine zu stecken.

Enlève-moi: nicht das vulgäre *Baise-moi*, auch nicht das zornigere *Saute-moi*. *Enlever* war literarisch, ein Verb, das die belesene Suzanne, selbst wenn sie bei Verstand gewesen wäre, kaum benutzt hätte. Wenn sie sich alles Gewagte vorher wie üblich durch den Kopf hätte gehen lassen.

Eine ruhigere, vertrautere Suzanne hätte die Nebenbedeutungen von *enlever* überdacht. Sie hätte bedacht, dass es die Bedeutung von *plündern* beinhaltete; dass es auch *schälen* hieß, wie bei einer Orange. War es das, was sie wollte?

Zu jener Zeit – wenn nicht schon damals im Zug, ja sogar Jahre vor dem Tod ihres Bruders – war Unschuld nicht mehr gleich bedeutend mit Klarheit; Unschuld war Verwirrung. Nicht Freiheit, sondern Verstrickung. Und schließlich, 1927, auf der Avenue des Fleurs, 72, sollte Suzanne ihre Befreiung finden. In einem waghalsigen, wütenden, überschwänglichen Augenblick erkannte sie die Person, die alles ändern konnte. May.

Also hatte sie *enlever* vielleicht als Plünderung verstanden, als Verwandlung, denn Suzanne wollte – nicht unbedingt Sex, eher ein anderes Leben. Noch einmal von vorn anfangen, von Anfang an, unter anderen Umständen.

Suzanne faltete ihren Brief zusammen und stellte fest, dass die Gouvernante der Benjamins sich eine Pause gönnte und auf den freien Platz ihr gegenüber zusteuerte. Seit einigen Tagen hatte Miss Waters versucht, bei der Dame aus Paris ihre Französischkenntnisse aufzufrischen. Schließlich würde sie in einer Woche wieder in London und ohne Stelle sein.

»Darf ich mich zu Ihnen setzen?« Miss Waters nahm, ohne die Antwort abzuwarten, Platz.

Suzanne nickte, und bald ließ sie das übliche Frage- und Antwortspiel über sich ergehen: Fragen über die Ile de la Cité, den Place Vendôme, den Louvre, den Jardin du Luxembourg und alle übrigen Sehenswürdigkeiten ihrer berühmten Heimat.

»Erzählen Sie mir vom Eiffelturm.« Miss Waters Grammatik war korrekt, doch ihr Akzent war schottisch. Suzanne brauchte einen Augenblick, um sie zu verstehen.

»Ich habe ihn noch nicht gesehen. Nicht aus der Nähe. Aus der Ferne, ja.«

»Aber die Weltausstellung war doch vor – zwanzig Jahren!« Die Gouvernante warf Suzanne einen tadelnden Blick zu, so als habe sie eine wesentliche alltägliche Verrichtung unterlassen – zum Beispiel ihre Zähne nicht geputzt.

Suzanne nickte. »Sie haben Recht, natürlich.« Und sie erklärte, dass sie weit weg von allen Attraktionen wohne, fern der Seine, im schäbigen fünfzehnten Arrondissement, wo sie als Russisch-Übersetzerin ihr Brot verdiene. Sie und ihr Bruder hätten als Kinder viel Russisch gesprochen, weil ihr Vater, ein Akrobat, ursprünglich aus Kiew kam. »Mein Vater war mit einer Artistentruppe nach Frankreich gekommen, und er blieb für immer. Meine Mutter war die Tochter der Concierge im Haus gegenüber, in dem er ein Zimmer gemietet hatte. Und jetzt ist mein Vater – er ist weg, mein Bruder ist tot und meine Mutter auch. Ich bin allein.« Unbewusst nahm sie den Muff vors Gesicht, verdeckte ihren Mund, aber nicht die Augen.

»Ach«, stotterte Miss Waters ergriffen.

Suzanne begann zu weinen, es überraschte sie selbst, dass sie nach dem heiteren Brief plötzlich in aller Öffentlichkeit die Fassung verlor. Das passierte ihr manchmal – nicht absichtlich, doch was sie vor ihren wenigen Freunden verbarg, teilte sie mit Fremden. »Mein Bruder«, setzte sie zur Erklärung an, »mein Bruder lernte atemberaubend schnell Klavier spielen. Wir hatten kein Geld, kein Klavier, doch der Vater eines seiner Freunde war Musiker in einem Restaurant. Keine Kneipe, ein respektables Etablissement. Mit Leinentischdecken. Sergej verbrachte viele Nachmittage zu Hause bei seinem Freund, und eines Tages berichtete dessen Vater, dass Sergej sich ans Klavier gesetzt und gespielt hatte. Er hatte eine Sonate nachgespielt, die er den Vater des Freundes hatte üben hören.

Der Vater kam zu uns nach Hause und erklärte, Sergej sei ein Wunderkind. Was tun?, fragte er.« Suzanne starrte zum Fenster, betrachtete die Eisblumen auf der Scheibe. Mit dem Muff trocknete sie ihre nassen Wangen. Schweigen machte die Gouvernante ungeduldig.

»Wie ging es weiter?«, fragte sie.

Suzanne fuhr fort, ohne Miss Waters anzusehen. »Mein Vater verprügelte Sergej. Nachdem der Musiker weg war, schlug mein Vater meinen Bruder windelweich. Sergej versuchte, sich zu verteidigen; er weinte nicht, fiel aber schließlich auf alle viere. Und da trat mein Vater meinem Bruder auf die Finger.« Suzanne drehte ihr Gesicht weg vom Fenster, wieder zur Gouvernante hin; prüfend sah sie Miss Waters an, als suche sie in deren Augen nach einer Erklärung für die traurige Geschichte. »Es war das erste Mal, dass mein Vater in meinem Beisein gewalttätig wurde«, fügte sie hinzu. »Er hatte mich noch nie geschlagen, auch meine Mutter nicht, meinen Bruder nicht. Vor jenem Abend niemals. Obwohl …«

»Obwohl was?«, warf Miss Waters ein.

Suzanne schüttelte den Kopf. »Mutter liebte uns Kinder zu sehr. Besser, sie hätte das nicht so gezeigt und wäre zuerst Ehefrau und dann Mutter gewesen. Aber besonders klug war sie nicht, und unser Vater spürte ihre Hingabe uns Kindern gegenüber und war eifersüchtig, besonders auf Sergej. Manchmal streichelte Mutter Sergejs Hals, wenn er beim Essen saß, und dann hatte mein Vater diesen Blick. Grässlich, schlimmer als Wut. Hass.

Als der Musiker uns von Sergejs Können berichtete, las mein Vater wohl Stolz oder Hoffnung im Gesicht meiner Mutter, und das machte ihn wütend. Er hat sich nie wieder zurückverwandelt, mein Vater. Seit jener Nacht war er ein gewalttätiger Mann. Eines Tages verschwand er, Gott sei Dank. Wortlos.«

Miss Waters betrachtete ihre linke Hand. Mit dem Daumennagel kratzte sie an der Nagelhaut der übrigen Finger. »Was ist aus Ihrem Bruder geworden, seinem Talent?«

»Nichts«, sagte Suzanne.

»Gar nichts?«

»Er zog weg, von zu Hause und von Paris und schließlich aus Frankreich. Sobald er sich selbst ernähren konnte, zog er aus. Er nahm jede Arbeit an. Schuhputzen. Maurerarbeiten. Hilfstätigkeiten, die seine Hände ruinierten. Er spielte nie wieder Klavier. Als ich in seine Wohnung kam, hoffte ich, einen Flügel vorzufinden. So weit weg von zu Hause, meilenweit weg. Ich malte ihn mir genau aus, mit einem roten Fransentuch über dem Deckel, und auf dem Tuch standen eine Vase und eine Lampe. Ein Foto von unserer Mutter. Merkwürdig, wie deutlich ich es vor mir sah, denn diesen Flügel gab es nicht. Es gab ihn nur in meiner Fantasie. Und eigentlich tat Sergej überhaupt nichts, außer dass er die falschen Frauen liebte und sein ganzes Geld verlor.«

Wieder schwieg Suzanne, und die Traurigkeit, die ihre Geschichte geweckt hatte, erstickte jeden Kommentar, den Miss Waters hätte abgeben wollen.

Ein Löffel mit langem Stiel

Mays Zukunftsvisionen auf dem Rücken des Gärtners waren nicht unrealistisch gewesen. Sie wusste, dass sie eher Schönheit als Geschicklichkeit besaß, eher Mut als Ausdauer. Sie hatte vor, die Erfahrungen mit ihrem Ehemann zu nutzen und sich einen Kreis von Kunden zuzulegen; deshalb mietete sie, nachdem sie spät aufgestanden, erst mittags gefrühstückt und gegen Abend ihr Mittagessen eingenommen hatte, an allen sieben Tagen der Woche eine Rikscha und ließ sich langsam die Kiangse Road auf und ab fahren, wobei sie das Kommen und Gehen vor den Bordellen beobachtete. Sie wollte herausfinden, in welchem die gut situierten Männer abstiegen, Männer, deren Rikscha-Boys gut ernährt aussahen, Männer mit eleganter Kleidung, offenen Gesichtern und ehrlichem, nicht verklemmtem und verschämtem Blick.

Wieder im Hotel, setzte sie sich in die Lobby und beobachtete das Kommen und Gehen der Europäer; Männer, zumeist, in dunklen Anzügen, mit glitzernden Uhrketten, Gesichter mit modisch getrimmten Bärten. Aber es gab auch ein paar Frauen, in tristes Blau oder Grau gekleidet. Was für große Schritte sie machten! May horchte auf das Absatzgeklapper – es klang wie Getrappel von Pferdehufen. Sie schloss die Augen, lehnte den Kopf gegen das Sesselpolster und lauschte. Trotz ihrer farblosen Kleidung faszinierten diese Frauen May, ähnlich wie Vögel, deren Gefieder, je nachdem, stumpf oder schillernd schien.

May hielt ihre Aktivitäten nicht für ungefährlich: hoch erhobenen Hauptes, ohne Kopfbedeckung, durch die Straßen zu fahren; Mußestunden in der Lobby. Was, wenn der Seidenhändler sie suchen ließ? Was, wenn er mit dem *chen chang* Kontakt aufgenommen, Polizei und Spitzel auf sie angesetzt hatte? Obwohl May sich zur Vorsicht mahnte, empfand sie keine Angst; und in der Lobby sitzen zu können, war eine zu große Versuchung. Sie musste einfach die Frauen ansehen, dem schönen Klang ihres Gangs lauschen. Aber immerhin war der Seidenhändler nicht dumm, und jung war er auch nicht mehr. Womöglich war er dankbar, dass Mays Flucht seinen häuslichen Frieden wiederhergestellt hatte.

Oben in ihrem Zimmer stand May am Fenster und beobachtete, wie das schmutzige Wasser des Suzhou Creek in den Huangpu mündete. Licht von der Straße fiel auf die Oberfläche, flackernd wie Laternenschein. Die Geräusche des Wassers, das Schwappen und Klatschen der Strömung, hörte sie erst lange nach Mitternacht, wenn der Verkehr auf dem Bund und dem Fluss verebbte.

Spring!, dachte sie jedes Mal, wenn sie die Garden Bridge überquerte – was sie selbst überraschte. Schließlich war die Flussmündung voller Boote, und auch wenn sie nicht schwimmen konnte, irgendwer würde sie gewiss aus dem Wasser ziehen, bevor sie darin verschwand. Außerdem war sie nicht der Typ dazu. Springen war nicht ihre Sache.

Um solche Hirngespinste endgültig zu vertreiben, zelebrierte May an ihrem letzten Abend im Hotel ihre eigene Beerdigung. Aus Furcht, ihr Zimmer in Brand zu stecken, ging sie dafür aufs Dach, verschaffte sich durch Bestechung Zugang. Das Zimmermädchen, das ihr die Dachbodentür öffnete, hockte sich hin und schaute still zu, wie May frisch gebadet, ganz in Weiß, ihre Einkäufe ausbreitete. Da sie Trauernde und Betrauerte zugleich war, entschied sie sich für einen Kompromiss, was die Zeremonie betraf; sie löste ihr Haar und steckte sich die beiden letzten Perlen ihrer einstigen Halskette in den Mund.

»Möchtest du mir helfen?«, fragte sie.

»Wer ist denn gestorben?«, fragte das Mädchen.

»Ich.«

Das Zimmermädchen schüttelte den Kopf. »Ich bin aus Hangchow«, sagte sie. »Da tun wir so was nicht.«

May zuckte die Achseln. Sie kniete vor dem Teller mit Reis und Schweinefleisch, den sie bei einem Straßenhändler gekauft hatte. Sie schrieb den Namen, den ihre Mutter ihr gegeben hatte, auf festes Hotelbriefpapier – Chao-tsing oder Morgenstern, denn sie war kurz vor Morgengrauen geboren worden. Dann verbrannte sie den Namen, zusammen mit einem dicken Stapel Geistergeld, einem Bündel Räucherstäbchen, einer goldenen Sänfte, sieben goldenen Papierkleidern und sieben Paar goldenen Papierschuhen: alles, was ihr altes Ich bei seiner Reise durch die nächste Welt womöglich benötigte.

Die Sänfte war keinesfalls klein, und als sie damit durch die Hotellobby gegangen war, hatte sie befürchtet, der Portier würde ihr verbieten, sie nach oben zu tragen. Doch er schaute nicht einmal von seiner Zeitung hoch. Er war Europäer und wäre wohl kaum auf den Gedanken gekommen, dass sie vorhatte, die Sänfte zu verbrennen.

Der Feuerschein auf dem Hoteldach ließ Mays Gesicht aufleuchten. Die großen Lettern ihres Namens, deren schwarze Tusche noch nicht ganz getrocknet war, zischten und glühten grün; dann rollte sich das Papier wie trocknes Laub. May sah zu, wie die Papierkleider, die Schuhe und die Sänfte Feuer fingen und zu Asche zusammenfielen. Wie schnell der Übergang von einer Welt in die andere vonstatten ging. Sie hatte sich kein Papierhaus besorgt, kein schützendes Heim für Chao-tsing – so unmöglich schien ihr die Wiederkehr. Sie schickte sie auf Reisen zu den Geistern, fort, immer nur fort.

Sa. Paj. Jer. Sa pai jer. Sapaijer. Die Silben schwirrten ihr unablässig durch den Kopf. Eines der letzten Rituale, die May mit ihrer Mutter vollzogen hatte, war das abendliche Ausstreichen des Breis gewesen, *sa pai jer,* für die hungrigen Geister. Die Hausbewohner hatten die Feierlichkeiten zum siebten Monat begangen und jeder, bis hinunter zum niedersten Dienstboten, hatte den Kessel im Hof gerührt. Alle waren sie mit einer dampfenden Schüssel in der einen und dem Löffel in der anderen Hand durch die Stadt gezogen und hatten am Rand des Friedhofs die Erde mit Brei bestrichen. Die Leute hatten Weihrauch entzündet und Geistergeld verbrannt, und alle hatten die Geister gelockt, sich satt zu essen und die Taschen voll zu packen, bis zum nächsten Jahr. Chao-tsing würde nun zu ihnen gehören; von ihrem geehrten, in ganzer Pracht zwischen seinen Ahnen ruhenden Vater nur durch die Friedhofsmauer getrennt; sie dagegen lag allein im Dunkel.

Da May zur Trauermusik weder Flöte noch Trommeln besaß, spitzte sie die Lippen und flötete, spürte, wie die Perlen gegen ihre Zähne klickten. Das Mädchen aus Hangchow beobachtete sie. Sie hatte im Hotel Astor schon viele Verrücktheiten erlebt; dies war eine mehr in ihrer Sammlung.

Von da an nannte May sich May-li. *May-li* bedeutete *schön*; sie hatte den Namen gewählt, weil sie sich immer noch vom Gärtner beleidigt fühlte, der sie hässlich genannt hatte. Der Name war zwar nicht einfallsreich, aber er war praktisch. Gab es einen besseren Namen, um ein neues Leben zu beginnen? May, fand sie später heraus, so hieß im Englischen der wärmste Frühlingsmonat. Das Wort bedeutete auch Möglichkeit, wenn nicht sogar Hoffnung; die Erlaubnis voranzugehen.

Als die Sonne über dem Fluss aufging, stand sie am offenen Fenster und schaute zu. Sie hatte nicht geschlafen, nur dagesessen und auf Licht gewartet. Nun wusch und band sie ihre Füße, zog ihre besten Schuhe an; nicht jene, in denen sie fortgelaufen war, sondern das einzige Paar, das sie mitgebracht hatte und das sie damals bei ihrer hastigen Heirat trug. Sie zog einen neuen Cheongsam über und frühstückte in der Lounge im dritten Stock an einem kleinen Ein-Personen-Tisch. Um elf nahm sie keine Rikscha, sondern eine Kutsche zu Madame Grace, wo man sie nach einigen Bedenken anstellte. Das war im Jahr 1893.

»Ihr Gesicht ist wunderschön, aber unglücklich«, warnte Graces chinesische Geschäftspartnerin, nachdem sie May ausgefragt und untersucht hatte.

»Schönheit bringt Glück«, sagte Grace.

Die Chinesin schnaubte. »Ich hoffe, du hast Recht. Jedenfalls ist sie unberührt. Das ist immerhin etwas wert.«

»Das ist eine ganze Menge wert. Dieser Beardsly oder Bromly – der vom Zollamt – der wollte doch eine Chinesin. ›Eine unberührte‹, wie er so schön sagte.«

Die Partnerin nickte stumm und runzelte die Stirn. Irgendetwas stimmte nicht an dieser Jungfrau, sie hatte sich so unjungfräulich ausgezogen. Diese May-li hatte etwas Hochmütiges, wie ein Mädchen aus wohlhabendem Haus, dennoch hatte sie ihr Kleid aufgeknöpft, als hätte sie nie eine Dienerin gehabt. Hatte keine Miene verzogen. »Die auch?«, hatte sie gefragt und auf ihre Fußbinden gezeigt.

»Nein.« Die Partnerin war schockiert. Welche Chinesin würde, selbst gegen Bezahlung, freiwillig ihre Füße zeigen?

Ohne Zögern hatte May sich auf die Couch gelegt und ihre Beine gespreizt. Die meisten Neulinge in diesem

Gewerbe hielten sich trotz – oder gerade wegen – ihrer unschicklichen Ambitionen die Hände vors Gesicht. Eine junge Kantonesin hatte die Augen zugekniffen und sich die Finger in die Ohren gesteckt, erwartete wohl eher eine Explosion als eine schnelle Untersuchung.

»Wovor läufst du weg?«, wollte die Chinesin wissen, als May sich wieder angezogen hatte.

»Vor dem Schicksal«, sagte May nach einigem Überlegen.

Die Chinesin runzelte die Stirn. »Viel Glück«, sagte sie. »Dem ist noch keiner entkommen.«

May lächelte, sagte nichts. Schweigen schien sie nicht zu verunsichern – nichts schien sie zu verunsichern –, auch das beunruhigte die Chinesin. Wie unerfahren war das Herz in diesem kühlen Seidenleibchen tatsächlich?

Die Treppe hinab rief die Frau nach dem Küchenmädchen und bestellte Tee und Teeschalen. May schaute zu, als sie einschenkte und ihr eine Schale reichte. Ohne zu trinken stellte May die Schale ab.

»Ein Drittel dessen, was du einbringst, gehört dir. Davon bezahlst du dein Zimmer und die Wäsche. ›Unfälle‹, Arztbesuche sind auch deine Sache. Essen gibt es umsonst. Einen Tag und einen Nachmittag wöchentlich hast du frei. Wenn du nach einem Jahr noch bei uns bist, erhältst du von deinem Verdienst die Hälfte.«

Nach einer wohl überlegten Pause – sie wollte nicht zeigen, wie dringend ihr die Sache war – nickte May. Dann tranken beide Frauen ihren Tee.

»Hast du Fragen?«

»Eine Bedingung«, erwiderte May.

Die Chinesin stutzte. »Die wäre?«

»Ich werde nicht … Ich tu alles für einen *na guo ning*« – einen Fremden –, »Engländer, Franzosen, Russen. Ein Schwarzer aus Afrika, meinetwegen. Aber« – May streckte ihre Hand erst nach der Teeschale aus, zog sie dann schnell wieder zurück –»Chinesen fasse ich nicht an.«

»Gut«, sagte die Partnerin nach einer Weile nachdenklich. »Wenn du dir das leisten kannst, ist das deine Sache.« Sie erhoben sich von ihren Plätzen – auf dem Tisch die dampfenden Schalen – und verneigten sich.

In der ersten Woche sah May nur zu. Dies war Graces übliche Methode, eine Prostituierte anzulernen, und das ohne Verlust; es gab immer Kunden, die für Publikum extra bezahlten, besonders wenn die Zuschauerin so hübsch und offensichtlich bei der Sache war. Mays Lehrmeisterin war eine Amerikanerin, Helen aus San Francisco. Bis sie sich als Voyeurin ihr eigenes Zimmer verdient hatte, schlief sie hinter einem gelben Vorhang in einer Ecke bei Helen.

May, sonst an Bedienstete, Lacktischchen, seidenbespannte Zimmerwände und Cloisonnéschüsseln gewöhnt, besaß nur eine einzige neue Bluse, eine neue Hose, ein Seidenkleid und einen Schal sowie ihre abgetragene Reisekleidung. Ihre Schuhe. Zwei Perlen. Eine geliehene Decke. Die Wand neben ihrem Bett war sauber, aber schmucklos. Morgens drang ein Streifen Sonne durch den Vorhang und kroch über den Verputz. Kam das Licht genügend schräg, traten die Rauheiten hervor. Bevor sie aufstand, berührte May die Wand; mit ihren Fingerspitzen fuhr sie über die kaum sichtbaren Unebenheiten.

Helen verstand genügend Mandarin, um sich mit ihrer Schülerin zu unterhalten, wenn auch nur in groben Zügen; und May lernte Englisch. Sie lernte schnell. Hatte die Ältere einen Kunden, schenkte May der Sprache mehr Aufmerksamkeit als den Liebesdiensten. Sie saß auf ihrem Bett bei geöffnetem Vorhang und lauschte den fremden Worten von Helens Lippen, kurze Worte wie *arm* und *take* und längere, *absolutelydarling*. Stumm formte Mays Mund die

Laute nach, den Rest übersah sie. Beim Seidenhändler und ihrer Magd hatte sie genug erfahren, sie wusste, was man von ihr verlangte. Wie ihre Arbeitgeberin richtig vermutete, war ihre Tugend rein technischer Natur.

Helen berichtete May, dass manche Männer fragten, ob sie bete, stumme Gebete sprach. May lächelte. Wie dumm Männer oft waren, wie selbstbezogen. Gebete. Als seien Männer so Furcht erregend.

Den letzten Rest der Nacht hätte Helen gern verschlafen, doch häufig ließ sie sich von May überreden und setzte sich mit ihr an den Tisch beim Fenster; benannte alle Gegenstände, auf die May zeigte: Fensterladen und Fensterbank und Türgriff, Wasser und Seife, Haarbürste, Leibchen, Schuh, Unterrock, Stiefelhaken, Spielkarte, Schleifenband. May gab Helen einen Stift, und Helen schrieb die englischen Worte auf ein Blatt Papier, bis ihr die Augen fast zufielen. Dann legte sie das Papier beiseite, ging ins Bett und vergrub ihren Kopf vor dem Morgenlicht und dem erwachenden Straßenlärm der großen Stadt Shanghai.

Bald hatte May den Traum aller Prostituierten begriffen: einen reichen Freier, der sie ganz für sich haben wollte und ihr eine eigene Wohnung mit Dienstboten, Küche, Kleidern verschaffte. Wenn dieser Mann Engländer (oder Franzose oder Deutscher war, wobei die Engländer wohl das meiste Geld hatten), dann musste May seine Sprache lernen. *But-ton-hook. Play-ing-card.* Sie flüsterte die Worte und stellte sich ihre Wohnung vor – hoch über den Straßen, blau gestrichene Räume, ein niedriger Lacktisch mit weißen Teeschalen darauf, aus Porzellan, so dünn, dass das Licht durchschien.

Als Gegenleistung für den Englischunterricht erbot sich May, Helen chinesische Zeichen beizubringen, doch die Amerikanerin winkte ab: *Schon gut!*

»Nein«, korrigierte May. »Nicht, hm ... Nicht, hm ...«
Sie wusste das Wort nicht.

»Nützlich«, sagte Helen. »Nicht nützlich.«

May nickte. »Nicht nützlich«, wiederholte sie.

May bekam ihren Raum hoch über der Straße. Grace und
ihre Partnerin verfrachteten sie in ein Zimmer fünf Treppen hoch. Zwar war es nicht blau gestrichen, aber es war
ihrs, jedenfalls so lange sie die Miete verdiente. Dort arbeitete sie täglich außer donnerstags. Acht Stunden nach
ihrem Umzug verkaufte sie ihre Jungfräulichkeit an Mr.
Barnes vom Zollamt, bot sich ihm scheu dar und wim-
merte wohl dosiert vor Unschuld, Schmerz und erwa-
chender Lust – Laute, bei denen sie sich insgeheim Bilder
vorstellte, die sie sich viele Male ins Gedächtnis gerufen
und ausgemalt hatte: Bilder zerbissener, aufgeschlitzter,
besudelter roter Schuhe.

Zusätzlich zum Aufpreis für Mays intakte Jungfräulichkeit belohnte Mr. Barnes ihre gelehrigen Reaktionen
mit einem großzügigen Trinkgeld. Am nächsten Morgen
steckten Banknoten zwischen Schuhen und Fußbinden.
May zog das Laken vom Bett, betrachtete den Blutfleck,
der nicht mehr rot, sondern ein schamhaftes, beinah reu-
iges Braun war. Sie schloss daraus, dass sie einen Punkt
erreicht hatte, der, wenn nicht Gerechtigkeit, so doch Genugtuung brachte. In wenigen Tagen war ihr freier Nachmittag, und sie wusste bereits, wo sie sich ein Lexikon
kaufen würde.

Jeden Tag stand sie am Mittag auf und verbrachte so
viel Zeit wie möglich mit Lesen. Sie lernte englische Grammatik, sie lernte Französisch und europäische Geschichte.
Obwohl es ihre Profession forderte, dass sie eine »Einheimische« blieb, ein herkömmliches leichtes Mädchen, brach
sie mit Traditionen und selbst mit Erinnerungen an ihre

Familie. Mit Englisch oder Französisch trieb May sich ihr Chinesisch aus. Gedanken an Chu'en oder Yu-ying verscheuchte sie mit der Lektüre eines Kapitels aus *Das Reich der Mitte*. Statt Klößen aß sie Toast, statt Bohnenpaste Marmelade, statt grünem trank sie schwarzen Tee. Sie zwang sich, ihren Schutzgott zu vergessen, die Festtage, die ihre Mutter und Großmutter eingehalten hatten. Sie überging den Todestag ihres Vaters; weigerte sich, den Ahnen zu opfern. Und als Neujahr kam, verbarg sie sich vor Feuerwerk und Löwentänzern; kein einziges Räucherstäbchen entzündete sie zur Feier des Tages.

Nur ihre Träume blieben beharrlich chinesisch, voll Aberglauben. Immer wieder träumte sie vom Herrscher der Hölle; er saß auf einem Thron, einen Stapel Bücher auf dem Schoß. Er sah gütig aus, ein lieber Onkel, und kniff ihr mit solcher Hingabe in ihre künstlich rote Wange, dass sie gleich wusste, was er vorhatte. Er studierte die Schrift und erklärte ihr die Gesetze der nächsten Welt: Nach ihrem Tod würde eine Frau unter ihren irdischen Partnern aufgeteilt. Er zeigte May die Textstelle und das Schwert, mit dem das Gesetz vollstreckt wurde. *Aber was*, fragte er, *soll ich mit dir tun?*

Nun, sagte sie achselzuckend, *Ihr müsst mich einfach in Stücke hauen.*

Er nickte. *Schade, dass deine Schönheit geschändet wird*, klagte er zum Spaß und streichelte die Wange, die er eben noch gekniffen hatte.

Wer ist der Schänder?, dachte sie. *Du oder ich?* Aber sie sagte nichts.

May fühlte im Traum keine Furcht, kein Bedauern. Sie empfand eine große Distanz; als ob sie mit dem Höllenherrscher ein frisch geschlachtetes Huhn begutachtete, bevor sie es zusammen tranchierten.

Sieben Jahre arbeitete May, ohne ihren idealen Freier zu finden. »Deine Schuld«, erklärte Helen. »Weil du nicht mit einem Chinesen gehen willst.«

Natürlich war *Chinesisch-Sein* das Problem, und zwar Mays. Für Europäer war sie wie eine exotische Speise, eine, die sie nicht ungern kosteten – aber jeden Tag? Sicher, May hatte Stammkunden, Männer, die sie mit Vergnügen ein, zwei Mal im Monat besuchten; die hinterher bei ihr saßen und ihr bei ihrem Englisch oder Französisch halfen; die ihr Bücher statt Bonbons schenkten – doch selbst diese Männer wollten keine Chinesin als Geliebte. So wie sie auch nicht jeden Abend geschmorten Aal essen wollten, oder Reisnudeln in scharfem Öl.

Was konnte May schon dagegen tun? Sie hatte sich inzwischen noch weiter von ihrem alten Ich entfernt.

Sieben Jahre. Sieben Winter in Shanghai, rau und grau mit trostlos schmutzigem Schnee. Sieben Mal feuchter Frühling und drückender Sommer. Sieben Mal Herbst. In einem Jahr bekam sie einen juckenden Ausschlag an den Oberschenkeln und dann eine nicht enden wollende Grippe. Im nächsten Jahr war sie schwanger, und der Arzt stattete ihr einen Besuch ab – der sie so teuer zu stehen kam, dass sie sich fürs Erste keine neuen Kleider leisten konnte.

May lag eine Woche im Bett, dann zwei, drei, ohne Schmerzen. Ohne richtige Schmerzen. »Um Himmels willen, das ist uns allen passiert.« Helen saß am Fußende. »Ein Rechenfehler.« Durch die Laken drückte sie Mays Fuß, eine freundliche Geste, ließ aber los, als sie die Bandagen fühlte. »Stehst du morgen auf?«, fragte sie. »Versprochen?«

May nickte.

Wie sollte sie die Gedanken an den langen gynäkologischen Löffel verjagen, der so sehr dem Besteck glich, mit dem *sie* aßen? *Sie?* Sie, May, auch. *Sie* war jetzt eine von ihnen. Sie war eine Fremde, fremder als die anderen.

Wie eiskalt und schnell es ging – die »Prozedur«. Ein bisschen Morphium, und dann, wie der Doktor sich ausdrückte, »ein schönes, kleines Schläfchen«.

Das einzige Problem war das Erwachen, aus dem Schlaf auftauchen wie aus einem dunklen See. Luftholen. Unfähig, die Erinnerung an Yu-yings Fruchtbarkeitsrituale zu ertränken; beim Erwachen festzustellen, dass die lange Kürette ihren Stolz angekratzt hatte. Wie hatte sie nur die jämmerliche Schande ausgehalten – ihre Versuche, den Samen des Seidenhändlers zu horten?

»So schlimm ist es doch gar nicht.« Helen sah bestürzt zu, wie May sich in ein Becken übergab. Sie kannte Mays Vorleben nicht und schüttelte den Kopf. »Den meisten Frauen ist vorher übel, hinterher ist es wieder gut.«

May sah auf, ihr Gesicht so weiß wie ihre Fußbinden. »Wenn du so weitermachst, wirst du noch hässlich«, sagte Helen.

Doch so weit kam es nicht. May besann sich auf ihre Fähigkeit, Verzweiflung in Wut zu wandeln. Und Wut half ihr, belebte, richtete sie auf. Außerdem hatte die ganze verflixte Geschichte, der »Rechenfehler«, doch auch eine gute Seite: oder besser zwei. Opium, fand May, war fast so gut wie Morphium, um Trost und einen Ausweg zu finden, obwohl sie beim ersten Mal einen Weinkrampf bekam, so sehr erinnerte sie das Rauchen an ihre Mutter.

Romane waren da zuverlässiger. Besonders *Madame Bovary*; May las wie im Rausch. Emmas Geschichte interessierte sie nur am Rande, weil die Heldin nach hingebungsvoller Lektüre sich unbesonneneren Leidenschaften widmete; ihr Mitgefühl galt Charles: dem Misslingen seiner Fußoperation. Nächtelang lag May, den Schlaf herbeisehnend, hellwach und malte sich aus, einen Arzt wie

Bovary zu heiraten. Wenn sie dann einschlief, ließ sie im Traum (ohnmächtig, gelähmt), Bovarys Heilkünste über sich ergehen, wie der unglückselige Hippolyte mit seinem Klumpfuß. Der Arzt-Ehemann bugsierte ihre verkrüppelten Füße in kleine Behälter aus Holz und Blech; zog die Schrauben an, bis ihr Ohnmacht und Tod drohten. Ein Tod, dem sie nur durch eine Amputation entgehen konnte.

May wusste, dass ihre Füße sie zwischen den Welten hielten. In ihren roten Schuhen balancierte sie zwischen Ost und West, China und Europa, Elend und Glück. Selbst ihre Stammkunden, Männer, die ihr hündisch das Gesicht ableckten, sie auf die Augenlider küssten und beim Lieben vor sich hin murmelten – ihr Geschlecht selbst nach Jahren immer noch steif vor Lust, wenn sie zu ihr kamen –, selbst diese Männer weigerten sich, etwas derart Verwirrendes wie Mays Füße zur Kenntnis zu nehmen. Leisteten sie ihr Gesellschaft, sahen sie nie zu Boden, nie ans Fußende des Bettes. Und wenn sie vorschlug, die Binden zu lösen, wechselten sie das Thema, oder sie gingen.

SÉANCE

Westsibirien. Durchs Fenster der Blick auf ein Land mit gelben Seen, schwarzem Schlamm. Alice sah die Gleise als Silberlinie durch Schmutz und Gras verlaufen. Kamele zogen durch den Matsch, zottig und gelassen, vollkommen unerwartet; als hätten sie sich in diese zu kühle Gegend verlaufen. Die Städte, die der Zug passierte, rochen nach Talgsiedereien.

Alice schlief tagsüber, und nachts war sie hellwach. Im Dunkeln spiegelten sich die Zugscheinwerfer in der fett-schimmernden Oberfläche eines Flusses. Die Lokomotive pfiff wie aus Herzenstiefen einen Klageton; und das Rattern der Räder schien ihr intensiver als tagsüber. Wochen, sogar Monate später, im Schlafsaal in Miss Robesons Akademie für junge Damen spürte Alice im Liegen noch das Rattern. Setzte sie sich auf, pochte das Blut in ihren Schläfen, und sie öffnete den Vorhang um ihr schmales Bett – erwartete den Blick aus dem Fenster auf die leere blaue Weite der zuge-frorenen Sümpfe. In der Schule schlief Alice wie in der schmalen Koje, als wolle sie beim Pfeifenschrillen bereits angezogen die nächste Station in Augenschein nehmen.

Tomsk! Omsk! Toboltz!
Ilka, Schilka. Chichma, Ufa.
Zagladino, Abdulino, Ust-Kataw!

Die Transsibirische Eisenbahn beförderte tatsächlich Seelen zwischen den Welten. Sie transportierte sie über alle Vernunft hinaus ins Reich der Poesie.

Der Zug war jetzt gut besetzt, alle Abteile belegt. In Toboltz stieg Madame Veronica zu, eine Spiritistin, die gleich verkündete, dass sie schon am selben Abend nach dem Essen im Bibiliothekswagen eine Séance abhielte. Sie versprach Suzanne Petrowna, den Geist des toten Bruders herbeizurufen. Frisch Verstorbene waren immer eine große Hilfe; die Leiche im Gepäckwagen, wie der rollende Zug, ein besonderer Reiz.

»Geister mögen Fahrzeuge. Schiffe. Züge. Alles, was nicht fest steht«, erklärte sie.

Als der Hauptmann dies hörte, schob er seinen Teller mit dem Lammbraten, den er noch nicht angerührt hatte, beiseite. »Darf ich, wenn Sie so freundlich sind, Sie um eine kleine Unterredung bitten?«, sagte er zu Madame Veronica und zog sie mit sich fort.

Im Speisewagen befand sich ein Klavier, auf dem nie gespielt wurde. Es war mit einem blau-grauen Tuch bedeckt. Die Russen rauchten, auch die Frauen: dicke Zigarren, dünne Zigarren und lange, schwarze Zigaretten in Zigarettenspitzen. Der Rauch stieg zur Decke, wo er hängen blieb. Die Ober stapelten schmutziges Geschirr auf dem Klavierdeckel. Madame Veronica nahm auf dem Klavierschemel Platz; Litowsky berührte die Noten auf dem Ständer. »Ich habe ...«, er räusperte sich. »Ich hatte eine Tochter«, sagte er. Die Gefühle überwältigten ihn, so schwer fiel ihm der Satz.

»Ja«, Madame Veronica nickte. »Ich weiß. Sie ist verstorben.«

»Ja!«, sagte er. »Erstaunlich! Das ist ... ich habe ... Wissen Sie, ich glaube, ich habe sie hier im Zug gesehen!« Litowsky zog seine Offiziersmütze ab und hielt sie so, dass

Madame Veronica unter einem durchsichtigen Celluloid-
streifen innen im Rand die Fotografie eines etwa vier-
zehnjährigen Mädchens sehen konnte. Das Mädchen trug
langes dunkles Haar, das von einem breiten weißen Band
zurückgehalten wurde. Sie hatte dunkle tief liegende Augen
und einen vollen Mund; über dem linken Mundwinkel saß,
genau wie bei Alice Benjamin, ein Muttermal; eins, das
dem Mund etwas eigentümlich Wissendes, Erotisches gab
– als erwarte sie, selbst so still vor der Kamera posierend,
letztlich ihren Tod.

Madame Veronica betrachtete Litowsky mit professio-
neller Freundlichkeit. Sie hatte zum Essen ihren Hut nicht
abgelegt; dessen lange schwarze Federn verliehen ihr etwas
von einem aufgescheuchten Hirschkäfer.

»Wissen Sie, oder, ich meine … Sie starb bei … im Zug.«

»Natürlich!«, sagte Madame Veronica. Sie ergriff seine
beiden Hände. »Heute Abend. Im Bibliothekswagen.«

»Eine Schande! Eine absolute Quacksalberin!«, sagte Miss
Waters zur Mutter der Mädchen, die sich fürs Bett fertig
machten.

»Ja«, sagte Dolly Benjamin und nickte. »Im Bibliothekswagen?«

»Heute Abend! Und der Hauptmann ist auch nicht bei
Trost und macht bei dem Theater mit. So weit ist es mit
der russischen Armee gekommen, kein Wunder, dass das
ganze Land dem Ruin nahe ist. In der Zeitung stand, dass
mehrere hundert Leute bei der letzten öffentlichen Rede
des Zaren zu Tode getrampelt wurden. Die Armee konnte sie nicht beruhigen. Es ist …«

»Ich wundere mich, dass dieser diensteifrige *prowod,
prow*… wie heißt der Schaffner noch?«

»*Prowodnik.*«

»Genau der. Wieso erlaubt er das?«, wollte Dolly wissen.

Miss Waters schnalzte verächtlich.

Die Schwestern lagen regungslos in ihren Kojen und horchten auf die Schritte ihrer Mutter im Nachbarabteil. Das Schnappen des Kosmetikkofferschlosses, das Schütteln einer Pillenflasche. Dolly traute dem Wasser im elektrischen Samowar nicht. Um ihre Tabletten einzunehmen, öffnete sie eine Flasche Mineralwasser. »Verflixt!«, hörte Alice sie ausrufen, als der Kronkorken klemmte.

Es lag nicht nur daran, dass Dolly schon so lange in China lebte. Ihre Mutter war nach der Geburt der Schwester an Kindbettfieber gestorben, und von da an hatte sie bei Krankheiten immer eine Panik ergriffen. Als Braut hatte sie über ihren Vater und das Büro des Heiratsvermittlers in Sydney anfragen lassen, ob ihr zukünftiger Ehemann in seinem Hause ein Wasserklosett besäße und in der Küche einen amerikanischen Milchkocher. Und ob er bereit sei, jährlich zu verreisen, im Fiebermonat Juli, wenigstens bis Japan, in die Berge – gern an den Chusenij-See. Und in Shanghai gäbe es doch sicher einen koscheren Schlachthof, eine Feuerwehr, europäische Krankenhäuser und *accoucheuses*? Gab es wirklich keine Pocken mehr? Wohnten die chinesischen Dienstboten auch auf Mr. Benjamins Grund und Boden? Kam das Wasser aus dem Brunnen oder aus dem Fluss? Besser gesagt, war der Huangpu nicht mit großen Mengen menschlicher Exkremente verseucht? Und, bevor sie es vergaß, ohne Mr. Benjamins Versprechen, dass ihre Verwandtschaft sie besuchen durfte, war die Vorstellung, Australien per Schiff zu verlassen, für sie undenkbar. Sie hoffte auf sein Verständnis, sie hatte immer in Sydney gewohnt, wo es trocken und hygienisch war. Und wenn ihr armer verwitweter Vater sie gehen ließe, dann nur, weil er gewiss war, sie sei gut aufgehoben und gesund.

»Schreib genau das, Vater. Genau das. Und dann noch, dass ich ihn gern anders nennen möchte. Egal wie – Tom,

Dick, Harry –, aber Solomon ist unmöglich. Er soll es mir nicht übel nehmen, aber so heißt höchstens einer, der fett, grau und orthodox ist, und er sieht nicht wie ein Solomon aus. Wenigstens nicht auf dem Foto.«

Mr. Benjamin schrieb zurück, Miss Cohens Ängste bezögen sich auf das Leben in Shanghai vor einer Generation. Das neue Wasserwerk sei beispiellos modern. Die Wohngebiete seien kanalisiert, und die Installation in seinem Haus sei besser als in London, Paris oder sogar New York. Die Hebammen kämen aus der Schweiz und aus England. Im Krankheitsfall, Gott behüte, ginge Miss Cohen wie alle Ausländer nach Kobe oder Tokio. Es gäbe einen funktionierenden Milchkocher, und ob Miss Cohen so freundlich sei, ihre beglaubigte Geburtsurkunde zu schicken? Er fügte den Beleg seiner britischen Staatsbürgerschaft bei und den Jahresabschluss seiner Bankfirma Benjamin, Kelly and Potts auf der Jinkee Road, einer Seitenstraße des berühmten Bund.

Kurz und gut, wie der Heiratsvermittler sagte, hier war also ein allein stehender, heiratswilliger Junggeselle, dessen finanzielle Situation die geografische Lage bei weitem wettmachte. Mit den Schwiegereltern hatte Miss Cohen keine Probleme, denn Mr. Benjamins Vater war tot, seine blinde Mutter in Bagdad, seine Geschwister allesamt in Bombay. Sein Haus war groß und das Personal bestand aus drei Europäern und dreißig Chinesen, obendrein einer Waschfrau, einer Friseuse und einem Schneider, der jedes Pariser Modell ohne Schnittmuster, allein vom Ansehen oder nach einem Bild, kopieren konnte. Alle Dienstboten wohnten im Haus und badeten regelmäßig. Ihre Schwester, ihr Bruder, Vettern und Cousinen: Sie alle waren herzlich willkommen; und wenn alle übrigen Belange zufrieden stellend erledigt seien, ließe er sich gern Dick nennen.

Der Heiratsvermittler in Sydney lehnte sich in seinem

Sessel zurück und betrachtete Miss Dolly Cohen und ihren zittrigen Vater. Er zog die Augenbrauen hoch. »Also wirklich«, sagte er. »Besser können Sie es gar nicht treffen.«

In den Tagen der Kolonisation Australiens konnte man mit dem Import heiratswilliger Frauen Geld machen. Damals hatte der Vater des Heiratsvermittlers seine Firma eröffnet und australische Männer mit Londoner Mädchen versorgt, Mädchen, die von der Natur wenig begünstigt waren und ihre Blütezeit hinter sich hatten. Inzwischen hatten diese Frauen reichlich Töchter bekommen, selbst so hübsche wie Dolly, und die schickte er nun nach Singapur oder Hongkong oder Shanghai, wo geschäftstüchtige Juden sich niedergelassen und viel – geradezu schändlich viel – Geld gemacht hatten. Der Heiratsvermittler hatte keine Hemmungen, sie für seine Dienste gehörig zur Kasse zu bitten.

Um zehn Uhr hörte Alice, die immer noch wach war, wie die Mutter leise ihre Abteiltür öffnete und wieder schloss. Alice sprang aus dem Bett und spähte den Gang entlang, sah gerade noch den mütterlichen Rockzipfel durch die letzte Tür des Waggons verschwinden.

»Ces?«, flüsterte sie, doch die Schwester antwortete nicht.

Miss Waters' Tür war verschlossen, und Alice glitt mucksmäuschenstill daran vorbei, durch den ratternden Gang; seit neun Uhr Petersburger Zeit war Nachtbeleuchtung. Sie eilte hinter ihrer Mutter her.

Im Bibliothekswagen saßen Hauptmann Litowsky, Suzanne Petrowna und ein tuschelndes polnisches Ehepaar, und zu Alices Überraschung, versteckt hinter den Schatten spendenden Gardinen hinter den Clubsesseln, der gestrenge *prowodnik*, der erst kürzlich Witwer geworden war. Er legte das Foto einer dicken Blondine auf den Schachbrett-

Tisch. Wortlos förderten auch Suzanne und Hauptmann Litowsky Fotos zutage und legten sie neben die des *prowodnik*. Dolly nahm ein Medaillon von ihrem weißen Hals und öffnete es; das runde Gesicht eines kleinen Jungen kam zum Vorschein, breit lächelnd. Als die Mutter den zierlichen Goldverschluss auffingerte, empfand Alice eine Spur von Eifersucht – so vertraut, dass es ihr kaum bewusst war.

Madame Veronica betrachtete die Reliquien und summte vor Konzentration, brummte eher als dass sie sang, wie ein kleiner Motor. »Gut«, sagte sie. »Ja, ja«, sagte sie. »Setzen wir uns?« Und jeder zog sich einen Stuhl an den Intarsientisch. Sie waren zu siebt, und sie saßen ungemütlich eng, kamen einander mit ihren Schultern ins Gehege.

»Mademoiselle Petrowna?«, wandte Madame Veronica sich an die junge Frau aus Paris, die aus den Tiefen ihres Muffs einen Siegelring zog und ihn mitten auf ein Ebenholzfeld setzte.

»Herr Borodi?«, sagte Madame Veronica, und der *prowodnik* knipste alle Wandleuchten bis auf eine aus. Alice nutzte das Dämmerlicht und schlich zwischen zwei der großen Clubsessel.

Madame Veronica schloss die Augen. Niemand sprach. Minuten vergingen. Das Geräusch der Eisenbahnräder wuchs und wuchs an, rhythmisch und unaufhaltsam wie eine große Uhr, es nahm ihnen beinah den Atem. Dolly Benjamin begann zu weinen.

»Was wird er sagen?«, fragte sie, ohne die anderen zu beachten. »Was kann er sagen?« Sie stand auf und versetzte dem Tisch einen Stoß. »Er kennt nur ein paar Worte«, sagte sie. »Hund. Mond. Mama.«

»Oh!«, rief sie und sah Madame Veronica an. »Lassen Sie ihn nicht Mama sagen! Wenn Sie ihn Mama sagen lassen, sterbe ich. Dann sterbe ich!«

Alice legte ihre Arme um die Knie. Ihr Mitleid mit Dolly, ihrer Mutter, erstarb im Keim, als sie das würdelose Gejammer hörte. Dass David noch im Tod mehr Aufmerksamkeit erhielt als seine Schwestern im Leben, das kümmerte Alice weniger. Das hemmungslose Weinen der Mutter war es, das die Zwölfjährige in helle Wut versetzte. *Hör auf! Hör auf!* Mit ihrem stummen Zorn versuchte sie, den Tränen Einhalt zu gebieten.

»Mrs. Benjamin«, begann Madame Veronica. Aber als sie ihre weiche Hand nach Dolly ausstreckte, stand auch der Hauptmann auf. Mit dem Gesicht zuerst fiel er auf den Tisch, starr, mit offenen, leeren Augen.

»Ein Medium!«, rief Madame Veronica. »Ganz bestimmt!«

Der *prowodnik* schaltete das Licht ein und griff das Foto seiner dicken Frau. Dann wischte er die Speichellache auf, die sich unter Litowskys offenem Mund gebildet hatte.

»Der Mann ist krank«, sagte er. »Er hat Anfälle. Keine Erscheinungen.« Er drehte den steifen Hauptmann auf den Rücken, legte ihn auf den Boden und öffnete ihm Kragen und Gürtel.

Alice vergaß darüber, dass ihre Anwesenheit unerwünscht war und kam aus ihrem Sesselversteck zum Vorschein. Sie trat zu den Erwachsenen, doch diese waren vollauf mit dem unerwarteten Verlauf ihrer Sitzung beschäftigt, so dass ein paar Minuten vergingen, bis ihre Anwesenheit auffiel.

»Was, wer ist denn das?«, fragte Madame Veronica, als sei Alice der leibhaftige, von der Ohnmacht des Vaters herbeigelockte Geist des verlorenen Kindes.

»*Alice Benjamin*«, begann Dolly.

»Wenn du mich strafst«, unterbrach Alice sie, »erzähle ich es Vater.« Sie verschränkte ihre Arme. »Garantiert. Ich schicke ihm auf dem nächsten Bahnhof ein Telegramm und erzähle ihm, dass du im russischen Zug mit Geistern und

Spiritisten sprichst. Dass du mit David Kontakt aufnehmen wolltest.« Dolly schlug die Hände vors Gesicht, und Alice genoss eiskalt ihre Macht.

»Alice«, flüsterte die Mutter. »Nicht vor den …«

Aber es war bereits zu spät. Nachdem sie aus dem Schatten hervorgetreten war, stellte Alice plötzlich zu ihrer eigenen Überraschung fest, dass es sie einen Dreck scherte, einen Dreck, was diese Leute von ihr dachten.

EINE SCHWÄCHE FÜR
RUSSISCHE OFFIZIERE

Neunzehnhundertsechsundzwanzig.

Dreizehn Jahre und drei Monate nach ihrer Reise durch Sibirien befindet sich Alice Benjamin in einem beengten Apartment über der eleganten Promenade des Anglais in Nizza wieder im Bann eines russischen Offiziers. Sein Name ist Michael Ewlanoff, und Alice muss unwillkürlich an die Anfälle des alten Hauptmanns und deren unerwartetes Resultat denken: Wie sie mit ihm den Zug verließ, im Dämmerlicht, so blau und kalt, dass ihr Atem glitzerte. Beim Ausatmen gefror die Feuchtigkeit vor ihren Augen. Er lebt bestimmt nicht mehr, dachte sie. Sicher ist er inzwischen gestorben.

(Ja, er war tatsächlich an der Grippe gestorben, als er mit seiner Frau in den Ferien war. Sie waren nach Venedig gereist, um ihre goldene Hochzeit zu feiern: fünfzig Jahre Ehe. Es war während der Epidemie von 1918, und der Hauptmann starb in einem rosa Palazzo mit grünen Fensterläden am Canal Grande, nahe der Rialto-Brücke. Im Sterben träumte er vom Ertrinken, ein Traum, den – ganz bestimmt – das Wasser ausgelöst hatte, das gegen die Grundmauern des Gebäudes schwappte, in dem er lag. Und während er nach Luft rang, wurde der Zug, auf den er so stolz war, und dessen er sich so schämte, die Transsibirische Eisenbahn mit ihren hochherrschaftlichen blauen Waggons von den Bolschewiki erobert. Sie beschlagnahmten alle Lokomotiven, außer jenen für den Truppentransport und jener, an die sie zehn Waggons voller Diplomaten hängten. Die Revolutionäre verfrachteten die Botschafter Amerikas und Japans aus St. Petrograd, die Minister aus Siam und Brasilien, mitsamt Gefolge von Manchouli nach Wladiwostok, insgesamt 145 Personen – und alle hielten auf ihrer Reise gen Osten mindestens einmal inne und betrachteten das gerahmte Bild vom Eisbrecher *Baikal*, das in jedem Abteil hing. »Ach, Olga!«, sagte der Hauptmann zu seiner Frau, bevor er starb. Er zog sie zu sich, und seine Frau nahm seine kalte Hand und küsste seine Finger, die an den Spitzen schon blau waren. »Olga!«, flüsterte er. »Da bist du ja!«)

Nicht, dass Alice Litowsky vergessen hatte. Erst am Morgen hatte sie an jene Reise denken müssen. Sie hatte ihre Wäsche durchgesehen, nach etwas gesucht, das nach Ewlanoffs Geschmack war, und hatte ein weißes Spitzenleibchen hoch gehalten. Licht war durch die Spitze gefallen. Wie ungemein fein. Wo hatte sie das schon einmal gesehen? dachte sie. Wann? *Ein Fenster mit Eisblumen.* Aber wo? Und dann erinnerte sie sich an Litowskys Arm um ihre Schulter, an den frischen Duft von 4711 Eau de Cologne, das er auf sein rosa Taschentuch träufelte. Sie warteten vor dem Bahnhof auf eine Droschke, der Atem fiel ihnen aus den Mündern, ein schimmernder Schwall.

Nun lag das Leibchen in Ewlanoffs Zimmer auf dem Boden, wie eine weiß schmelzende Pfütze im Licht der Kerze auf dem Nachttischchen. (Mehr Licht hätte nur enthüllt, wie schäbig das Mobiliar, wie erbärmlich der Anstrich war.) Von der Flamme wurden die Schatten ihrer Köpfe auf die Wand gegenüber dem Bett projiziert, Schatten, groß wie Kürbisse.

»Was ist daran so komisch?«, fragte Ewlanoff. »Warum

lachst du?« Er berührte ihre Wange und stellte fest, dass sie feucht war. »Du weinst doch nicht etwa?«

»Nein«, sagte sie. »Nicht aufhören.«

»Leg deine linke Hand in den Schoß«, hatte ihre Mutter im Zug gesagt. »Und, Alice, nicht so große Bissen!« Sie hatte es wohl bei jeder Mahlzeit gesagt – jedenfalls bis zu dem Abend, als die Séance stattfand; als der einzige Geist, der geweckt wurde, Alices Widerspruchsgeist war, einer, der sich nie und nimmer austreiben ließ, und wofür man immer der Tante die Verantwortung zuschob. Eine Anschuldigung, die May sich zugute rechnete, obwohl auch sie schließlich Alices schamlose Aufmüpfigkeit verfluchte.

»Er könnte Mohammedaner sein!«, hatte May über den Russen gesagt, in dessen Bett Alice lag – eine Anspielung auf die Unterstellung, mit der Alice vor längst vergessener Zeit den Hauptmann beleidigt hatte. Das Vorurteil war in Shanghai gang und gäbe gewesen, die Annahme, dass eingewanderte Russen, die es zu Tausenden gab, nicht nur fremde Religionen mitbrachten, sondern auch mehrere Frauen.

»Du weißt nichts über diesen Mann!«, sagte sie. »Nichts über seine Familie. *Nichts!*«

»Er ist ein Prinz.« Alice wunderte sich selbst, wie unbedeutend das Wort plötzlich klang, wie unwahrscheinlich.

»Gütige Göttin! Er sagt, er ist ein Prinz. Hast du eine Ahnung, wie viele Flüchtlinge hier in Nizza behaupten, dass sie adlig sind? Männer, für die eine junge Frau wie du ein gefundenes Fressen ist?«

»Was meinst du mit *wie ich*?«

»Mit Geld! Das meine ich.« May setzte die Teekanne so fest auf den Tisch, dass der Inhalt durch die Tülle heraussprudelte.

»So einer ist er nicht«, sagte Alice. Sie wollte schon *Er*

liebt mich sagen, doch das verkniff sie sich. Liebe fand May noch alberner als Adel.

»Womöglich ist er verheiratet. Womöglich hat er in Russland Frau und Kinder.«

»Hat er nicht.«

»Woher willst du das wissen?« May sagte den Satz aufreizend langsam. Woher. Willst. Du. Das. Wissen. »Das wird er dir doch nicht auf die Nase binden!«

Alice öffnete den Mund, wollte widersprechen, doch ihr fiel nichts ein, was May von Ewlanoffs Aufrichtigkeit überzeugt hätte. »Darf ich dir etwas über Mohammedaner erzählen?«, fuhr May fort. »Sie heiraten, sooft sie Lust haben. Ein fünfunddreißigjähriger Mann kann gut und gerne zehn Frauen haben!«

»Das muss ich mir nicht anhören!«

»Sie glauben nicht, dass eine Frau eine Seele besitzt!«, schrie May. »Hörst du mir zu! Hörst du, was ich sage?« Sie wischte den verschütteten Tee mit dem Tellerdeckchen auf und warf es dann zerknittert auf das Tablett.

»Wie behandelt dich ein Mann, wenn er nicht an deine Seele glaubt!«

Alice verließ das Zimmer.

»Wie einen Hund!«, schrie May hinter ihr her. »Genau so!« Doch Alice lief schon die Treppe hinunter; sie verließ das Haus ohne ihren Schal.

»Promenade des Anglais«, befahl sie dem Chauffeur.

»Ja, Miss«, sagte er.

Ein kühler Luftzug fächelte die heiße Nacht, und die Kerze verlöschte. »Weinst du?«, fragte Ewlanoff. »Oder lachst du?«

»Beides.« Alice umfasste seinen Kopf mit ihren Händen und schob ihn wieder zwischen ihre Beine. »Nicht aufhören. *Bitte.*« Was kannte sie von ihm? Die Geschichten, die er ihr erzählte. Den Körper, den er ihr bot. Als Kind war er kränklich gewesen, er hatte monatelang im Bett gelegen. Aber mit körperlicher Ertüchtigung, spartanischer Lebensführung, militärischem Training hatte er aus sich einen neuen Menschen gemacht. Wenn sie ihn von der Seite betrachtete, seine aufrechte Haltung, seinen breiten Brustkorb, tat es weh, tatsächlich weh, als würde sie krank, fieberkrank. Handgelenke, Ellenbogen, Hals. Knie und Füße und Knöchel und Rücken – in solchen Augenblicken pochte ihr selbst der Kopf vor Liebe, so dass sie die Augen schließen musste. War es, weil er nicht einfach breitschultrig war, sondern sich bewusst breit machte? Als sie ihn zum ersten Mal berührte, spürte sie, wie er jeden Muskel anspannte, angriffsbereit.

»Du hast eine Schwäche fürs Leiden«, hatte May sie beschuldigt. »Tragödien ziehen dich magisch an. Eine Tugend ist das nicht.«

»Und wenn mir was an ihm liegt?«

»Und wenn schon! Er hat kein Geld! Gar keins!«

»Seine Familie wurde ausgerottet.«

»Macht ihn das begehrenswerter?«

»Nein«, log Alice.

»Du machst dir was vor«, sagte May. »Ein heimatloser, depressiver, russischer Scharlatan. Was könnte schlimmer sein?«

»Er ist *Arzt*.« Alice gab dem Wort mehr Nachdruck, als sie es bei *Prinz* getan hatte. »Und wer behauptet, dass er depressiv ist? Du wärst nicht so wütend, wenn …« Sie beendete den Satz nicht.

»Wenn was?«

Wenn ich noch in deine Tragödien verliebt wäre, dachte Alice. Sagte aber stattdessen: »Warum verurteilst du einen Menschen, den du gar nicht kennst, jemanden, der alles verloren hat?«

»Weil ich selbst so jemand war. Leute, die nichts haben, die …«

»Was?«

»Die machen vor nichts Halt.«

»Du eingeschlossen?«

»Ja«, sagte May. »Ja doch. Und was für ein Arzt ist er schon. Ein Quacksalber!«

»Das sagst du nur, weil er dir geraten hat, mit dem Opiumrauchen aufzuhören.«

»Nein.« May schlug die Beine übereinander, schwenkte ärgerlich ihren Fuß. Die Spitze des Seidenpantoffels wippte auf und ab, wies auf Alice: ein Giftpfeil. »Du mischst dich überall ein. Du mischst dich in anderer Leute Angelegenheiten. Wie bei den Schuhen. Dieser ganze orthopädische Quatsch, den du mir aufschwätzen willst. Du denkst, du kannst alles zurechtbiegen.«

»Vielleicht bin ich auch so ein Jemand«, sagte Alice.

»Ein was?«

»Eine, die vor nichts Halt macht.« May betrachtete sie schweigend. »Ist das nicht – ist das nicht, was du immer von mir wolltest? Dass ich eine freie Frau bin, frei von allen …«

Regeln, die einen zum Krüppel machen, hatte Alice sagen wollen, doch keine von ihnen beendete das Gespräch. Die Auseinandersetzung. »Es läutet, zum Glück«, bemerkte May lakonisch, bissig, als die Türglocke ging.

Alice lächelte, ein ironisches Lächeln. »Das kann nur dein … Bademeister sein.«

May richtete sich auf. »Ich frage mich, ob du diesen Sarkasmus tatsächlich von mir gelernt hast?« Sie strich sich übers Haar, griff nach ihrem Stock, stand auf. »Vielleicht ist er auch angeboren. Vielleicht ist es reiner Zufall … dass wir beide diese Eigenschaft besitzen.« Der Hausboy begleitete den Schwimmlehrer durch die Eingangshalle. Alice betrachtete ihn kühl.

»Macht Ihre Schülerin Fortschritte?«, fragte sie schein-heilig und sah dabei May an. Alice wusste, dass ihre Tan-te keine Diskussionen vor Fremden führte. Sie wollte nur wissen: Wie freundschaftlich war das Verhältnis zwischen May und diesem blasierten, gebräunten Muskel-Jüngling?

»Ich glaube«, sagte er, »Mrs. Cohen hat mich beinah eingeholt.« Für ihn war dies ein langer Satz; er sprach ihn bedächtig aus, als seien die Worte zarte Gebilde, zer-brechlich.

May lächelte, ein winziges und, wie Alice fand, bewusst rätselhaftes Lächeln, bevor sie die Treppe hinabging. Der junge Mann verneigte sich kurz und entschuldigte sich. Er wollte sich zum Unterricht umziehen.

Vom ersten Augenblick an hatte Alice gewusst: diesen oder keinen. Um die anderen Männer vorher tat es ihr nicht Leid, nicht wirklich. Wie auch, wenn sie sich nicht einmal an ihre Namen erinnerte? Nicht, solange sie in seinen Armen lag.

In seinem Zimmer hatten sie sich ausgezogen und ange-sehen. *Angestarrt*, besser gesagt. »Dreh dich um«, sagten sie gleichzeitig.

Ewlanoff lächelte. »Ich komme mir vor wie früher. Da habe ich meiner Cousine meine sämtlichen Ostereier geschenkt, damit sie sich auszieht.«

Scheu verschränkte Alice die Arme vor der Brust. »Hat es sich gelohnt?«, fragte sie, und er griff ihre Hände und zog sie sacht beiseite.

»Doch, sehr. Du, natürlich. Meine Cousine war noch ein kleines Mädchen mit aufgeschürften Knien und Zahnlü-cken. Ich meine, ich kam mir dumm vor.«

Er knipste das Licht aus, und sie tasteten sich zum Bett, ertasteten jede Linie, Kurve, jeden Winkel des anderen: Mit dem Finger zog er ihren Scheitel nach; ihre Zunge fuhr über seine Stirn, seine Nase, umständliche Umwege um Brustwarzen und Nabel. Sie entdeckten Muttermale, Narben, Unerwartetes. Er hatte wohlgeformte fleischige Ohrläppchen; sie nicht. »Nicht einmal groß genug für Ohrringe«, lamentierte er, und Alice biss nach seiner Hand. »Dir werden andere Geschenke einfallen«, prophezeite sie. Sie zog seine Hand heran, küsste die Handfläche, legte sie an ihr Ohr, zeigte ihm ihr Kinderkunststück, Ohrenwackeln. »Das andere auch?« Sie legte seine Hand ans andere Ohr. Sie konnte auch ihre Zunge aufrollen – was ihm nicht gelang. »Wie heißen die Kuchen, die aufgerollt werden?«

»*Profiteroles*?«, meinte sie.

»Nein, kein Kuchen, Gebäck. Französisches Gebäck.«

Es fiel ihr nicht ein.

»*Tuiles*, so heißen sie.«

Sie zuckte die Achseln. »Bei Schokolade kenne ich mich besser aus«, sagte sie. »Der Rest ist mir egal.«

Sein großer Zeh war der längste; bei ihr war es der zweite. Beide waren sie kitzlig; keiner zeigte dem anderen, wo. Es gab viel zu entdecken und dauerte lange, bis sie schließlich ihr Ziel erreicht hatten; bis er sorgfältig ihr Schamhaar teilte und der gefaltete rosige Kern zum Vorschein kam. Sie war begierig, doch sie wollte ihn nicht drängen, so ehrfürchtig kam er ihr vor. Dann, als er gefunden hatte, was er suchte, fand er kein Ende; er verlor sich in ihrem Rhythmus, ihrer Feuchtigkeit, hielt ihre Schenkel dicht um seinen Kopf, so dass er kaum ihre Bitten hörte. *Ich will dich in mir, ich will dich in mir.* Sie musste ihn an den Haaren ziehen, küsste sein tropffeuchtes Gesicht. Schmeckte sich in seinem Mund. *Bitte, lass mich nicht kommen, wenn du nicht in mir bist. Bitte, bitte, bitte.*

»Ich will. Ich will … *Ja*«, sagte sie. *Ja. Jajaja.* Mehr sagte sie nicht, als er in ihr war; es wurde zum Spiel: Er verlangte von ihr das Wort in allen möglichen Sprachen.

»Aber nicht *jedes* Mal anders?«

»Es gibt bestimmt fünf- oder sechstausend Sprachen. Richtige Sprachen. Dialekte nicht mitgerechnet. Das reicht ein Weilchen.«

»Nicht für ewig«, sagte Alice. »Nicht wenn es nach mir geht.«

Er lachte. »Aha, so eine bist du also.«

Mit geschlossenen Augen nickte Alice und murmelte: »Ja«, in seinen Bart. Komisch, sonst mochte sie Männer mit Bart nicht, aber seiner war exakt getrimmt und rahmte seine frischen Lippen ein; und er roch so gut. Nach Seife und Eau de Cologne und darunter ein Eigengeruch. Männlich und hart, salzig, leicht metallisch – verführerisch, was sie wunderte. Wie ein Mann roch, war ihr früher nie besonders wichtig oder bewusst gewesen. Angenehm oder unangenehm: Das waren, bis Ewlanoff kam, ihre Kriterien. Doch nun schob Alice ihr Gesicht an seine Brust, in seinen Bart, beschnupperte seine Achselhöhlen, seinen Nacken, seine Kopfhaut; endlos. Wenn er früh aufstand, wachte sie mit seinem Pyjama im Arm auf, süchtig nach seinem Geruch.

»Wenigstens sage ich das eine Wort«, flüsterte sie. »Du, du ...« Er erstickte ihren Satz.

»Was?«, fragte er, doch der lange Kuss löschte die Gedanken aus.

»Du sagst gar nichts«, beendete sie später ihren Satz beim Frühstück, als es ihr wieder einfiel.

Er klagte, heulte, knurrte, jaulte, stöhnte. Spannte seinen Oberkörper, hob den Kopf wie ein Wolf. »Für das, was du tust«, sagte sie, »brauchen wir ein ganz neues Wort. Etwa ...«

»Was?«

»Ich weiß nicht.«

Beim ersten Mal erschrak er sie, auch beim zweiten Mal.

War es Wut? Tat es weh? Sein Gesichtsausdruck war nicht danach. Inzwischen würde sein Schweigen sie beunruhigen.

Die Kerze verlosch wieder, und er griff nicht nach den Streichhölzern, sondern lag neben ihr und sang ein russisches Lied. »Wie heißt das?«, fragte sie. »Der Text.« Doch er übersetzte nicht. »Man soll nicht alle Fragen beantworten.«

»Nein?«

Er schüttelte den Kopf. »Schlecht für die Liebe.«

Alice bettelte; er gab nicht nach. Sie bot ihm einen Handel an, Liebesdienste gegen Information, unterstrich ihr Angebot mit anzüglichen Handbewegungen. Er sagte nichts; sie sprang aus dem Bett. »Wohin gehst du?«, fragte er. »Bleib.« Doch sie ging zum Fenster mit Blick auf das Meer. Er kam ihr nach, zog den Morgenmantel über.

Alice lehnte nackt aus dem offenen Fenster, und das Mondlicht fiel auf ihren Rücken, dass er schimmerte, bläulich-weiß. Ewlanoff legte seine linke Hand auf ihre Hüfte; die rechte half nach, als er in sie eindrang. Sie atmete tief durch, und einen Augenblick hielten sie beide inne; sahen in die Nacht hinaus. Es war spät, und die Stadt schlief, sie hörten die Wellen, die sich am Strand brachen. Der Wind hatte ein Ende der Tabakladen-Markise losgerissen, und sie flatterte wie wild, fiel in sich zusammen, blähte sich, ein gestreifter Flügel.

Auf einer Bank am Strandweg saß ein einsames weibliches Wesen, neben sich eine Tasche oder ein Bündel. Mutig, so im Dunkeln, dachte Alice. Als Frau allein draußen im Kühlen sitzen. Das Licht auf dem Wasser betrachten oder mit geschlossenen Augen den Wellen lauschen.

»Wonach siehst du?«, fragte Ewlanoff. »Was siehst du?« Langsam bewegte er sich in ihr.

Alice hielt sich an der Fensterbank fest. »Nichts.« Sie bewegte sich gegen ihn, zuerst aus dem Takt, dann im Rhythmus. Sie sah sich als Acht- oder Zehnjährige, als sie das Seilspringen lernte und sich das Seil zwischen ihren Beinen verhedderte. Das eine Ende war am Stamm der Platane befestigt gewesen, das andere hatte Onkel Arthur gehalten; May hatte von ihrem Stuhl aus zugesehen. *Noch mal. Da, jetzt, bleib schön ruhig ...* Alice legte den Kopf auf die Fensterbank. »Siehst du, du hast es geschafft«, kommentierte sie Ewlanoffs Stöhnen. »Ich habe das Wort vergessen.«

Er hielt inne und holte tief Luft. »Welches ... Wort.«

»Das Ja-Wort. Ja auf Suaheli.«

Passanten hätten sie sehen können, wenn sie nach oben geschaut hätten. Aber es gab nur wenige, und die sahen geradeaus, ihr spätes Ziel vor Augen. Selbst im nahen Negresco, dessen gelber Lichtschein auf das Pflaster fiel, sahen die beiden Türsteher einander an und nicht auf die Straße. Der Rechte unterstrich sein Reden mit einer abrupten Handbewegung. Ewlanoffs Penis rutschte aus ihr heraus. Als er ihn wieder hineinschob, veränderte er die Richtung und stieß gegen ihren Schließmuskel.

»Oh«, sagte sie. »Du hast dich verirrt.«

Er machte einen Schritt zurück. »Verzeih.«

»Warum?« Sie streckte die Hand nach ihm aus. »Warum das?«

»Ich will nicht ... es kann wehtun.« Seine Hände lagen auf ihren Hüften; er bewegte sich nicht.

»Probier's. Mal sehen. Wenn ja, sage ich's.«

Wieder in ihr, hielt er inne, hart geworden, härter. Sie fühlte seinen Puls, der ihren Puls beschleunigte. Dass sie dort seinen Herzschlag spürte. Er bewegte sich erst, als sie sich bewegte, ihre Finger wanderten nach unten, zu sich, zu ihm auch: entdeckten die neue Geometrie.

»*Ndio*«, sagte sie.

»Aha …«

»*Nnn. Diii. Ohhh. Ndio.*« Alice lachte; wie manchmal, wenn sie gekommen war, etwas, woran er sich gewöhnen musste. Erfolglos versuchte Ewlanoff sein Stöhnen zu unterdrücken. Später war er kaum gesprächiger. »Hast du …? War es …« Er stotterte. »Mochtest du's? Das.«

Sie drehte sich um. »Mit jemand anderem vielleicht nicht. Wenn du so was tust, liebe ich dich umso mehr.«

»Aber«, sagte er, »das hast du doch getan.«

»Aha?«

»Ja.«

»Gut, also, wenn ich so was tue, liebe ich dich umso mehr.« Sie band ihm den Gürtel seines Morgenmantels wieder zu, legte ihre Wange auf das glatte Revers. »Wenn deine Familie noch lebte, würde sie mich ablehnen.« Ewlanoff schwieg. »Doch das würden sie, nicht wahr?«

»Vielleicht.«

»Weil ich jüdisch bin?«

Er küsste ihr Haar. »Sie hätten Angst, dass du hinter dem Titel her bist.« Alice sagte nichts. »Ist dir nicht kalt?« Er hielt ihr seine Pyjamajacke hin, und sie zog sie an, knöpfte sie falsch, so dass der Halsausschnitt schief saß. Sie runzelte die Stirn; trotzig kniff sie die Augen zusammen.

»Muss sie zuerst geröntgt werden?«, fragte sie, während er die Jacke auf- und wieder zuknöpfte.

»Du meinst wegen der Schuhe. Deine Tante?«

»Ja.«

Ewlanoff strich mit dem Finger über die verstaubte Fensterbank. Alices Schenkel, ihre Hände und ihre Stirn hatten sich darauf abgedrückt. »Wieso geistert diese … diese Frau immer wieder durch mein Schlafzimmer?« Er wandte sich von ihr ab.

»Sei nicht beleidigt. Bitte.«

»Warum?«

»Darum!« Alice zögerte. »Sind nicht immer mehr als zwei in einem Schlafzimmer?«

Er drehte sich wieder um und sah sie an. »Ich glaube nicht.« Er kratzte sich an seinem bärtigen Kinn. »Jedenfalls habe ich niemanden eingeladen.«

»Aber ich erinnere dich doch sicherlich an jemanden ... Ich ... Dir fallen sicher andere ein.«

»Niemals.« Er lachte, ein leises Lachen, eher vergnügt als ärgerlich. Oder verletzt. »Du erinnerst mich an niemanden. Jemanden wie dich habe ich noch nie kennen gelernt.«

»Wirklich?« Alice wiederholte: »Wirklich?« Sie runzelte die Stirn, zog die Augenbrauen kraus, wachsam und überrascht. »Sonst erinnere ich immer irgendwen an jemanden. Eigentlich habe ich mich damit abgefunden, dass mich die Leute immer verwechseln ...«

»Mit wem?«

»Mit einer anderen.«

»Wie meinst du das?«

»Ach, nichts.« Alice strich ihm über die Brust. »Verzeih. Sei nicht eingeschnappt.«

Er nickte langsam. »Gut. Schon gut.« Dann seufzte er, so laut, dass es gewollt klang, versöhnlich: Er machte sich über sich lustig, über seine Empfindlichkeiten. Dann kam er auf ihre Frage zurück.

»Natürlich wären Röntgenaufnahmen besser. Aber für Dumonteil reichen auch Abdrücke.«

»Ich bringe sie.« Alice kniff die Lippen zusammen, wild entschlossen. »Ich kriege sie so weit. Wenn ich darauf bestehe, macht sie es.«

»Aber warum? Warum darauf bestehen? Wenn sie nicht will ...«

»Sie hat keine Ahnung.« Alice schüttelte den Kopf. »Die Hälfte ihrer Probleme sind die Füße. Wenn sie nur unbeschwerter gehen könnte. Wenn sie überhaupt gehen könnte. Das Leben wäre dann nicht so ... unmöglich. Sie wäre – sie wäre weniger missmutig. Zu mir.«

Ewlanoff nahm Alice in seine Arme. »Und was«, sagte er, »wenn es nichts bringt? Wenn sie danach immer noch wütend und verzweifelt ist? Dir uneingeladen in den Kopf kommt, oder in mein Schlafzimmer?«

»Dann habe ich mich geirrt.« Alice sah Ewlanoff an, die klare Wangenlinie über seinem Bart. Wie natürlich diese Trennlinie wirkte, sein Gesicht so scharf geschnitten, als rasiere er sich. Was er gar nicht tat. Ein, zweimal in der Woche stutzte er seinen Bart sorgfältig, mit der erstbesten Schere – meist mit der Nagelschere. Das kleine Waschbecken war dann übersät mit dunklen Haarstoppeln, nicht nur das Becken, auch Alices Lippenstifte, Puder und Cremetöpfe. Sie beschwerte sich darüber, schmollte, wenn sie ein Haar im Auge hatte. »Kannst du nicht besser aufpassen? Warum wischst du sie nicht fort?« Doch insgeheim mochte sie alle Zeichen ihrer Vertrautheit, auch wenn sie piekten. Einmal förderte er mit seiner Zunge eine Wimper unter ihrem geröteten Augenlid zutage. Behutsam schob er sie von seiner Zungen- auf die Fingerspitze. »Zu Unrecht beschuldigt«, sagte er, und hielt ihr die Wimper hin.

Alice legte ihre Wange an seine Brust und sah aus dem Fenster. »Schuhe müssen doch helfen«, sagte sie, an sich selbst und an ihn gerichtet. »Bestimmt.«

Draußen, zusammengekauert auf der schwarzen schmiedeeisernen Bank, hielt die kleine, exzentrisch gekleidete Gestalt ihre Arme vor die Brust, wie zur Abwehr. Um ihrer inneren Panik Herr zu werden, zählte sie rückwärts. *Siebzehn, sechzehn, fünfzehn,* wenn ich bei *eins* ankomme, bin ich wieder ruhig. Denke ich wieder klar. Fälle ich eine Entscheidung.

Die Nacht war warm und trocken, doch Suzanne Petrowna trug hohe Stiefel und zwei Pullover, einen Wollmantel. In ihrem Kopf subtrahierte sie nacheinander eine Zahl von der anderen. Nicht, dass es irgendeinen Sinn machte; sie besaß nicht einmal Geld genug für eine Dritter-Klasse-Fahrkarte zurück nach Paris.

Im Vormonat war sie, auf Anraten ihres Arztes, in Nizza angekommen. In jenem Frühling hatte sie eine Lungenentzündung gehabt und war noch nicht wieder bei Kräften. Selbst an der sonnigen Küste keuchte sie beim Gehen. Auf dem Weg ins Wasser kamen ihr die runden Kiesel am Strand unüberwindlich wie Felsbrocken vor; sie besaß kaum die Kraft für ein Bad im blauen Meer. Und obendrein war sie so unklug gewesen und hatte ihr Geld in ihrem Pensionszimmer gelassen; als sie vom Frühstück wiederkam, war es nicht mehr da gewesen. Ein dummes Pech. Sie hatte die Geldscheine so häufig von einem Versteck ins nächste verfrachtet – von ihrer Handtasche unter die Matratze, von dort hinter einen Bilderrahmen, dann in ihre Stiefelspitze –, dass sie die Übersicht verloren hatte. Sie war zum Frühstück hinuntergegangen in der Annahme, sie habe das Geld bei sich, in einem Gefach ihrer Handtasche. Ihre gesamte Habe, alles Geld, das sie besaß, war verschwunden. Der Pensionsbesitzer war wenig hilfreich gewesen; er beschimpfte sie vielmehr, weil sie die Zimmermädchen verdächtigte.

Seit zehn Uhr morgens hatte Suzanne keine Bleibe mehr. Sie trug so viele Kleidungsstücke wie möglich übereinander, damit sie nicht so schwer tragen musste. Die Amethysthalskette ihrer Mutter hatte sie verpfändet und fünfundfünfzig Francs dafür bekommen, sie hatte hin und her gerechnet und sich bisher nur ein Glas Orangeade geleistet. Dann, zur Teezeit, war auf derselben Bank wie jetzt, eine ausgesprochen ungewöhnliche Frau auf sie zugekommen, eine Orientalin in einer Sänfte, getragen von zwei alten Männern. Die Frau hatte sich vorgestellt – May-li Cohen, was für ein Name! Doch er stand auch auf der Visitenkarte, die sie Suzanne gegeben hatte. Die Frau hatte ihre Telefonnummer und Adresse auf die Rückseite geschrieben. »Für alle Fälle«, sagte sie. *Eigenartig. Was für eine eigenartige Person*, hatte Suzanne vor sich hingemurmelt, als die Dame fort war.

Aber sicher bin ich ebenso eigenartig, dachte sie dann. Wahrscheinlich. Sie war beinahe vierundfünfzig Jahre alt. Ihr Haar war immer noch rötlich-braun, doch es war dünner geworden. Sie war nie verliebt gewesen. Sie betrachtete ihre Füße. Wer solche Schuhe trug wie sie, hatte der Romantik den Rücken gekehrt; davon musste man ausgehen. Vor ihr erstreckte sich die endlose Weite des Meeres. Tagsüber war es nicht so schlimm, dieser schwach gerundete Horizont, diese illusorische Grenzlinie, doch nachts war es entsetzlich, wenn die schwarzen züngelnden Wellen und der schwarze Himmel ineinander verschwammen.

Ein Gendarm machte vor ihr Halt. »Madame?«, fragte er. »Zu dieser Stunde sollten Damen nicht ohne Begleitung unterwegs sein. Vielleicht …«

»Ich schnappe nur ein bisschen Luft«, log Suzanne, leicht durchschaubar angesichts der abgewetzten Reisetasche, die neben ihr stand.

»Ja?«, sagte der Gendarm, besorgt, wie zu einem Kind. »Kann ich Ihnen vielleicht helfen?«

In ihrer Tasche fühlte Suzanne die Kanten der Visitenkarte, mit der Adresse der Orientalin auf der Rückseite. Es war nach elf, zu spät für einen unangemeldeten Besuch, selbst bei Freunden. Und May-li Cohen zählte nicht zu Suzannes Freunden. Aber wohin?

»*Les voyoux. Les voleurs.*« Strolche und Taschendiebe.

»Die Casinos ziehen alles mögliche Gesindel an. Sie werden bald unangenehme Gesellschaft bekommen.«

Stumm zog sie die Karte hervor und reichte sie dem Gendarm.

»Mme. Cohen?«, sagte er, und Suzanne hörte eine Spur Belustigung heraus. Er setzte sich neben sie auf die Bank und lachte, nicht unfreundlich.

»Na ja«, sagte er. »*Bien sûr*. Warum nicht? Dann kommen Sie.« Er nahm ihre Tasche, und sie stand auf und folgte ihm.

BESUCH EINES FREUNDES
DER FUSSBEFREIUNG

Arthur und May trafen sich eines Abends 1899. Später war er sich gewiss, dass es ein Montag war, der zwölfte Juni; May glaubte, der vierzehnte, ein Mittwoch. Da sie einen Gast über Nacht erwartete, empfing sie ihn in ihrem Zimmer im vierten Stock. Nur wenig Licht drang unter einem dunklen Lampenschirm hervor. Es roch nach Gardenien; eine Amah bot Arthur zwei Tabletts an, eins mit einer Opiumpfeife, das andere mit einer Teekanne. Er lehnte beides ab.

»Sind Sie schwer zu befriedigen?«, fragte May.

»Wie bitte?« Arthur griff sich an sein linkes Ohrläppchen und zog mehrmals ungeduldig daran. »Ich bin ein bisschen schwerhörig.«

In der Chiverly House School im australischen Melbourne, die Dollys Bruder besucht hatte, war die Prügelstrafe gang und gäbe gewesen. Man hatte ihn ausgepeitscht, mit dem Rohrstock geschlagen, mit der bloßen Hand. Seine Ohren waren so oft und heftig malträtiert worden, dass er an Tinnitus litt, das Klingeln in den Ohren hatte nie mehr aufgehört.

Natürlich hören viele Leute, was andere nicht hören. Sie beten und hören Antworten; sie singen und hören Musik; sie hören ihren Namen warnend rufen, geheime Botschaften flüstern. Doch Arthur hörte lediglich ein unbarmherzig schrilles Pfeifen, wie eine nahende Sirene – nur dass sie nie Halt machte, sondern weiter gellte, immer, immer weiter. Manchmal wurde sie lauter, manchmal leiser, aus unerfindlichen Gründen und in angespannten Situationen. Fieber machte es schlimmer; Kopfschmerzpulver ebenso, auch Kaffee, Tabak, Schokolade, und wenn er zu schnell etwas Kaltes trank. Wenn er nicht darauf Acht gab, wurde es schwächer; aber wenn er etwas hören wollte, eine Glocke oder ein Signal, ein Lied oder eine Stimme, wurde es stärker und überdeckte ganze Tonlagen.

Arthur war sechsundzwanzig. Rechtswissenschaften konnte er nicht studieren, Literatur hasste er, in Mathematik war er hoffnungslos. Sein Vater hatte ihn gedrängt, Architektur zu studieren, was nicht seine Sache war. Seine Entwürfe hatten alle Schlagseite, jeder Strich rutschte vom Papier, als ließe er sich angesichts dieses klingelnden, schwirrenden Störgeräuschs nicht festlegen. Seit Arthur in Shanghai war – zu einem ausgedehnten Besuch bei seiner frisch verheirateten Schwester Dolly und deren Ehemann, einem schon fast ein Jahr dauernden Aufenthalt –, verbrachte er Stunden mit langen Spaziergängen, durch die Straßenzüge und sogar auf dem Land, wo ihn die Einheimischen, nicht zu Unrecht, als einen der britischen Exzentriker betrachteten, die von ihren Geistern gejagt wurden.

»Ich fragte Sie, ob Sie schwer zu befriedigen sind«, wiederholte May.

Statt einer Antwort erklärte Arthur May, dass ihr Gebrechen – er wies mit einer schmerzlichen Geste auf ihre Füße – eigentlich unmoralisch sei.

May sah ihn scharf an, schnaubte erbost durch die Nase. »Unmoralisch?«, sagte sie.

Arthur nickte, heftig. »Falsch.« Er erklärte, er sei Mitglied der Freunde der Fußbefreiung, einer philantropischen

Gesellschaft, der ersten, der er in China beigetreten war. »Man hat Sie übel missbraucht«, erklärte er May.

May lächelte. »Aha?«, sagte sie.

»Ja, sehen Sie doch. Sie sind lahm.«

May lehnte sich in das Polster ihrer Chaiselongue zurück. Sie betrachtete den rothaarigen Mann, der da vor ihr stand, seine weiten, runden blauen Augen, seinen schwarzen Überzieher mit den zu kurzen Ärmeln, aus denen rot behaarte Handgelenke ragten. Sie waren ihr schon einmal über den Weg gelaufen, die Fußbefreier; sie veranstalteten Tanztees in großen Hotels. Während der Orchesterpausen predigten sie und ließen einen silbernen Kollekteteller herumgehen. Sollte nicht jede Frau Walzer tanzen? Sollte sie nicht, wenn ihr danach war, springen, Pirouetten drehen, hüpfen? Die anwesenden Chinesinnen, die wenigen weltstädtischen, die mit Europäern verkehrten, zogen ihre Füße außer Sichtweite unter ihre Stühle.

»Wozu sollte ich zu Fuß gehen?«, fragte May. »Ich habe Boys, die für mich gehen.« Und bevor Arthur antworten konnte, rief sie ihre Amah und befahl, die Pfeife zu bringen.

Oje, ein Eiferer, ein Reformer, ein Wohltäter: eine der unvermeidlichen Begleiterscheinungen ihrer Profession in dieser Stadt Shanghai, wo es vor Missionaren wimmelte. Arthur saß da, die Hände auf den Knien, und sah May an. Sein Ernst und sein Überzieher, der aussah, als habe er ihn geerbt: beides irritierte sie. Wieder so ein Ausländer der nutzlosen Sorte, ein Mann mit großen Ideen und wenig Geld. Sie musste ihn irgendwie loswerden, dann konnte sie zu Bett gehen und lesen.

»Wickeln Sie sie aus!«, sagte sie, mit einem Mal so böse wie schon seit Jahren nicht mehr. Ihre Stimme bebte vor Wut.

»W-wie bitte?«, stotterte Arthur.

»Wickeln Sie meine Füße aus. Oder nur einen! Wickeln Sie einen Fuß aus!« May zog den Saum ihres blauen Cheongsam hoch, eines Kleidungsstücks, das Arthur schon beim Betreten des Zimmers irritiert hatte: Seine Farbe passte so perfekt zur Chaiselongue, dass er nicht sagen konnte, wo die Frau aufhörte und das Möbel begann. Sie knöpfte ihren linken Schuh auf und streckte ihm den Fuß entgegen; das Ende der weißen Binde baumelte lose.

Arthur zögerte einen Augenblick und kniete sich dann hin. Er nahm das Stoffende und wickelte es ab. Es schien endlos, Schwindel erregend. Es überraschte ihn, dass er mit jeder Schicht, die er entfernte, neugieriger wurde. Er hatte den Unterrichtsabend der Befreiungs-Gesellschaft und den Vortrag von Dr. Fallow verpasst, die Demonstration, wie der Fuß gebrochen und gebunden wurde; hatte nicht die Röntgenaufnahmen der Gelenke und grotesk gefalteten Fußgewölbe gesehen. Deshalb nahm Arthur an, Mays Fuß sei wie der einer Puppe: winzig. Perfekt. So klein, dass er in seine Hand passte. Absurd – *Was denke ich denn da?*, fragte er sich. Er sah sie beide im Park am Musikpavillon, May tanzte auf Gitterpfosten und Blumenstängeln.

Die letzte Lage des Stoffwickels fiel von Mays Fuß zu Boden, und zum Vorschein kam eine warme, fleischige Klaue, leuchtend und glatt und vollkommen ineinander gefaltet. Sie bewegte sich leicht, und er ließ sie los, um sie gleich wieder zu ergreifen.

»Was wollten Sie sagen?«, fragte May.

»Was?« Arthur sprach langsam, wie vor den Kopf gestoßen. »Wollte ich etwas sagen?«

Der winzige Fuß in seiner Hand schien die Form zu wechseln. In der einen Minute widerte er ihn an, in der nächsten war er plötzlich Sinnbild der Schönheit des gesamten weiblichen Körpers. War nicht alles da, in Mays Fuß? Das weiche Weiß ihres Halses, der Schwung ihrer

Brüste und Hüften, die Krümmung ihres kleinen Fingers, die zarten mauvefarbenen Falten ihrer verborgensten Stelle.

Arthurs Kopf war glutheiß. Der Gedanke ekelte ihn, doch er hätte den missgebildeten Fuß gern in den Mund genommen. Ihn verschluckt, *sie*, ganz.

»Dass man mir Unrecht getan hat und ich verkrüppelt und unmoralisch bin?« May entzog ihm den Fuß, ihre Stimme bebte. Sie hätte den Mann, der vor ihr kniete, schlagen oder sogar beißen können. »Und wenn schon, welchen Rat geben Sie mir? Kann man das hier wieder richten? Reparieren? *Ungeschehen machen?*«

»Oh, nein. Nein. Nicht!«, sagte Arthur.

»Was!«

»Das sollen Sie nicht.« Er sah sie an, ihre schwarzen Nasenlöcher waren vor Wut gebläht, die Zähne zusammengebissen, die rot geschminkten Lippen zusammengepresst. Ihre Wange zuckte.

Arthur stöhnte und ging in die Hocke. Er schloss die Augen und ließ den Kopf in seine Hände fallen. *Diese Lippen*, dachte er. *Welche Farbe. So unnatürlich.* Er versuchte das Bild zu verscheuchen, doch es blieb grell vor seinen Augen, wie eingebrannt. Er fühlte sich berauscht, ratlos. Hingerissen, bestürzt. Vielleicht hatte ihn das Opium betäubt, vielleicht hatte er die Pfeife, die man ihm angeboten hatte, geraucht und dann vergessen. Er hatte eine enorme Erektion – was, wenn sie die sähe?

Arthur öffnete die Augen und stellte sich umständlich hin, hielt seinen Überzieher zu. »Bitte«, sagte er, »entschuldigen Sie.« Und bevor May antworten konnte, war er zur Tür hinaus, stieß mit ihrer Amah zusammen und riss das Tablett mit der Pfeife, das sie trug, zu Boden.

May legte sich auf die Chaiselongue und weinte stumm und heftig. »Oh, was ist nur mit mir los?«, sagte sie zur

Amah, die sich wieder aufrappelte, das Tablett aufhob und ihrer Herrin die Pfeife reichte.

Was war los? Schließlich war Arthur Cohen bei weitem nicht der erste Mann, der überstürzt davongelaufen war, nachdem er Mays Füße gesehen hatte. Die Amah, kaum älter als fünfzehn, pockennarbig, schmalschultrig, zuckte ratlos und mitfühlend die Achseln. Sie strich May eine Haarsträhne aus der weißen Stirn.

»Müde. Ich bin entsetzlich müde. Das ist es.« May trocknete ihr Gesicht, und das Mädchen nickte. Sie war so schweigsam, man hätte sie für stumm halten können.

»Nur, mein Leben lang kann ich dies hier nicht tun. Mich beleidigen lassen.« May beobachtete matt, wie das Mädchen die Pfeife für sie anzündete. »Davon werde ich krank.« Sie stieß den Rauch aus, und das Mädchen zog ihr die Kämme aus dem dichten Haar, bürstete es, dass es über die Lehne bis auf den Boden fiel. May nahm die Pfeife in die andere Hand, und die Amah knöpfte das Gewand auf, zog es ihr aus und brachte dann einen langen rot-goldenen Morgenmantel.

Unten, neben Madame Graces Wohnzimmer, befand sich das Wasserklosett, das Arthur schon auf dem Weg nach oben benutzt hatte; er glitt wieder hinter die blaue Tür, zog den Riegel vor und öffnete seine Hose. Einen Augenblick hielt er inne, bevor er daranging, sich hastig und grob zu befriedigen, geübt und routiniert – mit wenig Fantasie, aber genug Erfahrung und einem mageren, abgenutzten Repertoire an erregenden Bildern: den dunklen harten Brustwarzen seiner Cousine Amelia, die er einmal am Strand durch ihren nassen Wollbadeanzug gesehen hatte, und der verstohlene Anblick der beiden hübschen Grübchen über dem weniger ansehnlichen nackten Hintern eines Hausmädchens. Aus dem Spiegel über dem Waschbecken sah ihn sein Ebenbild traurig an. Wasser tropfte deprimierend aus dem Kaltwasserhahn auf das Rosenmuster des Porzellanbeckens. Nein. Diesmal brachte er den trostlosen Akt nicht über sich.

Mühselig knöpfte Arthur seine Hose, seinen Überzieher zu und machte sich wieder auf den Weg nach oben. Viermal blieb er stehen – auf jedem Treppenabsatz – und überlegte, ob er wirklich, einer plötzlichen Eingebung folgend, der Versuchung nachgeben sollte, seine Unschuld an eine Chinesin zu verlieren. Was, wenn er sich eine exotische Krankheit fing oder, prosaischer, eines der üblichen Leiden? Was, wenn? – aber die Lust hatte ihn übermannt.

Vor Mays Tür blieb Arthur stehen, zog seinen Überzieher zurecht. Er überlegte, ob nun auch der andere Fuß ausgewickelt wäre. Auf sein Klopfen öffnete die kleine Amah die Tür und sah dann zu May hin, die sich aufsetzte und die lange Pfeife auf ein Tischchen stellte. »Haben Sie etwas vergessen?«, fragte sie weniger wütend als müde und sarkastisch. »Ihre Pamphlete, vielleicht? Ein Traktat?«

Arthur, fassungslos angesichts ihrer Haarflut über dem prachtvollen Morgenmantel, schüttelte den Kopf.

»Sondern?«

»Darf ich eintreten?«, fragte er, als seine Stimme wieder funktionierte.

May zuckte die Achseln.

»Es tut mir Leid.« Arthur leerte seine Taschen, ließ Münzen zu Boden fallen, seine Jacke öffnete sich und darunter zeichnete sich unübersehbar sein erigierter Penis ab. »Es tut mir Leid. Es tut mir entsetzlich Leid. Bitte, würden Sie sich bitte, bitte, bitte ausziehen?«

May betrachtete den eigenartigen weißen Mann, das rötliche fremde Haar, nicht nur auf seinem Kopf, im Gesicht, auch auf den Armen, und, wenn ihre Erfahrung nicht trog, mit aller Wahrscheinlichkeit auch überall sonst. Sie nannte einen Preis, fünfmal so hoch wie üblich, und sah ihn begierig nicken.

»Wenn ich Sie nur berühren darf«, sagte er. »Wenn Sie das bitte erlauben.«

»Ich bin vielleicht lahm«, sagte sie. »Aber Sie sind ein Narr.«

Ein Narr, vielleicht, aber welcher unberührte Mann ist das nicht? Für den Rest seines Lebens würde es immer wieder dasselbe sein: Jedes Mal, wenn Arthur in May eindrang, glaubte er etwas zu begreifen, etwas Wichtiges – über sich, über sie. Über das Leben oder sogar über Gott. Wenn sein Orgasmus dann plötzlich und gleißend kam, entging ihm dieses Wissen im allerletzten Augenblick. Immer war er überzeugt, wenn er beim nächsten Mal etwas länger aushielte, kläre sich alles.

Und zwar, weil in May eine große Stille herrschte – nicht nur in ihr, sondern auch in seinem Kopf, wenn er in ihr war. Zum ersten Mal seit seiner Kindheit, seit Arthur ein Kind in seiner Mutter Schoß war, hörte er, wonach er sich all die Jahre gesehnt hatte: nichts.

Er nahm sich vor, geduldig zu sein, höflich. Die ersten ein Dutzend Male machte er, wenn er May besuchte, Konversation; kam und erzählte beiläufig Anekdoten, die er beim Gang durch die Stadt einstudiert und im Treppenhaus auf dem Weg zu ihrem Zimmer ein letztes Mal geprobt hatte. Doch schon wenn die Tür zufiel, wenn er sie sah, konnte er sich nur noch vor ihr zu Boden werfen und sie anbetteln, noch einmal ihre Füße auszuwickeln. Wie weich sie war. Wie ungeheuer weich und glatt ihre Arme und ihre Schenkel und ihr Nacken waren, die süß gekurvte Innenseite ihres Beins unterhalb ihrer Lenden. Er strich mit den Lippen über ihre Haut, presste sie wohin auch immer sie erlaubte, schmeckte ihren Geschmack.

Arthur hasste Körperhaar. Einmal, mit fünf oder sechs, als er nicht schlafen konnte, tastete er sich durch den dunklen Flur ins Zimmer seiner Mutter. Als sie seine Schritte hörte, kam sie aus dem Bett, nackt, ohne Nachthemd, und er stieß mit ihr zusammen. Er umarmte sie und wollte wie immer sein Gesicht in ihrem Schoß vergraben, doch sein Mund geriet an ihre Scheide, an ihr borstiges, riechendes, wildes Schamhaar. In seiner Panik glaubte er zuerst, ein Tier habe ihn angegriffen, dann – umso schrecklicher! – dass seine Mutter unter ihren Kleidern ganz und gar behaart war. Obwohl sich dieser Albtraum später aufklärte, entwickelte er als Heranwachsender einen Widerwillen gegen Frauen mit starker Körperbehaarung. Er mochte sie am liebsten überall glatt; höchstens drei gepflegte Dreiecke, an den richtigen Stellen. Vom Anblick behaarter Beine oder flaumiger Unterarme wurde ihm übel. Eine Cousine besaß in ihrer Bildersammlung für das Stereoskop eine Fotografie mit einer griechischen Tänzerin, um deren Bauchnabel ein Haarkranz wuchs, und beim bloßen Hinsehen sammelte sich die Spucke in seinem Mund.

Wieder und wieder kam Arthur zu May. Er verließ die Freunde der Fußbefreiung – wie konnte er unter diesen Umständen einer Frau zu ihrer Emanzipation verhelfen? – und widmete sich nur noch May. Er schenkte ihr Seiden und Süßigkeiten. Er lieh sich Geld von seiner Schwester und kaufte Blumen, Pelze, Parfums. Allwöchentlich ging er zu Kelly and Walsh, auf der Suche nach neuen Büchern.

Mays Freundin und Mentorin, Helen, sah ihn mit seinen Errungenschaften die Treppe hinaufeilen. »Nicht den da«, sagte sie, nachdem er mit leeren Armen wieder fort war. »Der ist völlig falsch.«

»Er kann doch nicht *völlig* mittellos sein«, sagte May.

»Was er hat, bekommt er von seinem Schwager.« Helen gähnte mit offenem Mund. Ihre Zähne waren klein und ebenmäßig; wie Kinderzähne, mit Lücken dazwischen. »Ich kenne Shanghai«, sagte sie. »Ich wohne hier seit fünfzehn Jahren, und ich kenne jeden in jedem Haus, ob Bubbling Well, Weihaiwei oder Avenue Foch. Seine Schwester ist mit einem bekannten Geschäftsmann verheiratet, Dick Benjamin, und Arthur Cohen besitzt nur, was er seinem Schwager aus der Tasche zieht.«

May entzündete ein Streichholz. Wobei die Schwefelspitze abbrach, auf den Teppich fiel und ausgetreten werden musste. Wortlos entzündete sie ein anderes.

»Fein«, sagte Helen. »Gut. Ich weiß, dass Dummheiten immer von besonders klugen Leuten begangen werden.« Sie wedelte den Rauch aus Mays Pfeife beiseite. »Wusstest du nicht, dass sich in den Opiumhöhlen die Genies nur so drängen?«

»Die Sache ist die …«

»Fang nicht mit Liebe an. Die kannst du dir nicht leisten. Du nicht, und keine andere hier in diesem …«

»Will ich auch gar nicht.« So naiv und romantisch war May nun doch nicht. Sie kannte alle Reden, alle Schwüre, und Liebe war für sie nur eine Rechenaufgabe, eine Gleichung mit variablen, manipulierbaren Unbekannten.

Aber wie konnte sie ungerührt bleiben bei einem Mann, der ihre Füße auswickelte und küsste, sie badete und sich selbst im Schmutzwasser aus dem Becken wusch? Den Rest – die Geschenke, Koseworte, sein gespanntes Gesicht, wenn sie die Tür öffnete, seine Größe und seine Freundlichkeit –, darauf hätte sie zur Not verzichtet, so viel Disziplin besaß sie.

Doch nicht auf seine Lust, das zu sehen und zu kosten, was sie vor allen anderen verstecken musste.

Arthur selbst wusste, wie verliebt er war, und zögerte nicht, dies zuzugeben. Allen erzählte er von Mays vollendeter

Schönheit und wie sehr er sie begehrte. Sie war schön, das war unübersehbar. Und wie viele Frauen, egal welcher Nationalität, waren so kultiviert, so gebildet? May sprach vier Sprachen, und man konnte sie nach Robespierre befragen, oder Diderot, oder nach den Stuart-Königen und ihren Regierungszeiten. Oder mit ihr Schach spielen, denn ihr Wissen war nicht angelernt – sie war klug. Musste klug sein, bei dem schlagfertigen Humor, den sie besaß.

Arthur führte May zum Dinner aus. Er stellte sie seinen Freunden vor und sah, wie sehr diese ihre Gesellschaft und ihre Lebhaftigkeit genossen. Ihr sprühender Witz versetzte sie in Hochform, aber wer hätte ihr auch widerstehen können? Ihrem strahlenden, verführerischen Lächeln? Wen bezauberte May nicht, wie sie dasaß, die Füße unterm Tisch oder unter ihrem Seidenrock versteckt, ganz nach Arthurs Wunsch. Versteckt, weil sie nur ihm gehörten.

Arthur erzählte keiner Seele, wie sehr er Mays verunzierte, gebrochene, manchmal beißend riechende Füße begehrte. Sie waren sein Geheimnis, und er fürchtete, dass ihm die geheimen Enthüllungen, die sie versprachen, versagt blieben, wenn er sein Geheimnis auch nur einer Person anvertraute. Verlöre er nur ein Wort darüber, wäre die Stille ihrer sexuellen Beziehung zerstört; das endlose, schrille Getöse würde wieder einsetzen, die Sirene des Tinnitus.

Und wenn sie ihre Füße auf seine Schultern legte, bewegte er sich langsam, ganz langsam, um es lange hinauszuzögern. »Mach die Augen auf!«, forderte er; er war der Erste, der so etwas von ihr verlangte. Die anderen wollten immer für sich sein. »Bitte. Ich möchte dich ansehen. Ich möchte sehen, wenn du … wenn du …«

»Wenn ich komme?«

»Ja!«

Also ließ sie die Augen geöffnet, und er suchte in ihnen

nach Worten, die sie nicht sagte, Tönen, die sie nicht von sich gab. May lautlos neben ihm: Es erregte ihn mehr als jedes Stöhnen oder Schreien. Auch wenn es taghell war, ihr Schweigen machte jede Berührung geheimnisvoll, unergründlich. Das gleißende Sonnenlicht einer mittäglichen Verabredung wurde zur dunklen Mitternacht. In seiner Vorstellung sah Arthur eine Schriftrolle. Sie handelte, so viel begriff er, von Vergangenheit und Zukunft. Von jeder verborgenen Wahrheit. Der Weg zur Erlösung war darauf verzeichnet. Doch dann kam er, und die Rolle verbrannte, bevor er lesen konnte, was darin stand.

Im Stillen, in den Stunden, die er allein war, fern von May, schritt Arthur auf und ab und nagte an seinen Lippen. Warum waren ihm ihre Füße nicht zuwider? Warum erschrak er nicht vor ihnen – es wäre nicht verwunderlich? Nicht weil sie so deformiert waren, sondern weil sie ihr so wehtaten.

In den kommenden Jahren würde Arthur gelegentlich May dabei ertappen, wie sie zusammengekrümmt dasaß, ihre Füße hielt und weinte. Es geschah nicht oft – nur ein paar Mal in ihrem gemeinsamen Leben –, doch jedes Mal tat es ihm in der Seele weh, und besonders, wenn er sie trösten wollte und sie sich aufrichtete und alles abstritt. Sie hätte überhaupt nicht geweint.

Was war mit ihm, dass er nicht nur sie, sondern auch ihr Gebrechen liebte? Bei einem Chinesen konnte man es auf Ignoranz oder Gewohnheit schieben, aber er war kein Chinese. Wie Don Quichotte würde Arthur sein Leben lang utopischen Träumen nachjagen, Träumen von Gesellschaften, frei von Torheit und Leid. Sich einem unheilbaren Übel zu widmen, wäre romantisch. Doch Arthur empfand keine Romantik, sondern Lust. Und obwohl er sich wegen seiner Gedanken Vorwürfe machte – Gedanken, die er niemals beichten, niemals laut aussprechen würde –, war er froh, dass die Füße sich nicht richten ließen. Denn der Konflikt war unlösbar. Wie konnte er zwischen der Frau und ihrer Qual wählen, zwischen May und ihren Füßen? Arthur machte May siebenunddreißig Heiratsanträge, bevor sie ihn erhörte. »Du kannst mich nicht abweisen!«, jammerte er. »Das kannst du nicht, wenn ich dich so sehr will!«

May sah ihn an und überlegte. »Mein erster Ehemann schien auch freundlich, vor der Hochzeit«, zog sie ihn auf. Sie wollte sich nicht lächerlich machen, nicht der Liebe auf den Leim gehen, die – wie jeder wusste – entweder verflog oder fatale Folgen hatte.

»Ich werde immer freundlich zu dir sein. Mein ganzes Leben lang. Und danach. Ich werde dir mein ganzes Geld hinterlassen.«

»Du hast kein Geld.«

»Ich mache welches. Wenn du mich nur heiratest, kann ich sesshaft werden. An etwas anderes denken.«

»Das sagst du jetzt. Aber vielleicht bist du nicht besser als die anderen. Vielleicht denkst du …«

»Gib mir eine Chance, zur Bewährung. Wenn du unglücklich bist, lasse ich dich frei.«

»Wenn ich unglücklich bin, laufe ich fort.«

Arthur fiel auf die Knie und umschlang Mays Beine. »Du stimmst also zu! Du sagst – endlich sagst du *Ja*.«

May strich ihm über seinen wirren Lockenkopf. »Ja«, sagte sie. Denn in einem wesentlichen Punkt hatte er sich schon bewährt.

FLUCHT UND ARREST

Am Tag nach der Séance besuchte Alice den Hauptmann in seinem Abteil. Es war das erste Mal, dass sie wieder allein mit ihm war, nachdem er sie mit seinen Tränen und seiner heißen überschwänglichen Umarmung in Schrecken versetzt hatte. »Ich bringe Ihnen ein paar Sanaphos. Die sind gut für die Nerven«, erklärte sie.

Litowsky deutete mit der Hand auf den Platz neben sich. Er hatte sich angekleidet, war aber noch nicht aufgestanden, nicht ganz jedenfalls; seine Koje war noch nicht gemacht.

»Setz dich zu mir«, sagte er. Durch das Fenster seitlich von ihm sah man die flache weite Steppe, erst kleine Hügel und dann größere, als es durch die finsteren Wälder des Urals ging. Alles war grau und tropfnass. Ein Güterzug fuhr auf dem Gegengleis, beladen mit Holz, stapelweise runde Stümpfe, roh und gelb, aus denen Harz blutete.

Litowsky legte eine Hand auf Alices Knie. »Russen«, sagte er als Erklärung für seine Unpässlichkeit, »bekommen schnell Heimweh. Überall und jederzeit Heimweh.«

»Auch zu Hause?«, fragte Alice.

»Ja, sogar im eigenen Bett!« Der Hauptmann nickte heftig. »Besonders im eigenen Bett«, sagte er. Sein Kopf wirkte auf dem weiß-leinenen Kissenbezug fleckig; er hatte sich nicht – wie sonst – rasiert.

146

»Ja«, nickte Alice.»Ich verstehe.«

»Tatsächlich?« Prüfend blickte er in ihre braunen Augen. »Ja, wahrscheinlich, auch wenn du noch so jung bist. Das tut mir Leid.« Er schwieg. Dann –»Soll ich dir erzählen, wie Kopeken gemacht werden?«, fragte er, als unterhielte er sich mit einem viel kleineren Mädchen.

»Na gut.«

Litowsky setzte sich ein Stück auf.»Man schmilzt Kupferstangen aus den Kupferminen im Ural und gießt daraus Platten, etwa so dick.« Zwischen seinem Daumen und Zeigefinger schien nur ein schmaler Lichtspalt.

»Die Platten werden wie Bänder in eine Maschine geschoben und blanke Münzen ausgestanzt. Manche sind gut«, sagte er.»Manche nicht so gut.« Er machte eine abwägende Geste, ließ dann seine Hand schlaff fallen.»Die schlechten kommen wieder in den Schmelztiegel, die guten werden poliert. Auf die eine Seite prägt man ein Wappen, das Profil des Zaren auf die andere, danach wird noch mal poliert.« Er hielt seufzend inne.»Es geschieht noch ein bisschen mehr, aber im Großen und Ganzen ist es das. Die Kopeken in deinem Portemonnaie kommen direkt aus dem Berg.«

Der Zug passierte einen zugefrorenen Fluss, trüb-grau wie eine Straße. Schafe standen darauf. Alice sagte nichts, und auch Litowsky schwieg. Dann kam die Durchsage, der Zug nähere sich Kuibyschew.

»Beeil dich und hol deinen Mantel«, sagte Litowsky und stand schwerfällig auf.»Deinen Hut und Muff.«

Alice tat, wie befohlen. Sie kehrte in ihr Abteil zurück, wo ihr Mantel hing.

»Wo gehst du hin?«, fragte Miss Waters.

»Auf den Bahnsteig. Luft schnappen.«

Und vielleicht hatte sie das in dem Augenblick auch wirklich vor. Die blauen Wagentüren nur auf ein paar

Schritte zu verlassen. Wenn Alice sich später fragte, wenn andere sie fragten, ob sie gewusst habe, was sie da tat, konnte sie sich nicht erinnern. Später, viel später, fiel ihr ein, dass sie nach der Séance, nach Litowskys Ohnmacht und dem hysterischen Anfall ihrer Mutter, nach ihrer eigenen »schockierenden Ungezogenheit«, wie Dolly sich ausdrückte, schließlich eingeschlafen war und geträumt hatte, sie sei mit May in der Alten Stadt, ein vertrauter Traum, der häufig schlecht endete. Doch diesmal erwies sich die Hinrichtung als fauler Zauber. Ein Blinzeln, ein wehender Schleier über der Plattform, und die Chinesin trat unversehrt aus dem Korb mit den Steinen. Sie schob ihr Gewand hoch und zeigte der Menge ihre glatte, makellos weiße Taille.

Aber ganz so einfach konnte es nicht gewesen sein. Alice erinnerte sich selten nach dem Frühstück an ihre Träume. Wie wir alle entwirrte sie die Dramen ihrer Kindheit und verwob sie zu einem Stoff, glatter als das Schicksal zuließ. Gab es wirklich einen Zusammenhang zwischen dem Schicksal eines Mädchens in China und Alices Umweg auf der langen Reise zu Miss Robesons Akademie?

Niemand folgte Alice und dem Hauptmann; niemand hielt sie an. Sie gab ihm ihre Hand, und sie stiegen zusammen aus. Der *prowodnik* war nicht zu sehen; er war wohl anderweitig beschäftigt. Ein Kontrolleur überprüfte Litowskys Pass und winkte Alice durch. Hinter dem Bahnhof fand sie eine Stadt, deren Kirchtürme in den Himmel stachen.

Mit seinem Gehstock winkte Litowsky eine Troika herbei, und nach einem kurzen Wortwechsel brachte der Fahrer sie in ein elf Häuserblöcke entferntes Hotel. Alice zählte die Straßenecken mit ihren schwarzen, feierlichen Laternen, die auf den Laternenanzünder warteten. Beim Aussteigen stellte sie fest, dass der Gehsteig aus Holzplanken war. Litowskys Stock verklemmte sich gleich in einer Ritze.

Was hast du dir dabei gedacht!, sagten später alle zu Alice. Hast du dir eingebildet, dass du so mir nichts dir nichts in ein anderes Land kannst? Ein anderes Leben?

Ihre Mutter und ihr Vater, ihre Schwester, Gouvernante, Freundinnen, Lehrerinnen und später Liebhaber: Alle erwarteten Antworten. Und Alice entdeckte, je weniger sie sagte, desto mehr glaubten alle zu verstehen. Ließ sie sie gewähren, erzählten sie an ihrer statt die ganze Geschichte; statteten sie je nach Bedarf mit Rechtfertigungen aus.

Du warst in ihn verliebt, eine mädchenhafte Schwärmerei. Die Uniform, die Stiefel und die Mütze und die stramme Haltung – so was tut seine Wirkung. Die lange Reise auf engstem Raum! Davon kann man ja nur durcheinander werden.

Die Zeitverschiebung, das andere Essen, die fremde, schmale, harte Koje – viel braucht es nicht, um gewisse Konstitutionen aus dem Gleichgewicht zu bringen. Denk daran, wenn du wieder verreist, Alice.

Der Schnee. Das Eis. Das drohende Internat. Wie unvernünftig die Jugend doch ist! Streit mit der Mutter, weil sie dich von zu Hause fortschickt, fort von Tante May. Mit deiner Mutter hast du dich noch nie verstanden. Von deiner Schwester ganz zu schweigen.

Manchen Menschen – wusstest du das? – bekommt das Leuchtgas nicht, das aus der Lokomotive strömt. Das hast du nicht gewusst? Solche Leute sollten nicht Bahn fahren, sie werden verrückt davon.

Welche Theorien auch immer man Alice vorsetzte, sie akzeptierte sie. Schließlich hatte sie keine bessere Erklärung, nichts zufrieden Stellendes. Was konnte sie sagen – dass es die Wärme im Blick des Hauptmanns gewesen sei, die heiße Sehnsucht? Zwei Tage zuvor hatte sie sich gefürchtet; seine Umarmung war ihr zuwider gewesen, so verzweifelt, erdrückend. Sie war davongelaufen, aber dann musste sie zurückkehren. Sie wollte es aus unerfindlichen Gründen noch einmal fühlen. Und Streit mit ihrer Mutter – wann hatte sie den eigentlich nicht?

Die Spazierstockspitze des Hauptmanns löste sich quietschend aus der Plankenritze. Er hielt sie an den Schultern. »Eine letzte Chance«, sagte er. »Ich habe noch eine Chance. Ich werde nicht … Diesmal werde ich nicht … Ich wollte nur – weißt du, ich wollte nur, dass du stolz bist.«

Er hatte ein Zimmer vorbestellt, und nun bat er um ein zweites. »Ich wusste nicht, dass ich das Vergnügen haben würde, von meiner Tochter begleitet zu werden«, erklärte er dem Mann an der Rezeption und glättete seinen Schnurrbart. Der blässliche Mann nickte und machte sich eine Notiz. Dann händigte er Litowsky zwei Schlüssel aus. Die Zimmer oben hatten eine gelbe Blumentapete, die Fenster Doppelscheiben gegen die Kälte.

Alice setzte sich in einen mit Pferdefell bezogenen Sessel. Die Kanten der Sitzfläche waren bis auf die blasse, rau genarbte Haut abgestoßen. Sie konnte nicht widerstehen und rupfte noch mehr Haar aus, vergrößerte die kahlen Stellen. Litowsky packte aus seinem Koffer ein paar sauber gefaltete Hemden, saubere Bettwäsche, eine graue Hose und zwei Paar Socken aus; seine Bücher, die Uhr, seine Toilettensachen stellte er auf die Kommode. Dann wandte er sich zu Alice.

»So schnell ausgepackt, Olga?« Sie nickte. »Dann zieh deinen Mantel aus.« Dein Zimmer – ist es nicht zu kalt?«

Alice schüttelte den Kopf.

Litowsky sah sich um, rieb die Handflächen gegeneinander. »Noch eine ganze Weile, bis es Abendessen gibt. Vielleicht sollte ich Tee bestellen?«

»Bitte.«

»Ich sage dem Portier Bescheid.«

Als er das Zimmmer verließ, sprang Alice auf. Sie zählte seine Hemden: vier. Sie nahm seine Zahnbürste und roch daran, untersuchte die polierten Holzrücken der beiden Haarbürsten, die mit den Borstenflächen ineinander gesteckt waren. Dazwischen zog sie ein silbriges Haar hervor und ließ es zu Boden fallen. Ein Taschenmesser, dessen Griff mit einer Bernsteinraute verziert war – als sie es anfasste, fühlte es sich warm an. Er hatte es in der Hosentasche und nicht im Koffer gehabt. Sie ging ans Fenster und hielt es gegen das Licht, um die goldenen Einschlüsse zu sehen, einen Insektenflügel, zart wie Spitze. Als sie Litowskys Schritte hörte, vergrub sie das Messer in ihrer Jackentasche und setzte sich wieder in den abgewetzten Pferdefell-Sessel.

»Was?« Er stupste sanft ihre Wange. »Du sitzt immer noch hier? Es wird schon dunkel, Olga, und du hast noch kein Licht angezündet.« Er zog ein Tischchen von der Wand und stellte es vor ihr auf, stellte den Schreibtischstuhl auf die andere Seite. »Ich habe Marmeladentörtchen bestellt; mal sehen, ob sie gut sind.« Der Tisch war blitzblank, dennoch wischte er mit seinem Taschentuch darüber.

»In Moskau gibt's im Theater meist Tragödien.« Litowsky schaute beim Sprechen aus dem Fenster und beobachtete die Schneeflocken, die im Lichtschein der Laterne wirbelten. »Die Leute dort haben einen Hang zu moralischer Unterhaltung. Sie wollen Strafen sehen. In Petersburg … In Petersburg wollen wir … Trost.«

Es klopfte, und er stand auf, um dem Zimmermädchen mit dem Tee zu öffnen. Doch vor der Tür stand die Polizei.

Hattest du keine Angst? Nicht mal ein bisschen? War dir nicht klar, dass der Zug ohne dich abfahren würde?

Doch nein, Alice hatte keine Angst, sie hatte weder an den Zug noch an ihre Mutter oder sonst wen gedacht. Sie war – das ging für einen Nachmittag – in eine andere Haut geschlüpft. Sie war nicht lange fort gewesen. Nur zwei Stunden und einundvierzig Minuten vom Läuten der Bahnhofsglocke bis zum Klopfen des Polizisten.

Natürlich fuhr der Zug weiter, und zwar ohne sie allesamt. Sie mussten drei Tage warten und dann mit dem D-Zug reisen. Schlechte Betten in einem schlechten Hotel, und den Anschluss in Paris verpassten sie auch; es war alles ein Durcheinander und Alices Schuld. Jeden Nachmittag nahm Miss Waters die Schwestern mit nach draußen in die Kälte, und machte Freiluftübungen.

»Mädchen«, sagte sie, »ich möchte, dass jede fünfzehnmal ums Hotel läuft.« Und ein russischer Soldat in blauschwarzer Uniform, der ein Gewehr mit Bajonett geschultert hatte, sah zu, wie die beiden Schwestern brav das Backsteingebäude umrundeten; Cecily lief matt und gelangweilt dahin – typisch für ihre gesamte Lebenseinstellung; und Alice rannte, als wäre wer hinter ihr her.

Später spazierten sie um den zugefrorenen Teich mit seinen Eisspalten. Das Eis war glatt, doch unter der Oberfläche zeigten sich schwarze Risse, wie Spinnenfinger.

»Ein Mädchen«, erklärte Miss Waters auf ihrem allerersten Marsch, »ein Mädchen, das zu so etwas in der Lage ist, ist zu allem fähig.« Alice gab keine Antwort. »Daran ist nur deine Tante schuld«, fuhr die Gouvernante fort. »Das weiß ich ganz genau.«

Cecily zog eine Unschuldsmiene und sagte nichts. Was konnte sie Alices Qualen schon hinzufügen?

Im Hotel litt Dolly an Herzrasen und ein Arzt kam, der weder Englisch noch Französisch sprach. Die Amah, die sich inzwischen über gar nichts mehr wunderte, schimpfte wie üblich über verloren gegangenes Gepäck. Stundenlang hockte sie in der zugigen Hotelhalle und dachte, nie und nimmer hätten chinesische Kinder es gewagt, sich so schlecht zu benehmen.

Doch am schlimmsten war es für den Hauptmann: Er wurde aufs Polizeirevier gebracht und mehrfach verhört, wer er sei, wer Olga sei, was damals mit den entgleisten Zügen auf dem Viadukt über die Olkhana-Schlucht geschehen sei. In welchem Zusammenhang all dies mit der Verwechslung stünde – dass er ein fremdes Kind für sein eigenes gehalten hatte? Litowskys Erklärungen schienen gleichermaßen unsinnig und sinnvoll, und am Ende bekritzelte er die Rückseite eines Briefumschlags mit lauter Berechnungen. Er reichte seine Mütze herum; jeder warf einen Blick auf das Foto. Ein Polizist schnitt es aus dem Celluloid und heftete es ab. Litowsky sah dabei zu, und mit einem Mal fühlte sich sein Herz leer an, wie ausgepumpt.

Sicher, das Mädchen in der Mütze glich Alice. Die wurde auf dem Polizeirevier gleich zweimal verhört: einmal in Anwesenheit aller; und dann, in einem Zimmer so groß wie ein begehbarer Schrank, allein von einem dicken, schnaufenden, russischen Beamten, dessen Nichte, eine Lehrerin, dolmetschte. *Hat er dich angefasst? Hat er dich irgendwo angefasst?*

»Nein, er hat mich nur angesehen«, sagte Alice zu ihr. »Er sagte, dass er mehr nicht wolle, und mehr hat er auch nicht getan.«

»Dich angesehen? Nur angesehen?«

Alice nickte. Es war alles so schnell gegangen, es zählte kaum als Entführung. Dennoch, wenn sie an die Dämmerung in dem stillen Zimmer dachte, fand sie, die mondweiße Sonne am kalten, schieferblauen Himmel hatte, bis sie unterging, sehr lange gebraucht. Sie besaß, was die Dauer betraf, keinerlei Zeitgefühl. Sie hatten einander am leeren Tisch gegenübergesessen, und einmal hatte er den Arm ausgestreckt, um ihre Wange oder ihr Kinn zu berühren, doch dann hatte er die Hand zurückgezogen. Er sagte nichts, und sie sagte auch nichts. Die Stühle waren nicht bequem, und sie rutschte darauf herum. Sie erinnerte sich, dass sich ihre Augen beim Blinzeln ganz trocken angefühlt hatten, wie sonst bei Fieber oder Übermüdung. Dass Litowsky zweimal die Hände vors Gesicht schlug und dann wieder und wieder über die Tischplatte wischte. Sie erinnerte sich, dass sie sehr undamenhaft dagesessen hatte, das Kinn aufgestützt, beide Ellenbogen auf dem Tisch.

Am Ende wurde Litowsky der Armee übergeben. Ein Militärattaché holte ihn ab. Jemand schickte seiner Ehefrau ein Telegramm.

»Darf ich mit dem Hauptmann sprechen, bevor er weggeht?« Alice hörte nicht auf Miss Waters' Proteste. Der *gordovoi* nickte. Litowsky stand auf, als sie zu ihm kam. »Ich wollte etwas ... ich wollte«, begann sie, doch dann hielt sie inne. Sie wollte die Sache mit dem Taschenmesser doch nicht beichten.

Litowsky warf Alice einen niedergeschlagenen, fassungslosen Blick zu, dann nickte er aufgeregt. »Ja. Ja, natürlich.« Er zog seinen Brustbeutel mit den letzten Rubeln des Zaren hervor, aber bevor er ihn aufgeknotet hatte, fiel ihm ein passenderes Geschenk ein, eins, das er mehr vermissen würde. Er holte die kleine abgegriffene Ikone aus seiner Tasche. »Hier«, sagte er. »Für dich.« Alice nahm das Gold-Medaillon mit dem gütigen, Ruhe ausstrahlenden Madonnengesicht, dessen Augen und Mund vom vielen Anfassen ganz ausdruckslos waren.

»Oh«, sagte Alice. Das Bildnis glich irgendwie May, und sie stellte sich ihre Tante vor, zurückgelehnt auf dem Sofa im Ankleidezimmer, matt, die Augen halb geschlossen, umnebelt vom würzigen Duft ihrer Pfeife. »Vielen Dank!«

Am nächsten Tag saß sie im Moskauer D-Zug, der um zwei Uhr vom Bahnhof Kuibyschew abfuhr. Der Zug machte Dampf, fuhr einen Bogen, und Alice sah alles verschwinden: den Bahnhof, die Stadt, die Frauen, die gekochte Kartoffeln und Zwiebeln verkauften. Sie schaute aus dem Abteilfenster. Es störte sie nicht, dass alle böse auf sie waren. Nach so viel Reden war es nun friedlich. Sie gähnte, tastete mit dem Daumen über die Ikone in ihrer Tasche. Wahrscheinlich hatte der D-Zug keinen Schlafwagen. Keinen Schlafwagen und keine Schaffner, die das Bettzeug richteten.

EINE SUCHAKTION

Das Anwaltsbüro war auf der Museum Road, Ecke Peking Road. Vor der schwarzen Tür mit dem blanken Messingklopfer und Namensschild saß May regungslos in ihrer Sänfte. »Möchten Sie, dass ich warte?«, fragte einer der Boys, und sie keifte ihn an.

Sie hatte Kopfschmerzen und die üblichen Verdauungsstörungen; sie strahlten in ihren Oberkörper aus und verursachten einen stechenden Schmerz unterhalb der rechten Schulter. In Shanghai herrschte eine drückende Hitzewelle, und alles war schlaff und matt. May schnappte nach Luft. In der vorherigen Nacht hatten Arthur und sie fast unbekleidet auf der Veranda vor ihrem Schlafzimmer gesessen, aber die Luft stand still. Beide hatten sie in die hängenden Zweige der Platane geschaut; kein Blatt hatte sich gerührt.

»Was ist?«, hatte er schließlich gesagt.

»Was ist was?«

»Warum bist du so verdrießlich? Weil Alice ins Internat gefahren ist?«

»Ich bin nicht verdrießlich. Das kommt vom Wetter.«

Er sah sie an. Er durchschaute jede Lüge.

Und jetzt stand sie hier vor dem Anwaltsbüro. Wie eine Närrin. Wie oft hatte sie Arthur und sich selbst versichert, Fehler – die wichtigen jedenfalls – könne man nicht ungeschehen machen; die Vergangenheit ließ sich nicht ändern.

Als sie Arthur beim Frühstück erklärt hatte, sie ginge einkaufen, hatte er argwöhnisch die Augenbrauen hochgezogen. »Bei dieser Hitze?«, hatte er gefragt.

May gab dem Boy ihre Anweisungen. »Ich brauche hier mindestens eine Stunde«, sagte sie. »Warte nicht. Komm um vier wieder.« Sie reichte ihm einige Münzen. »Hol dir etwas zu trinken. Auch für deinen Bruder.« Er nickte.

An der Bürotür wurde sie von einem Sekretär empfangen. Am Telefon hatte er sich unter »Mrs. Cohen« jemand anderen als May vorgestellt.

»Setzen Sie sich, bitte«, sagte er langsam und laut, während er sie anstarrte. May trug eine ihrer Lieblingsjacken aus rotem Seidenbrokat. Ein Stoff, unter dem sie sich bedeutend, ja kühn fühlte, und sie trug die Jacke über einer passend farbenen Seidenhose. Ihre Schuhe waren rotschwarz, das Haar wie gelackt und aufgetürmt.

»Mr. Barrett wird gleich für Sie da sein«, sagte der Sekretär. »Darf ich Ihnen einen Tee anbieten?«

»Nein, danke.« May setzte sich.

Mr. Barrett entpuppte sich bei seinem Erscheinen als ein Mann von höchstens fünfzig. Sein dichtes graues Haar war in der Mitte gescheitelt und mit duftender Pomade in Form gebracht. Der üppige Geruch kam May eine Spur zu unpassend vor für einen Anwalt, aber sie mochte sein Gesicht. Der Mund hatte etwas Professionelles, die Augen waren freundlich.

»Wie alt wäre das Mädchen jetzt?«, fragte er, nachdem sie in sein Zimmer gegangen waren und die Tür hinter sich geschlossen hatten.

»Sechzehn«, sagte May.

»Und es ging über ›Door of Hope‹? Wissen Sie das genau?«

»Nein, leider nicht. Ich war nicht … Ich konnte nicht … Ich habe mich damals nicht darum gekümmert.«

Mr. Barrett nickte.

»Door of Hope« war eine von europäischen und amerikanischen Missionarinnen geführte Wohltätigkeitsorganisation. Deren Ziel war es, junge Prostituierte auf den rechten Weg zu bringen und die unglückseligen Kinder, die sie in die Welt setzten, zu retten. May räusperte sich. Auf dem Schreibtisch des Anwalts stand ein Familienfoto, er selbst umgeben von Frau, Sohn und drei Töchtern.

»Ich glaube, ich habe das korrekte Datum«, sagte May. »Ich habe jemanden von früher angerufen. Eine Frau, die ... eine Art Tagebuch führte. Das Kind ist, also, ist wahrscheinlich im März abgeholt worden, in der zweiten Märzwoche.«

»1905?«

»Nein, 1906.«

»Sie war wie alt?« Mister Barrett stützte die Ellenbogen auf den Schreibtisch und legte die Handflächen gegeneinander, so dass sie ein spitzes Dach bildeten. Er betrachtete sie interessiert.

»Nicht ganz zwei.«

»Aha.« Mister Barrett seufzte. »Manche Organisationen führen sehr genau Buch«, sagte er. »Andere nicht so genau. ›Door of Hope‹ arbeitet eng mit einer Reihe Waisenhäuser der Mission zusammen. Heilig Geist, die Amerikanische Kirchenmission – das ist das protestantische Waisenhaus draußen in Jessfield. Und natürlich Siccawei, natürlich.« Er nahm seinen Federhalter, klopfte damit auf den Löscher, eher nachdenklich als nervös. »Ihr Alter kompliziert die Sache«, sagte er. »Wie war ihr Name?«

»Sie hatte keinen.«

»Oh, ich meine, Vorname.«

May sah ihn an. »Sie hatte auch keinen Vornamen.«

»Sie war fast zwei und hatte keinen Vornamen?«

May nickte.

»Also, Mrs. Cohen«, sagte Mister Barrett. »Sie brauchen einen Detektiv und keinen Anwalt.«

»Gut«, sagte May. »Können Sie mir jemanden empfehlen?«

»Nein, nein.« Er schüttelte den Kopf. »Ich meine, es gibt niemanden, der so etwas erledigt.«

»Niemanden? Überhaupt niemanden?«

»Ich bitte Sie«, sagte er. »Ich will Sie nicht von Ihrer Idee abbringen. Ich tue mein Bestes. Ich möchte nur zu verstehen geben, dass dies, sozusagen, eine ziemlich ungewöhnliche Aktion ist. Viele Anhaltspunkte haben wir nicht.«

»Ja, ich weiß.«

»Wenn das Mädchen zur Missionsschule ging, hat sie ein Handwerk gelernt. Handarbeiten. Spinnen. Nähen. Industrieweberei. Damit konnte sie in einer Baumwollspinnerei Arbeit finden. Wahrscheinlich hat sie Englisch gelernt. Womöglich ist sie –« Mr. Barrett beendete seinen Satz nicht.

»Wenn ich sie finde«, er hielt inne und sah May ins Gesicht, »was haben Sie dann vor?« Er streckte seine hohlen Hände fragend in die Luft und ließ sie dann fallen. »Bei Privatangelegenheiten«, erklärte er, »ist es immer am besten, wenn alle Beteiligten sich über ihre Ziele klar sind.«

»Ja«, sagte May. »Natürlich. Im Augenblick möchte ich nur Bescheid wissen.«

»Bescheid wissen?«

»Ja. Wo sie ist. Wie sie ist. Das ist alles.«

GLÄNZENDE, WERTLOSE MÜNZEN

Juli 1898, und der Sommerhimmel über Shanghai glühte gelb wie sonst nirgendwo. Der Huangpu waberte wie warme Brühe gegen die vorspringende Brüstung von Pootung; zwischen den Rümpfen der Dampfboote glitten eine Vielzahl von Dschunken, am Bug mit wachsam starrenden Augen verziert. Der Fluss stank nach Geburt und Tod und jedem Gärungsstadium dazwischen. Die Sonne vergoldete das Gesims der Gebäude am Bund und ließ den Turm des German Club nadelscharf aufblitzen. Die Zapfen in den Balken der Garden Bridge flirrten verlockend, wie Hurenohrringe, in der glühenden Hochsommerhitze, der berühmten *fu-tiens*, in der die Engländer sich in Scharen in die japanischen Berge flüchteten.

An dem schwülen Julimorgen, als Arthur Cohen von Bord der *Mathilda* an Land ging, fand er den Ort so schön wie keinen anderen. Der Besuch bei seiner Schwester Dolly und ihrem wohlhabenden frisch vermählten Mann hatte ihn aus den Fängen seiner kränkelnden Cousine zweiten Grades, Amelia, befreit, die gottergeben und vergeblich darauf wartete, dass er ihr einen Antrag machte. Am Montag seiner Abfahrt hatte Amelia ihm als Lohn für seine feige Lüge – dass er bald wiederkehren würde – ein Medaillon mit einer ihrer wirren Locken geschenkt; und obwohl er während der Reise sein Verhalten bereut hatte, lösten sich bei seiner Ankunft alle unangenehmen Gefühle in Luft auf, wie weggebrannt von der Hitze, überdeckt von den Gerüchen, vom Lärm erstickt. Er lehnte sich über die Reling und ließ das Medaillon ins Hafenbecken fallen. Es war der 14. Juli 1898, und die Franzosen in der Stadt wollten die Erstürmung der Bastille mit bisher nie da gewesenem Pomp feiern. Am Südende des Bund sammelten sich die Mitglieder der Blaskapelle, die Hörner und Zimbeln funkelten im Dunst und die Musiker rückten ihre Uniformen zurecht. Den schwarzen Karren mit dem Ochsen, der nur aus Haut und Knochen und Kot zu bestehen schien, würdigten sie keines Blicks. Der Fuhrmann verließ den Bund und bewegte sich auf einen baufälligen Pier zu, wo er die Toten der vergangenen Nacht und auch besinnungslose Opiumsüchtige ablud, die er in den Gossen eingesammelt hatte. Die Körper fielen zu Boden, und der Zimbelspieler schlug die Becken wie zur Probe mit großem Krach zusammen, einmal und noch einmal und noch einmal.

Gab es einen lauteren Ort als Shanghai? Ausgelassene Hochzeiten der Einheimischen. Die schrille Musik der Beerdigungszüge. Märkte. Militärparaden. Feiertage. Feuerwehreinsätze. Das Läuten der Uhr am Postamt. Das entnervend menschlich klingende Geschrei eines Ponys, das sich an heißem Lampenöl verbrannt hatte. Die dumpfen, unmelodiösen Stimmen der Werft-Kulis, die unter ihren Lasten schwankend vor sich hin sangen. All dies hörte Arthur in den ersten Stunden nach seiner Ankunft; an jenem Abend gab es ein Feuerwerk mit einem bunten Konfettischauer, der sich wie Blütenregen über ihn ergoss. Nie hatte er sich glücklicher, lebendiger gefühlt. Er beschloss, sich Dollys Ehemann unentbehrlich zu machen. Dick Benjamin musste ihn einfach für immer dabehalten.

Aber, »um Himmels willen!«, rief Dick fünfzehn Jahre später. »Arthur, Arthur, Arthur«, sagte er und stützte dabei den Kopf in die Hände. Es war unfair, es war unlogisch – ein Zufall, weil er mit dem Telegramm aus Kuibyschew fast gleichzeitig von Arthurs jüngstem Fauxpas erfuhr –, dennoch schien es Dick irgendwie, als sei natürlich Arthur schuld, dass Alice mit einem geistesgestörten Hauptmann durchgebrannt war. Denn Arthur hatte sich von May umgarnen lassen, die dann Alice verführt hatte, was letztlich der Grund war, warum seine Frau und die Töchter sich auf der Reise nach London befanden. Obwohl Arthur sich nicht als unentbehrlich erwiesen hatte, war er doch nicht fortzudenken, mit der Familie verwachsen wie ein erfolgreicher Parasit, wie die Made der Gallwespe, die den Baum im Garten hinten zu einem knorrigen Gehölz verunstaltet hatte.

»Ich weiß«, sagte Arthur. »Ich weiß, ich weiß, ich weiß.«

»Was weißt du!«

»Ich weiß, es ist … ich bin …. eine Zumutung. Aber es ist nur bis nächste Woche. Nächste Woche sind sie nicht mehr da«, versprach er. Er hatte in Dollys Ankleidezimmer einen unterernährten Rikscha-Boy, den er mit einer Quecksilber-Salbe behandelte, und dessen halb tote drogensüchtige Schwester untergebracht, beide bei lebendigem Leib von Syphilis zerfressen.

Und wem außer sich selbst, seiner eigenen Nachsicht, konnte Dick dabei die Schuld geben? »Nein«, erklärte er dem Gärtner geduldig, »nicht so viele Äste absägen.« Und wenn Dolly sich über ihren Bruder beschwerte: »Aber was tun?«

»Ich gebe dir das Geld.« Dick griff schon in seine Tasche, klopfte seinen Anzug nach seiner Brieftasche ab. »Ich bezahle eine Suite im Astor House. Da können sie bleiben. Wenn Dolly je erfährt –«, kopfschüttelnd brach er mitten im Satz ab. Dieser entsetzlich gellende australische Akzent. Der in seinen Ohren schmerzte. Hatte seine Frau sich wirklich einmal so angehört? Den ganzen Tag ertrug er die schrillen Rufe der einheimischen Börsenmakler, das endlose Klicken ihrer Abakus. Das Hoch und Tief des Tael, des Dollar, des Pfund. Wenn Reis fiel und Tee stieg. Und dann kam er durch ohrenbetäubend laute Straßen aus dem Büro nach Hause, wo er Alices neuestes Abenteuer präsentiert bekam, und anschließend Arthur: Arthurs jüngstes Projekt.

Dick läutete nach dem Boy. »Brandy und Soda«, sagte er, und der Boy verneigte sich. »Und vielleicht kannst du ein Stück Stilton-Käse auftreiben, wenn's geht mit Toast. Oder Keks. Irgendwas. Egal was. Zum Donnerwetter, ich habe wieder den Tee verpasst.«

Er setzte sich in einen der beiden dunkelgrünen Ledersessel in seinem Arbeitszimmer und starrte Arthur unheilvoll an. Der zupfte sich nervös am Ohrläppchen. Jede Anspannung ließ unweigerlich den Lärmpegel in seinem Kopf ansteigen.

»Willst du, hm …«, sagte Arthur, »ich meine, soll ich mit dir was trinken, oder soll ich mich jetzt um das, hm, Problem kümmern?«

Dick warf seinem Schwager einen vernichtenden Blick zu.

»Natürlich«, sagte Arthur. »Ich rufe nur den Boy. Er oder Amah, ja, Amah soll sie anziehen, und dann bringe ich sie, hm, weg.«

Dick zählte mehrere Geldscheine und überreichte sie wortlos. Er hatte seine aufbrausenden Vorfahren hinter sich gelassen, ließ sich keine Gefühle anmerken. Geboren in Bagdad, aufgewachsen in Bombay, in England zur Schule gegangen: Mit reiner Willenskraft hatte Dick Benjamin aus sich einen Briten gemacht, wie er im Buche stand. Britisch war natürlich gleichbedeutend mit stoisch, mit vernünftig, distanziert, zivilisiert. Es hieß, dass man Chinesen gering schätzte. Nicht direkt verabscheute, aber man maß ihnen wenig Wert zu.

Dass der Bruder seiner Frau die Fähigkeit besaß, die Chinesen zu lieben, sie geheimnisvoll und aufregend fand und für potenzielle Gotteskinder hielt – nein, nicht potenziell, für ihn *waren* sie Gotteskinder –, erstaunte Dick Benjamin. Ihm schauderte jeden Tag auf der Fahrt zur Jinkee Road, wenn seine Pony-Kutsche sich den Weg durch Schmutz und unbeschreibliches Elend bahnte. Die Chinesen waren – also, nicht allein, dass sie Heiden waren, und nicht koscher. Mit Fug und Recht ließ sich von ihnen sagen, dass sie provozierend anti-koscher waren. Sie steckten alles, *alles* in den Mund. Angefangen bei nackten neugeborenen Mäusen, die sie als Delikatesse ansahen und bei lebendigem Leibe mit Soße verspeisten. Sie aßen Affenhirn und Schweineohren. Aßen Aale und Egel. Tranken Hundeblut und wer weiß was noch alles. Dick Benjamin war sicher nicht mehr orthodox im Sinne seiner Mutter, aber in seinem Kopf und seinem Herzen herrschten feste Vorstellungen von sauber und nicht-sauber, und die Chinesen – die Chinesen waren zweifellos kein sauberes Volk.

Natürlich wusste Dick, dass Verbotenes für manche Menschen eine unwiderstehliche Anziehungskraft besaß. Arthurs Problem lag in seiner erotischen Fixierung. Das erklärte Dick natürlich nicht seiner Frau, aber es war seine Interpretation. Arthur war … er hatte etwas Einfältiges, war aber komplizierter, als er aussah. Direkt nach seiner Ankunft vor fünfzehn Jahren hatte Arthur sich in eine berühmt-berüchtigte Prostituierte verliebt, die unterm Tisch in einem Tingel-Tangel mit kostbaren Essstäbchen aus Jade seinen Penis aus der Hose gefischt hatte. Zumindest erzählte man sich das. Solche Geschichten erfuhr man

immer von anderen, nicht vom eigenen Schwager jedenfalls. Natürlich wussten Dolly und die Mädchen nichts
davon, würden es auch nie erfahren. Weder von den Essstäbchen noch von der neuesten Katastrophe, die Dick erst
heute Morgen von einem befreundeten Rechtsanwalt
gehört hatte. May hatte, vor ihrer Bekanntschaft mit
Arthur, bereits ein Kind gehabt, eine Tochter, die verloren
gegangen war, und die ließ sie nun heimlich ausfindig
machen. May als Mutter – selbst eine Hyäne wäre da besser. Weniger gefährlich. Aber wer hatte damals vorausse-
hen können, dass die absonderliche Benutzung der Essstäbchen aus Jade dazu führen würde, dass Arthur die
fingerfertige Dame heiratete und ihr obendrein ein Kind
machte? Ein weiteres verlorenes Kind.

Jeder in der Familie hatte Arthur für verrückt erklärt,
hatte zum millionsten Male gefragt, warum er sein Versprechen gegenüber der armen Amelia brach, die natürlich
vor Gram gestorben war. Ihr Tod sei Arthurs Schuld, hatte Amelias Mutter an Dick Benjamin geschrieben, als könne er etwas dafür. Jeder Dummkopf wusste, wie sinnlos es
war, einem verliebten Narren Vernunft beizubringen. So
unhöflich hatte Dick zwar nicht geantwortet; schließlich
war er ein Gentleman. Aber er konnte nur den Kopf schütteln.

Und Arthurs Heirat mit May war nur der Anfang des
Unglücks. Nachdem Dolly sich sinn- und gnadenlos aus-
geweint hatte, weil sie nicht nachvollziehen konnte, dass
ihr kleiner Bruder den Verstand verlor und eine Chinesin
heiratete, zog das Paar in den Westflügel des Hauses.

»Sie haben kein Geld«, hatte Dick zu seiner Frau gesagt.
»Keinen Sou.« Ironischerweise – darin lag die Ironie des
Schicksals, oder? – hatte er selbst dafür plädiert, dass sie alle
zusammen wohnten. »Was sonst?«, sagte er zu Dolly. »Sie
auf die Straße setzen? Dann ist der Skandal noch größer.«

Wie vorauszusehen, machte Arthur inzwischen keinerlei Anstalten mehr heimzukehren. Die Vorstellung, sich mit einer Frau wie May im australischen Busch anzusiedeln, war kaum weniger absurd, als mit ihr in Sydney zu leben. Australien war und blieb das Ende der Welt. Nicht, dass China sehr anders war. Nur Arthur teilte offenbar nicht die Ansicht der Europäer, die in Shanghai höchstens eine Durchgangsstation sahen; die Annahme, Zivilisation sei grundsätzlich westlich – ein Glaube, den selbst die im Osten Geborenen teilten –, war ihm fremd.

Niemand wusste besser als Dick Benjamin, dass ein Leben in Übersee Komfort und Klagen mit sich brachte. Tagtägliche Enttäuschungen. Minuten, Tage und Wochen ausharren in Erwartung einer besseren Zukunft – was für die meisten Weißen in Shanghai der Aufenthalt an einem gesünderen Ort bedeutete: Biarritz, Monte Carlo, der Comer See. Dick wollte mit seiner Familie später nach Nizza ziehen. Noch zehn Jahre, und sie lägen gepflegt in der Mittelmeersonne. Er hatte bereits einen französischen Makler beauftragt, ein Wassergrundstück ausfindig zu machen. Es war eine Krankheit des Empire – die Gegenwart um anderer Zeiten willen zu plündern: Zukunft, vollendete Zukunft. Alle in den Kolonien litten daran, auch die Australier. Außer Arthur – wer konnte darüber hinwegsehen, dass Arthur anders war? Er war immun, ein Freigeist. Er nahm sich einen Lehrer, der ihm Mandarin beibrachte. Er wandte sich dem Buddhismus zu, und die neue Religion führte zu einer Reihe extrem unzeitgemäßer Interessen, er studierte chinesische Kunst, besuchte die grässlichen Tempel; kein Pilger war größer und rothaariger als er. Mit 1,80 Meter überragte Arthur die winzige May. Dennoch war er von seiner Frau dermaßen betört; mehr als einmal sah man ihn auf der Stone Bridge Road den Boden vor ihrer Sänfte fegen – und das stocknüchtern.

Nicht, dass May eine üble Person war. Sie sprach nicht das übliche englisch-chinesische Kauderwelsch; nein, dazu war sie viel zu stolz. (Eine vielsprachige Prostituierte! Man stelle sich das vor!) Was Dick anging, für seinen Geschmack war Mays überdeutliches, makelloses Englisch ein wenig zu melodiös. Es klang wie Mandarin, ein Singsang mit gelegentlichen grammatischen Fehlern, die einen gewissen Charme hatten. Und alles wäre in Ordnung gewesen – abgesehen vielleicht von dem unablässigen Klicken ihrer langen, jadegeschmückten Fingernägel, bei Tisch, beim Tee, beim Mah-Jongg-Spielen, an das er, Dick, wie jeder sensible Mensch sich nicht gewöhnen konnte –, aber dann mussten sie zu allem Übermaß ein Kind in die Welt setzen. Zugegeben, Rose, wenngleich Mischling, war ein reizendes, entzückendes Mädchen. Mit blitzenden Augen, rosig runden Wangen, überraschend hellem Haar, das glänzte wie ein blanker Messinggott. Doch da Arthur und May zu jenen Menschen zählten, die Unglück und Tragödien magisch anzogen – eine Folge ihres Bohemien-Daseins, denn Freigeister gerieten mit der harten Wirklichkeit immer in Konflikt –, mussten sie unbedingt per Hausboot reisen, wobei das Kind ertrank. Und er verrückt und sie noch verrückter wurde.

In seiner Erinnerung hatte Arthur die Szene tausendmal durchgespielt. Er sah sie alle an Bord, May vor dem Teetablett, wie sie zum Spaß aus der Tülle der grünen Porzellankanne trank. »Was für ein ordinäres Mädchen du bist«, lachte er und küsste sie auf ihre rot-geschminkten, vom Tee feuchten Lippen. Am Ufer spross der Reis in den Feldern; ein zarter grüner Schimmer lag auf der Wasseroberfläche. Die vierjährige Rose kauerte zu Mays Füßen und spielte mit den Seidenkirschen an den grotesk winzigen Schuhen ihrer Mutter. Arthur las laut aus einem Führer über Suzhous Garten des Demütigen Meisters. Es dämmerte schon; das Boot passierte eine steinerne Brücke, deren Bogen, ein perfekter Halbkreis, im Wasser mit seinem Spiegelbild zu einem leuchtenden Ring verschmolz. Am Herd kochte der Boy eine Schildkröte.

Das Bild, das Arthur in Erinnerung hatte, war unergiebig, denn plötzlich war Rose still und unerklärlich verschwunden. Arthur, May und der Boy suchten die ganze Nacht und den ganzen Tag und noch eine ganze Nacht. Die leuchtenden Lampions spiegelten sich im Auf und Ab des Wassers und brannten sich für immer in Arthurs Erinnerung ein; bei geschlossenen Augen konnte er sie sehen, wie glänzende, wertlose Münzen, vor seinen Füßen verstreut.

May saß frierend im Boot. Die Decke, die Arthur ihr um die Schultern gelegt hatte, lag zerdrückt am Boden. Sie aß nicht und schlief nicht; sie rührte sich nicht und zitterte nur. »Ich habe sie nicht verdient. Ich habe sie nicht verdient«, sagte sie wieder und wieder mit leiser monotoner Stimme.

»Hör auf!«, brüllte Arthur. »Wer verdient was! Keiner von uns!«

Sie sah ihn an. »Das verstehst du nicht«, sagte sie. »Du weißt ja nichts. Du weißt nicht, wovon ich rede.«

»Was! Wovon redest du? Von deiner Vergangenheit? Weil du keine ... keine keusche Mutter warst?« Am liebsten hätte Arthur seinen schrillenden Kopf aufs Deck geknallt, um innen das Getöse auszuschalten, wie bei einem Wecker.

»Nein«, sagte May. »Nicht das.«

»Was denn! Was!« Er packte sie an den Schultern und schüttelte sie.

May sah Arthur an. Sie öffnete ihren Mund, aber sagte nichts. Die zarte Haut unter ihren Augen zuckte vor Angst.

»Was!«, schrie Arthur.

»Nichts«, sagte sie schließlich.

»Doch«, sagte er.

»Ja«, sagte sie. »Aber nichts, das etwas hiermit …« Und sie fing an zu weinen. Er hatte sie schon weinen gesehen, aber nicht so wie jetzt. Früher hatte May stumm geweint, aber nun stöhnte sie, leise und schrecklich, so dass er nicht hinhören wollte; Laute, die seiner Taubheit höhnten, seinen Tinnitus durchdrangen, Laute, die einen Abgrund öffneten, vor ihm, im Boot, im Wasser. Er musste sich zwingen, sich nicht die Ohren zuzuhalten. Der Boy bekam es mit der Angst zu tun und versteckte sich in der kleinen Kombüse.

Rose wurde an Land gespült, fünf Tage später, am Südufer des Flusses, eine Meile oberhalb Shanghais. Vielleicht war ihr Leichnam durch das Fest der Drachenboote, das gerade zu Ende ging, besonders schnell angespült worden. Ein Gemüsebauer zog die Tochter ans Ufer, er hatte ihre Halskette im Schlamm glitzern sehen und an ihrer Haarfarbe erkannt, dass sie keine Chinesin war – keine richtige Chinesin. Sie trug ein goldenes Amulett an einer Kette um den Hals, wie die Einheimischen; es sollte sie ans Leben binden. Obwohl May die chinesischen Sitten als altmodisch abtat, hatte Arthur darauf bestanden, dass sie das Geschenk der Amah für Rose annahm. Hätte es nur besser geholfen, dachte Arthur zuweilen; denn es hatte zwar auf den Leichnam aufmerksam gemacht, und sie hatten Rose wiederbekommen. Aber ihr Leben nicht.

Aus Respekt vor der Toten, der reichen Toten, wie der Bauer richtig vermutete, ließ er die Halskette, wo sie war, und brachte Roses Leiche zur Polizei. Diese übergab sie den Eltern, aufgedunsen, unkenntlich bis auf das makellose Haar, Kleid und Halskette. Dick belohnte die eigennützige Ehrlichkeit des Bauern mit reichlich Geld, so dass dieser sich endlich den lang erträumten Sarg kaufen konnte, den seine faulen Bauernsöhne niemals erwirtschaften würden.

Genau genommen versorgte der reiche Dick Benjamin also gleich zwei Haushalte, die verschiedener nicht hätten sein können, mit weißen Lacksärgen, mit Messingbeschlägen, Seidenkissen und Fransen: der eine maß fast zwei Meter und blieb noch Jahre leer; der andere war nur einen Meter lang und wurde gleich benötigt.

Es war wohl Roses schicksalhaftes Ertrinken, das zu Arthurs zwanghafter Beschäftigung mit dem Fließen des Suzhou Creek führte. May dagegen begann täglich eine, dann zwei und manchmal sogar drei Pfeifen Opium zu rauchen – Hauptsache, sie umnebelten die Erinnerung an die kleinen aufgedunsenen Finger, die fast so breit wie lang gewesen waren. Arthur dagegen schickte das leere Hausboot mit dem Boy und Kisten leerer Aquarius-Tafelwasser-Flaschen flussaufwärts. Dem Boy gab er seine eigene Taschenuhr, lehrte ihn, sie zu lesen und das Gelesene aufzuschreiben; und dann ließ er ihn stündlich vom verankerten Hausboot eine Flasche ins Wasser werfen – in den gleichen trägen Strudel, in dem Rose über Bord gegangen war. In jeder Flasche befand sich ein Stück Papier, auf dem der Boy mit zarter Handschrift die Stunde vermerkt hatte. Arthur wartete am Ufer, dort, wo Rose gefunden worden war, um die Flaschen nach fünf Meilen Reise in Empfang zu nehmen. Achtundzwanzig Prozent, aber nicht durchgehend achtundzwanzig Prozent, schafften es. Fast drei Viertel der Flaschen zwischen Mitternacht und Morgengrauen kamen wohl behalten an, wohingegen weitaus weniger das geschäftige Treiben des Tages überstanden.

»Wie kannst du nur!«, sagte Dolly. »Wie kannst du auch nur eine Minute deines Lebens auf dieses trostlose, schreckliche Schmuddel-Gewässer verwenden!«

Doch Arthur schüttelte nur den Kopf. Er konnte seinen Drang nicht erklären; er musste Fluss und Lauf, Strömung, Gegenfluss und Gegenströmung, Zulauf und Fall beobachten – ein trauriger zwanghafter Zeitvertreib, unterbrochen von anstrengenden, hilflosen Träumen, wenn er an der verdreckten Böschung schlief, Träumen von Roses märchenhafter Rettung, von rettenden Fischern mit Zaubernetzen, Froschprinzen und Austernfischern, die keine Perle, sondern kleine, schlafende Mädchen aus den salzigen, bleichen Muschel-Lippen schnitten.

May, seine schöne May, sprach kaum. Sie schien stumm und offenbar blind; das Opium versenkte ihre Pupillen in der tiefbraunen Iris. Des Nachts wurden die geliebten Augen so seelenlos, starr und hoffnungslos wie Hai-Augen.

Aufgrund seiner Forschungsergebnisse schrieb Arthur einen Bericht, den er der Meteorologischen Gesellschaft von Siccawei zur Verfügung stellte, und den, wie er fand, die Missionare im Observatorium nicht zu schätzen wussten; den sie aber immerhin in ihrem jährlichen Bericht lokaler Phänomene veröffentlichten. Als Arthur das Ergebnis seiner Mühen – eines Jahres trauriger Wallfahrten – auf drei enge, vor Druckfehlern strotzende Seiten reduziert sah, war er von der romantischen Faszination des Suzhou Creek geheilt. Er überließ den Fluss seinem Lauf und beschäftigte sich bald mit der vorschriftsmäßigen Behandlung der Leichen im Ningpo Tempel (die unzureichend eingekalkt wurden); ein Unterfangen, das ihm eine Lektion in chinesischer Bürokratie erteilte. Danach wurde er zum Verfechter des »Erdkloletts«, mit dem er die Wasserklosetts ihres Viertels ersetzen wollte. Jedem, der es hören wollte, erklärte Arthur, »dass die Exkremente vermittels Kohlenasche wieder der Erde zugeführt« würden, zum Schutze der Wasserwege und der Gesundheit der Bevölkerung. Zur Beförderung einer verantwortungsbewussten Abfallbeseitigung verfasste Arthur ein Traktat, in dem er die Installation eines Erdklosetts in allen Einzelheiten beschrieb. Seinen langmütigen Schwager überzeugte er, davon tausend Exemplare drucken zu lassen. Doch kaum hatte er die Hälfte verteilt, stand er als Verfechter der Anti-Straßenarzt-Kampagne an der Kreuzung Peking und Kiangse Road und sammelte Unterschriften gegen die Unsitte chinesischer Doktoren, kleinere Operationen im Freien vorzunehmen.

Dass Arthur vom Geist eines braunäugigen, blondlockigen Kindes verfolgt wurde, wunderte niemanden – wir alle werden von Geistern heimgesucht; doch dass die gottlose, geldgierige Stadt seiner Ansicht nach nicht nur für Europäer, sondern auch für die einheimische Bevölkerung verbesserungswürdig war, machte ihn unter den ortsansässigen Ausländern zum Sonderling. Seit fünf Jahren rauchte May; er dagegen widmete sich allen möglichen Kampagnen. Der Tod seines Neffen David beschleunigte allerdings die Geschwindigkeit, mit der Arthur seiner Anliegen überdrüssig wurde. In einer einzigen Saison unterstützte er die Registrierung, Besteuerung und periodische Untersuchung von Prostituierten; zog gegen die Einrichtung pornografischer, europäischer Kinohäuser in der Alten Stadt zu Felde; demonstrierte für Tageskliniken für Tuberkulose-Kranke (Kulis lagen ausgestreckt wie Kadaver; in Extremitäten, Brust und Ohren lange, schmutzige Nadeln mit einer glimmenden braunen Substanz); und weltfremd, wie er war, ermahnte er die Engländer, den gerbstoffreichen Schwarz-Tee zugunsten des grünen aufzugeben.

Dick wies nur zu gern darauf hin, dass Arthur seit seiner Ankunft nur einer bezahlten Tätigkeit nachgegangen war, nämlich dem Zählen von Särgen, mit dem er die statistischen Bemühungen des Gemeinderats unterstützt hatte. Aus der Todesrate wurde die Zahl der lebenden Chinesen gewonnen, eine Rechnung, die bisher (wegen der Korruption) nicht aufgegangen war, weil man die Anzahl der erteilten Pässe für die Beerdigungsprozessionen zu Grunde gelegt hatte, oder die Zahl der Leichen aller Suchttoten, Trinker und Selbstmörder, die alljährlich im März unweit des Bunds im Wasser dahindümpelten.

Die einzige Rettung – nicht nur für ihn, sondern für sie alle, May, Dolly, Dick und seine Nichten, deren Freunde, und jeden, jedermann, die ganze Welt, die in Arthurs Kopf, Seele, Schmerz auf mysteriöse, unwiderlegbare Weise zusammenhing – war eine andere Rose, ein anderes Kind. Doch May war nicht mehr die Jüngste, oder vielleicht waren auch andere Organe als ihr Herz in Mitleidenschaft gezogen; denn sie wurde zwar schwanger, verlor die Kinder aber allesamt im vierten, fünften Monat. Jedes Mal versuchte sie den Fötus vor Arthur zu verbergen und ihm den Anblick zu ersparen – das Becken, in dem er in leuchtendem Rot hoffnunglos, roh und gekrümmt lag, ein stummer Vorwurf.

Das Jahr der Fusssteuer

Das weiße Eis teilte sich spaltweit, was sie eigentümlicherweise an Leibwäsche erinnerte. Unterhemden und Unterröcke, die vom Saum bis zum Mieder aufwärts zerreißen. Alice schloss die Augen und sah es genau vor sich. Schwarz und dunkel unter dem Weiß. Und kalt. Sie wusste nicht warum, doch jedes Mal, wenn sie an das Eis dachte, kam ihr die Wäsche in den Sinn, wie sie riss, und sie sah die dunkle Stelle zwischen den Beinen ihrer Tante.

Sie sah, was sie nicht sehen sollte. Amah erwischte sie, sagte aber nichts. Die Tante saß am Toilettentisch. Tante May war äußerlich weiß, nicht rosig wie der rothaarige Onkel Arthur, nicht dunkel wie ihr Vater oder creme-weiß wie ihre Mutter, sondern weiß, weiß wie Eis, aber dann brach sie weit auf, und innen drin war sie dunkel.

Jede Nacht in ihrem Bett im Schlafsaal der Robeson-Akademie dachte Alice an den Zug, der durch das Eis über den Baikalsee fuhr. *Denk an was Schönes,* sagte Tante May immer, wenn Alice nicht schlafen konnte, *Denk an was, das du magst,* und obwohl der Gedanke an das Eisenbahnunglück nichts Angenehmes war, wurde es doch das sicherste Mittel, um einzuschlafen – wie May sich zum Einschlafen das Messer vorstellte, das die roten Schuhe aufschlitzte. Die Lokomotive stürzte hinab, das Eis öffnete sich wie die Unterwäsche der Tante, und all die Wagen voller Menschen purzelten hinterher.

Wie sie starben, malte sie sich nie aus. Manche waren in ihren Kojen und mussten aufwachen und ihre Nachthemden ausziehen. Sie mussten ihr langes Haar bürsten, das sich in den Laken verheddert hatte; sie mussten es mit Kämmen und Nadeln wieder aufstecken. Sie mussten zwischen all den Flaschen und Dosen in ihren Reiseneccesaires nach dem Kopfschmerzpulver suchen, den Gesichtscremes, den Nagelfeilen und Hühneraugenpflastern. Erst wenn sie angezogen waren und gut gefrühstückt hatten, Tee oder Kaffee und *pain au chocolat*, warm und innen süß und klebrig, erst dann fanden die letzten Umarmungen und Abschiedsreden statt.

Sie vereinte die Streithähne. Alleinreisende ließ sie Briefe nach Hause schreiben, Abschiedsbriefe an Familie und Freunde oben, in der Welt. Sie gab ihnen Zeit, das Abteil aufzuräumen, ihre Sachen zu ordnen, Kleider aufzufalten und Schmuck zu verstauen.

All dies dauerte natürlich lange. Mit ihren dreizehn Jahren war Alice nicht mehr so klein, dass sie dieser Szene ein harmloses Ende angedichtet hätte. Doch der Zug lag schon stundenlang auf dem Grund des Sees, bevor sie sich von ihrer Fantasie trennen konnte, und die Passagiere noch sterben zu lassen, machte wenig Sinn – wo sie den Absturz doch überlebt und gelernt hatten, im kalten, dunklen Wasser ihr Leben zu fristen.

Sie atmeten nicht. Wie auch? Aber sie redeten miteinander; sie lasen einander die Worte von den Lippen ab. Sie saßen im Speisewagen, in dem kein Zigarrenqualm mehr hing, weil sich niemand mehr eine Zigarre anzünden konnte. Sie spielten Karten und Scharaden; sie lasen Bücher, kauften Natron im Vorratswaggon, und sahen aus dem Fenster ins Nichts. Ins dunkle Wasser, das gegen die

Scheibe drückte. Sie schliefen in ihren Kojen unter klitschnassen Decken, und der nasse Wollgeruch machte ihnen nichts aus. Nicht unter Wasser. Nicht wenn sie für den Rest ihres Lebens die Luft anhielten.

Als die Schwestern ihre erste Nacht im Internat verbrachten, war Alice in den Raum der größeren Mädchen geschlichen, hatte sachte jeden Vorhang um jedes Bett berührt; siebzehn Stück hatte sie gezählt, genau wie zuvor bei Licht. Beim achtzehnten war sie mit der Hand über den Stoff geglitten, bis sie den Spalt gefunden und geöffnet hatte.

»Ces?«, sagte sie.

»Mmm?«

Sie kletterte zu ihrer Schwester ins Bett, schmiegte sich exakt an deren Rücken, umarmte sie, ihre Knie in Cecilys Kniebeugen. So lagen sie, als sich der Vorhang teilte und Gesichter hereinspähten: eins, zwei, drei, übereinander, wie ein Totempfahl, und alle redeten auf einmal.

»Ihr seht ja gar nicht chinesisch aus. Seid ihr wirklich aus China?«

»Wie ist es da?«

»Hat euer Vater einen Chinesenzopf? Ist er gelb?«

»Zeigt mal eure Füße. Die sind gar nicht klein. Ich dachte, sie seien beschnitten, wie Stummelschwänze bei Hunden.«

»D. B.? Wisst ihr, was das heißt? Damenbinden. Wisst ihr Bescheid oder nicht?«

»Wenn ihr keine Chinesen seid, was seid ihr dann? Englisch seht ihr nicht aus.«

»Habt ihr in China auch zusammen geschlafen? Alle Mann hoch in einem Bett? Mit Mutter und Vater?«

Alice erwiderte nichts. Schweigend stützte sie die Ellenbogen auf und betrachtete die rosigen Gesichter.

Cecily dagegen sagte:»Wie könnt ihr nur denken, wir seien Chinesinnen!«, lehnte sich vor und zog mit einem Ruck die Vorhänge zusammen.

»Der Baikalsee ist so tief wie der tiefste Ozean«, sagte Alice zur Krankenschwester, und die Krankenschwester sagte:»Du lernst also Geografie?«

»Nein«, sagte Alice.»Ich meine, ja. Ja.« Geografie, Mathematik, Schreiben, Allgemeinwissen, Benimm. Und noch etwas. Was? Sie konnte nicht richtig denken. Oh, Französisch bei Mademoiselle Vailard.

Irgendetwas war mit ihrem Kopf los, und sie musste immer und immer wiederholen, was sie wusste. Was? Sie wusste, dass zu Hause in China Ma Foo ihr scheckiges Pony versorgte, das dreizehn Handbreit groß und eine Kreuzung zwischen einem Mongol- und einem Shetland-Pony war; dass Ma Foo Kaliumpermanganat in den Spalt seines rechten Vorderhufs schüttete, bis es zischte und eine lila Rauchfahne aufstieg (kein schlechter Trick, aber nur begrenzt wirksam, typisch chinesisch). Sie wusste, dass das chinesische Klima angeblich ungesund für Kinder war, aber Pferden bekam es gut, auch Tony – ihrem Hund, einem Boston-Bullterrier aus einer Zucht in Seattle im Staat Washington; gekauft im kanadischen Banff und mit der *Princess Christina* von San Francisco nach Hongkong und von da aus nach Shanghai verschifft; gerade rechtzeitig zu ihrem Geburtstag. Sie hatte sich damit abgefunden, dass Tony zu Hause in Shanghai bleiben musste, weil es in England bekanntermaßen keine Tollwut gab, und das Land durch eine sechsmonatige Quarantäne für Haustiere sicherstellte, dass es so blieb. In Irland gab es keine Schlangen, weil der heilige Patrick sie über eine Klippe ins Meer gejagt hatte, aber das war ein Märchen für Katholiken, und sie war Jüdin. Chinesenkinder hatten ihre eigenen

Geschichten. Tante May erzählte gern, dass die Flüsse von Fukien früher voller Krokodile waren, Han Yü ihnen aber einen dermaßen überzeugenden Nachruf schrieb, dass die gebildeten Reptilien sich beim Lesen des Texts auf ihre grünen Rücken rollten und aufhörten zu atmen.

Sie war auf ihrer Matratze aus dem Schlafsaal getragen worden. Jemand war hereingekommen. Ihr war heiß, sie hatte Durst, und vielleicht brachte Ma Robey das Wasser. Miss Robesons Mutter war in dem kleinen Krankenzimmer im obersten Stockwerk unermüdlich beschäftigt gewesen. Sie hatte einen Asant-Wickel um Alices Hals gemacht, der so übel roch, dass der durchdringende Geruch ihr selbst bei verstopfter Nase zu Kopf stieg und sie sich heftig übergeben musste.

»Ich an Ihrer Stelle würde heute Abend den Arzt rufen«, sagte jemand, und jemand anders seufzte laut und resigniert und sagte: »Ja, besser schon.« Und dann gab es auf der Treppe einen so eigentümlichen Lärm, als liefe jemand in Nagelstiefeln hinunter.

Und Arthur, ihr Onkel Arthur, war auf der anderen Seite der Wand und wusch sein Geld. Auf Rat seiner Schwester Dolly desinfizierte er die Münzen mit Karbolseife; durch die Wand hörte Alice es im Emaillebecken klimpern. Am Morgen würden die Münzen zu hell glänzenden Stapeln aufgetürmt stehen, und die nassen Scheine an der Wäscheleine quer durchs Ankleidezimmer hängen. Es war in Shanghai so feucht, dass es Tage dauerte, bis sie zum Ausgeben trocken genug waren.

Aber der Arzt kam nicht. Stattdessen kam ein anderer Mann, der sich herunterbeugte, und sie konnte nur seine Augen sehen, weil Nase und Mund von einem Tuch verdeckt waren, und *Aha, ein Bandit,* dachte sie; Banditen waren in Shanghai an der Tagesordnung. Worte kamen hinter dem Tuch hervor: »Ganz ruhig, Miss.« Und nun hob der Bandit sie hoch, und sie trat und schrie und rief nach ihrem Vater.

Dann lag Alice allein auf der Kinderstation des Fieberhospitals. Sie wusste, dass in der Schule schon ihre Kleider, Puppen, Bücher verbrannt worden waren. Die Putzfrau hatte die Laken auf dem Bett im Schlafsaal und die weißen Vorhänge abgezogen, genau wie bei der kranken Elisabeth; die Frau hatte dabei ein Taschentuch über Nase und Mund gebunden und im Nacken verknotet. Alles wurde in den Ofen gesteckt; die Matratze, deren Vernichtung zu schade war, wurde zum Lüften aufs Dach geschleppt. Aber wenn man Elizabeths Matratze aufs Dach brachte, wieso hatte man ihre mit ins Krankenhaus genommen?

»Ist dies meine Matratze?«, fragte sie die Schwester.

»Was denn sonst?«

»Ich meine, gehört sie der Schule oder dem Krankenhaus?«

»Sie fantasiert im Fieber, oder?«, sagte die Schwester. Sie tauchte den Waschlappen in die Schüssel, wrang ihn aus und befeuchtete Alices Arm.

Alice tastete auf ihrem Kissen nach ihrem Haar, aber es war nicht mehr da. Jemand hatte ihren Zopf abgeschnitten und auch zum Einäschern gegeben. *Ein-ä-schern.* Das Wort klang irgendwie heißer als Feuer.

Jeden ersten Freitag im Monat kam der Friseur zum Haarewaschen. Er fing bei der Jüngsten an und arbeitete sich zur Ältesten durch; und wenn alle Haare getrocknet waren, bürstete er sie aus, und manchmal benutzte er eine glühende Brennschere. Er schnitt die Haare nie. Mädchenhaar mit der Schere schneiden sei schädlich, sagte er. Im Winter, bei geschlossenen Fenstern, roch es tagelang nach versengtem Haar.

Zu Hause hatte Alice erst im vergangenen Winter ihren Zopf an dem des einen Boys gemessen, der Mays Sänfte

179

trug. »Sehl, sehl lang!«, hatte er gesagt. Aber er ließ seinen Zopf nicht den Rücken hinabhängen, sondern rollte ihn wieder zusammen und steckte ihn unter seine Mütze, damit die Revolutionäre ihn nicht zur Rede stellten. Neben gebundenen Füßen galt der Zopf, *queue*, wie er hieß, als Zeichen der Unterdrückung und Rückständigkeit.

»Schau mal«, Alice erinnerte sich, wie Tante May am Frühstückstisch Onkel Arthur die Zeitung hingeschoben und gesagt hatte: »Ich bin das beste Beispiel für alles, was in China nicht in Ordnung ist.«

»Was?«, hatte Alice gefragt und dabei ihrem Onkel neugierig über die Schulter geschaut. Während er die weiße Hand seiner Frau geküsst hatte, überflog sie den Leitartikel. Eine neue Attacke des Reformers K'ang – gegen Opium und gebundene Füße, gegen Sänften und langzöpfige Boys.

»O je«, seufzte Arthur. »Wenn es so weitergeht, führen sie wieder die Fußsteuer ein.«

Und im August hatte May sich europäische Damenschuhe gekauft, um ihre plötzlich illegalen Füße zu tarnen und den Steuern ein Schnippchen zu schlagen, von denen die Blumengärten der Kaiserlichen Witwe unterhalten wurden. Mit der Besteuerung der altmodischen Schönheitsnorm wurde die gegenwärtige Ästhetik finanziert.

»So, so unglückselig und ungeschickt!« May probierte die Schuhe, halb weinend, halb lachend, vor der ganzen Familie an. »Habt ihr je was Hässlicheres gesehen?«

»Ich mag sie eigentlich«, sagte Dick zaghaft.

»Ja«, Dollys Stimme klang vor Begeisterung ganz schrill. »Richtig chic!«

»Stopf die Zehen mit Watte aus.« Angesichts der blanken, dunklen Lederschnürstiefel, die seiner Frau bis an die Knöchel reichten, schüttelte Arthur missbilligend den Kopf.

Alice hatte May die Damenschuhe auch zu anderen Gelegenheiten anprobieren sehen. Sie hatte May in einem unbeobachteten Augenblick ertappt. Sie war dabei gewesen, als die Tante in ihrem Ankleidezimmer die winzigen chinesischen Schuhe ausgezogen hatte. Dann hatte May ein, zwei Schichten von Arthurs dicksten Wollsocken übergezogen und die Füße in die hochgeschnürten Lederschuhe gezwängt. Minutenlang hatte sie vor dem Spiegel gestanden, sich gedreht, erst nach links, dann nach rechts. Mit dem Handspiegel hatte sie dem großen Wandspiegel den Rücken zugekehrt, schwankend zwei Schritte gemacht und ihre Kehrseite betrachtet.

»Untragbar«, flüsterte sie, »untragbar.« Sie hatte immer noch Yu-yings Stimme im Ohr: *Wir erzählen ihnen, dass du nie geweint hast. Sag: Ich habe nie geweint.*

»Was machst du hier?« May schnappte nach Luft, ihre Stimme versagte, und beinah wäre sie umgekippt, so hatte Alice sie erschrocken.

»Nichts«, sagte Alice. »Was machst du?«

May ließ den Handspiegel sinken. »Üben.« Wie gewann ein Mensch so schnell die Fassung wieder? Höchstens der Singsang in ihrer Stimme klang stärker als sonst. »Ich spiele modern, pünktlich zur Fußsteuer.« May lächelte. »Du kennst doch meine Meinung über die Kaiserliche Witwe – du glaubst doch nicht, dass ich der alten Ziege auch nur ein einziges Gänseblümchen finanziere!«

Scharlach mit rheumatischen Komplikationen. Alices Knie, Ellenbogen und Fingergelenke pochten. In ihren Träumen versuchte sie das schreckliche Brennen in ihren Händen zu erklären, umgestoßene Kessel und umgekippte Petroleumlampen kamen darin vor. Ein Geburtstagskuchen mit brennenden Kerzen, dessen Glasur schmolz und zerlief. Als sie sich ein Stück nehmen wollte, fingen ihre weißen Handschuhe Feuer.

Dann ging Alice plötzlich eine Straße entlang, und ihre Tante ging vor ihr her, schnell, ging wie nie im Leben sonst. Es war neblig, dämmerig. Ein schwarzer Vogel verfolgte May mit flatternden Flügeln und ausgestreckten Klauen. Alice fürchtete sich, wusste aber nicht, warum. Als der Vogel sacht auf Mays Schulter landete, drehte die Tante überrascht den Kopf. Der Vogel hackte mit dem Schnabel in Mays Rücken; sie sank auf die Knie.

Gift, dachte Alice, ein Giftvogel. Doch die Tante war nicht tot, sie weinte. Sie hielt sich an einem Vorhang fest, der wie von Zauberhand gehalten über der Straße hing: ohne Stange, ohne Ringe. Der Vorhang war aus rotem Samt, rot wie Blut, und das Blut tropfte auf Mays Hände, ihre Kleider, ihre Schuhe. Alice schrie und schrie. Als die Schwester kam, packte sie weinend deren Hand: »Ich weiß, warum sie so viele Unterkleider trägt. So viele Hemden und Röcke und Strumpfgürtel. So viele Schichten weiße Binden!«

»Wer?«, fragte die Schwester. »Was?«

»Es sind alles Verbände. Sehen Sie nicht? Richtige Verbände! Damit das Blut nicht durchkommt!«

»Wer?«

»May, natürlich, Tante May.«

Die Schwester war ärgerlich, weil sie weinte und die übrigen kranken Kinder weckte. Dabei war sie ganz allein, die anderen Betten standen leer, alle waren fort, tot oder geheilt. Es war heiß auf der Station, oder kalt? Eingewickelt in ein nasses Leinenlaken zitterte sie. Und ihre Hände juckten. *Weinen macht es nur schlimmer*, sagte die Schwester, und die Tränen, die Alice reuevoll vergoss, brannten auf der Haut.

Hundertmal entgleiste der Zug, und Alice stürzte der Lokomotive nach, abwärts. Wundersam durch die Unterkleider der Tante, durch Binden und Blut, abwärts durch kaltes Wasser, so kalt. Weiches Gleiten zum Seegrund, wo Fische mit esstellergroßen Augen an den Waggonfenstern vorbeischwammen. Litowsky streckte seine Arme aus, und Alice tanzte mit ihm durch den Speisewagen, immer um das Klavier herum, auf dem sich das schmutzige Geschirr stapelte, und die feierlich glotzenden Fische glotzten und glotzten. Und dann legte er sie weit zurück über das geschlossene Klavier, zwischen das fettige Geschirr und küsste sie tief.

May war zu Besuch gekommen. Alice wusste es ganz genau. Es war kein Traum, denn hier stand der Beweis: eine Keksbüchse mit roter Schleife. Alice lag gefangen in einem trostlosen Londoner Krankenhaus, aber May war gekommen. May würde sie retten. Nur ein Keksbissen, und der Zauber würde wirken: ihre Tante wäre da. Aber die Schwester erlaubte es nicht.

»Nichts. Gar nichts, außer Brühe.« Und nein, sie nahm auch nicht die Kekse heraus, und gab Alice die Büchse. »Was willst du denn damit? Ein Hundebild. Komm, mach kein Theater, sei ein großes Mädchen. Dass du dich nicht schämst!«

»Vor der Ehe braucht ihr keine Angst zu haben, Mädchen«, lispelte Miss Clusburtson. *Angssst.*

Donnerstags unterrichtete Miss Clusburtson Heilkunde statt Mathematik, ein zusätzlicher Kurs, zu dem sie ein Lehrbuch voller Schautafeln benutzten, in denen der Körper wie ein Querschnitt durch einen Passagierdampfer aussah. A- Deck. B-Deck. C-Deck. Zwischendeck. *Unterleib,* Miss Clusburtson sprach jede Silbe einzeln, *Un-ter-leib* war der Ort aller unanständigen Funktionen. Sie verteilte Heftchen an die Mädchen, zum Behalten. Innen befand sich eine umgekehrte, zusammengeklappte Frau. Oder ein Baum. Beides: Das Gesicht der Frau war schamhaft unter

Gras versteckt, ihr Leib teilte sich in zwei dicke Stümpfe, gekrönt von laubigen Füßen. Dazwischen, in der Gabelung, war ein lockiges Haarnest, und in diesem Nest lag, kaum zu erkennen, ein weibliches Ei. Alice versteckte das Heftchen in der Wäscheschublade. Das Bild hatte eine deprimierende Ausstrahlung, wie es den Kopf der Frau verbarg und ihre Geschlechtsteile herzeigte.

»Eine der Lehrerinnen erzählt uns immerzu, wir brauchen vor der Ehe keine Angst zu haben«, sagte Alice zu May.

»Tatsächlich?«

»Ja, aber ich glaube, sie meint den *Geschlechtsakt*.« Alice flüsterte das Wort.

»Aha?«, sagte May. Sie legte ihre Hand auf Alices heiße Stirn. Ihre Stimme perlte wie Wassertropfen. Alice berührte ihr seidenweiches Knie.

»Sie hat mit uns einen Ausflug in die Abguss-Sammlung gemacht.« Säle voller Gipsabgüsse berühmter Statuen. Die *Unterleiber* der nackten Männer waren dort mit Unterwäsche aus Papier verhüllt. »Und manche Mädchen waren schrecklich gemein zu ihr«, weinte Alice. Warum musste man bei Fieber immerzu weinen?

»Oh, Gott«, hatte Claire gesagt. »Erlöse uns. Hier ist es tot-tot-tot-sterbens-öde und langweilig. Und nirgends frische Luft. Ich sterbe, wenn wir nicht bald gehen.«

»Pass auf, dein Füllfederhalter. Du machst einen Tintenfleck auf meinen Pullover«, hatte Alice gesagt.

»Tot-tot-tot-sterbens-öde!«

»Mädchen! Bitte sehr!« *Sssehr!*

»In Indien gibt es unanständige Basreliefs«, sagte Claire. »Mein Vater hat sie gesehen. Eine Schande. Leute, die Licht machen, alle auf einmal, alle Männer haben ihr Ding draußen und die Frauen keine Unterhosen an.« Die Klasse umringte die Trajan-Säule: Römische Soldaten marschieren in Reih und Glied in Spiralen nach oben, es

erinnerte an die rotierende Streifenstange vor Friseurläden.
»Was hat Licht machen damit zu tun?«, fragte Alice.
»Bist du vom Mond? Sie *machen* es. Hindus glauben,
Beischlaf gehört zur Religion. Deshalb wurden meine
Schwestern und ich nach Hause geschickt.« Die Missio-
narstochter Claire verabscheute Christus und kannte sich,
was Unmoral anging, blendend aus. Freundschaften mit
reuelosen Juden waren ihr eigentlich streng untersagt.
»Aber ich pfeife drauf«, sagte sie.
»Was meinst du mit reuelos?«, wollte Alice wissen.
»Dass es dir egal ist, ob du in der Hölle landest oder
nicht.«
»Aber«, protestierte Alice. »Das ist mir nicht egal.«
Die Mädchen gingen in Zweierreihen, Hand in Hand,
vorbei an Gipsreproduktionen, perfekten Nachahmungen,
die das Original später überflüssig machten. Ghibertis Tor
zum Paradies aus der Taufkapelle unweit des Doms zu Flo-
renz. Eine Kanzel aus Pisa und Treppen, die ins Nichts
führten. Lange standen sie vor dem Pórtico de la Gloria
aus Santiago de Compostela; Männer in weiten Gewän-
dern lehnten daran, jeder ein Musikinstrument in der
Hand. Keiner hatte die Augen offen, und die Gesichter
reckten sich verzückt gen Himmel. Es sah aus wie Musik-
unterricht für Blinde oder geistig Behinderte. Davor stand
Christus mit erhobenen Händen, erschrocken, entsetzt,
genau wie Mister Samuel, wenn Alice ihm stümperhaft auf
Ma Robeys altem Klavier vorspielte. Die Männer mit den
Schriftrollen und Büchern in den Händen sahen übellau-
nig aus, als ahnten sie die vielen schlechten Noten im
Geschichtsexamen nächste Woche.
»Dieser Fußboden«, sagte Miss Clusburtson plötzlich.
»Seht doch nur diesen Mosaikboden, Mädchen. *Opus
feminae*. Frauenwerk. Die Insassinnen des Gefängnisses in
Woking haben ihn gemacht.«

»Diessses Mosssaik haben Gefängnisss-Insssasssinnen gemacht«, wiederholte Claire, für die Lehrerin durchaus hörbar.

»Nicht«, flüsterte Alice. »Sie kann doch nichts dafür.«

Über ihnen ragte Michelangelos David, seine Genitalien in Packpapier gewickelt, wie Fleisch aus der Metzgerei. Claire schob angriffslustig das Kinn vor. »Misss Clusssburtssson«, sagte sie.

»Ja, Claire.«

»Wieso sind Sie nicht verheiratet, wo Sie doch immer sagen, dass wir vor der Ehe keine Angst zu haben brauchen?«

Miss Clusburtson sah Claire lange an, bevor sie antworten konnte. »Du redest von meinem Privatleben, Claire. Das ist nicht ...«

»Es ist deswegen, oder?« Claire deutete mit dem Kopf auf Davids schamhaft verhüllte Geschlechtsteile. »Sie wollen nichts mit Männern zu tun haben. Sssie sssind esss, die Angssst hat.«

Eleanor Clusburtson wurde zuerst blass und dann tief rot. »Vielleicht sind Sie ja anders herum. Lesbisch.« Die vierzehn Mädchen, die Hand in Hand um die Statue standen, begannen zu lachen, eher vor Anspannung als vor Vergnügen. Als sie einmal angefangen hatten, konnten sie nicht mehr aufhören. Japsend klammerten sie sich aneinander.

Von der Hysterie angespornt, erkletterte Claire den Sockel und zog David das Papier weg. »Na«, sagte sie und berührte die beschnittene Spitze seines Gipspenis. »Ich dachte, da sei ein bisschen mehr dahinter – wenigstens ein kleines bisschen mehr.«

Inmitten dessen, was Miss Robeson später das schändlichste Chaos nannte, das der Robeson-Akademie jemals widerfuhr, stand Miss Clusburtson stumm, regungslos, mit hängenden Armen.

Alice löste sich aus der Gruppe und griff ihre starre Hand. »Bitte«, sagte sie. »Bringen Sie mich bitte zum WC.« Sie zerrte an der Lehrerin, aber die stand wie angewurzelt auf dem Mosaik, auf das sie eben noch hingewiesen hatte. »Es ist dringend!« Alice zog heftiger, und Miss Clusburtson rührte sich und ließ sich vom Rest der Klasse wegziehen, die immer noch zu Claire hinaufsah und sich vor Lachen bog.

Alice schleppte Miss Clusburtson am Abguss einer Madonna vorbei, die sich aufgeschreckt von Gabriel abwandte, als habe er ihr einen unsittlichen Antrag gemacht, und stürzte an unbedeutenderen Heiligen und sonstigen Persönlichkeiten vorbei, alle weiß, weiß, kreideweiß, wie vor Entsetzen, und keine bleicher als Eleanor Clusburtson. In der Toilette verriegelte Alice die Tür, und Miss Clusburtson fiel gegen das Waschbecken, hielt sich die Hände vor die Augen, und Tränen rannen darunter hervor.

»Waschen Sie Ihr Gesicht.« Alice drehte den Hahn auf. »Nehmen Sie kaltes Wasser. Dann gehen wir zurück und Sie sagen Claire, dass sie von der Schule verwiesen wird.« Aber Miss Clusburtson bewegte sich nicht, weinte stumm weiter.

»Also«, sagte Alice, »Sie weinen doch hoffentlich nicht um Claire. Sie ist schon aus tausend Schulen geflogen.« Alice versuchte vergeblich, der Lehrerin die schmalen Hände vom Gesicht zu ziehen. »Gut«, sagte sie nach einigen Minuten. »Sie bleiben hier. Ich sehe nach den anderen.«

Doch als Alice zur David-Statue gelangte, stand er da ganz allein, seine Papierhosen zwar zerknittert, aber am richtigen Fleck. Der Saal war leer bis auf einen älteren Besucher, der vor der Trajan-Säule stand und sich Notizen auf ein Stück Packpapier machte. »Entschuldigen Sie, bitte«, sagte Alice. »Haben Sie eine Gruppe Mädchen gesehen?«

»Mädchen?«, fragte der Mann. »Was für Mädchen?«

»Schülerinnen. So groß wie ich.« Der Mann schüttelte den Kopf.

»Also, sie sind weg«, berichtete sie Miss Clusburtson, die auf diese Nachricht hin schließlich die Hände vom Gesicht nahm.

»*Weg?* Was kann – Was meinst du mit *weg?*«

»Ich meine, sie sind nicht da. Keine von ihnen. Sie haben ... Sie müssen gegangen sein.«

»Oh! Oh, nein, nein, nein!«, stöhnte Miss Clusburtson und schwankte. »Nein, nein, nein. Sie wird mich vor die Tür setzen. Ich habe sie verloren, dreizehn Internatsschülerinnen. Ich komme ins Gefängnis.«

»Da machen Sie Mosaik.« Alice versuchte zu witzeln. »Viel schöner als Unterrichten.«

Aber Miss Clusburtson schüttelte nur den Kopf. »Was soll ich nur tun? Was soll ich nur tun?«, wiederholte sie immerzu, rang hysterisch ihre Hände und schritt in der Toilette auf und ab.

»Bitte, nicht«, flehte Alice. »Das hilft doch nichts. Weinen hilft nicht. Wir müssen jetzt nachdenken. Wissen Sie was? Wir gehen Tee trinken im Salon an der Ecke, wo wir auf dem Hinweg vorbeigekommen sind.« Miss Clusburtson blieb stehen und starrte Alice an, als spräche sie Chinesisch. »Schon gut«, sagte Alice. »Ich bezahle. Ich habe immer ein bisschen Geld dabei, für alle Fälle. Das hat mir meine Tante beigebracht.« Sie tätschelte die kalte Hand der Lehrerin. »Das und getrennte Konten. Wenn man verheiratet ist.« Alice hängte sich bei Miss Clusburtson ein, spürte den spitzen Ellenbogen in dem grauen Ärmel. »Wir trinken Tee«, sagte sie. »Mit allem Drum und Dran. Essen hilft beim Denken.«

Doch im Teesalon saß Miss Clusburtson zusammengesunken über der dampfenden Tasse. »Jetzt sind wir weggelaufen. Weg vom Tatort.« Ihr warmer Kuchen wurde kalt; sie rührte ihren Tee nicht an.

»Seien Sie nicht albern. Wir hatten einen Unfall«, sagte Alice.

»Meinst du?«

»Na, klar. Wir haben ...« Alice nahm den Löffel aus dem Marmeladenglas, steckte ihn in den Mund, leckte ihn sauber und steckte ihn zurück. »Ich weiß, was wir tun.« Sie lehnte sich über den Tisch, um den Kuchenduft einzuatmen. »Wir erzählen Miss Robeson, dass ich meine Tage bekommen habe. Genau heute. Zum ersten Mal. In der Abguss-Sammlung.«

Miss Clusburtson machte große Augen. »Stimmt das?«, fragte sie, wieder erschrocken.

»Nein! Das erzählen wir nur. Wir sagen ihr, ich hätte solche Angst gehabt und Ihre Hilfe gebraucht. Die Mädchen werden es bezeugen. Sie haben alle gehört, wie ich *dringend* gesagt habe, haben uns zum WC gehen sehen.«

Miss Clusburtson schüttelte den Kopf. »Sie findet die Wahrheit heraus. Sie weiß, dass wir lügen.«

»Wieso?«

»Sie will sicher einen Beweis, und den haben wir nicht.«

Alice verschränkte angriffslustig die Arme. »Will sie blutige Unterhosen? Das soll sie nur versuchen.«

»Du kennst Miss Robeson nicht.«

»Dann sagen wir, dass ich sie weggeworfen habe und ohne nach Hause gekommen bin.

»Dann weiß sie mit Sicherheit, dass wir lügen.«

»Nein! Hören Sie! Das ist ... ich sag's Ihnen, ich bin vielleicht nicht gut im Rechnen, aber bei solchen Sachen bin ich absolut schlau!«

Miss Clusburtson öffnete den Mund, doch sie war sprachlos, und Alice nahm ihr Staunen als Glückwunsch hin.

Rezept gegen Lispeln

Die meisten Schülerinnen imitierten Miss Clusburtson, wenn sie deren Namen aussprachen. Miss Clusssburssson. Nicht aus Gemeinheit, sondern weil Eleanor es auch so sagte und niemanden berichtigte. Wie konnte sie auch, mit ihrem überdeutlichen Lispeln, ihrem Mund, der sich sogar weigerte, den Namen auszusprechen, den ihr die Eltern gegeben hatten?

Sie hatte einen glänzenden, einen ausgesprochen glänzenden Verstand, aber war der nicht auch eine Belastung? Jeder weiß, Intelligenz ist keine Garantie für Erfolg, und sie war sich der Ungerechtigkeit, die man ihr antat, nur umso deutlicher bewusst. 1887, mit zwanzig, bekam Eleanor einen Studienplatz in Oxford, die einzige Frau, die man zum Studium der höheren Mathematik zuließ. Ihre Schulnoten waren so außerordentlich gewesen, dass die Professoren über ihr Geschlecht hinwegsahen. Was damals kein Grund zur Freude war.

»Wie kann ich dort hingehen!«, rief sie, warf sich in die väterlichen Arme und schreckte gleich darauf zurück. »Sobald ich den Mund aufmache, halten sie mich für dumm!«

Sie weinte und zerriss den Brief mit der Aufnahmebestätigung; sie schlug die Tür zu ihrem Schlafzimmer zu und schloss ab, als der Vater ihr nachkam.

Isaac Clusburtson, Witwer und zweiter Geiger bei der Philharmonischen Gesellschaft, setzte sich an seinen Schreibtisch im Wohnzimmer des kleinen Hauses auf der Cheyne Road. Er stützte seinen Kopf auf; er trank Gin mit Bitter Lemon; er unterhielt sich allen Ernstes mit der Ferrotypie seiner verstorbenen Frau, flehte sie um Rat bei der Erziehung seiner Tochter an; und verfasste dann einen Brief an Dr. Andrew Scott, dessen Anzeige ihm im *Harper's Weekly* vom 8. Dezember, 1885, ins Auge gefallen war. Eleanors Vater hatte eine ganze Reihe amerikanischer Zeitschriften abonniert, darunter *Appleton's Journal, Popular Science Monthly* und *Christian Union*. Als Mann, für den Amerika das Land der Vernunft, Hygiene und tausend Möglichkeiten bedeutete, sammelte Isaac Clusburtson Anzeigen, die diese Tugenden illustrierten und verwahrte sie im gleichen Schrank wie seinen Gin.

Dr. Andrew Scott heilte Sprachstörungen. *Lassen Sie Ihr Lispeln oder Stottern nicht Ihr Glück zerstören! Ihre Arbeit! Ihre Liebe!*, hieß es unter dem Abbild eines strahlenden Ehemanns und einer scheu lächelnden Braut. Auch eine Adresse stand dabei: Broadway, 848, New York City.

Isaac Clusburtsons Schrift war peinlich exakt und neigte sich ein wenig. Er hatte sich angewöhnt, seine Unterschrift mit einem Schnörkel zu unterstreichen. Als er den Brief an Dr. Scott schrieb, unterstrich er dermaßen heftig, dass er zweimal mit der Federspitze das Blatt zerriss und von vorn beginnen musste.

Innerhalb eines Monats wurde Eleanors Studium verschoben, ein Besuch bei Dr. Scott in New York arrangiert, die Dampferüberfahrt gebucht. Eleanor würde mit der älteren Schwester ihres Vaters reisen, die schon häufig die Mutterstelle bei ihr vertreten hatte.

Mit mehrmaliger Verspätung, verursacht durch Winterstürme, lief das Schiff, Isambard Kingdom Brunels *Great*

Britain, deren Rumpf mit Eisen beschlagen war, am 19. März 1889 im Hafen von New York ein. Es war Eleanors zweiundzwanzigster Geburtstag. Während der Überfahrt waren beide Frauen seekrank gewesen, und gleich nachdem sie mit Sack und Pack von Bord gegangen waren, winkten sie einer Droschke und fuhren zum Fifth Avenue Hotel am Madison Square, dankbar, dass Isaac für sie im Voraus eine Unterkunft reserviert hatte. Im Hotel gingen sie auf der Stelle ins Bett.

Der nächste Tag war der erste Frühlingstag; draußen vor dem Fenster zeigte ein Baum schon erste Blüten, seine Wurzeln verzweigten sich unter einem Droschkenstand und wurden von den Pferdeäpfeln gedüngt. Dr. Scott, ein gut aussehender Mann um die vierzig, empfing sie in seiner gut ausgestatteten Praxis. Er servierte ihnen Tee; er spielte mit seiner Uhrkette und seinen Westenknöpfen; er reichte Eleanor eine Karte, auf die fünfzig Worte gedruckt waren.

»Lesen Sie das laut vor«, sagte er. »Wenn ich bitten darf.«

Und sie begann: *Anker. Angemessen. Bastion. Bäckerei. Caesar. Canasta.* Sie lispelte sich durchs ganze Alphabet.

»Aha«, sagte Dr. Scott und schenkte Tee nach. Beim Zuhören hielt er die Hand ans linke Ohr, in die Richtung der jungen Frau. »Wissen Sie«, sagte er, »dass die meisten Sprachstörungen durch die Zähne verursacht werden. Und geheilt werden, wenn man die Zähne zieht und ersetzt.«

Eleanor sah ihn an. Unwillkürlich fuhr sie mit der Zunge über ihre glatten Schneidezähne. Abgesehen davon, dass sie gelegentlich die Augen zusammenkniff, war sie nicht unansehnlich, hatte dunkelblondes Haar und regelmäßige, vielleicht ein wenig scharfe Gesichtszüge.

»Mein Partner, Dr. Albert Boylan, ist Experte auf dem

Gebiet der Zahnheilkunde.« Er stand auf und holte eine Visitenkarte aus seiner Schreibtischschublade. Sie war dick, cremeweiß, die Lettern geprägt. Unter dem Namen *Dr. Albert Boylan* stand eine Adresse, *Broadway, 846, New York.*

»Jawohl, nur eine Tür weiter.« Dr. Scott lächelte. »Er möchte Sie morgen Nachmittag um zwei sehen.«

Eleanor und ihre Tante bedankten sich. Sie verließen die Praxis und spazierten über die *Ladies' Mile* des Broadway, kauften Handschuhe und Hüte bei einer Putzmacherin namens Miss Marcy. Über den Arztbesuch verloren sie kein Wort. Sie kauften auch zwei Regenschirme mit geschnitzten Beingriffen und gönnten sich ein denkwürdig gutes Essen, Lamm mit Apfelmus, Bratkartoffeln und Erbsen.

Die Tante schob die grünen Kügelchen mit dem Löffel zusammen. »Woher kommen die so früh?«, fragte sie und bestellte bei dem dienstbeflissenen Kellner gleich eine zweite Portion.

Wieder im Hotel, schliefen beide Frauen gut. Am nächsten Morgen konnte sich keine von beiden an ihre Träume erinnern.

Dr. Boylans Praxis war mit modernsten amerikanischen Geräten eingerichtet. Er führte den Operationssessel aus Aluminium mit der rot-türkis-gepolsterten Fußablage und der plüschroten Nackenstütze vor, dessen Rückenlehne sich mit einer Elfenbeinkurbel auf- und abwärts verstellen ließ. Eleanor betrachtete die Seidenfransen am Polster. Der Rest interessierte sie nicht: das Spuckbecken mit dem Messinghahn für Trinkwasser in Form eines winzigen Schwans, der Bohrer mit Fußantrieb, die Vielzahl der Spiegel, die Lampenlicht in den Mund des Patienten reflektierten. Nichts davon beeindruckte sie. Eleanor betrachtete die Fransen und sagte sich, dass einer Person, deren Füße auf einem rot-türkisen Seidenpolster ruhten, eigentlich nichts Schlimmes widerfahren könne.

»Ihr Lispeln«, sagte Dr. Boylan, »wird von den Schneidezähnen verursacht. Zur Heilung werden wir sie ziehen. Wir bringen Ihnen bei, ohne Schneidezähne zu sprechen.« Er legte die Handflächen gegeneinander, als wolle er mit den Frauen beten. »Dann, wenn Sie wieder Sprechen gelernt haben – was höchstens zwei Monate dauert –, füllen wir die Lücken hiermit.« Er öffnete einen Schrank mit vielen kleinen Schubladen; in einer lagen auf einem blauen Samtkissen zwei schimmernd-weiße Porzellanzähne mit goldenen Sockeln.

Dr. Boylan zog die Schublade ganz heraus und überreichte sie Eleanor wie ein Geschenk. Die Zähne sahen wie Schmuckstücke aus, wie Kragen- oder Manschettenknöpfe oder Ohrringe. Als Eleanor vor der Schublade zurückscheute, wählte der Zahnarzt einen der falschen Zähne und legte ihn in ihre Hand.

»Wunderschön«, hauchte sie. *Wunderssschön.*

»Ja«, stimmte er ihr zu. Aus einer anderen, größeren Schublade vermischten Inhalts förderte er, ohne Samtkissen, eine Hand voll ganz anderer Zähne zutage. »Dies sind die echten, die ich ersetzt habe. Längst nicht so schön.«

»Nein«, gab Eleanor ein wenig leise zu. Mit der Tante betrachtete sie kopfnickend das Album mit den Dankesbriefen zufriedener Kunden, viele mit Ferrotypie.

Eleanor schaute auf. »Wird es sehr wehtun?«, fragte sie.

»Oh, meine Liebe.« Dr. Boylans Stimme klang salbungsvoll, butterweich. »Ganz und gar nicht.« Er zeigte den Frauen die Äthermaske, eine Glaskugel voll Watte mit einem Mundstück für den Patienten. »Wir haben sowohl Äther als auch ein neueres Betäubungsmittel, Lachgas. Mein Kollege, Dr. Thomas Evans aus Philadelphia, Sie haben sicher schon von ihm gehört?«

Eleanor schüttelte den Kopf.

»Nein? *Das* überrascht mich. Er ist der Zahnarzt Napoleons. Ich meine Charles. Charles Napoleon. Nicht der, den sie verbannt haben. Dr. Evans ist nach Paris ausgewandert und ist Leibarzt der meisten königlichen Familien auf dem Kontinent. Er hat Lachgas zuerst benutzt. Es hat alle Vorteile, aber nicht die zahlreichen Nachteile von Äther. Keine Übelkeit. Keine Kopfschmerzen.«

Dr. Boylan zeigte Eleanor einen kleinen pedal-betriebenen Kompressor an einer Maske mit Gummischlauch. Er betätigte die Fußpumpe, zog die Maske übers Gesicht und inhalierte. Als er dann redete, klang seine Stimme hoch, nicht wie bei einer Frau, eher wie bei einem Stimmenimitator im Varieté. »Es schlägt auf die Stimmbänder«, erklärte er. »Nur zeitweilig«, fügte er hinzu, als er Eleanors Bestürzung sah. Er lachte trillernd. »Verschwindet schnell wieder!« Er schüttelte den Kopf. »Chloroform nehme ich nicht mehr. Zu gefährlich. Einer meiner Kollegen. Wirklich Pech. Junger Mann hat den Geist aufgegeben.« Offenbar zerhackte das Gas auch Sätze.

»Geist aufgegeben?«, fragte Eleanor. *Geisst?*

»Geist aufgegeben?«, wiederholte die Tante.

»Ganz und gar«, kicherte Dr. Boylan.

Eleanor nickte. Sie blinzelte, als habe sie Staub im Auge.

»Und wie halten die neuen Zähne?«, fragte die Tante.

»Mit Vulkanit. Sehr angenehm. Hält die Sockel.« Dr. Boylan griff mit einer Hand Eleanors Kinn. »Aufmachen, bitte«, sagte er, und sie tat, wie befohlen.

»Vier Zähne höchstens!«, verkündete er. »Vielleicht nur zwei.«

»Ziehen Sie die alle auf einmal?«, stieß Eleanor hervor.

»Nein, was denken Sie. Einen, noch einen. Sonst kriegen Sie 'nen Schock!«

Eleanor und ihre Tante verließen Dr. Boylans Praxis und gingen langsam zu ihrem Hotel am Madison Square. Unterwegs sprachen sie wenig. Eleanor kaufte die *Evening Telegram*; sie bestellten ihr Essen aufs Zimmer. Bei gebratener Ente las sie die Zeitung, eine üble Angewohnheit, aber ihre Tante hatte ihren Teller beiseite geschoben und schrieb Briefe. Auf der ersten Seite stand – wie ein böses Omen – ein Artikel über einen Juwelier, der zwei Prostituierte, seine Haushälterin und deren Katze erdrosselt hatte und nun sein Ende mittels einer Vernichtungsmaschine erwartete, die ein Zahnarzt ausgeklügelt hatte. Der Zahnarzt hatte sie an Pferden und Schafen erprobt. Der Apparat hieß »elektrischer Stuhl«, und natürlich hatten die Pferde nicht auf dem Stuhl gesessen. Der Zahnarzt hatte ihnen Elektroden in Maul und After gesteckt.

Eleanor schlug hastig weiter bis Seite drei. Ein Ornithologe war in den Horst eines Adlers vorgedrungen und hatte festgestellt, dass das Nest einen Durchmesser von sieben Metern hatte. »Du meine Güte«, sagte sie, als sie die Entfernung im Zimmer, von einer Ecke zur gegenüberliegenden, abschritt. »Du meine Güte, das ist ja fast so groß wie dieses Zimmer.«

»Wer hätte das gedacht«, sagte die Tante.

Am nächsten Morgen zog Dr. Boylan Eleanors rechten Schneidezahn. Die Äther-Betäubung wirkte wie eine feucht-kühle Umarmung. Aus Furcht, Lachgas beschränke nicht nur die Sprache, sondern auch die Gedanken des Patienten – oder schlimmer noch, das Denkvermögen –, hatte Eleanor das neuere Mittel abgelehnt.

Während der ganzen Prozedur war ihr, als würde sie von einem Adler, größer als sie selbst, von dem neumodischen Zahnarztstuhl gerissen. Bevor der Vogel sie davontrug, maß er sie von Kopf bis Fuß mit einem goldenen Maßband, das er unter seinem Flügel verborgen hatte, und dann griff er sie mit seinen Klauen im Nacken, dass eine Kralle ihr Ohr durchstieß. Das schöne Polsterkissen im Arm, ließ sie sich von dem Adler über wilde, unbekannte Gegenden davontragen. Durch ihre baumelnden Beine sah sie eine Flusslandschaft.

Hoch über der Kreatur entdeckte Eleanor das Geäst des Adlerhorsts, geheimnisvoll und unerwartet verwoben, wie Spitze. In ihrem neuen Zuhause trug sie eine Schürze und eine Nachtmütze mit Troddel. Sie war nun eine brave Vogelgattin und zerlegte Kaninchen und Lämmer, die der Adler nach Hause brachte. Gemeinsam saßen Eleanor und der Raubvogel im Horst auf dem Seidenkissen und vertilgten bluttriefendes Fleisch. Dann schliefen sie zusammen, sie unter seinen schwarzen Schwingen.

Doch dann, mit einem Satz, war Eleanor erwacht, hundselend, und das Kissen hielt sie im Arm. Dr. Boylan schüttelte den Kopf. »Wie erstaunlich. Das ist noch nie passiert. Kaum hatte ich begonnen, haben Sie das Kissen unter Ihren Füßen hervorgezogen.« Er drohte Eleanor mit dem Zeigefinger, wie einem unartigen Kind, nahm ihr das Kissen fort, schüttelte es forsch und legte es zurück auf die Fußstütze.

Noch bevor Eleanor das Hotel erreichte, überkam sie der Schmerz wie ein Knüppelschlag mitten ins Gesicht. In der Droschke brach sie neben ihrer Tante zusammen und musste von der Straße in die Hotelhalle getragen werden, so schwach war sie.

In ihrem Zimmer legte man Eleanor Clusburtson auf ein Sofa, das Loch in ihrem Mund war mit einem Gazetupfer zugestopft: selbst Laudanum zeigte keinerlei Wirkung. Die Qualen, die sie ausstand, stellten ihre gesamte Wahrnehmung auf den Kopf, alles bisher Wahre und Echte erwies sich nun als falsch, unwirklich – ausgemerzt von den schwarzen, in ihr Gesicht verkrallten Klauen. Es gab in der Welt nur noch eine Wirklichkeit, den Schmerz.

Die Tante ging vor Angst stöhnend zwischen den Stühlen hin und her. Der Tropfen Arsen, der nicht nur Bakterien, sondern auch Knochenzellen zerstörte, und den der Zahnarzt gegen drohende Infektionen in die Wunde geträufelt hatte, sickerte in Eleanors Mund von der Baumwollgaze tief in den Kiefer. Die Stelle, in die das Gift drang, hätte Dr. Boylan als *Myrtiform fossa* oder oberen Backenknochen identifiziert. Das Absterben der Bakterien war für Eleanor nichts Unangenehmes. Das Absterben ihres halben Kiefers dagegen führte zu einer Reihe barocker Halluzinationen, in denen der große schwarz-gefiederte Vogel, einst ihr liebevoller Gatte, vor Wut ihr halbes Gesicht in Stücke riss.

Eleanor lag wimmernd auf dem Sofa. Die Tante ging auf und ab, auf und ab. Durch den Hotelboten benachrichtigte sie Dr. Scott und Dr. Boylan, die ihr mitteilen ließen, dass sie keinerlei Visiten machten, sondern nur in ihrer Praxis behandelten.

Eleanors erster Satz, eine Woche später, lautete: »Ich gehe nicht wieder hin.« Ihr zweiter: »Bezahle sie und buche eine Passage nach Hause.«

Bei dem Wort Passage zeigte sich, dass wenigstens das Lispeln noch funktionierte. *Passage.*

Umsorgt von ihrer Tante, kehrte Eleanor nach England zurück. Mit einjähriger Verspätung begann sie ihr Studium und ein Leben in Gesellschaft freundlicher, eleganter Zahlen, die keine Konversation verlangten. Ihre Kommilitonen hielten, wenn sie überhaupt etwas von ihr hielten, sie eher für stumm als dumm. Schweigend saß sie in den Vorlesungen; wortlos gab sie ihre Rechnungen ab. Gebeugt saß sie über ihren Gleichungen und führte ihrem Vater den Haushalt.

Als Erwiderung auf den Brief des väterlichen Anwalts, der mit einer Klage gedroht hatte, erhielt sie von Dr. Boylan einen einzelnen Porzellanzahn auf einem Goldsockel – ohne Befestigung, weil kein Abdruck gemacht worden war. Mit der Tante brachte sie den Zahn zu einem Londoner Zahnarzt, der ihr eine bleichliche gaumenrote Vulkanitplatte anpasste.

Sie heiratete nie; sie bekam keine Kinder. Nach dem Bankrott ihres Vaters (Folge einer weiteren Annonce eines Geschäftsmanns, der gewissenloser als die Herren Scott und Boylan war), nahm sie eine Stelle an Miss Robesons Akademie an. Sie verschloss ihre Ohren gegen alle Beleidigungen, gegen das »Sssmellinor«, das man ihr auf den Fluren nachflüsterte. Als Isaac Clusburtson starb, gehörte ihr Haus schon den Gläubigern, und sie ging beim Erben leer aus. Also zog sie in die Schule, in ein Zimmer halb so groß wie Ma Robeys.

DISZIPLIN FÜR MÄDCHEN

Besuch für dich«, sagte die Krankenschwester. »Wieder dieses wunderliche, verkrüppelte weibliche Wesen, das sich im Rollstuhl schieben lässt. Und diesmal in quittegelben Hosen. Du solltest mal sehen, wie die im Flur angestarrt wird.«

»Wer?«, fragte Alice. Doch natürlich wusste sie es. Es war also kein Traum gewesen. Ihre Tante *war* hier, war in London.

»Ich habe ihr gesagt, sie darf nur durch die Scheibe gucken, reinschleichen wie gestern gibt's nicht. Sie meint ja, sie kommt auf alle Fälle rein. Jetzt ist sie beim Direktor. Was der von ihr hält, keine Ahnung.«

Und dann war May plötzlich da, auf der Isolierstation, mit ihrem lackschwarzen Haar, den Jadearmreifen und der über und über mit Vögeln bestickten Seidenjacke. Sie trug Seidenhosen, wunderschön schimmernde, glatte gelbe Seidenhosen, und sie duftete am ganzen Körper intensiv nach Jasmin. Ihre winzigen Füße in den bestickten Pantoffeln standen auf der Fußstütze eines Rollstuhls. Boys Bruder schob sie.

»Tante May?« Alice streckte die Hand aus, um die Erscheinung zu berühren.

»Alice«, sagte May, lächelte ihr rotes, rotes Lächeln, erhob sich von dem Stuhl und küsste sie.

»Oh!« Alice schlang die Arme fest um Mays Hals. »Du bist wie ein schöner Traum. Dabei war es gar kein Traum! Ich wusste es. Du warst schon mal hier. Und du siehst bildschön aus«, fügte sie überglücklich hinzu. »Du hast das Haar neu gemacht. So frisiert sieht es aus wie ein Geschenk in Glanzpapier.«

May lachte. »Oje, Alice. Wie sehr wir dich vermissen! Und Cecily natürlich auch. Es ist entsetzlich langweilig zu Hause. Es kommen keine Polizisten. Niemand brennt mit alten Soldaten durch.«

Alice setzte sich. »Bist du wirklich hier?«, fragte sie. »Bist du echt? Was machst du in dem Stuhl? Du bist doch nicht etwa krank, Tante May?«

»Leg dich hin«, sagte die Schwester und Alice gehorchte. »Ist diese Person eine … eine … Ich habe es ja gestern nicht für möglich gehalten, als sie es behauptet hat. Bist du wirklich mit einer Chinesin verwandt?«

»Ja, sicher«, sagte Alice. »Das ist meine Tante, Mrs. Arthur Cohen.«

»Mir geht es blendend«, sagte May, die Schwester, die den Mund vor Staunen gar nicht zubekam, ignorierend. »Aber da hier weit und breit keine Sänfte zu finden ist – London ist die reinste Barbarei –, lasse ich mir eine anfertigen. Die wird zwar nicht so hübsch wie die zu Hause, aber ich bleibe ja auch nicht ewig hier. Vorläufig müssen Boy oder Bruder Boy mich auf Rädern schieben. Nett für sie, weil sich einer ausruhen kann, während der andere arbeitet.«

»Du hast beide Boys mitgebracht? Sind Mutter und Daddy auch hier?«, fragte Alice. »Wo ist Onkel Arthur?«

»Sie sind alle zu Hause in Shanghai. Arthur hat seine Schubkarrensteuer-Kampagne aufgegeben und versucht nun zu erreichen, dass Hühner nicht mehr an den Flügeln transportiert werden dürfen.« May verdrehte die Augen und schlug einen roten Seidenfächer auf. »Letzten Monat musste sich ein Koch wegen Tierquälerei vor Gericht verantworten. Es ging um Hühner. Du lächelst, aber es stimmt. Es wurde festgestellt, dass das Federvieh unter dem unmenschlichen Transport sehr gelitten hat. Und nun ist Arthur mit Hühnerpetitionen unterwegs. Er will alle Köche Chinas umerziehen. Mal sehen, ob ich noch alles weiß.« May schaute zur Zimmerdecke. »Also, ein Huhn, das zum Markt gebracht wird, muss mit nicht zu fest zusammengebundenen Beinen unter dem Arm getragen werden.« Sie imitierte das korrekte Tragen und lachte. »So, jetzt weißt du, wie du ein Huhn zu transportieren hast, Alice. Warum bloß schickt euer Vater euch zur Schule, wenn er nur Arthur mit dem Zeigestock in der Hand an eine Wandtafel zu stellen brauchte? Wie dem auch sei, ich war gerade erst hier angekommen und hatte mich im Hotel eingerichtet, da kam ein Page mit einem Umschlag auf einem Tablett. Einer Depesche von deinem Vater, in der stand, dass du krank bist und ich doch bitte dafür sorgen möchte, dass du wieder ordentlich gesund wirst. Du kannst dir ja vorstellen, dass sie zu Hause völlig außer sich sind. Wahrscheinlich mussten sie die arme Dolly in Riechsalz *einpacken*! Wie geht es dir, Alice? Und wer hat dir dein Haar gestohlen? Es heißt ja, dass vor allem Kinder anfällig für Scharlach sind.«

»Mir geht's ganz gut«, sagte Alice. »Sie haben gedacht, ich sterbe, aber ich bin nicht gestorben. Stattdessen langweile ich mich.«

»Was? Und du hast nichts angestellt? Dann musst du krank sein.« May küsste Alice auf die heiße Stirn.

»Jetzt, wo du da bist, geht's mir gut. Versprich mir, dass du ganz lange bleibst.«

»Mindestens einen Monat«, sagte May. »Dein Vater hat mir eine Schiffspassage nach Europa geschenkt, weil ich noch nie hier war.« Sie schaute Alice an, beugte sich vor und flüsterte verschwörerisch: »Ich glaube, er und Arthur hoffen, dass ich derart weit weg von zu Hause aufhöre zu rauchen.« Sie lachte, weil diese Hoffnung vollkommen unsinnig war; selbst für Alices verstopfte Nase duftete sie so würzig nach altem Opiumrauch wie eh und je. Obwohl nun am Morgen ihre Augen verschmitzt glänzten. Wahrscheinlich rauchte sie hier nur noch eine Pfeife nach dem Abendessen.

In Shanghai, wo es Diener im Überfluss gab und man kaum Arbeit für sie alle fand, hielt May sich eine Amah, deren einzige Aufgabe es war, ihr Opium zu besorgen und es vorzubereiten, die Pfeife mit dem langen Elfenbeinstiel zu stopfen und anzuzünden – ja, alles zu tun, außer die Droge selbst zu rauchen und deren Wirkungen zu verspüren, die mitnichten alle angenehm waren. May litt unter Kopfschmerzen und Herzrasen, Reizbarkeit und Magenbeschwerden. Sie hatte Husten und Verstopfung und zog täglich einen chinesischen Apotheker zu Rate, der sie mit geheimnisvollen Pülverchen in bunten Papiertüten versorgte, die sie zwar sämtlich auseinander faltete und beschnupperte, doch wegwarf, ohne ihre Wirksamkeit auch nur zu erproben.

Aber Dick Benjamin hatte nach eingehender Diskussion mit Arthur die Erster-Klasse-Passage nach Europa für May nicht gebucht, weil er sie vom Opiumrauchen abbringen wollte. Vielmehr war er, nachdem ihn Miss Robeson von Alices Erkrankung in Kenntnis gesetzt, er es Dolly aber verschwiegen hatte, weil sie sich ohnehin nur verrückt gemacht hätte, auf die Idee gekommen, May solle statt Dolly nach London fahren. Vielleicht tat ihr die Reise ja sogar gut. Vielleicht riss sie die Aufgabe, Alice zu retten, aus der Depression, in die sie gefallen war: Sie weigerte sich zu essen, lag zusammengerollt auf der Chaiselongue in ihrem abgedunkelten Wohnzimmer, dessen Vorhänge auch tagsüber zugezogen waren, und stöhnte unentwegt, bis Dick dachte, er würde wahnsinnig. Seit der Abreise seiner Töchter konnte er May durch eine Ziegelsteinwand stöhnen hören. Durch zwei Ziegelsteinwände. Es war völlig unsinnig, aber nicht zu stoppen, und er fand, dafür, dass May eine Weile lang aus dem Haus war, lohne sich jede Ausgabe. Dann brauchte er auch nicht mehr mit anzusehen, wie sie mit enervierend schwachen, zögernden Schritten durch die Flure ging, und konnte sich vom Geruch ihrer Pfeife erholen. Er hätte seinen Schwager gern mitgeschickt, aber Arthur war wegen Mays Zusammenbruch selbst verwirrt und erschöpft. Er fürchtete, die Ursache dafür zu sein, denn sie war immer schrecklich ungeduldig mit ihm. Und dann diese heimlichen Ausflüge zum Anwalt. Dick hatte ihn beiseite genommen und ihm – zu seinem Bedauern, behauptete er – mitgeteilt, dass May ein Kind suchte, das sie verloren hatte. Er sagte es, als werde damit alles anders. Insbesondere Arthurs Gefühle. Aber warum? May hatte eine Vergangenheit. Dick mochte seinen Schwager für einen Narren halten, doch selbstverständlich wusste Arthur, dass May eine Vergangenheit hatte. Sie sprach nie davon, und er fragte nie danach. Eine schweigende, von gegenseitiger Achtung und Liebe getragene Übereinkunft zwischen ihnen. Nicht, dass die Mitteilung ihn nicht alarmiert hätte, natürlich hatte sie das. Alarmiert und verletzt. Ihn selbst – nicht seine Gefühle für May. Seine Liebe blieb intakt, unangreifbar. Aber für May war es sicher das Beste, allein zu reisen. Zwei, drei Monate allein sein würde er gewiss überleben. Sie konnten einander schreiben, einander Telegramme senden. Doch als sie fort war, musste Arthur erkennen, dass er während der ersten Trennung nach all den Jahren ihrer Ehe ohne seine Frau zu nichts zu gebrauchen war: weder für sich noch für die Hühner, für nichts von all dem, das zu retten ihm in den Sinn kommen sollte. Wenn er nur denken könnte! Aber er konnte sich auf nichts konzentrieren.

Um sich May wenigstens mittelbar verbunden zu fühlen, tröstete er sich in seiner Verzweiflung mit einem Paar ihrer Bettschuhe, das er ständig mit sich herumtrug. Ebenso wie eine ungewaschene Fußbinde, die er aus seiner Tasche ziehen und sich wie ein endlos langes Taschentuch vor die Nase halten konnte, wenn er ihren Geruch einatmen wollte.

»Also *bitte*«, beschwerte sich Dolly. »Muss das sein?«

Dick wedelte mit der Hand, als wolle er üble Gerüche vertreiben. »Reiß dich doch zusammen. Du siehst ja regelrecht halbseiden aus, wie ein abgewrackter Zauberer, wenn du … dieses ellenlange schmutzige Ding da aus der Jacke ziehst!«

»Ach, ich vermisse sie auch alle«, sagte Alice. »Hier ist es schrecklich! Ich will nach Hause.«

»Vielleicht nehme ich dich wieder mit zurück«, sagte May mit beschwichtigender Stimme. »Eine Schule, die man hasst, kann meiner Meinung nach nicht sinnvoll sein. Wenn deine Schwester auch weniger unglücklich wirkt als du. Weißt du, Alice, zu Hause machen sie sich immer noch Sorgen wegen der schlechten Nachrichten über dich. Seit deinem Abenteuer in der Eisenbahn – oder besser gesagt, außerhalb der Eisenbahn – verdächtigen sie dich leider nun pauschal, ein wildes ungezogenes Kind zu sein. Und schlechte Nachrichten sind da nicht gerade hilfreich.«

Mit einem einzigen bockigen Strich kamen Alices Augenbrauen zusammen. »*Sie* machen sich Sorgen, aber du nicht.«

»Nein, überhaupt nicht.« May lächelte. »Ganz im Gegenteil. Ich würde mir Sorgen machen, wenn dir das

Pensionat gefiele. Und natürlich scheint ein wenig Geld die Probleme gelöst zu haben. Geld ist nicht die Wurzel allen Übels. Lächerlich, dass die Engländer das behaupten. Geld schafft zahllose Unannehmlichkeiten aus der Welt.«

»Unvernünftig. Schwatzhaft. Unbescheiden. Taktlos. Unbesonnen. Aufsässig. Schlampig. Reizbar. Unschicklich. Unpünktlich. Vergesslich. Ordinär. Unzuverlässig. Unhöflich. Faul. Unverschämt. Liederlich. Unehrlich. Albern.« Miss Robeson bewahrte die mit diesen Worten deutlich schwarz beschrifteten und mit einer Kordel versehenen Schilder in einer Schachtel in ihrem Büro auf. Jeden Sonnabend nach dem Tee mussten die sechsundvierzig Mädchen Aufstellung nehmen, und Miss Robeson ging die in einem schwarz gebundenen Buch festgehaltenen Verfehlungen der Woche durch. Zu ihrer Linken saß ihre Mutter, Ma Robey, zu ihrer Rechten Lovebird, ihr blähsüchtiger Pekinese und ständiger Begleiter.

»Miss Benjamin.«

»Ja, Miss Robeson.«

»Unbescheiden. Liederlich. Reizbar. Ungehorsam. Aufsässig. Unbesonnen. Unverschämt.« Alice trat vor, und die Direktorin hängte ihr die sieben Karten um den Hals. »Die meisten unserer Mädchen sind Spezialistinnen, Miss Benjamin. Sie scheinen Generalistin zu sein. In der gesamten Geschichte der Robeson-Akademie hat sich noch keine Schülerin gleichzeitig solch zahlreicher Arten von Fehlverhalten befleißigt.« Die Direktorin machte eine Pause und schaute einmal in die Runde.

»Nein, Miss Robeson«, sagte Alice. Wäre Claire nicht so rasch hinausgeworfen worden, wäre sie ebenso wie Alice in Ungnade gefallen. So aber blieb nur ihr Koffer, der im Flur darauf wartete, dass er mit der Adresse der nächsten Schule versehen und dorthin verfrachtet wurde.

»Haben Sie nichts zu Ihrer Entschuldigung vorzubringen, Miss Benjamin?«

»Nein, Miss Robeson.«

»Vielleicht eine Erklärung für diesen beispiellosen Erwerb so vieler Schilder?«

»Ich könnte mir vorstellen, Miss Robeson, dass es – dass sie alle mit der Abguss-Sammlung zu tun haben, Madam.«

»Wirklich, Miss Benjamin? Was ist dort vorgefallen? Erzählen Sie es uns genau, damit die wenigen, die den Spaß verpasst haben, nun daran teilhaben können.«

»Ich habe mich von der Gruppe der Mädchen entfernt, Miss Robeson.«

»Warum das, Miss Benjamin?«

»Weil ich zum WC wollte.«

»Haben dazu nicht alle Mädchen Gelegenheit, bevor sie aufbrechen?«

»Ja, Miss Robeson.«

»Waren Sie von einer plötzlichen Übelkeit befallen, Miss Benjamin?«

»Hm, nicht genau. Ich war ... Ich war ... Es hatte mit den Hygienegesetzen zu tun. Mit dem Un-ter-leib.« Als die anderen Mädchen lachten, schlug Miss Robeson einmal kräftig mit der flachen Hand auf den Schreibtisch. Lovebird erschrak und furzte.

Alice aber lernte, dass ihre Beliebtheit direkt proportional zu ihren Sünden zunahm. Es sollte das Einzige bleiben, was sie in dieser Schule lernte.

»Danke schön, Miss Benjamin. Das genügt. Sie wissen, dass Ihr ungebührliches Betragen die Position einer Person gefährdet, die weniger glücklich dran ist als Sie. Einer Person, die allein auf der Welt ist und keinen reichen Vater hat.«

»Ja, Miss Robeson.« Alice errötete. Seit dem Museumsbesuch hatte sie Miss Clusburtson nicht mehr gesehen, denn diese war von ihrem Lehrerinnenposten suspendiert und bis zum Ende des Schulhalbjahres degradiert worden. Sie musste die Klassenzimmer aufräumen und die Gleichungen wegwischen, die Mr. Samuels, der nun außer Musik auch noch Mathematik unterrichtete, mit Kreide an die Tafel schrieb. Er war es im Übrigen gewesen, der in die Ausstellungshalle gekommen war und die von einem Wächter zusammengetrommelten Mädchen abgeholt hatte.

Miss Clusburtson behielt ihr Zimmer plus Verpflegung, bekam aber kein Gehalt. Was den Beweis betraf, den Miss Robeson ihrer Meinung nach verlangen würde, war sie im Irrtum; die Frage danach wurde nie gestellt.

»Nun, Miss Benjamin«, erkundigte sich Miss Robeson, »was werden Sie tun, um Ihr Verhalten zu bessern?«

»Ich trage die Schilder, die mir mein schlechtes Benehmen eingebracht hat, und während ich sie trage, überlege ich, wie ich mich bessern kann.«

»Und wie zum Beispiel, Miss Benjamin?«

»Ich ... Ich brauche mehr Zeit zum Nachdenken, Miss Robeson.«

»Nun, Miss Benjamin, die sollen Sie haben.«

Alice knickste und trat von Miss Robesons Schreibtisch zurück. »Danke, Madam.«

Alice trug die Schilder die ganze nächste Woche. Während des Frühstücks, des Unterrichts, beim Tee und beim Abendessen: immer. Die Schnüre schürften ihr die Haut auf, und als sie den Kopf über ihren Schreibtisch beugte, um den wöchentlichen Brief nach Hause zu verfassen – ein Schriftstück, das zu verfertigen Pflicht war, das aber zensiert wurde, um jedweder möglichen Beschwerde vorzubeugen –, war ihr Nacken wund und brannte.

Der Brief schloss mit Sätzen, die Ma Robey jeweils diktierte: *Leider bin ich diese Woche weggelaufen und habe*

*meiner Direktorin viel Kummer und Sorgen bereitet. Ich
bin mit Loch im Strumpf und fleckigem Kragen zum Frühstück erschienen. Ich habe meinen französischen Text verloren. Ich war unhöflich zu Mr. Samuels. Aber ich werde
mich bessern. Viele Grüße, Alice.*

»Oh«, sagte May. »Bevor ich es vergesse: Hast du auch
immer dein Bad bekommen? Dein Vater hat mich gebeten,
mich danach zu erkundigen.«

Alice nickte. Für das allabendliche warme Bad bezahlte
Dick Benjamin ein Aufgeld, und zwar nicht nur, um sicher-
zugehen, dass Alice und Cecily heißes Wasser bekamen,
sondern auch, damit gewährleistet war, dass sie es mit niemand anderem teilten als miteinander. Der Rest der Mädchen badete im selben eiskalten Wasser, das bei der
Unglücklichen, die als Letzte an der Reihe war, zwar grau
und mit einer Haar- und Seifenflockenschicht bedeckt,
doch wenigstens angewärmt von ihren Vorgängerinnen
war.

May legte ihre kühlen Hände auf Alices heiße Wangen.
»Mein Herzallerliebstes«, sagte sie, »du bist doch ganz
schön krank. Aber bald geht's dir besser.«

Alice glitt halb aus dem Bett auf Mays Schoß. »Damit
ändert sich nichts! Ich bleibe immer ich! Ruhelos. Und die
Schule werde ich immer hassen! Die ewigen Regeln und
das Glockengebimmel. Ich hasse es, wenn man mir jede
Minute sagt, was ich zu tun habe.«

May lachte. »Wirklich? Pass auf, es wird alles wieder
gut.« Sie versuchte Alice von ihrem seidenen Knie zu ziehen. »Nun tu, was *ich* dir sage – das hat dir doch nie was
ausgemacht. Leg dich hin und komm wieder zu Kräften.
Morgen bringe ich dir was Leckeres von Fortnum and
Mason's mit. Im Schaufenster habe ich haufenweise Bonbons gesehen, Berge von süßen Brötchen, mit Golden

Syrup zusammengeklebt und kleinen Marzipanvögeln darauf. Boy hat mich daran entlanggeschoben, doch da ich auf dem Weg hierher war, hatten wir keine Zeit anzuhalten.« Sie streichelte Alice über den Kopf und wand sich den kärglichen Überrest einer Korkenzieherlocke um den weißen Finger. »Weißt du, warum ich so sicher bin, dass es dir bald wieder gut geht?«

»Warum?«

»Wegen deiner Abenteuer.«

Alice schaute sie an. »Weil ich aus dem Zug ausgestiegen bin, meinst du? Wegen der Abguss-Sammlung?«

May nickte. Sanft zog sie den Finger aus dem kurzen Ringellöckchen; es fiel Alice wieder in den Nacken. May tätschelte es. »Wie anders du bist als Dolly«, sagte sie leise. »Du bist gar nicht die Tochter deiner Mutter. Du hast nichts von ihr.« May formte noch eine Locke, diesmal vom feuchten Haar über Alices Stirn. »Ich glaube, du bist von mir. Du bist das Mädchen, das Rose geworden wäre.«

Alice schaute ihre Tante an. Unter der Bettdecke hatte sie Litowskys Medaillon, die kleine Marien-Ikone mit den rätselhaften verschwindenden Zügen. Wie viele langweilige Fieberstunden war sie mit den Fingern darüber gefahren und hatte die winzigen Wölbungen auf dem Gesicht der Jungfrau zu ertasten versucht.

»Sag es«, flüsterte May. »Sag die Worte: *Ich bin dein.*«

Alice zögerte. Dann flüsterte sie zurück: »Ich bin dein.«

»Jetzt so, als wenn du es auch meintest!«

»Ich bin dein«, wiederholte Alice mit festerer Stimme.

May küsste sie auf die Stirn; hinterließ einen Abdruck ihrer rot geschminkten Lippen. »Natürlich bist du das, mein Schatz. Und keine Bange – wir tun niemandem weh. Es ist unser Geheimnis, niemand wird es Dolly verraten.« Sie schaute in Alices viel zu glänzende Augen. »Warum weinst du?«

Alice schüttelte den Kopf. »Ich weine ja gar nicht. Ich bin nur müde«, brachte sie heraus. Sollte sie immer die tote Tochter von jemandem sein? Aber diesmal war es anders, oder etwa nicht? May war anders. Anders als der Hauptmann. Anders als alle. Trotzdem schmälerte eine stechende, schmerzliche Empörung Alices Vergnügen, derart begehrt zu sein.

»Bitte, komm bald wieder«, sagte sie, als May sich anschickte zu gehen. »Versprich es mir.«

»Ja«, sagte May. »Morgen.«

Aber dann erschien May am nächsten Tag nicht und am übernächsten auch nicht. Jede Stunde fragte Alice: »Ist sie da? Ist meine Tante zu Besuch gekommen? Hat sie eine Nachricht hinterlassen?«

Und jedes Mal erwiderte die Schwester: »Nein.« Schüttelte den Kopf und schürzte die Lippen. »Die? Auf die kann man sich nicht verlassen. Das hab ich sofort gesehen. Am Haar. An den Fingernägeln. Und dann die Hosen!«

Alice regte sich so auf, dass sie einen Rückfall erlitt. Erst da kam Miss Clusburtson und gab eine Nachricht für sie ab, die mit schwarzer Tinte in Mays schöner steiler Schrift verfasst war. Sie war nicht lang und besagte nur, Alice solle sich keine Sorgen machen. In wenigen Tagen werde alles in Ordnung sein, dann werde sie, May, wiederkommen.

»Was meint sie?«, schrieb Alice auf die Rückseite des Zettels, und die Schwester trug ihn widerwillig zu Miss Clusburtson, die auf der anderen Seite der Glasscheibe wartete.

»Sie hat ein paar Probleme mit dem Gericht«, schrieb Miss Clusburtson zurück. »Ihre Tante kennt London nicht.«

In ihrer neu erbauten provisorischen Londoner Sänfte, also aus günstiger Position, hatte May bei Fortnum and Mason's Süßigkeiten ausgemacht, die sie Alice mitbringen wollte. Das Transportgerät war nicht so elegant wie die Sänften, die sie gewöhnt war; es handelte sich um einen auf eine Leiter genagelten Nussbaum-Schreibtischsessel. Die Boys hatten ihn im Hotel selbst angefertigt. An jedem Ende der Leiter hatten sie ein paar Sprossen entfernt, um mit Hilfe der so entstandenen Griffe den Stuhl tragen zu können.

May stellte drei Pfund verschiedenen Naschwerks zusammen: glasierte Maronen, Pralinees und hauchdünne Schokoladenwäffelchen; Marzipan in diversen Formen und Farben: blaue Vögel, gelbe Kaninchen, rosarote Blumen; Toffee, Nusskrokant und Baiser; italienisches Nougat mit Pistazien. Sie war so mit Aussuchen beschäftigt, dass sie gar nicht bemerkte, wie sich eine Menschenmenge um sie herum versammelte und schockiert beobachtete, wie sich eine exotisch gekleidete und kunstvoll frisierte Chinesin von zwei kleinen Männern mit blauen Joppen und langen Pferdeschwänzen in einem seltsamen Beförderungsapparat herumtragen ließ. Wie weit war es denn jetzt schon gekommen, wenn ein solches Geschöpf in Londons feinstem Warenhaus Zutritt fand?

»He!«, rief ein Mann mit schwarzem Homburg.

May schaute von den Glasvitrinen mit den Süßigkeiten auf. »Wie bitte?«, fragte sie.

»Sie … Sie spricht Englisch«, stotterte eine Frau und ließ ihre Päckchen fallen.

»Ja!«, schrie jemand anderes, als sei Mays Redegewandtheit nicht nur verblüffend, sondern geradezu verbrecherisch.

Die Menschen, bloß kurzzeitig neugierig und eher tolerant, wurden schnell ungehalten und gehässig. War denn nicht schon Mays Gesicht eine Anmaßung? Wie konnte sie es wagen, so viel schöner als englische Damen zu sein!

»Was unterstehen Sie sich da?«, rief der Mann mit dem Homburg.

»Ich kaufe Süßigkeiten für meine Nichte, die im Krankenhaus liegt. Wenn ich auch nicht der Meinung bin, dass Sie das etwas angeht!«

»Habt ihr so was Dreistes schon mal gehört?«

»Lächerlich!«

»Runter von dem Ding!«

»Ich weiß nicht, aus welcher heidnischen Hölle Sie kommen, aber auf einer solchen Apparatur können Sie sich hier nicht durch die Gegend bewegen, noch dazu mit Sklaven, die Sie tragen!«

»Genau! Das kann sie nicht! Auf keinen Fall!«

Mitten in diesem wachsenden Unfrieden schubste jemand Bruder Boy, der seitlich in eine Walker's-Shortbread-Dekoration stolperte. Klappernd fiel die Pyramide aus roten Keksdosen auseinander.

»Ruf doch jemand die Polizei!«

»Schnell! Lasst sie nicht entkommen!«

»Also, jetzt reicht's!«, jammerte die Verkäuferin. »Das sind ja alles nur noch Krümel!«

»Ja, und wer ist schuld? Lässt sich auf einer Leiter in ein anständiges Kaufhaus tragen!«

Da schubste jemand Boy, ein Turm Lemon-Curd-Gläser kippte um, ein Glassplitter blieb in Boys Schienbein stecken, und ein Polizeibeamter kam. Er nahm May, ihren Stuhl und die beiden Boys mit.

»Sie ist doch nicht in Gefahr?«, schrieb Alice an Miss Clusburtson.

»Eigentlich nicht«, erwiderte Miss Clusburtson. »Aber ein paar Unannehmlichkeiten hat sie zu gewärtigen. Ihr

Stuhl ist beschlagnahmt worden, und sie darf sich nicht von den Boys herumtragen lassen. Sie darf nicht einmal ihr Hotel verlassen.«

ZEHN AUF EINEN STREICH

Einhunderttausendundsechzehn Menschen lasen am zehnten Februar 1914 die *Daily Mail*, und wenn May sie auch gelesen hätte, hätte sie die Genugtuung gehabt zu erfahren, dass sie nach nur einer Woche in der wichtigsten Stadt der Welt bereits bei vielen ihrer Einwohner als »exotisches Freudenmädchen« und »Sklavenbesitzerin aus dem Reich der Mitte« berühmt war. Aber Alices Tante kaufte sich die Zeitung nicht, und da sich die Belegschaft des Claridge's aus beruflichen Gründen den Gästen des Hotels gegenüber in Diskretion übte, bekam sie es nur mit zwei Repräsentanten ihres Publikums zu tun.

Der Erste war ein Amerikaner namens Terrence Lown, auf dessen überdimensionaler Visitenkarte auch die Bezeichnung »Theaterproduzent« prangte. Er hinterließ diese Karte für May bei der Rezeption und bat sie, sich nachmittags um vier mit ihm im Teezimmer des Hotels im Erdgeschoss zu treffen.

»Wo sind die Boys?«, fragte er enttäuscht, als sich May langsam und allein, auf eigenen Füßen, dem Tisch näherte.

»Wie bitte?« Sie blieb stehen und wartete, dass er ihr einen Stuhl herbeizog. Er brauchte einen Moment, um das zu begreifen, dann sprang er rasch auf.

»Die sind wohl nur für draußen, was? Zum Einkaufen

und dergleichen?« Er schob sie mit dem Stuhl etwas zu dicht unter den Tisch, so dass sie ein wenig hin- und herruckeln musste, bis sie richtig saß.

»*Mon dieu*, das Fortnum-and-Mason-Debakel«, sagte May.

»Sprechen Sie Französisch?«

»*Naturellement*.« May merkte schon, dass sie diesen Mann nicht mochte. Na ja, was hast du denn gedacht, schimpfte sie mit sich, *Theaterproduzent* und Amerikaner!

»Woher wissen Sie von dem Aufruhr?«, fragte sie kühl.

Mr. Lown war verblüfft. »Haben Sie keine Zeitung gelesen?«

»Nein.«

Mr. Lown schob die Etagere mit den Sandwiches beiseite, damit er May direkt in die Augen schauen konnte, und bot ihr an, mit ihm in die Vereinigten Staaten zu kommen. In New York sollte sie seine Schau »Zehn auf einen Streich« vervollständigen. Die umfasste bisher 1. eine fette Dame, 2. eine Dame mit Bart, 3. das lebende Skelett, 4. Hortense, die dreibeinige Frau mit den fünfzehn Zehen, 5. den Alligatorjungen, 6. einen Liliputaner, 7. Celine, die Schwertschluckerin, 8. einen Schlangenbeschwörer und 9. Jaganathan, den indischen Hindu, der, ohne Hände und Füße geboren, fünfunddreißig Jahre alt war und siebzehn Sprachen sprach und schrieb. Lown wollte sowohl May als auch ihre Boys haben; er wollte einen goldenen Stuhl bauen lassen, in dem sie sie tragen sollten.

»Ich gebe Ihnen einen Titel. Was immer Sie wollen. Königliche Hoheit, Prinzessin, Königin. Prinzgemahlin – ist das ein Titel? Kaiserin von Asien –«

»Aber was soll ich bei Schlangenbeschwörern und Polyglotten ohne Hände?«, unterbrach May ihn. »Ich habe ein Zuhause. Ich habe einen Mann.«

»Wie sieht er aus?«, fragte Lown.

»Wie? Was um alles in der Welt meinen Sie?«

»Ist er so wie Sie? Sind seine Füße wie Ihre?«

»Natürlich nicht. Er ist ... Er hat große Füße.«

»Ist er etwa ein Weißer?«

»Ja«, sagte May. »Er ist ein Weißer.«

»Oh.« Mr. Lown seufzte. »Das können wir nicht gebrauchen. Das gefällt den Leuten nicht.«

»Nein«, pflichtete May ihm bei. »Meistens nicht. Aber offen gestanden, Mr. Lown, hätte ich ein solches Angebot –«

»Entschuldigen Sie mich bitte einen Moment«, sagte Mr. Lown und verzog sich Richtung Klosett.

Als er nach zwanzig Minuten noch nicht wieder zurück war, ließ May die Sandwiches durch eine Platte mit Petits fours ersetzen und bat den Ober, die Gedecke bitte auf ihre Rechnung zu setzen und ihr freundlicherweise Papier und Stift zu bringen. Misstrauisch betrachtete er die schwarzen Zeichen, die ihr aus der Feder flossen, dann nahm er das Schreiben mit spitzen Fingern entgegen, als enthalte es Anweisungen zum Bau von Sprengkörpern.

»Würden Sie wohl den Pagen bitten«, lächelte May, »das in meine Suite zu bringen?«

Er verbeugte sich, der Page tat, wie ihm geheißen, und binnen Minuten kamen Boy und sein vernaschter Bruder zum Kuchenessen herunter; ihre langen Zöpfe, die ihnen bis in die blaubehosten Kniekehlen reichten, schwangen hinter ihnen her.

Die zweite Person, die sich durch den Artikel in der *Daily Mail* zu einer Reaktion aufgerufen fühlte, war Miss Robeson. Sie wurde durch eine Elternbeschwerde darauf aufmerksam, und da indirekt auch die Schwestern Benjamin betroffen waren, diskutierte sie das Problem mit ihrer Mutter. Fünfmal lief sie in ihrem Sprechzimmer im Kreis herum, der Pekinese trippelte bang hinter ihr her, bis er ihr zwischen die Füße geriet und den Spitzenbesatz an ihrem Unterrock zerriss.

Der Vorfall bei Fortnum and Mason's war der Tropfen, der das Fass zum Überlaufen brachte; er bestätigte alle Befürchtungen, die Miss Robeson hinsichtlich der Schwestern Benjamin, insbesondere der jüngeren, hegte. Heiße Bäder, Alice zu erlauben, in fremde Betten zu kriechen – das waren eher gewinnträchtige Zugeständnisse, Gelegenheiten für dezente Geldschneiderei. Doch von ausländischen, als Kurtisanen verkleideten Frauen verursachte Volksaufstände standen auf einem anderen Blatt. Wenn weitere Eltern von der chinesischen Tante hörten, die mit dem Gesetz in Konflikt geraten war (und das würden sie garantiert; die Frage war nicht *wenn*, sondern *wann*), würden sie ihre Töchter von der Robeson-Akademie nehmen und deren Leiterin und ihre schon betagte Mutter in arge Bedrängnis bringen: womöglich standen sie schon bald ohne einen Pfennig da.

Miss Robeson versprach den erregten Eltern, die Situation sofort zu bereinigen, und instruierte Miss Clusburtson, die Besitztümer der Schwestern in die beiden blauen Überseekoffer zu packen und diese, zusammen mit Cecily, bei der berühmt-berüchtigten Tante im Claridge's abzuliefern, wo sie gemeinsam Alices Genesung abwarten konnten. Von ihr aus konnten sie sich aber auch in einer Schubkarre durch die Gegend karriolen lassen, bergauf, bergab.

Des weiteren verfasste Miss Robeson einen diplomatischen Brief (für solche Korrespondenzen besaß sie ein Talent) an Dick Benjamin in Shanghai, der ihn eineinhalb Wochen später erhielt und die Hände über dem Kopf zusammenschlug.

»Also, bitte schön, wer außer Arthurs Frau kann einen solchen Skandal verursachen?« Er faltete den Zeitungsausschnitt, der zusammen mit dem Verweis seiner Töchter von der Robeson-Akademie gekommen war, wieder zusammen und reichte ihn über den Tisch seiner Frau, die ihn las und dann erst einmal lange schwieg.

»Gut«, sagte sie schließlich, »am besten kabelst du May, sie soll die Mädchen schnellstmöglich nach Hause bringen. Eine Schande, dass man sie, solange sie dort ist, nicht einmal damit betrauen kann, eine gute Gouvernante zu engagieren.«

ALLES, WAS RECHT IST

Mit seiner langen, weiten schwarzen Robe und der weißen Perücke sah der Richter für die Angeklagte genauso exotisch aus wie sie für ihn. Es war kalt in dem Londoner Gerichtsgebäude. May hatte ihren purpurroten Mantel mit dem weißen Pelzfutter zwar aufgeknöpft, doch nicht ausgezogen. Darunter trug sie eine smaragdgrüne Seidenjacke und dazu passende Hosen. In ihrem glänzenden schwarzen Haar funkelten juwelenbesetzte Kämme. Als sie da in dem düsteren, tristen Saal stand, sah sie aus wie eine wilde bildschöne Blume, die wie durch Zauber zwischen Pflastersteinen emporgesprossen ist.

Richter Burns-Barrow räusperte sich. »Dies ist ein Land, Madame May –«

»Mein Name lautet Mrs. Arthur Cohen.«

»– ein Land, Mrs. Arthur Cohen, in dem es keine Sklaverei gibt.«

»Das ist sehr begrüßenswert«, erwiderte May.

»Wie erklären Sie dann diese beiden jungen Männer?«

Rechts und links von May standen Boy und Bruder Boy vor den Schranken des Gerichts; ihre Zöpfe hingen – wie die Schwänze gescholtener Hunde – schlaff bis unter den Saum ihrer Joppen. Sie niesten: zuerst Boy, dann Bruder Boy, abwechselnd und mit einer Regelmäßigkeit, die verdächtig, gewollt respektlos wirkte.

»Sie tragen meinen Stuhl«, sagte May.

»Warum? Warum tragen sie Sie?«

»Weil ich mit solchen Füßen nicht laufen kann.« May schob einen Fuß vor und hob das Hosenbein so weit, dass ein spitzer purpurroter Seidenschuh zum Vorschein kam. »Meine Füße sind – nun, sie sind zum Laufen recht unpraktisch. Besonders in einer so großen Stadt wie London.«

»Aber Sie bezahlen die Männer nicht«, sagte der Richter. »Laut Bericht des Polizeibeamten Mr. Barrington sind sie nicht angestellt, sondern in Ihrem Besitz. Und außerdem haben Sie mit Hilfe dieser Sklaven im Kaufhaus Fortnum and Mason's in der Knightsbridge Road eine Schlägerei angezettelt –«

»Das habe ich keineswegs.« Mays Stimme bekam einen liebenswürdig falschen, unmissverständlich ärgerlichen Unterton. »Ich habe eingekauft, da rottete sich um meinen Stuhl eine Horde ungehobelter, unzivilisierter Rüpel zusammen, und starrte mich an. Sie haben die Boys geschubst. Sie haben einen Turm mit Keksen und einen mit Lemon Curd umgestoßen, und ich musste den Schaden bezahlen. Ebenso wie ich dafür sorgen musste, dass Boy in ärztliche Behandlung kam, weil er von einer Marmeladenglasscherbe am Bein verletzt worden war. Das Ganze belief sich auf die Summe von dreiundsiebzig Pfund, zwei Shilling und einigen Pence.«

»Aber Ihre … Ihre *Träger* bezahlen Sie nicht. Sind sie das, Träger?«

»Einen Moment bitte«, sagte May hochmütig. »Ich bringe die Boys, die meine Sänfte tragen, in einem gut ausgestatteten Zimmer im Claridge's Hotel unter – nicht so vulgär wie eine Hochzeitssuite, aber eine Unterkunft, deren Preis, das kann ich Ihnen versichern, beträchtlich ist. Die beiden Betten und Schreibtische benutzen sie gar nicht. Boy schläft in der Badewanne und sein Bruder auf dem Boden neben dem Heizkörper. Zu essen gebe ich ihnen natürlich, was sie möchten, Frühstück, Mittagessen, Nachmittagstee, Abendbrot. Und Sie würden sich wundern, welche Unmengen an Ingwerplätzchen und Toffees sie zwischen den Mahlzeiten verdrücken. Ich war zu Fortnum and Mason's direkt von Liberty's aus gekommen, wo ich Futtermaterial und Wollstoff besorgt hatte. Hier ist es sehr kalt; die Boys sind dieses Wetter nicht gewöhnt, und wenn sie krank werden, werde ich immobil. Sie hören ja selbst, wie die Kälte ihnen zusetzt.« Sie schwieg. Die Boys hatten die ganze Zeit weiter geniest. Der Mund des Richters blieb offen, als litte er unter Polypen und könne nur mühsam durch die Nase atmen.

»Ich dachte an Marderfell und ging zu einem Kürschner in der Bond Street. Dort kam ich mit einer Dame ins Gespräch, einer Mrs. Tidbit oder Tidwell oder so ähnlich. Sie war sehr freundlich und meinte, Pelz sei für Diener eventuell ein wenig geschmacklos. Entsetzlich teuer und doch eher unpassend. Im Claridge's war man so hilfreich und empfahl mir eine Schneiderin, die aus dem Wollstoff und dem Futtermaterial dicke Jacken genäht hat. Diese Reise wird erheblich kostspieliger, als ich erwartet habe, und mein Schwager –«

»Das tut alles absolut nichts zur Sache!« Der Richter tastete unter dem Wust der vor ihm liegenden Papiere vergeblich nach seinem Hammer und schlug am Ende ungeduldig mit der Faust auf den Tisch.

»Ich bitte um Verzeihung«, sagte May und schaffte es, wirklich reumütig auszusehen. »Doch ich habe immer noch nicht begriffen, worum es hier eigentlich geht.« Ihr Lächeln war so entwaffnend, scheinbar so vollkommen aufrichtig, dass der Richter es nur für eingeübt und unverschämt halten konnte.

»Nun, all das hat nichts damit zu tun, dass Sie zwei Männer als Sklaven halten!«

»Natürlich nicht!«, sagte May.»Aus dem einfachen Grund, dass ich sie gar nicht als Sklaven halte.«

»Die beiden tragen Sie in einem Stuhl, und Sie alle drei laufen durch die Gegend und verursachen Unruhe und Empörung!« Der Richter war unter seiner weißen Perücke hochrot geworden.»Und zwar deshalb, weil es *in England keine Sklavenklasse gibt!*«

»Man kann mir sicher mancherlei Fehler vorwerfen. Mit Fug und Recht.« Hier hielt May inne. Sie zog theatralisch die Stirn in Falten, als ziehe sie eine Bilanz ihrer Vergehen.»Aber der Besitz von Sklaven gehört nicht dazu. Ich bin eine Frau, deren Füße so klein sind, dass sie nicht damit herumlaufen kann. Und −« Sie holte tief Luft. Sollte das eine längere Rede werden?»− ich gebe ja gern zu, dass England keine Sklavenklasse hat. Aber ich habe, seit ich eine erwachsene Frau bin, in seinem Vertragshafen Shanghai gelebt, und Sklaverei wäre bei weitem gütiger als −«

»Mrs. Cohen! Sie stehen hier vor Gericht! Das Volk von England gegen Mrs. Arthur Cohen, weil −«

»Das Volk von England ist sicher gegen mich. Das immerhin trifft zu. Und ich −«

Aber der Richter hatte sich erhoben. Er schüttelte den Kopf, wedelte mit dem Hämmerchen, das doch noch aufgetaucht war, und hielt sich die Seite, als habe er plötzlich Schmerzen.»Klage abgewiesen«, brüllte er.

»Diese Miss Cuthburtson tut mir ziemlich Leid«, sagte May zu Cecily und Alice. Die letzten Wochen vor der Heimreise wohnten sie alle im Claridge's.»Clus … Cuth … wie heißt sie?«

»Clus-burt-son«, sagte Cecily.»Aber sie kann es nicht aussprechen.«

»Ja«, sagte Alice.»Mir tut sie auch Leid. Ein trauriger Fall. Sie hat überhaupt keine Familie.«

»Und ist so hässlich.« Cecily schüttelte den Kopf.

»Für ihr Aussehen kann sie nichts«, sagte May. »Aber eine neue Frisur würde schon was ausmachen.«

»Na, so viel auch wieder nicht.«

»Cecily«, sagte May. »Deine Aufgabe im Leben wird sein zu lernen, wie man Barmherzigkeit übt.«

»Und ich?«, fragte Alice. »Was muss ich lernen?«

»Still zu sitzen«, erwiderte May. »Mit dreizehn bist du zu alt, um ständig hin- und herzuruckeln. Warum nehmen wir sie nicht mit nach Hause?«, fragte sie, zum Thema Miss Clusburtson zurückkehrend.

»Was? Nach Shanghai?« Cecily, die im Schneidersitz auf dem Frisiertisch saß, umso nahe wie möglich am Spiegel zu sein, unterbrach ihre Beschäftigung – sie rieb Bleichcreme auf den fast unsichtbaren Flaum über ihrer hübschen Oberlippe –, drehte sich herum und starrte May an.

»Warum nicht? Ich weiß doch, dass ihr nicht wieder in die Jüdische Schule in Shanghai wollt, und die Mädchen in der englischen Schule sind solche Snobs. Ich selbst kann euch Sprachen und Geschichte beibringen. Klavier und Tanzen könnt ihr bei dieser albernen Frau um die Ecke in der Weihaiwei lernen und für Anstands- und Sprachunterricht gibt es dauernd Annoncen. Ihr braucht im Grunde nur jemanden für Mathematik. Außer eurem Vater ist keiner versiert im Rechnen, und er arbeitet den ganzen Tag.« May lächelte. Als wolle sie sich für ihren Einfall selbst applaudieren, klatschte sie in die Hände. »Ja«, sagte sie. »Ich glaube, ich frage sie. Wenn ich mit einer Lehrerin nach Hause komme, ist Dick nicht so böse. Meint ihr nicht?«

Alice und Cecily schwiegen. Die Vorstellung, Miss Clusburtson mit nach China zu nehmen, war so unglaublich, dass man sie eigentlich nur als Scherz betrachten konnte.

Die Schwestern begannen zu lachen; sie steckten einander mit ihrer Fröhlichkeit an, bis sogar Cecily nach Luft schnappte und sich auf dem Bett wälzte. »Hör auf! Hör auf!«, keuchte Alice. »Schau, was du gemacht hast!« Auf ihrem blauen Pullover und sogar auf der Bettdecke waren weiße Flecken. Die sonst so pingelige Cecily hatte überall Bleichcreme verschmiert; den offenen Tiegel hielt sie noch immer in der Hand.

Am nächsten Tag, einem Sonntag, ließ May die Schwestern in der Obhut von Boy und seinem Bruder und suchte Miss Clusburtson in ihrer kleinen Behausung unterm Dach der Schule auf. Die Zimmerdecke war sehr schräg, vor dem Fenster sah man lauter abgebrochene Schornsteine.

»Tee?«, fragte Miss Clusburtson. Angesichts dieser ungelegenen Besucherin rang sie vor Angst die Hände. Lehrer durften nur Samstag nachmittags Gäste empfangen, und dann auch nur unten im Sprechzimmer. Und nie hatte jemand Besuch gehabt, der sich derart auffallend und exotisch, ja geradezu kriminell benahm.

May musterte das bedrückend schäbige Zimmer und dann seine blasse Bewohnerin. Eleanor hatte ihr Haar nicht hoch gesteckt, ihr Kragen stand offen. So sah sie erheblich weniger unattraktiv aus als sonst. »Also«, begann May. »Ich fahre nun mit den Mädchen wieder nach Hause. Nach China. Und ich habe überlegt, ob Sie nicht mit uns kommen wollen.«

»Versssseihung«, sagte Miss Clusburtson. »Ich verstehe nicht.«

»Sind Sie glücklich?«, fragte May.

»Ob ich … Ich … Ich glaube, ich habe Ssie missssverstanden.«

»Sind Sie glücklich? Hier, meine ich, in dieser Schule.«

»Hm, ich bin … Ich fürchte, ich habe Ssie immer noch nicht verstanden.« Die Augen voller Tränen, setzte sich

Eleanor Clusburtson plötzlich auf die festgezurrte Bettdecke.

May schüttelte den Kopf. »Ich glaube nicht, dass Sie glücklich sind«, sagte sie.

»Ich bin nicht ... Ich habe Glücklichsssein nie eine ssso hohe Bedeutung beigemessssen.« Eleanor hielt den Kopf gerade, um zu verhindern, was ohnehin geschah. Die Tränen strömten ihr über die Wangen.

»Das ist natürlich klug. Im Fernen Osten könnten Sie Opium rauchen.«

»Ach nein. Ich glaube nicht.« Miss Clusburtson wischte sich die Wange mit dem Handrücken ab.

»Sicher könnten Sie das. Ich tue es.« May streckte die Hand aus und tätschelte Eleanor die Schulter. »Es macht einen nicht glücklich, aber es kümmert einen weniger, ob man glücklich oder unglücklich ist. Wie alt sind Sie?«

»Ich, hm, ich bin achtsssehnhundertundsssiebenundsssechsssig geboren.«

»Oje. Siebenundvierzig. Sie haben schon viel zu viel Zeit vergeudet.«

»Ich ... Ich –« Aufgeschreckt von einem plötzlichen Klopfen an der Tür hielt Eleanor inne. Jemand rüttelte am Türknauf.

»Miss Clusburtson!«, erklang eine zornige Stimme. »Haben Sie – ich kann es nicht fassen! Sie besitzen wahrhaftig die Impertinenz, Ihre Tür zu verschließen!«

»Lieber Gott!« Eleanor schnappte nach Luft. »Missss Robessson.«

»Wirklich?«, sagte May. »Ich bin ganz neugierig, sie zu sehen.«

»Wenn sssie Sssie hier erwischt, entlässssst sssie mich. Ich habe schon genug Probleme mit ihr.« Wie zum Gebet faltete Eleanor ihre dünnen Hände vor der Brust.

»Meinen Sie das wirklich?«

226

Eleanor nickte nachdrücklich. »Ohne mein Ressstgehalt«, flüsterte sie.

Die Tür wackelte heftig im Rahmen. »Miss Clusburtson!«, donnerte Miss Robesons Stimme.

»Ja?«, sagte Eleanor leise.

»Ich muss mit Ihnen reden.«

»Jetssst?«

»Unverzüglich! Falls es Ihnen nicht *allzu* ungelegen kommt.« Die Stimme verströmte unheilschwangeren Sarkasmus, und wieder wackelte die Tür im Rahmen. »Sie wissen, dass es nicht erlaubt ist, die Türen zu verschließen.«

Eleanor öffnete und trat zurück.

»Also nein!«, sagte Miss Robeson und starrte May an. »Ich bin schockiert, ich bin entsetzt. Ich bin, ich bin beinahe sprachlos.« Und Lovebird, ebenfalls schockiert, verdrehte seine trüben Glubschaugen und trippelte jaulend um den weit schwingenden langen Rock seiner empörten Herrin herum.

DOLLY MACHT HAUSPUTZ

Die Otis-Rolltreppe bei Weeks and Company war, als Erste ihrer Art 1915 installiert, weniger ein Mittel, von einem Stockwerk zum anderen zu gelangen, als vielmehr selbst Ziel vieler Schaulustiger, meist Ausländer und wohlhabender Chinesen. Sie stauten sich in solchen Massen davor, dass das Kaufhaus sich gezwungen sah, einen Gang für diejenigen abzusperren, die die knirschenden Holzstufen tatsächlich betreten oder verlassen wollten.

May, die normalerweise alles Populäre verachtete, war wider Willen fasziniert. Hier lockte ein modernes Fortbewegungsmittel mit der Verheißung, sie rasch und ohne dass sie ihre nutzlosen Füße bewegen musste, von einem Ort zum anderen zu befördern; und wie die abergläubischen Rikscha-Männer strich sie im Vorübergehen mit den Fingern über das Messingfirmenschild an der holzgetäfelten Seitenwand. Beim Abendessen unterhielt sie die Familie mit Geschichten über die Otis. Als am dritten Tag nach der Installation die letzte Treppenstufe im Boden verschwand, erwischte sie das lange Kleid einer Frau am Saum und zog es mit in das mahlende Räderwerk darunter. Bis das Personal die Rolltreppe abstellen konnte, waren der Frau, die natürlich in Ohnmacht fiel, Rock und sogar Unterrock schon vom Körper gerissen. Von nun an sanken die Damen auf der Fahrt vom Erdgeschoss zum ersten Stock regelmäßig in Ohnmacht; sie unterzogen sich einer Art Lackmustest für weibliche Empfindsamkeit.

Während sie also reihenweise darniedersanken, benutzte einer der unzähligen religiösen Fanatiker der Stadt den endlosen Kreislauf der Rolltreppe als perfekte Demonstration seines hausgemachten Glaubens an die taoistische Seelenwanderung. Er stand auf der Nanking Road und verteilte Flugblätter mit akkuraten, mit Anmerkungen versehenen Abbildungen der Rolltreppe, deren trügerischer Hierarchie von Stufen, die sich in Wirklichkeit immerzu im Kreis bewegten und damit den karmischen Zyklus des Schicksals perfekt verkörperten. »Der Weg, über den man laufen kann, ist nicht der ewige Weg!«, schrie er, bis er heiser war. Routinemäßig wurde er verhaftet, kam jedoch stets zurück.

Alice und May standen in der Lebensmittelabteilung und beobachteten den Strom mutiger Enthusiasten, die zu den Hüten hochfuhren. »Versuchen wir's doch auch mal«, sagte Alice.

May klatschte in die Hände. Und so fuhren sie hinauf, immer wieder hinauf, vierzehnmal von Bonbons und Orangenmarmelade zu den mit bunten Bändern verzierten Frühlingshüten; um hinunterzugelangen, benutzten sie den alten Lift, dessen Flaschenzug von Chinesen bedient wurde, die in ihren roten Jacken und roten Pagenkäppis wie Drehorgelaffen aussahen. Als sie schließlich genug hatten, gesellten sie sich zu Cecily und Dolly im zweiten Stock, wo diese einen Läufer für den oberen Flur aussuchten.

Es war später Frühling und alles im Haus – alles außer den Fenstern und den Spiegeln – war von einem zarten lilafarbenen Flaum aus Schimmel überzogen. Die Amahs und Kulis waren seit Tagen mit Putzen beschäftigt. Sie rollten die Teppiche auf, klopften sie und beträufelten die Flecken mit Zitronensaft; sie schrubbten die Böden und Holzvertäfelungen mit Essig; bleichten die Gardinen und gossen Lauge in die Abflussrohre. Nur der Läufer oben wurde partout nicht sauber. Im Gegenteil, als der Zitronensaft auf die lavendelfarbenen Flecken tropfte, wurden sie erst purpurn, dann schwarz.

»Warum nimmst du keine dunklere Farbe?«, fragte May, als der Teppichverkäufer einen weiteren Stoß cremefarbener Muster brachte. »Macht doch viel weniger Arbeit.« Schwitzend von den aufregenden Rolltreppenfahrten, fächerte sie sich Luft zu.

»Aber May, meine Liebe, wie weiß ich dann, ob er schmutzig ist?«, wandte Dolly ein.

»Das ist doch Sinn der Sache!«

Die beiden Frauen schauten einander an und lachten in einem seltenen Moment von Einverständnis. Cecily lehnte an einem Stapel aufgerollter Perserteppiche und schlug gleichmütig die Seiten in ihrem Buch um.

»Gehen wir«, sagte Alice, die zwischen gewebten und bestickten, nahtlosen Mokett- und Schlingenteppichen hin und her lief. »Können wir nicht gehen? Es ist Teezeit.«

Draußen auf dem Bürgersteig hatte Alice den Leprakranken schon eine Weile angeschaut, bis sie merkte, dass es ein Mensch war. Wohlerzogen, wie sie war, hätte sie ihn sonst niemals angestarrt. Wie alle Bewohner Shanghais hatte sie von klein auf gelernt, Körper in den Straßen zu ignorieren. Sie hatte etwas betrachtet, das sie für einen Haufen alter Teppiche hielt. Nanu, dachte sie, offenbar machen alle in Shanghai Hausputz, doch da reckte sich das zerlumpte Bündel plötzlich, stand auf und schaute ihrer Mutter einfach ins Gesicht.

Rasch wandte Alice sich ab, aber da rückte der Leprakranke schon wieder in ihr Blickfeld; er humpelte auf sie und ihre Mutter zu. »Dollars«, sagte er; ein Wort, das selbst der letzte chinesische Analphabet kannte. Ihre Mutter schaute weg. »Du niche können?«, sagte er. »Fassen an!« Und er streckte seine grässliche Hand unter dem schmutzigen Teppich hervor, den er um sich geschlungen hatte. Drei Fingerstümpfe, kein Daumen. Am Verschluss ihrer Handtasche nestelnd, trat Dolly Benjamin, leichenblass und stumm, langsam zurück. Der Leprakranke folgte ihr.

»Fassen an«, lockte er. »Fassen an.« Was für eine Stimme – entweder war sie sehr tief oder kraftlos, fast ein Flüstern.

»Untersteh dich!« May trat zwischen den Leprakranken und Alices Mutter. »Ich rufe die Polizei. Die wird dich sofort verhaften.« Ihr Chinesisch, das sie ihnen später übersetzte, war lauter als ihr Englisch. Alice hörte May selten ihre Muttersprache sprechen. Laut und hart und schwer, wie ein Haufen Steine, der von einer Schubkarre fiel, schienen die Worte von jemand ganz anderem zu kommen als von ihrer zarten, in Seide gehüllten Tante. Der Leprakranke ließ die Hand sinken.

»Untersteh dich!«, rief May noch einmal und warf eine Hand voll Münzen auf den Gehweg, so dass er auf allen vieren kriechen musste, um sie aufzuheben.

Alice hielt den Atem an und wartete auf einen hysterischen Anfall ihrer Mutter. Doch zu ihrer Überraschung sah sie, wie Dolly sich freundlich lächelnd an den weiß behandschuhten Portier von Weeks and Company wandte und darum bat, ihnen eine Rikscha zu rufen. Auf der Fahrt nach Hause ließ sie den Vorfall unerwähnt und kehrte zum Thema Flurteppich zurück. »Ihr meint nicht, dass das Beige doch zu gelblich war?«, wollte sie wissen.

»Ach was«, sagte May.

»Nein.« Alice und ihre Tante schauten sich an, hoben die Brauen und zuckten die Achseln.

»Die Tapete hat ja, glaube ich, auch einen kleinen Stich ins Gelbe. Aber ich wünschte, ich hätte ein bisschen davon mitgehabt und dranhalten können. Ich weiß überhaupt nicht, was mit der übrigen Rolle passiert ist.« Dolly zappelte unruhig auf ihrem Sitz.

Als sie zu Hause waren, verging der Abend angenehm und ohne dass die Ereignisse des Nachmittags erwähnt wurden.

Beim Essen am folgenden Abend fragte Dolly jedoch: »Was ist das für ein schrecklicher Geruch?«

»Was denn für ein Geruch?«, erwiderte Cecily.

»Riechst du das nicht?«, sagte ihre Mutter.

»Nein, was denn?«

Dolly schaute alle an, die um den Tisch saßen: Dick, Alice, Arthur, May, Eleanor. »Ich rieche es schon den ganzen Tag«, sagte sie.

»Wie riecht es denn?« Alice zog das feuchte, dampfende Innere aus einem zweiten Brötchen, aß es und legte die Kruste auf den Rand ihres Tellers.

»Widerlich. Wie etwas Verwesendes, aber nicht ganz. Eher wie etwas ... Ich weiß nicht.«

»Wie eine tote Maus im Heizungsschacht?«, fragte Arthur.

»Viel ekliger.«

»Ein ... Wie soll ich sagen? ... Wie ein Geruch aus den Leitungen?«, überlegte May.

»Nein.«

»Dolly«, seufzte Dick und bestrich die von Alice verschmähten Krusten mit Butter.

»Ihr müsst es mir glauben!« Dolly stand auf. »Ich rieche es schon den ganzen Tag. An manchen Stellen ist es besonders schlimm – in der Bibliothek oben und auf dem Flur vor dem Klosett. Aber nicht im Klosett selbst«, fügte sie hinzu und schaute May an. »Ganz deutlich im Telefonzimmer. Zur Teezeit war es am stärksten. Dann wurde es besser, und jetzt ist es wieder schlimmer. Ihr müsst es doch alle gemerkt haben! Oder wenigstens einer von euch!«

Sie griff zur Glocke und klingelte nach Nummer vier, der glaubte, er solle den Tisch abdecken. »Nein«, sagte sie, worauf er den Teller, den er aufgehoben hatte, wieder hinstellte.

»Big Missy?«, sagte er.

»Nummer vier, bemerkst du einen schlechten Geruch?«

Er schaute sie stumm an und fragte: »Big Missy riechen schlecht?«

»Ja«, sagte sie. »Du nicht?«

»Ja«, erwiderte er und nickte erleichtert, weil er die richtige Antwort gegeben hatte.

»Das sagt er doch offensichtlich nur, weil er meint, dass er es sagen soll!«, rief Dick. »Stimmt's, Nummer vier?«

Der Mann schaute unsicher von einem seiner Arbeitgeber zum anderen.

»Hol Amah und Dah Su. Hol alle Boys und alle Amahs«, sagte Dolly.

Beim Dessert drängte sich die gesamte Dienerschaft um den Tisch, Dah Su und Koch-Boy und zweiter Koch-Boy, die Haus-Boys Nummer eins, zwei, drei, vier, fünf, sechs, sieben, die Amahs und Unteramahs, sogar der kleine Abtritts-Boy. Dick und Arthur tranken ihren Portwein, Eleanor faltete die blau geäderten Hände vor ihrem Kaffee, der kalt wurde, und May hielt den Kopf so, als könne sie keine Minute länger warten, bis sie ihre Pfeife rauchen konnte. Cecily und Alice beobachteten ihre Mutter.

Dolly ging von Diener zu Diener. »Bemerkst du einen schlechten Geruch?«, fragte sie, tat so, als hole sie durch die Nase tief Luft, und verzog dann angeekelt das Gesicht. Und nachdem sie, einer nach dem anderen, verstanden hatten, dass sie zustimmen sollten, nickten sie. »Ja, Big Missy. Ja.«

»Seht ihr!«, sagte Dolly.

Und begann am nächsten Tag mit ihrer Schlacht gegen den Gestank. Mit dem Argument, der Opiumgeruch erschwere die Angelegenheit, verbot sie May zu rauchen; der Rauch verdecke »die penetranten –«. Mitten im Satz hielt sie inne und suchte das passende Wort.

»Ausdünstungen?«, schlug May vor.

»Ja. Die, das – was auch immer. Es stinkt wie ein *kong*. Es wird mit jeder Stunde schlimmer.«

»Aber Dolly –«, sagte May.

»Erzähl du mir nicht, dass es nicht stinkt! Deine Nase ist doch von den Drogen kaputt!«

»Liebes, meine Nase ist nicht kaputt. Nun –«

»Ich sag's dir, May. Wenn du rauchen willst, musst du rausgehen.«

»Bei diesem Thema wird sie wild«, beschwerte sich May abends bei Arthur. »Sie hat mir gesagt – darauf lief es jedenfalls hinaus –, dass ich in eine Opiumhöhle gehen soll! Ist das zu fassen? Sie setzt mich auf die Straße!«

»Liebling«, sagte Arthur. »Sie hat dich nicht rausgeworfen. Sie hat dich gebeten, im Haus nicht zu rauchen, bis der Geruch vertrieben ist.«

»Arthur! Es gibt keinen Geruch! Bist du nun auch von allen guten Sinnen verlassen?«

»Geistern.«

»Was?« Mays normalerweise idiomatisch fehlerloses Englisch brach zusammen, was nur in Augenblicken extremer Erregung vorkam.

»Die Wendung lautet ›von allen guten Geistern verlassen‹.«

»Ich verbitte mir deine Sprachlektionen. Deine Schwester hat nicht mehr alle Schalen im Schrank.«

»Tassen.«

»Arthur!«

»Sei vernünftig, Liebes.« Arthur stellte sich hinter May und legte die Arme um sie; beim Sprechen drückte er ihr die Lippen auf den Nacken. »Warum sollte sich eine in England gebräuchliche Redewendung auf Reisschalen beziehen? Dolly war doch schon immer so. Das legt sich wieder.«

»Das glaube ich ja gern, aber was wird mit uns?« May entwand sich seiner Umarmung, so leicht ließ sie sich nicht besänftigen.

Dick allerdings freute sich, dass er woanders hingehen konnte. Er verzog sich ins Astor House, nur drei Straßen von seinem Büro entfernt, während Alice und Cecily Freunde in der Nachbarschaft besuchten. Arthur, May und Eleanor blieben mit Dolly und den Dienern im Haus, wo sie unfreiwillig in den Krieg gegen den Gestank einbezogen wurden.

»Wusstet ihr«, sagte Arthur, der im Mantel im Garten saß und Tee trank, »dass die *kong*-Fahrer für eine, hm, Ladung Jauche hier aus dem Settlement den Bauern zweimal so viel abknöpfen?«

»Warum?«, fragte Alice, die zurückgekommen war, um zu sehen, ob man während ihrer Abwesenheit mit der Beseitigung des Geruchs weitergekommen war.

Auf dem feuchten, mit Wachstüchern bedeckten Rasen war das gesamte Inventar des Hauses versammelt: Möbel aus sage und schreibe siebzehn Zimmern, die mit Zitronenöl abgerieben und mit Flanelltüchern gewienert wurden. Daneben Porzellanstapel, Tabletts mit Gläsern, Kleiderständer, Schuhpaare, die nebeneinander standen und an eine Reihe auf ihren Auftritt wartender Revuegirls erinnerten, von denen nur das Schuhwerk zu sehen war.

Im Innern des Hauses wurden Teppiche, die gerade

gesäubert worden waren, ausgerollt und noch einmal gesäubert, geschrubbte Böden mit Eau de Cologne gewischt, Schränke mit Soda abgerieben, abgewaschene Wände neu tapeziert.

»Die Bauern meinen, unser Abfall sei erstklassiger Dünger. Weil wir so gut und reichhaltig essen.«

»Arthur! Bitte!« Dolly hastete auf den Rasen und zeigte den Amahs in ihrem Schlepptau, wie sie die Bücher aus den nunmehr leeren Bibliotheksregalen aufstapeln sollten.

»Wenn ihr die ganze Zeit über Faulschlammgase und Gerüche von schmutzigen Flüssen redet, kann ich an nichts anderes mehr denken«, sagte Arthur. »Ich habe gerade mit einem Herrn gesprochen, der arbeitet für die –«

»Wenn sich einmal ein Gestank in einem Buch festgesetzt hat, meint ihr, er vergeht, wenn man es auslüftet?«, fragte Dolly und wedelte mit den Seiten einer Essaysammlung unter ihrer Nase herum. »Dies hier stinkt nämlich ganz entschieden!« Sie schaute erst zu Arthur, der nicht antwortete, und dann zu Alice, die mit den Schultern zuckte. »Na ja, wir werden sehn.« Sie legte das Buch zur Seite, von den anderen Büchern getrennt, und setzte sich ans Kopfende des nach draußen verbannten Esstischs, an dem der Tee eingenommen wurde.

»Bücher, die den Geruch nicht verlieren, werfen wir weg. Oder schenken sie der Bibliothek im Club. Der ganze Zigarrenqualm dort wird sie schon ausräuchern.«

»Mutter«, sagte Alice und klappte ein Kressesandwich auf, um zu sehen, wie dick es mit Butter bestrichen war, »ist der Geruch denn jetzt weg, was meinst du?«

Dolly schaute von der Zuckerdose auf. Die silberne Zuckerzange in ihrer Hand glänzte stumpf im Licht des wolkenverhangenen Nachmittags. Die Glyzinie über ihr stand in voller Blüte. »Nein«, sagte sie. »Ist er nicht. Aber weißt du, was? Als ich mit deinem Vater und Eleanor im

Hotel essen wollte, habe ich keinen Bissen herunterbekommen, so deutlich habe ich es auch dort gerochen. Und bei Weeks and Company ebenfalls und gestern auch in der Synagoge.«

Alice wandte den Blick von ihrer Mutter. Mit den Fingern nahm sie einen Zuckerwürfel aus der Zuckerdose und hielt ihn so auf den Tee, dass sie sehen konnte, wie die Flüssigkeit in den Würfel stieg und ihn auflöste.

»Es ist Shanghai«, gab sich Dolly schließlich geschlagen. Die Familie war vollzählig im Salon des desinfizierten Hauses versammelt, einem Raum, der für alle außer Dolly nach Seife, Zitronenöl und Kölnischwasser roch. »Was riecht, ist Shanghai. Die Stadt oder die Erde darunter. Der Fluss. Ich weiß gar nicht, warum ich das vorher nie gemerkt habe, wo es doch so stark ist.« Niemand sagte etwas. Dolly ließ sich schwer in den Sessel plumpsen.

»Australien ist sauber. Und trocken. Alles dort ist hübsch und trocken. Australien riecht nach Eukalyptus.« Sie fing an zu weinen. »Ein Eukalyptus würde an einem so schmutzigen Ort wie hier nie wachsen. Schmutzige, feuchte Stellen mag er nicht. Dieses – Shanghai ist nichts als ein modriger, nasser, dreckiger Morast. Ein Sumpf. Und die Böden sind alle krumm und schief! Geneigt, meine ich. Das Haus sinkt in den Boden. Ich habe meinen Ring fallen lassen, und er hat gar nicht mehr aufgehört zu rollen. In der Küche rollt ein Ei so schnell an die gegenüberliegende Wand, dass es zerbricht.« Sie schaute sie alle der Reihe nach an.

»Aber Mrs. Benjamin, denken Sie an die Wäsche«, sagte Eleanor, um sie aufzuheitern.

»Ja, Mutter«, sagte Cecily. »Riech mal an deinem Kleid!«

Dolly steckte die Nase in ihren Ärmel. »Das hilft ein wenig.«

Als das Saubermachen und Teppichverlegen, das Schrubben und Weißeln und Anstreichen in vollem Gange war – insgesamt dauerte es einen Monat –, hatte Dolly eine Reihe lokaler Experten um Rat gefragt, und einer hatte das Kobe-Shanghai-Wäschereischiff ins Gespräch gebracht. Dieses kleine Dampfboot hole die schmutzige Kleidung und Wäsche montags ab und bringe sie sauber gewaschen eine Woche später wieder. Es dauere acht Tage, lohne sich aber wirklich. Also nähte der Schneider in jedes Wäschestück Schildchen mit dem Benjaminschen Namenszug, in jede Socke, jedes Unterhemd, in die Unterhosen und Korsetts, selbst in Mays Fußbinden, und dann wurde alles fortgeschafft und kam eine Woche darauf strahlend weiß und gnadenlos präzise gefaltet zurück.

Immer rundherum

Es begann durch Zufall und endete als Gewohnheit. Alice und Ewlanoff waren mitten in ihrem ersten, dummen Streit zu Ewlanoffs Wohnung zurückgekehrt. Sie hatten das Restaurant gesucht, in dem sie essen wollten, und es nicht gefunden.

»Du merkst dir nie Adressen«, hatte er gesagt. »Nie. Weil sie dir egal sind.«

»Stimmt nicht.«

»Offensichtlich doch.«

»Bist du so böse, weil du Hunger hast?« Alice war stehen geblieben und schaute ihn an. Die Hände in die Hüften gestemmt, war sie immer lauter geworden. Sie hatte nichts gegen eine handfeste Szene; ja, die Anwesenheit eines potenziellen Publikums stachelte sie eher noch zum Schreien an.

»Nein.« Ewlanoff hingegen wollte eine Szene vermeiden, nur sein tiefer, gelassener Tonfall verriet, wie ärgerlich er war. »Ich sage nur, dass Einzelheiten wie Hausnummern zu den Dingen gehören, die dich nicht interessieren. Du hast eben eine schludrige Beziehung zum Leben.«

»Schludrig?«

»Ja, sorglos, wenn dir das lieber ist.«

Ohne dass sie gegessen hatten, gingen sie zu seinem Zimmer zurück, wo er sich mit gekreuzten Armen ans Fenster stellte und hinausstarrte. Nachdem Alice es müde geworden war, auf seinem Bett herumzuzappeln, zu seufzen und mit den Seiten einer Zeitschrift zu rascheln, stand sie auf und stellte sich hinter ihn. Stumm schmiegte sie ihre Wange zwischen seine Schulterblätter. Als er vom Fenster zurücktrat, ging sie, die Arme um seine Taille geschlungen, mit ihm zurück. Er lief zum Bücherschrank, legte Armbanduhr und Manschettenknöpfe darauf; sie folgte ihm, die Arme um seinen Brustkorb; so gingen sie weiter zum Schrank, wo er mit den Schuhspitzen die Schuhe an den Fersen hinunterschob und sie hineintrat.

Und weiter ging's. »Warum ist es eigentlich so?«, fragte Alice auf der ersten Runde um das große ungemachte Bett.

»Was wie?«

»Das Bett in der Mitte?« Ihre Stimme klang gedämpft an seinem Rücken.

»So war es schon, als ich eingezogen bin.«

»Du hast nie daran gedacht, das Bett so zu stellen, dass das Kopfende an der Wand ist?« Das fast quadratische Appartement besaß Waschbecken und Spiegel, doch kein eigenes Bad oder Klosett. Die Möblierung bestand aus besagtem Bett, Bücherschrank, Schreibtisch, zwei Stühlen und einem wackligen Klapptisch, alles dicht an die Wand geschoben. Nur das Bett thronte in der Mitte des Raumes. Um die vier Seiten war ein Rand von ein Meter fünfzig und mehr frei gelassen.

Ewlanoff spazierte darum herum, Alice folgte ihm, Brüste und Bauch eng an seinen Rücken geschmiegt, die Füße im Gleichschritt mit ihm bewegend. Manchmal geriet sie aus dem Takt. »Nein«, sagte er.

»Wirklich nicht?«

»Ist das so seltsam?«

240

Statt weiter die Füße außen neben seine zu setzen und mitzulaufen, fiel Alice nun in kurzes, rasches Trippeln, mit dem sie seinen langen Schritten zu folgen versuchte. Zu unbequem; sie fiel in den alten Rhythmus zurück. Nun hatten sie das Bett schon ein halbes Dutzend Mal umrundet und liefen immer noch nicht im Takt.

»Die meisten Leute räumen, glaube ich, um, weil sie ein Zimmer in Besitz nehmen wollen«, sagte sie.

»Was machen wir hier?«, fragte Ewlanoff.

Alice drückte ihn. »Ich lasse nicht los, bis wir uns wieder vertragen.« Sie schloss die Augen und rieb die Stirn an seiner Wirbelsäule. Hinauf und hinunter. »Außerdem gefällt es dir. Im Gleichschritt marschieren. Oder etwa nicht?« In diesem Moment stolperte sie und stieß sich den Zeh an einem Stuhlbein.

Er lachte. »Ja, aber du scheinst immer aus der Reihe zu tanzen.«

»Mir gefällt auch, dass es umständlich ist. Da kommt ein Element der Spannung mit hinein. Und dein Rücken. Er ist ... Ich weiß nicht. Er ist breit. Warm.«

»Na dann«, sagte er, und seine Stimme war nun nicht mehr kalt, »dann habe ich wahrscheinlich deinetwegen das Bett nicht verrückt.«

Alice schaute sich im Zimmer um; sie ging auf Zehenspitzen, damit sie ihm über die Schulter blicken konnte. »Du meinst nicht, der Grund liegt darin, dass du die Tür oder das Fenster blockieren würdest oder dass es zu nah an der Heizung stünde oder du den Schrank nicht mehr aufmachen könntest, wenn du es an die Wand schieben würdest?«

Er schüttelte den Kopf, stieß dabei mit ihrem zusammen. »Nein. Das ist nicht der Grund.«

»Vielleicht bist du ja doch ein Romantiker. Und absolut nicht pragmatisch.«

»Ja, das glaube ich auch. Schließlich bin ich Russe.«

»Und warum bist du dann so gemein und brummbärig wegen einer Adresse? Warum bist du, wenn ein Restaurant verschwindet, nicht charmant und romantisch und suchst ein ebenso bezauberndes, romantisches Bistro? Wirfst mir stattdessen vor, ich sei sorglos und schludrig?« Alice knabberte an der zarten Hautfalte zwischen seinem Arm und dem Schulterblatt und presste ihren Unterleib aufreizend gegen seinen Hintern.

»Nicht gerade fair von dir«, sagte er. »Du benutzt meine Lust gegen mich.«

»Na gut. Ich höre auf.« Sie trat ein Stück zurück. Doch er langte nach hinten und zog sie wieder an sich. Sie glitt mit der Hand vorn über seine Hose, um zu fühlen, wie steif er war. »Sehr effektive Taktik«, sagte sie. Als er nach ihrer Hand griff, dachte sie erst, er wolle sie wegschieben, doch er führte sie an seinem Penis hinauf und hinunter.

»Es ist ja gar nicht so, dass Restaurants verschwinden«, sagte er. »Sondern dass verwöhnte kleine Mädchen sich nicht die Mühe machen, Adressen zu überprüfen.«

Alice hatte mittlerweile alle Knöpfe seiner Hose außer dem obersten geöffnet und versuchte sich durch seine Unterwäsche zu tasten. »Ich habe mich schon wieder verirrt. Wenn du mich rettest, stellst du vielleicht fest, dass verwöhnte kleine Mädchen auch wünschenswerte Eigenschaften besitzen. Fähigkeiten, die wichtiger sind als die, die man braucht, um ein Restaurant zu finden.« Ewlanoff nahm ihre Hand, schob sie unter dem Bund seiner Unterhose hindurch und bog ihre Finger um die angespannte glatte Haut seines Penis.

Langsam hin- und herschaukelnd liefen sie weiter, neigten sich nach links, neigten sich nach rechts, erfanden ein Spiel, das sie von nun an immer wieder spielen sollten: rundherum um das große Bett, einige Runden schweigend,

andere scherzend; sein Schritt war gleichmäßiger als ihrer.
»Für mich ist es schwer, im Tritt zu bleiben«, entschuldigte
sie ihr Stolpern. »Deine Beine sind länger, und du hast den
Vorteil, dass du vorne läufst.«
»Dann übernimm du die Führung.«
»Nein. Ich nehme lieber den hier als Steuerknüppel.«
Und Alice griff nach seinem Penis und dirigierte ihn nach
rechts, nach links, nach oben, nach unten.
»Du kannst vorn laufen und ihn trotzdem als Steuer-
knüppel benutzen. In Schiffen sind Steuerknüppel hinten,
wie du vielleicht weißt.«
Alice schüttelte den Kopf. »Nein!«
»Warum nicht?«
»Mir gefällt es so. Mir gefällt es, wenn du da so groß
vor mir bist und mich mitziehst. Und mir gefällt es, nicht
zu sehen, wohin ich gehe. Mit geschlossenen Augen zu lau-
fen.«
»Aha.«
»Was meinst du mit ›Aha‹?«
»Ich meine, dass wir das Rätsel Alice endlich gelöst
haben.«
Alices Hand hörte auf, sich zu bewegen. »Und worin
besteht dieses Rätsel?«, fragte sie. Ewlanoff legte seine
Hand über ihre und setzte sie wieder in Bewegung.
»In der historischen Frage, warum das kleine Mädchen
damals aus dem Zug gestiegen ist. Es ist das Schicksal von
jemandem, der die Augen verschließen und mitgezogen
werden will. Zwangsläufig.«
»Meinst du nicht, du übertreibst ein bisschen?«
»Das, was wir gerade machen, oder das mit dem Zug?«
»Hm, ich meine das, was wir gerade machen. Nein,
eigentlich beides, glaube ich. Aber hast du denn nie etwas
getan, das du nicht erklären kannst?«
Doch Ewlanoff konzentrierte sich mehr auf die Fragen,

die von Fingern, weniger auf die, die von Lippen gestellt wurden, und schwieg.

»Nie?«, fragte Alice noch einmal.

Er nickte, nun auch mit geschlossenen Augen, sein gesamter Körper bewegte sich nach vorn. Vor und zurück, vor und zurück: Wieder gerieten sie aus dem Gleichgewicht.

»Ja und was?« Alice wollte es genau wissen.

»Etwas völlig anderes. Mit Weglaufen hatte es nichts zu tun.«

Alice wartete ein paar Runden, während derer er schweigsam blieb, und wurde dann ungeduldig: »Willst du es mir nicht erzählen?«

»Doch, ja. Also: Als ich zehn war, hat mir mein Vater ein Mikroskop geschenkt. Kein Kinderspielzeug, sondern ein echtes – er hatte es bei einem Juwelier gekauft. Mit achthundertundfünfzigfacher Vergrößerung. Das Gestell war aus Messing, und es lag in einem mit Samt ausgeschlagenen Eichenholzkasten. Mit blauem, an den Ecken abgestoßenem Samt und kleinen Vertiefungen für die Okulare, die man nicht benutzte. Es war nicht neu, aber wunderbar.«

»Weiter«, trieb Alice ihn an, als er innehielt.

»Wenn du die Geschichte hören willst, musst du aufhören, meinen Penis zu drücken. Sonst kriegst du was anderes.«

Alice zog die Hand aus seiner Hose. »Gut, zuerst die Geschichte.«

Ewlanoff schob ihre Hand wieder an Ort und Stelle. »Ich habe nicht gesagt, dass du mich überhaupt nicht mehr anfassen sollst.«

Und wieder ging es ums Bett herum. Alice stöhnte ungeduldig auf.

»Ich habe es mehr geliebt als alle Geschenke, die ich je bekommen habe«, sagte er schließlich. »Ich hatte geradezu Ehrfurcht davor. Denn in Wirklichkeit wurde ich das Gefühl nicht los, dass ein Mikroskop zu gut für einen kleinen Jungen war. Wenn ich nicht in seiner Nähe war, zum Beispiel in der Schule, hatte ich fortwährend Angst, dass ihm etwas zustoßen könnte, dass es in seinem Kasten von dem Regal in meinem Zimmer heruntergeworfen werden, dass ein Dieb es stehlen könnte. Und wenn ich zu Hause war und es benutzen wollte, stellte ich mir vor, dass ich eines der Okulare fallen lassen oder eine der Linsen zerbrechen würde.«

»Wozu hast du es benutzt?«, fragte Alice. »Was hast du angeschaut?«

»Insektenflügel. Blut von einer Kratzwunde. Federn. Haare. Pflanzenteilchen. Schmutziges Wasser aus dem Aquarium. Solche Sachen. Nichts großartig Wissenschaftliches, Entdeckungen habe ich keine gemacht. Außer für mich.«

»Und? Was passierte?«

»Ich habe das Mikroskop, den Kasten und alles Zubehör in meinen Rucksack gesteckt, weit weg von unserem Haus auf eine Wiese gebracht und mit einem Hammer zerschlagen. Den Kasten und die Linsen zerbrochen, das Gestell verbogen. Alles kaputtgemacht.«

»Aber warum?«

»Weiß ich nicht. Das war doch der Grund, warum ich dir die Geschichte erzählt habe. Hast du das schon vergessen? Es sollte etwas sein, das ich getan habe und nicht erklären kann.«

Alice schwieg. Dann überlegte sie: »Hattest du dich über etwas geärgert? Warst du böse auf deinen Vater?«

»Ich habe dir doch schon gesagt: Ich weiß es nicht.«

»Hat es dir hinterher Leid getan?«

»Ja. Ich habe es mir wieder zurückgewünscht.«

»Und dein Vater, hat er es herausgefunden?«

»Nein. Ich habe gelogen und erzählt, es sei gestohlen worden. Und das tat mir auch Leid, denn der Verdacht fiel auf eine der Hausangestellten. Sie hatte schon einiges andere verbrochen, und meine Mutter war nicht gut auf sie zu sprechen; sie war also ohnehin in einer prekären Position. Und wegen des Mikroskops wurde ihr dann gekündigt. Ich habe mir immer eingebildet, sie auf der Straße zu sehen, wie sie mich verfolgte.«

Sie waren stehen geblieben. »Meinst du, du hast es kaputtgemacht, weil du es so geliebt hast? Weil es, ich weiß nicht, der einzige Weg für dich war, der Sorge darum zu entkommen?«

»Wenn das stimmte, wärest du dann nicht in Gefahr?«, fragte er. Alice trat zurück, weil sie ihn mit einem kurzen Kneifen oder Klaps bestrafen wollte, doch er griff sie am Arm, zog sie wieder an sich und schob sie aufs Bett. »Endlich«, sagte er, »sind wir angekommen.« Er drückte sie mit dem Knie nach unten, während er ihr den Rock abstreifte. »Ich habe selbst auch schon gedacht, dass ich die Tyrannei des Mikroskops beenden wollte, indem ich es kaputtmachte, aber ich habe nicht den Eindruck, dass das stimmt, dass es dafür eine einfache Erklärung gab.«

Alice nickte zu ihm hoch. »Dann sind wir ja quitt.«

»Ein feines Paar. Haben alle beide etwas Unerklärliches getan.«

»Meinst du nicht, das trifft auf alle Menschen zu?«

»Meinst *du*?« Ewlanoff lag schwer auf ihr. Er hielt sie an Armen und Beinen fest, sie wand sich unter seinem Gewicht, das Gefühl des Eingeschlossenseins erhöhte die Lust, das Eingeengtsein ihr Bedürfnis nach Befreiung.

»Ja, auf alle außer Eleanor Clusburtson«, sagte sie, nach Atem ringend. Einen kurzen Moment lang bekam sie ein Bein frei, dann fing er es wieder ein. Er war schließlich der Stärkere.

»Ist sie so durch und durch rational, deine Miss Clusburtson?«

Alice hatte die Augen geschlossen. Die Farbe unter ihren Lidern änderte sich mit jedem seiner Stöße. Von Rot zu Purpur. »Ich glaube ja«, sagte sie schließlich. »Hast du ein Neues bekommen?«

»Mikroskop?«

»Ja.«

»Nein. Mein Vater wollte ... Mein Vater bot mir an, mir ein Neues zu kaufen. Aber ich wollte nicht.«

»Wollte er nicht ... Er wollte nicht ...?«

Ewlanoff hörte auf sich zu bewegen. »Schluss mit dem Gerede«, sagte er und langte nach einem Kissen.

»Er wollte nicht wissen, warum?« Alice knickte das Kissen in der Mitte zusammen und legte es sich unter den Kopf; schob es zurecht, stieß und boxte mit den Fäusten dagegen, bis ihr Mund genau auf der richtigen Höhe war.

»Warum was?«

»Warum du kein Neues haben wolltest?«

»Er«, sagte Ewlanoff, hockte sich rittlings über ihr Gesicht und zog die Luft ein, als sie ganz sanft zubiss, spielerisch mit den Zähnen über die zarte, glatte Haut glitt, daran knabberte und ihn erinnerte: Vorsicht, Zähne! Nicht sie war ihm ausgeliefert, sondern er ihr.

HELDEN DES GROSSEN KRIEGES

Hört euch das an.« Arthur las aus dem Leitartikel vor.
»Ein Pferd vergisst niemals den Ort, an dem es einmal ver-
wundet worden ist. Wenn es zum Beispiel Munition zu
einer Geschützstellung transportieren soll, zittert es wie
Espenlaub und galoppiert rasch an der ungeschützten Stel-
le oder gefährlichen Wegkreuzung vorbei, wo es vielleicht
Monate zuvor ein paar Granatsplitter abbekommen hat.«
May stellte ihre Tasse ab. »Was für Tiere?«
»Ich muss los«, sagte Dick Benjamin und stand vom
Tisch auf, »bevor Arthur mich noch dazu bringt, die
Schlachtrösser aus Flandern zu retten.«
Eleanor Clusburtson erhob sich ebenfalls. Mit »Ich hole
nur rasch noch meinen Mantel« eilte sie aus dem Früh-
stückszimmer und die Treppe hinauf.
»Rufen Sie den Boy! Dafür ist er doch da!«, rief Dick
hinter ihr her. »Schrecklich, diese Frau!«
Doch Eleanor war schon beide Etagen hoch gelaufen.
Seit ihrer Ankunft hatte sie Cecily und Alice nichts beige-
bracht –. »Nicht einmal, wie man die simpelste Rechen-
aufgabe löst!«, schimpfte der Vater –, im Gegenteil: Ihre
Anwesenheit machte es nun mehr als unwahrscheinlich,
dass die Schwestern Benjamin sich je mit solch banalen
Rechenoperationen abplagen mussten, die ein Mädchen im
Kopf können sollte, nämlich den Preis von vier Ellen Sei-

densatin mit dem für das gleiche Stück Crêpe zu vergleichen und das zu subtrahieren von ... Es spielte nun keine Rolle mehr. Denn dank Eleanor Clusburtson – genauer, dank ihres falschen Zahns – war die Familie Benjamin nicht mehr nur wohlhabend, sondern sagenhaft, *lächerlich* reich.

Und das geschah so: Als Alice und Cecily mit ihrer Tante und der Mathematiklehrerin 1914 nach Shanghai zurückkehrten, beschäftigte sich Dick Benjamin zu sehr mit Kautschuk, als dass er einen Gedanken daran verschwendet hätte, ob seine Töchter in Unwissenheit aufwuchsen. Europa zog in den Krieg, und dabei waren Vermögen zu machen, auch für ihn. Er hatte vor, sein gesamtes Kapital in Kautschuk zu investieren. Armeen brauchten Unmengen Gummi: Gummi für Dichtungen und Gummi für Reifen, Gummi für Stiefel und Schläuche und als Mantelfutter und weiß der Himmel, was sonst noch. Die Nachfrage war stark und hatte noch längst nicht den Höhepunkt erreicht.

Als er beim alljährlichen Tag der offenen Tür zum vierzehnten Juli abends in der Französischen Botschaft an Tabletts mit Kanapees und Rohkost vorbeischlenderte, die unter der Last falscher Höflichkeitsbezeugungen verschwanden respektive schlaff wurden (Stilton und einen Tropfen trockenen Sherry suchte er vergebens), hörte er zufällig, wie ein betrunkener Militärattaché ein interessantes Wort lallte. *Blockade.* Noch interessanter wurde das Wort, als es zusammen mit dem Namen des Hafens Maracaibo auftauchte, über den der Großteil der weltweiten Ernte an natürlichem Kautschuk verschifft wurde. Benjamin gab die Suche nach dem Stilton umgehend auf und holte eilends Dollys Pelz.

Noch in der Nacht tätigte er etliche Anrufe, kabelte nach Hongkong und London, und ja, die Bestätigung folgte auf dem Fuße: Die Alliierten blockierten Kautschuk-Lieferungen. Als die Börse am nächsten Morgen ihre Tore öffnete, kaufte Dick Benjamin heimlich, still und leise so viel Kautschuk-Aktien, wie er konnte, sah in gespannter Erwartung zu, wie die Preise immer höher kletterten, so lange, bis er die Aktien zu einem geradezu kriminellen Gewinn verkaufen konnte. Zu einem Zeitpunkt, der günstiger nicht hätte sein können – ein Glücksfall, wie er sonst nur im Märchen vorkommt –, war nämlich von einer fantastischen neuen Substanz die Rede: Dimethylbutadien. Ein Polymer, ein magisches Polymer, C_6H_{10}, das Naturkautschuk überflüssig machte. Jedenfalls behauptete das einer der wenigen Eingeweihten, die Bescheid wussten, von denen wiederum einer Dick Benjamin einen Gefallen schuldete. Dick tat Leuten gern mal einen guten Dienst; es zahlte sich immer aus. Das einstmals in einer einzigen kleinen Fabrik in Manchester in begrenzten Mengen hergestellte Produkt – ein Russe war auf die Formel gekommen, die Deutschen hatten sie gestohlen, die Engländer ihnen abgenommen –, sollte den Verlauf des Krieges und der Geschichte ändern. Dick veräußerte also genau vor dem unvermeidlichen Crash seine Kautschuk-Aktien zum Höchstpreis und investierte das gesamte Geld, das er verdient hatte, in Dimethylbutadien, als dessen Kurse am niedrigsten standen. Ihr sprunghafter Anstieg begann just in dem Moment, als Eleanor Clusburtson die Bildfläche betrat.

»Würden Sie mir bitte den Zucker reichen?«, bat Dick sie eines Morgens, ein paar Tage, nachdem die Reisegesellschaft aus London zurückgekommen war. Dabei schaute er nicht einmal von seiner *North China Daily News* auf. Die Mathematiklehrerin – was hatte sich seine Schwägerin eigentlich dabei gedacht, ein solches Geschöpf mit nach China zu bringen? – murmelte etwas Unverständliches.

»Wie bitte?« Seine Hand hing erwartungsvoll in der Luft. Wann kam der Zucker?

Die Frau wurde puterrot und schüttelte den Kopf. Dann verbarg sie das Gesicht in der Serviette. Als sie Dick wieder anschaute, lächelte sie mit fest zusammengepressten Lippen. Kein glückliches Lächeln; in dem kläglichen Versuch, höflich zu sein, zog sie eine Grimasse. May schob Dick die Zuckerdose hin.

»Danke schön«, sagte er, faltete die Zeitung zusammen und rührte den Zucker in seinem Kaffee um, wandte aber den Blick nicht ab von der seltsamen neuen Gouvernante oder was immer sie sein sollte.

»Miss Clusburtson hatte ein paar Probleme mit den Zähnen«, erklärte May.

Dick hob die Brauen. »Und was für welche?«, fragte er, weniger, weil es ihn interessierte, als vielmehr, weil er nicht unfreundlich sein wollte.

»Ich habe einen künssslichen Sssahn«, sagte Eleanor langsam und nun, da das Corpus Delicti in ihrer Serviette verstaut war, artikulierte sie deutlicher. »Doch esss issst nicht … esss hat nicht …«

May seufzte. »Vor unserer Abfahrt bin ich mit Eleanor in London zum Zahnarzt gegangen, und er hat ihr einen neuen Zahn mit Gaumenplatte eingesetzt. Eleanor ist zu höflich, um sich zu beschweren, aber das Ding hat sich als völlig mangelhaft erwiesen. Es bricht ihr im Mund auseinander.«

»Aber esss issst nicht Ihre Schuld«, sagte Eleanor und blickte in ihren Schoß. »Sssie haben mir doch einen Gefallen getan.«

»Tun wollen«, korrigierte May sie.

»Ich habe auch eine Gaumenplatte«, sagte Dick. »Hab mir zwei Backenzähne mit Toffee ruiniert.«

»Bei mir issst ess ein Schneidesssahn«, sagte Eleanor.

»Aha«, erwiderte Dick, nicht ganz bei der Sache. »Und was ist mit dem Ding?«

»Esss issst ausss einem neuen Material. Dasss alte war ausss Vulkanit, dasss hier issst ausss Dimethyl, wasss weisss ich. Einen Monat lang hat esss ja auch gut gehalten, aber jetssst issst ess gerissssen, esss fällt aussseinander.«

»Angeblich war es ein Wunder der Technik«, klagte May, »ein –«

»Diethyl, haben Sie gesagt? Oder Dimethyl?«, unterbrach Dick May höchst interessiert. »Dimethyl, was?«

»Buta-, Buta-. Ich weisss esss nicht mehr«, sagte Eleanor.

Dick erhob sich und stieß dabei an den Tisch. Aus allen Tassen schwappte der Kaffee in die Untertassen. »Kann ich es mal sehen?«

»Wie bitte?« Eleanor hielt die zusammengeknüllte Serviette fest im Schoß.

»Ich möchte Ihren falschen Zahn mit der Gaumenplatte sehen.«

»Dick!«, sagte May.

»Geben Sie ihn mir!« Ungeduldig streckte er die linke Hand aus. Jetzt war Schluss mit Höflichkeitsfloskeln.

»Ich habe ihn nicht drin«, sagte Eleanor.

»Das weiß ich. Er ist in Ihrem Schoß. Sie haben ihn in Ihre Serviette gespuckt. Geben Sie ihn mir.«

»Aber warum?«, fragte May. »Warum um alles in der Welt willst du –«

»Hören Sie zu!« Dick ignorierte May. Er stemmte beide Hände auf den Tisch und nahm Eleanor von oben ins Visier. »Sie sind mir als … Gast in meinem Hause durchaus willkommen. Sie können bleiben, so lange Sie wünschen. Unter einer Bedingung: Sie müssen mir den Zahn geben.«

»Also, Dick!«, sagte May.

»Was ist denn hier – nanu, was ist denn hier los?«, fragte Dolly, die, im Schlepptau eine Amah mit frischem Kaffee, jetzt erst zum Frühstück kam.

»Dein Gatte versucht, Miss Clusburtsons falschen Zahn zu beschlagnahmen«, sagte May.

»Ihren Zahn?« Dolly schaute Dick verwirrt an.

»Ihren falschen Zahn«, sagte Dick. »Die Gaumenplatte, um genau zu sein. Also, geben Sie sie mir nun oder geben Sie sie mir nicht?« Er ging zu Eleanor, die sich schützend über die zusammengeknüllte Serviette in ihrem Schoß beugte, und legte ihr eine Hand auf die Schulter. »Ich mache Ihnen noch heute Nachmittag einen Termin bei meinem Zahnarzt«, versprach er. »Ich will nur die Platte sehen. Es ist wichtig.« Er drückte ein wenig zu fest auf die knochigen Schultern. Ja, sogar drohend. Nach einer quälend langen Minute, während derer sich Eleanor, die Augen geschlossen, sagte, dass ihr Leben in letzter Zeit manch seltsame Wendung genommen hatte, fragte sie sich: Was schadet es schon, wenn ich einem Gentleman einen falschen Zahn zeige? Ein Anstandsbrevier würde es sicher als Akt ungehöriger Intimität verurteilen, doch genauso sicher würde ein Anstandsbrevier diese Transaktion niemals als eine Situation betrachten, in die ein kultivierter Mensch je verwickelt werden würde. Ach, vielleicht war Eleanor ja auch gar nicht kultiviert. Vielleicht war sie ja schon genau der Typ Mensch geworden, vor dem die Schwester ihres Vaters sie immer gewarnt hatte: ein Parvenü.

Vornübergebeugt, das Gesicht verbergend, hielt sie die Serviette hoch wie eine verkrumpelte Kapitulationsflagge. Dick ergriff sie, warf die Platte mit dem Zahn in seiner Hast, sie auszuwickeln, zu Boden, wo sie noch ein wenig mehr zerbrach und der Zahn unter das Sideboard kullerte, von wo er von einer stummen Amah wieder hervorgefischt wurde.

»Spröde«, sagte Dick, als er das grau-rosa, Eleanors Gaumen hübsch angepasste Halbrund in der Hand hielt. Miss Clusburtson nickte mit hochrotem Gesicht. »War das schon immer so?«, fragte er.

Sie schüttelte den Kopf.

May und Dolly betrachteten das Ganze ohne Kommentar.

»Ich möchte, dass Sie mir alles darüber erzählen«, sagte er.

»Dick, was soll der Unsinn?«, rief Dolly.

»Das ist kein Unsinn! Sondern von größter Wichtigkeit!« Und er schickte Gattin und Schwägerin, gleichermaßen verblüfft, weg, setzte sich mit Eleanor an den Frühstückstisch und hörte zu. Ja, ein paar Wochen lang sei die Platte gut gewesen, vielleicht noch länger, habe komisch geschmeckt, doch bequem gesessen, auch weil sie ein wenig biegsam gewesen sei. Dann aber habe sie begonnen, in ihrem Mund zu zerbröseln, habe Risse bekommen, sei also bei weitem nicht so gut wie die alte aus Vulkanit.

»Allesss in Sssusssammenhang mit diesssem Sssahn«, klagte Eleanor, »issst höchssst unglücklich verlaufen.«

Doch Dick lächelte die Platte und den Zahn in seiner Hand an. »Nein«, sagte er. »Ich glaube, er ist ein Beispiel für eine der erstaunlichsten Zufallsentdeckungen. Glück für Sie, Glück für uns alle. Ich muss ihn mitnehmen.« Er stand vom Tisch auf, tätschelte im Weggehen die Tasche mit dem Zahn und summte etwas, das wie die Silben der Worte klang, die er soeben gesagt hatte. Er-staun-lich-sten, er-staun-lich-sten Zu-falls-ent-de-ckun-gen.

Chemische Analysen bestätigten, dass die Platte aus C_6H_{10} war, eben dem Polymer, das den Krieg gewinnen sollte. Ja, sollte … Doch C_6H_{10} war instabil; es riss. Die Frage war nur, wann und unter welchen Bedingungen? Machte Speichel es spröde? Lag es an der Temperatur?

Würde es bei Minusgraden brechen? Dick brachte ein Stück mit nach Hause und versteckte es im Eiskasten. Am wichtigsten freilich war: Wie lange würde es dauern, bis alle wussten, was Eleanor entdeckt hatte? Die Aktien stiegen immer noch. Wann, ja, wann sollte er verkaufen? Er redete mit niemandem darüber. Eine Woche, zwei Wochen, drei, spazierte er summend und pfeifend herum, trommelte mit den Fingern auf den Tisch und schnippte die Zigarrenasche auf den Teppich.

»Was ist bloß los mit dir?«, jammerte Dolly, doch er schüttelte nur den Kopf. Er besaß schon dreihunderttausend Aktien und hatte sich mit der Zusage, sie in zwei Monaten mit Zins und Zinseszins zurückzugeben, noch fünfhunderttausend dazu geborgt. Nach neunundzwanzig Tagen verkaufte er – zum vierfachen Preis – und schritt rauchend auf und ab, als der Wert von Dimethylbutadien immer noch stieg. Im Eiskasten zerbröselte Eleanors Platte unter seiner Berührung.

Dann endlich, am vierunddreißigsten Tag, platzten bei einer Temperatur von minus zwei Grad Celsius auf einem Exerzierplatz in Düsseldorf die Reifen von achtundzwanzig deutschen Lastkraftwagen. Einhundertundzwölf Reifen: alle platt. Der Dimethylbutadien-Markt geriet jäh ins Trudeln. Als Dick Benjamin am sechzigsten Tag die fünfhunderttausend geborgten Aktien, wie es der Leihvertrag vorsah, zurückkaufte und sie ihren ursprünglichen Besitzern zurückgab, waren sie nur noch elf Prozent dessen wert, was sie zu der Zeit, als er sie geborgt hatte, wert gewesen waren, und nur noch drei Prozent dessen, für das er sie verkauft hatte. Nichts Illegales war geschehen, der Profit dennoch kriminell. Wie wäre er erst ausgefallen, wenn Dick den Mut gehabt hätte, noch die paar Tage zu warten, bis die Reifen platzten? Das rechnete er sich lieber nicht aus – na ja, doch, er würde sich im Nachhinein belehren lassen. Er wusste ja, wenn, dann machte er Fehler aus Vorsicht und Verantwortungsgefühl, aber er würde es sich anschauen. Nur heute noch nicht.

Nach dem Treffen mit seinem Banker hopste Dick Benjamin beinahe den Bund entlang. Er brachte Schweizer Schokolade, italienische Seidenstrümpfe, französische Parfums, geräucherten Nordseelachs und eine Anderthalbliterflasche Champagner mit nach Hause, und obwohl sich dort niemand etwas aus Trüffeln, Kaviar oder Camembert machte, kaufte er auch das. Er leerte die Ladenregale von sämtlichen Waren, die im Krieg knapp und sogar noch teurer als sonst waren, und als er zu Hause ankam, platzte er wie ein Festtagsfeuerwerk in den großen Eingangsflur, so viel Papier und Bänder warf er durch die Gegend.

»Meine liebe, liebe, *liebe* Miss Clusburtson«, sagte er zu Eleanor, die hinuntergeeilt war, um zu sehen, was es mit dem Lärm auf sich hatte. Er umarmte sie, küsste sie auf beide bleichen Wangen und sah, wie sie rot wurden. »Was kann ich für Sie tun? Sie brauchen nur ein Wort zu sagen. Reisen. Pelze. Schmuck. Alles!«

Eleanor blinzelte.

»Hm, hm«, stotterte sie. »Ich … ich …« Sie blickte May an, die ihr aufmunternd zunickte. »Ich langweile mich ein wenig. Vielleicht, können Sssie erwägen …«

»Sagen Sie es!«, zischte May.

»Alssso, ich würde gern in Ihrem Büro arbeiten.«

Nun, vier Jahre später, war sie Partnerin und Benjamin, Kelly, Potts and Clusburtson die einzige Handelsniederlassung in Shanghai, an der eine Frau beteiligt war. Eleanor, stellte sich heraus, genoss nichts so sehr wie Arbeit. Sie rauchte nicht, sie trank nicht und spielte auch nicht Karten, ja, sie hatte überhaupt keine Laster, die sie von der Arbeit ablenkten. Und das Geld, das sie der Familie einbrachte – sie selbst kümmerte es herzlich wenig –, war mehr als genug, um Arthurs Extravaganzen zu finanzieren. Tausendmal mehr als genug.

»Liebe May«, prostete Dick seiner Schwägerin an dem Abend zu, als sie Eleanors Eintritt ins Geschäft feierten, »dadurch, dass du uns Miss Eleanor Clusburtson mitgebracht hast, machst du wider alles Erwarten gut, was dein alberner Gatte anrichtet.« Die ganze Familie prostete Eleanor zu, deren Gesicht vor Freude und Verlegenheit rot glühte.

»Dick!«, rief Dolly.

»Danke schön!« May vollführte eine kleine Verbeugung vor Dick, was sie selten tat.

»Ja, vielen Dank auch Ihnen«, sagte Arthur zu Eleanor.

Jeden Morgen brachen Dick Benjamin und Eleanor Clusburtson gemeinsam in der zweirädrigen Pferdekutsche auf, arbeiteten den ganzen Tag in der Jinkee Road und kehrten abends in der Kutsche nach Hause zurück. Zuerst war Dolly eifersüchtig, doch Dick rief: »Liebste! Du kennst doch meine Einstellung zu klugen Frauen! Außerdem sieht Eleanor, verglichen mit dir aus wie, na, wie ein nasser brauner Pappkarton! Wie um alles in der Welt könnte ich –!«

»Dick«, sagte Dolly beschwichtigt und wider Willen lächelnd, »sei nicht so gemein!«

»Ich bin nicht gemein. Eleanor ist perfekt und du auch. Aber Eleanor könnte auch ein Mann sein, und du bist meine Frau.«

In Shanghai allerdings, wo die Fähigkeit, Geld zu verdienen, mehr geschätzt wurde als alles andere, wurde Eleanor richtig berühmt. Zwar wussten nur die wenigsten, welche Beziehung zwischen ihrem Lispeln und Dick Benjamins Vermögen bestand, doch irgendetwas musste ihn ja veranlasst haben, sie zur Partnerin zu machen. Vielleicht hatten ihn auch einfach nur ihre besonderen Fähigkeiten überzeugt. Addieren, subtrahieren, multiplizieren, dividieren: Eleanor war nämlich im Kopfrechnen schneller als eine Gruppe Chinesen mit ihren altmodischen Rechenmaschinen, und sie vertat sich nie. Es war keine höhere Mathematik, doch durchaus komplex, die schwankenden Preise von zehn und mehr Waren auf einmal im Kopf zu jonglieren oder die Zahlen der Hongkonger Börse gegen die der Shanghaier abzuwägen. Nicht, dass Eleanor die Arbeit, die sie nun leistete, schon in Oxford angestrebt hätte; es war kein elegantes, akrobatisches Hantieren mit Theoremen, sondern ein hektischer Zahlentanz – wie die Neujahrsfeiern, die sie in ihrem ersten Jahr in China gesehen hatte –, es war ein großer Zahlendrachen, der sich unter einem Feuerwerk von Tatsachen drehte, sich über hundert schwarz behosten Beinen wand, sein großes Haupt schüttelte und durch ihres wirbelte. Es war jedoch alle Mal spannender, als eine Klasse ungezogener, gelangweilter Mädchen zu unterrichten, die sich, wenn sie die Schule erst einmal hinter sich hatten, für Mathematik nur noch insoweit interessieren würden, wie sie ausrechnen mussten, was jeder Einzelne zu bezahlen hatte, wenn man zu mehreren essen ging.

Taub für ihre Proteste, hatte May Eleanor zur Schneiderin geschleppt, zur Weißnäherin und in das Geschäft mit den sibirischen Pelzen in der Avenue Edouard VII. Sie hatte ihr alle Haarnadeln abgenommen und sie zu Monsieur Joseph begleitet, wo sie eine Dauerwelle verpasst bekam und in deren Folge nun trotz ihres fortgeschrittenen Alters fast jede Woche einen Heiratsantrag von den unterschiedlichsten Männern, einheimischen und fremden. Sie lehnte alle ab, ebenso wie sie sich weigerte, in einer Rikscha zu fahren. Auch die Diener durften ihr weder hinterherräumen noch ihr das Handtuch halten, wenn sie aus dem Bad trat, noch ihr die Serviette aufschütteln und in den Schoß legen.

Als Dick Benjamin also »Schrecklich, diese Frau« sagte, meinte er es auch.

»Auf Wiedersehen, Liebling«, rief er Dolly zu, als Eleanor, schon halb im Mantel, die Treppe herunterkam. Er küsste seine Töchter und verabschiedete sich den Hut ziehend von May.

»Warum ist er so fröhlich?«, fragte Arthur.

May schob ihm die Zeitung zu. »Revolutionäre haben Gleise in der Provinz Fujian herausgerissen.«

»Schon wieder?«

Sie nickte. »Mindestens eine Woche keine Lieferungen.«

»Der Reis doppelt so teuer?«

»Der Tee. Aber jetzt erzähl mir, was mit den Pferden ist.«

»Sie sind nicht aus Flandern. Sondern aus Australien. Sie nach Frankreich zu transportieren hat pro Tier sechshundert Pfund gekostet, und nun kippen sie um, weil sie eine Kriegsneurose haben. Im wahrsten Sinne des Wortes: Sie zittern und fallen um, die armen Dinger. Sie betteln auf Knien um Schonung, wenn sie ein lautes Geräusch hören.«

Alice witterte eine angenehme Abwechslung. »Was kann man denn da tun?«, versuchte sie Arthur zu provozieren. Doch der war ganz in Gedanken versunken und antwortete nicht. Noch ehe er den Artikel ein zweites Mal gelesen hatte, stand sein Plan fest.

Er sammelte Zahlungsversprechen von siebenundvierzig sentimentalen, reichen Frauen, die er auf Dinnerpartys und bei Tanztees, vor allem aber auf der Rennbahn beschwatzte, wenn ein flotter Gaul ihnen die Geldbörsen gefüllt hatte. Am nächsten Tag schickte er seinen Boy, der die Beträge, die sie ihm schriftlich zugesichert hatten, einkassierte. Mit dem Geld charterte er ein Postschiff in Marseille, verdingte einen Mann, der den Bau provisorischer Ställe an Bord überwachte, das Einsammeln der kranken

Pferde und das Anheuern eines seefesten Pflegers, der sie auf der Fahrt betreuen sollte. Für die Pferde, die stark genug und wieder verwendungsfähig waren, stellte Arthur Pferdemasken zur Verfügung, die sie vor dem Giftgas schützen sollten und von eben der Firma entworfen und hergestellt wurden, die auch die Masken für Menschen fabrizierte.

Sobald der Mann in Marseille, ein Monsieur Arrete, gekabelt hatte, dass das Schiff endlich abgefahren sei und in drei Wochen in Shanghai eintreffen werde, inspizierte Arthur die alten Stallungen, die er vom Shanghaier Pferdemarkt gemietet hatte. Da dieses zugige Gebäude auf der Connaught Road jahrelang leer gestanden hatte, wimmelte es dort von kleinen Rehen und Hirschen, die er zu seinem Bedauern von dem Gelände verscheuchen musste. (Wie stets die Güte in Person, stellte er ihnen zum Trost ein paar Meilen weiter, direkt hinter Chang Sihes Garten, einen Salzleckstein hin. Das war zwar weit genug von den Stallungen entfernt, aber nicht, wie sich herausstellte, vom Country Club, wo das Getier, gestärkt von Salz und Mitleid, in Massen die Rosengärten attackierte. War etwas in dem Salz, das Arthur von einem einheimischen Apotheker erstanden hatte? Unnatürlich aggressiv fraßen die Tiere alle Rosen ab. Das heißt, sie bissen die Blüten ab, ließen die dornigen Stämme stehen und löschten ihren Durst im Fischteich.)

Als die Pferde endlich eintrafen, boten sie einen jämmerlichen Anblick: stumpfes Fell mit abgewetzten Stellen, eingerissene Ohren, zottelige Schwänze, jede einzelne Rippe stach hervor. Selbst die Hafenkulis, eine gefühllose, abgehärtete Bande, behandelten sie sanft und streichelten ihnen die großen zitternden Nasen, die unter den Augenbinden hervorschauten, ohne die man sie gar nicht die Gangway hätte hinunterführen können.

Als sie dann in den renovierten Ställen untergebracht waren, wurden sie rund um die Uhr von *ma fus* betreut und nicht nur von den Tierärzten aus dem Pferderennclub behandelt, sondern auch von Doktoren des London Mission Hospitals, die Arthur dafür bezahlte, dass sie Stallvisiten machten. Zusätzlich verabreichte er den armen Pflegebedürftigen frei erhältliche Markenmedikamente: Vetarzo's Blutmedizin, Clark's Blutmixtur, Chamberlain's Schmerzbalsam, Petromiel, Chlorodyne, Dover's Pulver und insbesondere Sanapho's Nervenaufbaufutter, von dem er einem französischen Drogisten auf der Avenue Edouard VII. eine Kiste abgeschwatzt hatte.

»Du bringst die armen Viecher noch um, wenn du ihnen den ganzen Mist in den Hals schüttest«, sagte Dick beim Abendessen. »Weißt du denn nicht, dass der Verdauungsapparat eines Pferdes solchen Attacken nicht gewachsen ist?«

»Aber es geht ihnen blendend, Dick«, sagte May zur Verteidigung ihres Mannes. »Du solltest sie dir mal anschauen.«

Und seltsamerweise blühten die Pferde wirklich auf. An schönen Nachmittagen picknickten Arthur, May und Alice draußen an den Stallungen. Nummer vier bediente sie.

»Du hast deine Bestimmung gefunden, Arthur«, sagte seine Frau halb im Scherz, halb im Ernst und reckte sich, so hoch sie konnte, um ihn aufs Kinn zu küssen. »Du bist ein Retter trauriger, kranker Kavalleriepferde.«

Die Pferde wieherten Arthur an. Sie tollten und tänzelten um ihn herum und durchstöberten seine Taschen nach Zuckerstücken. Sie küssten ihn auf die Ohren und knabberten an seinem Hut. Mit ihrem heißen Atemschwall bliesen sie ihm wahrhaftig den Tinnitus aus dem Kopf. Schon beim bloßen Anblick ihrer riesigen warmen, schnurrhaarigen Nüstern entspannte Arthur sich. Er bot ihnen seine klingelnden Ohren dar und ging einmal sogar so weit, eine Prise Schnupftabak in eine weit offene, bebende, mit purpurroten Adern durchzogene Nüster zu legen. Ein veritables Kunststück, das Ohr auf gleicher Höhe mit dem sich hebenden Kopf zu behalten. Aber dann die Erleichterung – die Erleichterung nach dem ohrenbetäubenden Niesen, die darauf folgende Stille. Nicht ganz, aber fast so gut wie Sex.

Eigentlich wollte Arthur die Pferde wieder nach Hause schicken, doch bei der Entfernung nach Australien wäre es eine weitere lange Reise gewesen. Er veräußerte sie stattdessen reichen Familien im Settlement, die großes Vergnügen und einen absurden Stolz darob empfanden, dass Kriegsveteranenpferde ihre Kutschen zogen. Damit war man doch auf der Höhe der Zeit, jetzt, inmitten der gesellschaftlichen Wirren des Krieges, da die Damen aus den feinsten Kreisen losfuhren, um stundenlang Verbände zu rollen und Strümpfe zu stricken. Arthur ließ beim Familienschneider pseudomilitärische Orden anfertigen und befestigte seine Version des Viktoriakreuzes mit Spange am Zaumzeug seines Pferdes.

»Wissen Sie was, Arthur«, sagte Eleanor, als sie seine verknüllten Quittungen durchging, »Sie haben sogar noch Geld verdient!«

Er erwartete gerade das Eintreffen einer zweiten Ladung Rösser, die er in den nun leeren Stallungen unterbringen wollte, als die Epidemie ausbrach. Weil die Grippe sich so rasch ausbreitete, hielt man sie zunächst für Cholera. Eleanor zum Beispiel saß an ihrem Schreibtisch im Kontor. Der Bote war gerade vom Telegrafenamt mit den neuesten Zahlen aus Hongkong zurückgekommen. Schweigend legte er sie ihr hin. Sie hatte schon darauf gewartet: In ihrem Kopf, der bereit war, die Preise zu registrieren, waren acht Zahlentürme. Wie eine Stadt auf einem Hügel, dachte sie, überrascht von ihrem eigenen derart fantasievollen Vergleich. Die Mathematik war streng und heilig, Musik, die nur um ihrer selbst willen erklang, unverdorben von Gefühlen oder Sehnsüchten oder was immer Eleanor wenn schon nicht als töricht, dann zumindest als ihrem spartanischen Verstandesleben fremd betrachtete. Sie schloss die Augen und sah, dass Sonnenlicht die Zahlentürme vergoldete; es funkelte aus den Ecken von Vieren und Siebenen, tropfte in trägen Wellen von Achten und Dreien. Eleanor war so schwindelig, dass sie die Stirn auf die Schreibtischauflage legte, direkt auf die weißen Zettel, die der Boy gebracht hatte.

»Eleanor?«, fragte Dick. »Ist was mit Ihnen?«

»Ja, ich fürchte, ja.«

»Was ist los? Soll ich die Kutsche rufen lassen?«

»Bitte«, sagte Eleanor, obwohl ihr die Vorstellung, hinter einem trabenden Pferd durch die Straßen Shanghais zu zockeln, tollkühn und gefährlich erschien. Wenn sie sich hätte bewegen können, hätte sie sich auf dem Boden ausgestreckt.

»Können Sie – Eleanor, Werteste, könnten Sie bitte den Kopf hochheben?«, bat Dick sie. »Ihr Anblick gefällt mir gar nicht.«

»Ja, einen Moment noch«, sagte sie leise. »Meinen Sie, Sie könnten darum bitten, dass man einen Augenblick aufhört, an den Rechenmaschinen zu arbeiten? Das Klackern ist –«

»Sie haben doch schon aufgehört. Es ist ganz still hier drin.« Dick beugte sich vor und kam mit dem Gesicht dicht an Eleanors. »Sie weinen doch nicht etwa?«

»Ja, aber nur, weil ich entsetzliche Kopfschmerzen habe.«

»Ich wünschte, Sie würden aufhören zu weinen.«

»Es ist gleich vorbei. Lassen Sie mich nur noch einen Moment ...«

Um Eleanors Schreibtisch sammelte sich ein kleines, schweigendes Publikum, bestehend aus Dick Benjamin, den anderen Geschäftspartnern und den mucksmäuschenstill verharrenden sechs chinesischen Buchhaltern. Kelly strich sich über den Schnurrbart, Potts spielte mit den Münzen in seiner Jackentasche.

»Das kommt vom zu vielen Denken«, sagte Potts schließlich. Er hatte gegen Eleanors Eintritt in die Firma votiert. »Dafür ist das Gehirn von Frauen nicht gemacht.«

Eleanor nahm all ihre Willenskraft zusammen, richtete sich auf und nahm Potts ins Visier. »Sie sind ein primitiver, verachtenswerter Mann.« Ihre Stimme zitterte. Das Licht im Büro, das eigentlich nie besonders hell war, kam ihr nun entsetzlich grell vor. »Und ich weiß ganz genau, dass Sie nicht wissen, wie man mit Logarithmen Termingeschäfte kalkuliert. Im Grunde wissen Sie das nicht.«

»Eleanor!«, rief Dick. »Sie ist krank!«, sagte er zu Potts. »Das sehen Sie doch selbst. Sie ist ... nicht gut beisammen.«

»Es geht ja auch gar nicht!« Mr. Potts trat auf Eleanors Schreibtisch zu. »Logarithmen haben nichts damit zu tun.«

»Sehen Sie!«, erwiderte sie. »Was habe ich gesagt!« Sie schloss die Augen. Sie war nicht sie selbst. Das heißt, sie war es, aber sie war in die Haut eines kleineren Menschen gezwängt worden, die so fest zusammengenäht war, dass ihr jeder Nerv vor Schmerzen zuckte. Die goldenen Türme der Zahlenstadt waren verschwunden, stattdessen waren nun innen auf ihre roten Lider Hunderte, Tausende von Preisen gekritzelt, die sich in Übelkeit erregenden Wellen hoben und senkten.

Syntax und Symmetrie

Die Notwendigkeit, das zu verdienen, was sie brauchte, um wenigstens das von ihr so gehasste Zimmer behalten zu können, das Zimmer, in dem sie schlief und badete, kochte und aß, in dem sie unter einer nackten Glühbirne am Tisch saß und beharrlich Texte vom Russischen ins Französische und vom Französischen ins Russische übersetzte – diese Notwendigkeit hatte Suzanne Petrowna seit der Revolution veranlasst, ihr unzureichendes Einkommen mit Privatunterricht und Gelegenheitsarbeit aufzustocken, die sie nicht von Verlegern, sondern von Flüchtlingen bekam. 1926 bestand ihre seit Jahren regelmäßigste Erwerbstätigkeit darin, Briefe zu übersetzen, deren Zweck es war, Arbeit oder Informationen zu bekommen, den Aufenthaltsort verlorener Verwandter und abhanden gekommener Verlobter ausfindig zu machen. Suzanne schrieb Beschwerden an Ämter und Unschuldserklärungen an Gerichte, schilderte Härtefälle, die zu komplex waren, als dass man sie in elementarem Flüchtlingsfranzösisch hätte abfassen können.

Ein simpler grammatischer oder orthografischer Fehler konnte die Glaubwürdigkeit eines Mannes oder die Ehre einer Frau kosten. Das redete Suzanne sich zumindest ein, nun, da ihre Texte Menschenleben geworden waren und sie nicht lediglich Dokumente, sondern Herzen analysierte. Für ihre Bemühungen erhielt sie bescheidenen Lohn, bekam bisweilen Lebensmittel statt Geld angeboten, doch mit der Zeit gewöhnte sie sich an die emotionale Nahrung, die solcherlei Tätigkeit bot, ja wurde regelrecht abhängig davon. Wenn auch nicht ihre Ehre bedroht war, nicht sie es war, der die Braut, die sie heiraten wollte, oder der Sohn, den sie genährt und gepflegt hatte, abhanden gekommen war, dann war sie es zumindest, die die Worte auswählte, die sie zurückbringen sollten. Die sich zwischen *am Boden zerstört* und *in tiefer Trauer*, zwischen *ich flehe Sie an* und *ich verlange*, zwischen *ich hoffe* und *ich bete* entschied.

Als gut organisierte Frau legte sie die Papiere, Stifte und Wörterbücher stets an den gleichen Platz. Den zu übersetzenden Text vor sich, Nachschlagewerke zur Linken, Schmierpapier für Rohentwürfe zur Rechten, die Stifte in Reichweite in der dafür vorgesehenen Schale.

Sie füllte gerade ihren neuen schwarzen Füllfederhalter – Geschenk eines dankbaren Kunden –, als sie Schritte auf der Treppe hörte. Ein großer Mensch, schloss sie aus dem Quietschen der fünften Stufe, die immer quietschte, wenn ihr Nachbar zur Linken heraufkam, ein Mann von erheblicher Statur und Körperfülle. Wer immer es freilich war, er ging langsam über den Flur und blieb regelmäßig stehen, als suche er Namen oder Nummern auf den Türen. Die meisten Mieter dieses Hauses, das keine Concierge hatte, lebten hier nur vorübergehend und machten sich gar nicht erst die Mühe, ihre Zimmer für eventuelle Besucher zu kennzeichnen. Sicher auch, weil sie sich vor Gläubigern versteckten. Nur Suzanne hatte ihren Namen sowie »Übersetzungen von Korrespondenzen und Dokumenten« auf eine Karte geschrieben und an die Tür geheftet. Das Geräusch der Schritte verstummte, als habe der Besucher mit dieser Information gefunden, was er suchte, und sie erhob sich schnell, ganz aufgeregt ob der Aussicht auf unvorhergesehene Arbeit. Sie strich sich das Haar im Spiegel über dem Waschbecken glatt und überprüfte, ob ihr Kleid ordentlich geschlossen war, denn wenn sie sich über die Papiere beugte, öffnete sie manchmal den Knopf am Hals.

»Oui«, antwortete sie auf das Klopfen. Ihre Hand lag auf dem Riegel, doch sie zögerte, die Tür aufzumachen. Die Stimme von der anderen Seite war tief und sprach Französisch mit schwerem russischen Akzent. Vor Suzanne erstand merkwürdigerweise das Bild eines Mannes, der nicht durchgebackene Teigstücke ausspuckt. Sie erkannte die Stimme nicht.

»Ich möchte … Ich muss etwas Geschäftliches mit Ihnen besprechen.«

Da Suzanne ihre Aufträge hauptsächlich Mund-zu-Mund-Propaganda verdankte, fragte sie: »Und wer hat Sie zu mir geschickt?«

»Niemand«, sagte die Stimme und machte keinerlei Anstalten, sich weiter zu erklären. Diese kurz angebundene Barschheit war Suzanne in gewisser Weise vertraut; warum, wusste sie jedoch nicht. Sie holte tief Luft, entriegelte die Tür und begrüßte den Mann vor ihr mit einem Nicken.

Er hatte, wie sie fand, ein typisch russisches Gesicht, melancholisch und gleichzeitig verstockt, Augen, die an das Schicksal glaubten, und einen Mund, der ihm trotzte. Seine Kleidung war abgetragen und verschmutzt; seine Hände hingen leer aus zu kurzen Ärmeln. Den üblichen abgegriffenen Umschlag oder das verknitterte Blatt Papier hatte er nicht dabei, vielleicht steckten die ja in seiner Manteltasche. Suzanne trat zurück und ließ den Fremden hereinkommen. Er verbeugte sich, lächelte, nicht freundlich, sondern mit ironisch verzogenen Lippen, setzte sich auf ihren Stuhl, ließ die Hände in den Schoß sinken und faltete sie.

Erst als Suzanne sein Gesicht in allen Einzelheiten gemustert hatte, erinnerte sie sich. Sie erkannte die eigentümlich dunkle Haut unter den Augen: Braun, Purpur, Blau, Grau – von allem war etwas darin, bestand aber aus keinem dieser Töne allein. Die seltsame Farbmischung fand sich wieder in den dunklen, doch blutleeren Lippen. Alles Übrige war sehr verändert; der Mann war gebeugt und bekam eine Glatze; als habe er zu rasch abgenommen, zogen sich tiefe senkrechte Falten durch seine Wangen. Suzanne verkreuzte schützend die Arme und ließ die Tür zum Flur hin aufstehen.

»Geh weg?«, sagte sie. Obwohl sie es als Befehl hatte formulieren wollen, schlingerte ihre Stimme vor Aufregung, und die Worte klangen wie eine schlecht formulierte Frage. Er schüttelte den Kopf, und seine unbekümmerte Arroganz weckte in ihr so viel angestaute alte Wut, dass sie sich zwingen musste, ruhig zu sprechen.

»Doch, du musst gehen.«

»Deine Mutter. Ist sie tot?«

Suzanne nickte.

»Wann?«

»Vor Jahren. Vor fünfzehn Jahren. Im Sommer. Am siebenundzwanzigsten August.«

»Das hat mir niemand gesagt.«

»Nein.«

Er nickte noch einmal, ließ seinen Blick durch das kleine karge Zimmer schweifen, registrierte die Papiere auf dem Tisch und die beiden gespülten Gläser auf dem Regal am Waschbecken. »Für ein, zwei Nächte hast du Platz für mich«, sagte er. Sie schüttelte den Kopf, und er lächelte, auch jetzt nicht freundlich. Er ging vom Französischen zum Russischen über. »Es war keine Bitte.«

Suzanne sprach weiter französisch. »Das ist meine Wohnung. Ich bitte dich, sie zu verlassen.« Wieder schaute er sich in aller Ruhe um, und wie er seine Augen auf jedem einzelnen Gegenstand ruhen ließ, vermittelte er ihr die ganze Schäbigkeit ihrer Umgebung: Das Emaille des Waschbeckens war gesprungen, der Stuhl offensichtlich repariert, die Tagesdecke auf der Couch, die ihr als Bett diente, fadenscheinig und verblichen. Der Buchara-Teppich und der Mahagoni-Kleiderschrank, die Lampen mit dem Malachit-Fuß und der silberne Taufbecher – alles, was sie aus der Wohnung ihres verstorbenen Bruders gerettet hatte, war längst verkauft. Unter dem Fenstersims schälte sich die Tapete ab, sie war ebenso wie der Verputz darunter zerkratzt: das Werk der Katze, die sie manchmal besuchte und immer auf das hohe Sims kroch, wenn sie das Zimmer verlassen wollte.

»Du wirfst mich hinaus? Mich, der ich dir das bisschen Leben –«, er hielt inne, um zu unterstreichen, wie kümmerlich es war, »– das du hast, gegeben habe?«

»Ich rufe einen Gendarmen. Ich –« Suzanne brach ab, weil sie seiner ungerührten Miene ansah, dass er genau wusste, wie unwahrscheinlich es war, in ihrem Viertel Hilfe zu bekommen. Um drei Uhr nachmittags war kein Polizist auf Streife. Alle Männer, die nüchtern genug waren, um aufrecht zu stehen, waren bei der Arbeit; im Haus befanden sich nur die auf ihrem Flur wohnende schwindsüchtige Wäscherin und die im Stockwerk darüber hausende Mutter mit den zwei kleinen Kindern.

»Ich brauche bis zum Wochenende einen Platz zum Schlafen. Dann gehe ich …«

»Wohin?«

»Nach Lyon. Da kriege ich Arbeit.«

»Dann geh jetzt. Du kannst nicht hier bleiben.« Suzanne war von der Festigkeit ihrer eigenen Stimme überrascht. Sie sah, dass auch ihr Vater verblüfft war, obwohl er so barsch seine Forderungen stellte.

»Warum nicht, wenn ich eine Tochter mit einem Dach über dem Kopf habe?«, fragte er. Beim Sprechen kippelte er mit dem Stuhl; eine alte Gewohnheit von ihm, das hatte sie ganz vergessen. Sie beobachtete, wie er auf den beiden hinteren Stuhlbeinen balancierte und sich mit einer Hand am Tisch festhielt.

Ohne zu überlegen – sie hatte es keinen einzigen Moment lang geplant, es war eine pure Reflexhandlung –, streckte sie den Fuß aus und versetzte dem Stuhl einen derart heftigen Stoß, dass er nach hinten kippte. Sie hielt sich die Hände vor die Augen, als ihr Vater nach der Tischkante hangelte, und nahm sie auch nicht weg, als sie hörte, wie er mit dem Kopf auf dem Kachelboden aufschlug. Sie erstarrte wie damals als Kind, wenn er sie schlug oder an dem Abend, als er ihrem Bruder die Finger zertrat. Sie wartete auf den Schlag und tröstete sich mit dem Gedanken, dass er nun zu alt und schwach war, um sie mit bloßen Händen zu erwürgen; auch war sie kein Kind mehr, sondern eine erwachsene Frau und weit über das Alter hinaus, in dem er sie mir nichts, dir nichts hätte umbringen können. Sie wartete, doch nichts geschah; nach dem dumpfen Aufprall seines Kopfs herrschte Stille, als sei bloß eine Melone vom Tisch gerollt und liegen geblieben.

Suzanne öffnete die Augen, hockte sich neben ihn und lauschte an seinem Brustkorb, ob er noch atmete. Wie eigenartig, dass sie ihren Vater noch nie aus solcher Nähe betrachtet hatte. Er war gar nicht hässlich, fand sie. Sie war überrascht, wie elegant sich seine Wangenknochen unter den geschlossenen Augen wölbten, was für eine schmale gerade Nase er hatte, keine knubbelige Kartoffelnase wie ein Bauer, als den sie ihn mittlerweile betrachtete. Er war schmutzig, doch die Haut über seiner Oberlippe war glatt rasiert, auch sein Kinn und die Wangen, als habe er für den Besuch bei ihr dieses kleine Zugeständnis an Körperpflege machen wollen. Sie erinnerte sich, wie er an einem lange vergangenen Feriennachmittag in ihrer Kindheit mit ihr auf seinen Schultern reitend ins Meer gelaufen war und sie die Hände auf sein frisch rasiertes Gesicht gelegt und sich festgehalten hatte.

Was jetzt, dachte Suzanne, immer noch in der Hocke und verblüfft über eine Handlungsweise, derer sie sich für unfähig gehalten hätte, auch darüber, dass sie weder Schuld noch Genugtuung empfand. Sie war seltsam von Gefühlen befreit. Selbst uralte Erinnerungen besaßen nicht mehr die Kraft, sie zu rühren. Deutete das auf ein gestörtes moralisches Urteilsvermögen hin, fragte sie sich, auf geistige Unzurechnungsfähigkeit?

Sie lief durch den Flur bis zum Treppenaufgang und vergewisserte sich, dass er leer war. So weit konnte sie ihren Vater in jedem Fall schleifen. Doch als sie ihn an den Füßen durch die Tür zerren wollte und an seinen Schuhen zog, lösten sie sich – wahrscheinlich geborgt oder gestohlen und viel zu groß – ganz leicht, und sie fiel rückwärts aufs Steißbein. Da er keine Socken an den Füßen trug und sie unter dem Dreck so weiß waren wie die eines Leichnams, packte Suzanne ihn über den Hosenbeinen an den Knöcheln und bugsierte ihn durch die Tür. Sein Kopf holperte über die Schwelle. Der Mann war schwerer, als er aussah; als sie ihn schließlich um die Ecke gezogen und an die Treppe gehievt hatte, keuchte sie.

Er fiel nur ein paar Stufen hinunter und blieb dann liegen, doch sein Kopf schlug jedes Mal so hart auf, dass sie zusammenzuckte. Hoffentlich blieb er dadurch ein paar Minuten länger bewusstlos und verschaffte ihr die Möglichkeit zum Nachdenken. Sie stellte seine Schuhe ordentlich auf den Treppenabsatz, lief zurück in ihr Zimmer und verriegelte die Tür. Am besten wäre es, wenn ich wegginge, dachte sie, wenn ich eine Tasche packte und ginge.

Wohin, wusste sie nicht, doch wenn sie einmal draußen war, konnte sie sicher klarer überlegen. Draußen konnte sie auch wieder richtig atmen. Ein paar Francs besaß sie; sie würde den Hinterausgang nehmen. Doch dann hörte sie von unten aus dem Flur ein Stöhnen, französische und russische Flüche, ein Rutschen und Rumpeln, gefolgt von einem und dann noch einem Stampfen, das offenbar daher rührte, dass ihr Vater sich die Schuhe ohne Schnallen anzog, was, auch wenn sie ihm zu groß waren, nicht einfach war. Suzanne schaute noch einmal nach, ob der Riegel an der Tür auch festsaß, und wich dann bis an die hinterste Wand ihres Zimmers zurück. Unter dem Bett sah sie zwei leuchtende rote Punkte: die Augen der Katze, rund vor Erstaunen. Suzanne hatte nicht einmal gewusst, dass das Tier im Zimmer war.

Sie hörte, wie ihr Vater gegen die Tür hämmerte, zählte, wie oft – nur viermal, auch das war erstaunlich. Sie hatte damit gerechnet, dass er sich mit der Schulter dagegenwerfen würde, bis das Schloss zerbrach. Doch er brüllte nicht, er beschimpfte sie nicht, er sagte überhaupt nichts. Er ging weg. Sie hörte, wie seine schweren Schritte treppab verhallten. Als sie mit geschlossenen Augen dasaß, hörte sie außerdem, wie die Katze auf das Fenstersims sprang, mit den Hinterbeinen nach Halt tastete und dumpf aufprallte, als sie draußen auf den Dachpfannen landete.

Acht Tage lang ging Suzanne nicht hinaus. Einerlei, wer an ihre Tür klopfte, sie öffnete nicht. Sie verlor zwei Übersetzungaufträge von Kunden, die sie nicht gut genug kannten, um wertvolle Papiere, von Geld ganz zu schweigen, unter der geschlossenen Tür hindurchzuschieben. Suzanne saß am Fenster und trank Tee mit Zucker, dann Tee ohne Zucker, und als die nassen, immer wieder benutzten Blätter nicht mal mehr einen Hauch Farbe oder Geschmack abgaben, trank sie heißes Wasser. Sie aß eine Dose Bücklinge – lächelnd bei dem Gedanken, dass dies also die Gelegenheit war, für die sie sie aufgehoben hatte –, einen halben Laib vertrocknetes Brot und zwei Päckchen Kekse, sorgsam verteilt auf drei Stück pro Mahlzeit. Als ihr nach zwei Tagen ohne Essen zuerst übel und dann schwindelig wurde, ging sie hinaus, das kastanienbraune Haar unter dem Hut festgesteckt, einen dunklen Schal bis zur Nase hochgezogen.

Bis zum Wochenende, hat er gesagt, bis zum Wochenende, hat er gesagt, wiederholte sie sich immer wieder, während sie, vorsichtig unter dem tief gezogenen Filzhut hervorlugend, um die Ecken lief. *Ich habe acht Tage gewartet, und er hat gesagt, bis zum Wochenende.*

Nach einem Monat zwang Suzanne sich, Schal und Hut wegzulegen, aber sie machte sich mit diesem mutigen Akt selbst etwas vor. Nachts lag sie ruhelos im Bett und horchte nach rachelüsternen Schritten auf der Treppe. Wenn sie schlief, hatte sie nur Albträume, und oft fand sie sich beim Erwachen an der Tür, um das Schloss zu überprüfen. War es auch wirklich sicher? Die Wochen verstrichen, eine nach der anderen; sie wurde nicht ruhiger, sondern immer nervöser. Sie konnte nicht mehr ordentlich arbeiten, wurde, zermürbt von Armut und Angst, krank und erholte sich nur schlecht. Selbst nach einem kurzen Spaziergang bekam sie wieder Fieber; sie hustete, bis ihr die Tränen aus den Augen liefen, und sah sich schließlich gezwungen, Heilung unter südlicher Sonne zu suchen – in Nizza, wo sie in der Hoffnung, der Schwindsucht zu entgehen, alles Geld, das ihr noch geblieben war, ausgab, stundenlang auf einer Bank am Meer saß, ausrechnete, wie arm sie war (dafür genügte einfache Mathematik: zuerst hatte sie sehr wenig Geld und dann noch weniger), und bedachte, wie im Verlauf ihres Lebens ein Rückschlag mysteriöserweise den nächsten nach sich gezogen hatte, bis sie nun wie zum allerersten Mal entdeckte, dass ihre Schuhe nicht einfach praktisch waren, sondern hässlich, und dass ihr Leben kein karges Leben war, sondern das akuten Mangels.

Als sie dem Gendarmen über die Promenade des Anglais folgte – der Mistral peitschte über den Strand und drohte die Markise über dem Laden des Tabakhändlers wegzureißen –, verschränkte sie die Arme über der Brust, damit ihr Mantel geschlossen blieb. Was erlaubte sie ihrem Vater da? In welches neue Chaos stürzte er sie nun wieder?

Andererseits: Was konnte schlimmer sein, als eine Nacht draußen zu verbringen und dem unerbittlichen Rollen und Schwappen der Meereswellen zu lauschen? Die Chinesin in der Sänfte: Sie war wie eine Mandarinfeenkönigin vor ihr aufgetaucht, getragen von diesen beiden stummen, bezopften Dienern, deren strenge Anzüge die Üppigkeit ihrer Kleidung noch unterstrich. Hustend und keuchend eilte Suzanne hinter dem Gendarmen her. Vielleicht *gab* es Hexen und Feen und … Sie schüttelte den Kopf. Nein, Fieberfantasien, die gab es, und wenn die nicht nachließen, Delirien.

Die Spanische Grippe

Alice öffnete das Fenster. Von der Straße kamen Hämmern und Glockengebimmel. Das Hämmern kam von einem ambulanten Sargtischler, der nun schon seit einer Woche in diesem Viertel beschäftigt war, die Glocke bimmelte im Tempel der Alten Stadt. »Herrgott, was für ein Lärm«, sagte Alice und setzte sich genau in dem Moment an den Frühstückstisch, als ein Hammerschlag und ein Glockenbimmeln zu einer einzigen scharfen Lärmattacke verschmolzen. Der Spiegel über dem Sideboard summte im Rahmen, die Teetassen wimmerten auf den Untertassen.

»Wenn Mutter dich dabei erwischt, dass du das Fenster aufgemacht hast, blüht dir was«, sagte Cecily.

»Ach, gieß mir bitte eine Tasse Tee ein, ja?« Alice zeigte auf die Kanne in Reichweite ihrer Schwester, doch als diese nicht von der Zeitung aufschaute, erhob sie sich und holte sie sich selbst. »Ist Mutter denn noch nicht auf?«, fragte sie. »Es ist bald elf.«

»Nein«, sagte Cecily und blickte immer noch nicht hoch.

Alice stöhnte vernehmlich, setzte sich schwerfällig hin, streckte theatralisch alle viere von sich und klapperte mit dem Deckel der Zuckerdose. »Und steht sie noch auf, was meinst du?«

Cecily hob die Brauen, womit sie die Frage eher wiederholte denn beantwortete.

»Na ja, mir ist eh egal, was sie macht.«

»Wirklich?«

»Ich gehe aus.«

Nun schaute Cecily auf. »Wohin?«

»Bei Dulcie ist heute Abend eine Party.«

Cecily lächelte, doch von allem, was ein Lächeln vermitteln mag – gute Laune, Freude, Genugtuung – war nur Letztere sichtbar, und zwar in ihrer bittersten Form. »Kommt Tsung?«, fragte sie.

Alice antwortete nicht.

»Ich meine, wenn –«

»Ich habe dich gehört.«

»May bringt dich um, falls sie es herausfindet. Wenn!«

»Wie sollte sie? Wie, wenn du nicht petzt?«

»Ich sage kein Wort. Ich will nichts damit zu tun haben. Mit dir überhaupt nicht. Mir wird ja schon bei der bloßen Vorstellung übel.«

Nun war Alice an der Reihe, fies zu lächeln. »Fein«, sagte sie. »Freut mich, dass dir übel wird.« Sie langte herüber, fuhr mit dem Löffel in die Butterschale, dann in den Marmeladentopf und aß Butter und Orangenmarmelade ohne Brot. »Je übler dir wird, desto –« Sie hielt inne.

»Desto was?«

»– mehr Spaß macht es mir.«

»Es ist gefährlich.«

Alice lehnte sich auf ihrem Stuhl zurück. »Das ist mir einerlei.«

Cecily verschränkte die Arme. »Denk an die Ausgangssperre. Wenn Daddy nach Hause kommt, trifft ihn der Schlag.«

»So schnell kommt er sowieso nicht. Sie haben den Hafen in Hongkong geschlossen und ich …« Alice redete langsam und räkelte sich betont lasziv. »Ich … gehe … aus.«

Als Antwort schob Cecily Alice die *North China Daily News* hin, die sie umdrehte und die Schlagzeilen las.

Es war der 6. März 1919. In der Stadt herrschte Mangel an Sargnägeln, da so viele Arbeiter krank waren und die Schmiede bis auf weiteres geschlossen werden musste. Die Zahl der Todesopfer in Shanghai war auf 3017 gestiegen. Nun waren auch Amoy, Tsingtao und Kanton betroffen. Der Stadtrat hatte angeordnet, dass alle Straßenbahnfahrer, Rikschakulis, Polizisten und Werftkulis in Formalin getränkte Schutzmasken aus Leinen tragen mussten. Auf dem Rasen des Reitvereins waren Krankenzelte aufgeschlagen worden; und um einer eventuellen Panik in der Alten Stadt vorzubeugen, verlangten die Steuer zahlenden Bürger, dass die Streitkräfte alle nicht identifizierten einheimischen Toten bei Nacht in Massengräbern begruben.

Trotz der Tatsache, dass die chinesischen Arbeiter in den Seidenspinnereien und Tuchfabriken der Epidemie schneller erlagen als alle anderen Bevölkerungsgruppen, verdichteten sich Gerüchte von einer revolutionären Verschwörung. Sun Yat-sen habe das Trinkwasser vergiftet, hieß es. Der britische Konsul war für eine Stellungnahme nicht zu erreichen.

»Du kriegst nie im Leben ein Auto, nicht mal eine Rikscha«, sagte Cecily. »Boy ist krank und Bruder Boy und sämtliche Neffen auch.«

»Ich nehme Onkels Tram«, sagte Alice. »Das merkt er gar nicht.«

»Die Tram! Da kannst du genauso gut laufen. Du kommst nicht mal bis zur Shantung. Und wie willst du verhindern, dass Mutter es herausfindet?« Cecily kniff die Augen zusammen und schaute ihre Schwester an. »Warum hat Daddy kein Telegramm geschickt, wenn sie den Hafen geschlossen haben?«

»Die Drähte sind blockiert. Die Schlange vorm Telegrafenamt geht endlos lang über den Bund. Heute Morgen in aller Frühe habe ich Nummer drei losgeschickt, und er ist immer noch nicht zurück. Wahrscheinlich verbringt er den ganzen Tag dort.« Alice stand auf und begann, um den Frühstückstisch herumzulaufen, immer rundherum. Mit den Fingerknöcheln klopfte sie auf das weiße Tischtuch. »Noch eine Nacht in diesem Gefängnis, und ich schneide mir die Pulsadern auf.«

»Sie lassen Dulcie nie allein da im Haus weitermachen«, sagte Cecily. »Ohne Aufsichtsperson. Irgendwann ruft jemand die Polizei. Und die kommt bestimmt.«

»Sollen sie sie doch rufen«, erwiderte Alice. Sie nahm die Zeitung. »Hast du es nicht gelesen? Die Polizisten sind alle beim Reitverein stationiert.«

»Wenn du es zu toll treibst«, warnte Cecily, »dreht Mutter vollends durch.«

Alice schnaubte verächtlich. »Zu spät«, sagte sie. »Ist sie schon.« Alice nahm den Deckel von einer Lackschachtel auf dem Sideboard und holte einen Briefbogen heraus. Oben auf der Seite waren die Initialen ihrer Mutter eingeprägt, der Rest war mit schwarzen Strichen in Fünferpäckchen voll gekritzelt.

»Was ist denn das?«, fragte Cecily.

»Berechnungen«, sagte Alice. »Gelegenheiten, bei denen sich Daddy mit jedem weiteren Tag, den er in Hongkong verbringt, anstecken könnte. Türgriffe. Münzen. Wenn bei Terminen jemand niest. Besteck.«

Cecily nahm ihrer Schwester das Papier aus der Hand. Ganz unten war die Nummer 119 eingekreist. Sie schaute es sich an und gab es ohne Kommentar zurück. »Was war der Geruch nach Verbranntem, gestern Abend gegen zehn?«, fragte sie. »Ich dachte, Tante May hätte mit ihrer Pfeife mal wieder die Vorhänge erwischt.«

»Galsworthy, die ganze Kassette. *Eine Liebe von Swann.*
Das scharlachrote Siegel – Erstausgaben. Und Victor
Hugo, die schönen Bände mit dem Goldschnitt.«

»Aber die gehörten mir. Die hat sie mir selbst
geschenkt!«

»Weg sind sie«, sagte Alice. »Amah musste Schwefel auf
die glühende Asche werfen, daher der Geruch.«

Als habe man sie gerufen, kam die kleine Frau im blau-
en Kittel stumm ins Frühstückszimmer, gefolgt von Nummer sechs, der einen Toastständer mit braunen Scheiben
brachte. »Scheibe?«, fragte sie.

»Ich niche wollen«, sagte Alice und leckte Marmelade
vom Löffel. »Mage nich.«

»Doch, mage! Mage gern!« Die Amah riss Alice den Löffel aus der Hand und zog mit den Worten »Das niche gehö-
re« die Butterschale aus ihrer Reichweite.

»Komm mit rauf«, sagte Alice zu Cecily. »Hilf mir bei
meinem Kostüm. Es muss was Spanisches sein.«

»Wie? Wegen der Spanischen Grippe? Das ist doch mal
wieder typisch Dulcie!«

Als die Mädchen das Zimmer verließen, hörten sie, wie
die Amah mit einem Knall das Fenster schloss.

Rauch verdunkelte den Himmel über der Stadt, der
Rauch aus Tausenden von Feuern: Kohlenfeuern in Öfen,
Holzfeuern in Kaminen, den Feuern in den Verbrennungs-
öfen der Krankenhäuser. Und den Tempelfeuern – wenn
das Geistergeld verbrannt wurde, der Obolus für den Weg
der Toten durch die nächste Welt. Statt Neujahrsfeiern fanden nun Beerdigungsprozessionen statt, auf Bambusstan-
gen schwankende schwarze Lacksärge wurden durch die
Straßen getragen.

Im Tempel prügelten Priester zu Glockengeläut auf
Kranke ein und versuchten, ihnen auf diese Weise die Fie-
berdämonen auszutreiben. Hunderte standen in der

Schlange der Bittsteller und warteten geduldig auf Behandlung. Am Tor zur Alten Stadt kassierte ein Mönch in rotem Gewand einen Dollar, wenn jemand einen mystischen Text zu Rate ziehen wollte. Das Buch war verkehrt herum aufgeschlagen und verstaubt, wenn auch nicht, wie er behauptete, antiquarisch. Der letzte Arbeitgeber des rot gewandeten Mannes hätte es, wäre er vorbeigekommen, als V.K.W. Koos 1912 erschienenes *Der Status von Fremden in China* identifizieren können, 1919 noch nicht erheblich veraltet und seit einer Woche von seinem Bibliotheksregal verschwunden. Doch Dick Benjamin war weit weg in Hongkong und der Hafen von Hongkong geschlossen.

Das Haus in der Bubbling Well Road war von einer niedrigen Mauer und einer Buchsbaumhecke dahinter umgeben und in Form eines E ausgelegt; zwei getrennte Flügel umgaben die kleinen Innenhöfe. Als die Epidemie ausbrach, konnte man die östlichen Schlafzimmer, in denen die Infizierten lagen und Bakterien ausatmeten, leicht isolieren. Dolly hatte den gesamten Haushalt geteilt, nicht nur die Schlaftrakte, sondern auch Küche, Wäscherei und die Dienerschaft. Die Hälfte für sie und die Töchter, die andere Hälfte für die Kranken: Man musste das Geschirr abkochen, das Bettzeug verbrennen, Brühe erhitzen, zur Apotheke laufen und Nachrichten in Dr. Bellamys Fach legen.

Seit Dick nach Hongkong gefahren war, wanderte May, nur widerwillig eine mit Desinfektionsmittel getränkte Maske tragend, als Einzige der Familie zwischen den Gesunden und Kranken hin und her.

»Also wirklich, Dolly«, sagte sie. »So aufgemacht komme ich mir albern vor.«

»Besser albern als tot.«

»Na, du glaubst doch nicht etwa, dass ich die Maske anhabe, wenn ich bei dem armen Arthur bin! Ich trage sie nur dir zuliebe.« Ärgerlich zog May sie herunter. Dolly trat auf sie zu.

»Leg sie an«, sagte sie.

»Nein.«

Dolly schaute ihre Schwägerin an, sah den Hohn in ihren schwarzen Augen. »In meinem Haus«, sagte sie, »tust du, was ich sage.« Aber May blieb schweigend stehen und zog die Maske nicht wieder übers Gesicht.

»Du hast uns angesteckt!«, sagte Dolly plötzlich. »Du hast es hier hereingebracht, in dieses Haus.«

»Ich?«, sagte May. »Was ist mit Eleanor? Oder diesem Herrn ... Wie auch immer er heißt, der die Bücher berührt hat?«

»Nicht die Grippe! Darüber rede ich gar nicht.«

May hob die Brauen. »Wovon denn sonst?«

»Vom Tod. Unheil. Der arme kleine David. Rose. Nun das.«

May starrte Dolly ausdruckslos an. Sie verriet kein Zeichen von Überraschung angesichts eines derart irrationalen Angriffs; sie erwiderte nichts.

»Es stimmt. Ich weiß es.« Dolly trat drohend vor und dann wieder zurück, als entsinne sie sich jäh der Ansteckungsgefahr, die ihrer Meinung nach die schweigende Frau vor ihr darstellte. »Du ... Du hast es mit deinen Füßen hereingeschleppt. Mit deinen giftigen, unnatürlichen Füßen. Arthur kannst du vielleicht zum Narren halten. Arthur ist ein Narr, war er immer. Aber mich nicht. Ich träume von dir, habe Albträume, die ich nicht länger ertrage. Damit muss Schluss sein. Ein für alle Mal! Sobald Arthur transportfähig ist, müsst ihr fort. Ihr alle beide.« May ging langsam zum Fenster. Dolly folgte ihr. »In meinen Träumen sind deine Beine mit Schuppen bedeckt. Wie ... Schlangen. Du hast Giftzähne und ... und ... Wir sterben alle, wenn du bleibst!«

»Möchtest du sehen, wie sie wirklich sind?« May bückte sich, um einen Schuh aufzubinden.

»Nein!« Alices Mutter wich zurück.

»Dolly«, sagte May mit weicher, beschwichtigender Stimme. »Du bist mit den Nerven am Ende. Sag nichts, das dir hinterher Leid tut.« Sie versuchte, sie zur Tür zu bringen. »Warum trinken wir nicht einen Tee? Essen eine Kleinigkeit?«

Aber Dolly riss sich von May los und rannte zurück ins Wohnzimmer. »Rühr mich nicht an!«

»Dolly«, sagte May und verzog den Mund, als sei sie wirklich amüsiert. »Du bist ja primitiver als eine Chinesin. Meinst du wirklich, alles, was in dieser Familie passiert, alles, was schief geht – ist meine Schuld?«

Doch Dolly antwortete nicht. Sie rannte an May, der die Maske lose am Hals hing, vorbei und ließ sie allein im Salon stehen.

Die Unfähigkeit zu schlafen oder Ruhe zu finden trug beträchtlich zu Dollys Reizbarkeit und Torheiten bei. Jede Nacht blieb sie länger auf. Wenn die anderen sich zurückgezogen hatten, stellte sie sich in ihre trockene Badewanne, die Hähne versiegelt gegen alles, was durch die verdächtigen Leitungen Shanghais hereingespült werden konnte, und goss sich kohlensäurehaltiges Aquarius-Tafelwasser über den Leib. Dann schrubbte sie sich von oben bis unten mit Karbolseife ab, benutzte einen Waschlappen, um zwischen die Schulterblätter zu kommen, und übergoss sich wieder mit Aquarius-Tafelwasser. Von der Kohlensäure schäumte die Seife auf wie die Rasierseife ihres Mannes; sie stach ihr in Ellenbogen und Knie und tat in den roten Rissen zwischen ihren langen weißen Zehen höllisch weh.

Nachts, wenn ihre Töchter schliefen, wenn die Amahs

und Haus-Boys in den Dienstbotenquartieren sich Knoblauch in Ohren und Nasen und Pfefferschoten in die Münder stopften, schritt Dolly in der Bibliothek auf und ab und betrachtete stirnrunzelnd die Bücher. Welches hatte Mr. Connolly berührt? Er war gekommen, um eine Akte mit Bankunterlagen zu holen. Nummer drei hatte ihn in die Bibliothek geführt und ihm ein Glas Sherry serviert. Und als Dolly mit den Papieren hineingegangen war, hatte sie gesehen, wie Mr. Connolly sich den Zeigefinger angeleckt und mit diesem nassen Finger eine Seite umgeblättert hatte. Es war ein Buch mit blauem Ledereinband gewesen. Sie war überzeugt, dass es blau war, doch nun, da alle blauen Bücher fort waren, schien es ihr, als sei es ein rotes gewesen oder ein braunes.

Erst wenn alle, selbst die auf dem hohen Regal, verbrannt waren, würde sie sich sicher fühlen. Obwohl Mr. Connolly vermutlich nicht auf die Leiter geklettert war, um das Buch zu holen, das er in der Hand gehabt hatte – das blaue, das rote, was für eins auch immer. Sie hatte auch gar nicht gesehen, wie er es vom Regal genommen hatte. Wie er es zurückgelegt hatte, übrigens auch nicht … Sie erinnerte sich nur deutlich an den Anblick, wie Mr. Connolly mit einem Buch in Händen dagestanden und sich den Finger angeleckt hatte, um umzublättern. Und nun war er tot.

Mitternacht war vorüber. Auf die schon zu Glut zerfallenen Scheite legte Dolly *Das Haus der Freude* von Edith Wharton und daneben Dr. Fanshaws *Einführung in die Wissenschaft von der Natur*, eine Ausgabe mit Farbtafeln, die in bunten Flammen aufging. Einen Moment abgelenkt, beobachtete sie das Spiel der Flammen, dann packte sie noch Plutarchs *Parallelbiografien*, *Clarissa* von Samuel Richardson, eine Anzahl Monografien von Kelly and Walsh über Daumier, Corot, Constable, Turner und Millet darauf. Eine *Einführung in die Östliche Religion und Philosophie für Engländer* und Charles Lambs *Essays von Elia* und noch mehr *Essays von Elia* folgten.

Sie hatte schon damit gerechnet, dass die Bücher feucht waren – das war in diesem elenden Klima ja unvermeidlich –, und es stimmte, doch mit zusätzlichem Brennstoff brannten sie lichterloh. Die Flammen schlugen bis oben in den Kamin, wie hoch, konnte sie nicht sehen. Aber sie waren heller als die Deckenlampe. Dolly setzte sich in den grünen Ledersessel ihres Mannes und sah zu. Es war schon sehr spät. Heute Nacht wollte sie alle Bücher vernichten. Um die Sache zu beschleunigen, musste sie mehr Kerosin nehmen.

Dolly schraubte den Verschluss von der Flasche, die vom vielen Auf- und Zuschrauben und dort, wo der Flascheninhalt am Hals heruntergelaufen war und das Etikett entfärbt hatte, ganz glitschig war. Das Kerosin in die Flammen zu schütten war zu gefährlich. Sie musste es über die verbleibenden Bücher gießen und diese, wenn die Seiten die rasch verfliegende Flüssigkeit aufgesogen hatten, vorsichtig ins Feuer werfen. Sie häufte so viele Bände wie möglich auf die leere Kohlenschütte und hielt, während sie den klaren Brennstoff darüber goss, nicht einmal den Atem an. Sie roch die Kerosindämpfe gern. Während sie vor sich hin werkelte, fielen ein paar Tropfen auf die heißen Steine des Kamins und begannen zu qualmen. Dolly sah, wie erst ein Tropfen, dann noch einer entflammten. Kleine Flammenkreise loderten ein paar Sekunden hell auf und erloschen dann. Noch ahnte niemand, was als Nächstes passieren würde. Auch auf dem glänzend gewachsten Parkett, den mit Zitronenöl polierten Schränken und Bücherregalen, dem Saum ihres frisch gewaschenen Kleides landeten Tropfen.

TRINK DAS WASSER

Geh nicht aus dem Zimmer. Versprich mir, dass du hier bleibst. Ich fürchte mich, wenn du nicht da bist.«

»Ach, stell dich nicht so an.« May setzte sich zu Arthur. »Erzähl mir von den Pferden.«

»Sie tragen Kaschmirpullover und trinken Portwein aus den Kristallgläsern deiner Schwester.«

»Sehr schön. Das gefällt mir. Erzähl mir noch was.«

May schaute ihren Mann an. An Grippe zu sterben, hatte der Arzt gesagt, sei wie langsam ertrinken. Arthurs Lippen und Wangen waren purpurn gefleckt, und er keuchte, aber nicht schlimmer als Eleanor, und Eleanor kam durch.

Trotzdem, wenn May sah, wie er seine rissigen Lippen zum Atmen öffnete, überfiel sie die vertraute Verwirrung: Sie wusste nicht, ob sie lediglich besorgt war oder böse Vorahnungen hatte. Lag der Grund für all seine selbstlosen Missionen, seine Hygienefeldzüge, seine Kampagnen zur Wiederherstellung tuberkulosekranker Rikscha-Männer und sicher Pferde – lag der Grund dafür in einem Schatten, der rückwärts über sein Leben, einem Schatten, der von dieser Krankheit geworfen wurde? Genau wie bei Rose: Sie konnte unmöglich an das Kind denken, ohne sich zu erinnern, wie sehr es Baden hasste und schrie, wenn ihm das Wasser über die Beine reichte.

»Warum versuchst du nicht zu schlafen?«, fragte sie.

»Rede mit mir«, bat er. »Bitte rede einfach nur mit mir. Erzähl mir von den Pferden. Ich mache die Augen auch zu.«

»Ich habe ihnen Mah-Jongg-Spielen beigebracht. Da sie so ungeschickt sind – ihre Hufe sind zu nichts nutze –, brauchen sie alle einen Boy, der die Steine verschiebt. Aber wir verbringen sehr angenehme Nachmittage miteinander. Alle anderen sind natürlich dagegen. Dick will, dass sie ein ordentliches Handwerk lernen. Er findet, sie sollten nun, da sie im Zeitalter des Automobils verdrängt werden, eine Automechanikerlehre machen. Er meint, sie sollten eine Werkstatt eröffnen.«

Arthur sagte nichts. Er lächelte auch nicht.

»War das nicht gut? War das überhaupt nicht lustig?« May legte Arthur die Hand auf die Stirn, als wolle sie nach dem Fieber fühlen, und ließ sie auch dort, als er antwortete.

»Weißt du«, sagte er, »ich habe immer gedacht, es würde mit den Jahren besser, nach zehn oder fünfzehn Jahren wäre es nicht mehr so traurig für uns. Aber es hat sich nichts geändert, findest du nicht auch?«

May schwieg.

»Es ist so grausam, dass sie uns ausgerechnet in dem Moment verlassen hat, als alles vollkommen war. Es war so ein schöner Tag, und ich hatte nur eine Minute zuvor noch gedacht, wie glücklich ich war. Seit dem Tag fürchte ich mich vor Glück; ich ertappe mich bei dem Gedanken, wie sehr ich dich liebe, und dann kriege ich Angst. Dann korrigiere ich mich heimlich. Ich sage mir, nein, so wunderbar ist sie nicht, sie ist nicht perfekt. Sie macht dich nicht umfassend glücklich. Es ist, als wollte ich die Götter täuschen, damit ich dich behalten darf.«

»Weil du mich liebst, wird man mich dir wegnehmen?«, fragte May. »Aber du glaubst doch nicht, dass Rose aus dem Grund gestorben ist?«

Sie log natürlich, und er wusste es. Wie konnte sie etwas anderes glauben als er: Die Elster, der Schicksalsvogel – sie stiehlt immer jemand oder etwas, das lockt, das hell oder vor Liebe strahlt. »Ja. Nein. Ich weiß nicht, was ich meine.« Er sprach rasch; wie immer, wenn er Fieber hatte. Dann redete er übersprudelnd und viel. Geistreich. Seine Gedanken bewegten sich mit einer solchen Schnelligkeit, sein Verstand sprang derart kreuz und quer, dass er kaum mit dem Sprechen nachkam. Bisweilen kehrte das Stottern aus seiner Kindheit zurück und oft, wie jetzt, wurde der Tinnitus schlimmer: lauter. Er musste ihn mit Reden übertönen.

Arthur griff nach ihrer Hand. »Diese Fahrt auf dem Boot«, sagte er. »Die kommt mir nun so komisch, so paradox vor. Es war ja nur ein Tag, den wir zusammen verbracht haben, ein Tag von Tausenden, und trotzdem ist es, als sei er aus der Zeit herausgebrochen, aus dem Maß der Zeit, und habe sich in Jahre ausgeweitet. Dann wieder kommt er mir vor wie ein Augenblick, eine Messerklinge, die eine Phase von der anderen trennt. Und er ist mir absolut gegenwärtig. In Gedanken habe ich ihn unendlich oft von allen Seiten betrachtet. Erinnerst du dich an den Baum? Den am Ufer? Ich weiß sogar, wie wir alle, aus den Ästen dieses Baumes betrachtet, ausgesehen haben, von dem niedrigen Geäst aus anders als vom höchsten und von dort wiederum anders als von dem dazwischen. Ich habe die Perspektive eines Vogels über unseren Köpfen eingenommen. Eines Vogels, der uns aus großer Höhe beobachtet und das Boot auf dem Fluss gesehen hat, wie der Rumpf im Wasser lag, wie die Wellen sich davon wegkräuselten. Wellen der Zufriedenheit. Nein, mehr. Überströmender Freude. Das alles hat der Vogel gesehen, und auch ich kann es mit den glänzenden Augen des Vogels sehen. An dem Tag wucherten die Algen im Wasser unnatürlich grün. Erinnerst du dich? Ich weiß, dass du dich daran erinnerst. Das Wasser war ein smaragdgrüner Spiegel um das Boot. Die ganze Schöpfung glitzerte. Alles, was ich sah ... sprühte vor Leben. Tausende, Tausende von Malen habe ich mir jede Einzelheit vor Augen geführt. Jeden Stein im Tempel, selbst aus der Entfernung konnte ich jeden einzelnen Stein erkennen und die Mörtelstreifen dazwischen. Die Würmer am Flussufer. Diese komischen roten Würmer, die wie Blutfäden aussahen, wie Adern – als sei die Erde selbst Fleisch. Die Egel und dieses Tier, das wir gesehen haben, aber nicht wussten, was es war. Die Bisamratte. Oder so ähnlich. Jedes einzelne Lebewesen. Wenn ich nachts wach neben dir im Bett liege und dich atmen, schlafen höre, wird die Szene mit jeder Sekunde, die vergeht, lebendiger und bunter. Es ist fantastisch, alles wird sichtbar, mir wird übel davon. Weil es nie zu Ende ist. Weil es sich immer weiter entfaltet. Die Nacht zittert und bebt um das Boot, um unser Bett. Das Geräusch in meinem Kopf, in meinem Innern klingt, als lachten die Götter über uns. Deine Silhouette am Bug des Bootes. Die Teekanne neben dir. Du hast die Teekanne hoch genommen – ich habe es immer geliebt, wenn du das gemacht hast. Das könntest du doch jetzt auch machen.«

Arthur ließ Mays Hand sinken und langte nach ihrem Bein. »Du könntest Tee kochen, du – könntest aus der Tülle trinken. Es ist so ... es ... dann möchte ich ...« Er drückte ihren Oberschenkel.

»Dann denkst du daran, wie ich dich in den Mund nehme.« Mays Stimme war leise.

»Ja! Gott, ich war nie so glücklich wie dann, May. Ich hätte nie erwartet, so glücklich zu sein, wenn wir zusammen waren, so glücklich und lebendig. Oder so unglücklich. Als wenn man mich umbrächte.«

Die Tränen strömten Arthur aus den Augen. »Ich erinnere mich an das Krachen, als der Junge den Schildkrötenpanzer zerbrochen hat. Ich weiß, was er gedacht hat, als er das Abendessen zubereitete. Und ich weiß, was die Schildkröte gedacht hat. Ja! Die tote Schildkröte wünschte sich, dass sie wieder lebendig wäre, sie fürchtete sich vor dem Topf. Ich weiß, was das Wasser gedacht hat. Und der Schlamm unter dem Boot – seine geheimen dunklen Beobachtungen. Seine Begierden. Ich kenne jeden Reisspross. Ich kenne, ich kenne –« Mühsam versuchte er sich aufzusetzen, breitete schluchzend seine leeren Arme aus. »May! Ich weiß nicht, was passiert ist! Was? Was ist passiert? Wie ist sie ertrunken? Warum?«, klagte er mit brechender Stimme, die wahrscheinlich klang wie damals, als er dreizehn gewesen war.

»Arthur. Bitte. Bitte.«

»Nein, unterbrich mich nicht! Bitte nicht! Du denkst ganz genauso! Erzähl mir nicht, dass das nicht stimmt. Was träumst du, wenn du rauchst? Denkst du nicht an Rose?«

May schlug die Hände vor den Mund und schüttelte den Kopf. »Nein.« Sie flüsterte nur noch, und Arthur verstand sie nicht. Sie musste die Worte wiederholen. »Manchmal. Selten.«

»Warum? Warum!«

»Weil. Ich es nicht ertrage. Dazu ist das Opium ja da. Dass man nicht denkt.«

Keuchend fiel Arthur auf die Ellenbogen zurück. »Dann ist sie also nur eine auf der Liste derjenigen, an die du nicht denkst? Wie deine Mutter. Deine Großmutter. Dein Vater. Dein erster Mann. Die Männer, die du ... die du unterhalten hast –«

»Arthur«, sagte May. »Ich bitte dich.«

»– deine erste Tochter. Die du von jemand anderem hattest.« Er nickte, riss den Kopf heftig nach oben und unten.

»Aber an die … denkst du doch. Du hast sie gefunden. Gesehen.«

»Nein!« May streckte die Hand aus, als wolle sie ihm den Mund verschließen, dann ließ sie sie auf seine Brust sinken. »Woher weißt du das?«, fragte sie nach kurzem Schweigen.

»Es ist unwichtig.« Arthur nickte immer noch, aber nun langsam, mit zusammengepressten Lippen. Als er sie öffnete, holte er tief Atem und hielt ihn an, als bereite er sich auf eine Anstrengung vor, auf einen Schmerz, etwas, das Stärke verlangte. Dann stieß er die Luft aus. »Ich war … verletzt. Es war wie …« Er brach ab, schaute auf ihre Hand hinunter, ihre Finger, die an einem Knopf seines Nachthemdes nestelten. »Ich spürte es wie ein, eine … ich weiß nicht«, sagte er. »Eine Wunde, wie eine Wunde. Von einem … einem Unfall. Als sei etwas gebrochen. Ausgerenkt. In der ersten Zeit, nachdem ich es herausgefunden hatte, habe ich mich bewusst vorsichtig bewegt. Als hätte ich Angst vor …« Er schloss die Augen und ließ den Kopf nach hinten fallen. Als er sie wieder öffnete, schaute er an die Decke. Holte Luft, seufzte. »Ich wollte … Ich wollte immer alles mit dir teilen. Aber … Aber du hast mich nicht an allem teilhaben lassen.« Er richtete den Blick wieder auf May, ihre trockenen Augen, ihre glatte Stirn. »Ich hätte dir geholfen, sie … zu finden. Ich hätte …«

»Wie?«, fragte May noch einmal. »Wie hast du es erfahren? Wann?«

Arthur lächelte sie an, nicht traurig – nein, er sah eher amüsiert aus. »Vor Jahren. Als du angefangen hast zu suchen. Das konntest du dir wohl nicht vorstellen, was, Liebste, meine angeblich so welterfahrene Liebste, dass ein Shanghaier Anwalt Klatsch und Tratsch nicht widerstehen konnte?«

May verzog das Gesicht, spitzte die Lippen, wie wenn

sie sich bei einem ihrer seltenen grammatikalischen Fehler ertappte. »Und da behaupten die Leute immer«, sagte sie, »dass von uns beiden du der Dummkopf bist.«

»Hast du sie getroffen?«, fragte Arthur nach einem Moment.

Sie schüttelte den Kopf. Nein.

»Aber du weißt, wo sie lebt?«

Nun neigte May ganz leicht den Kopf, bejahte die Frage durch ein feines Zucken. Nur jemand, der sie gut kannte, hätte diese Antwort verstanden. »Es war nicht ...« Sie spitzte wieder die Lippen, schlug die Augen nieder, schaute wieder auf, in seine Augen, und begann von vorn. »Es war nicht so, wie du eben gesagt hast. Ich hatte sie nicht mit jemand anderem. Ich hatte sie allein. Nur ich hatte sie.«

Arthur ließ sich ganz aufs Kissen zurücksinken. »Manchmal«, sagte er, als er wieder zu Atem gekommen war, »frage ich mich, ob ich dich besser verstehen würde, wenn ich dich weniger liebte.« Er streckte die Hand nach ihr aus. Seine Fingerspitzen waren blau. »Nein«, beantwortete er die Frage selbst. »Es würde keinen Unterschied machen.«

»Bitte«, sagte May.

»Ich sterbe. Ich habe nicht die Kraft, nicht zu sterben.«

»Arthur. Bitte.«

»Sei still!«, rief Arthur. »Du sagst immer wieder dasselbe.«

»Ich kann nicht anders. Leider nicht.«

Arthur schwieg, konzentrierte sich auf das Atmen. Vor einer Woche hatten seine Schlüsselbeine nicht so hervorgestanden. Wenn er angestrengt einatmete, wurde die Mulde dazwischen tiefer; eine kleine blaue Schattenpfütze sammelte sich darin. Als May das sah, bekam sie Angst. Ohne es zu wollen, ohne zu wissen, was sie tat, berührte sie die gleiche Stelle an ihrem Körper.

»Komm«, sagte er nach einer Minute. »Setz dich ans

Bett und wasch dir die Füße, wie du es immer gemacht hast.«

»Jetzt? Nicht jetzt.«

»Doch jetzt! Bitte!« Arthur war plötzlich ganz aufgeregt, das rote Haar loderte über seinem Gesicht. Er zog an seinem Betttuch und trat ärgerlich in die Decken.

»Gut«, sagte sie. »Ja.«

Sie holte die große Schüssel, die sie immer benutzte, und füllte sie im Badezimmer mit Wasser. Neben dem Bett breitete sie ein Leinenhandtuch auf dem Boden aus, setzte sich vor die Schüssel und wickelte ihre Füße aus. Arthur streckte den Arm aus, und sie legte ihm die alten Fußbinden in die geöffnete Hand. Badete ihre Füße, den rechten, den linken. Er sah zu, wie sie behutsam jeden gefalteten Zeh einseifte und abspülte.

»Gib mir das Wasser«, sagte er, als sie fertig war. »Halte mir die Schüssel.«

»Wozu?« May wickelte ihre Füße in frische Leinenbinden.

»Ich will. Es.«

»Warum?«, fragte sie und dann noch einmal: »Wozu? Weshalb?«

»Ich werde es trinken. Dann. Weiß ich. Wer du bist.«

May schaute Arthur an. Sie sah, wie ernst er es meinte. Sie fand sich absolut nicht geheimnisvoll. Wer war sie? Sie war immer noch die Frau, das Mädchen, das begehrenswerte Mädchen, von dem man zu einem Freier sagen konnte: *Sie hat nie geweint.*

May hob die blaue Porzellanschüssel auf, deren Rand mit einer dünnen zinnoberroten Linie verziert war.

»Gib sie mir«, sagte Arthur. Er streckte die Arme aus. »Halt sie für mich. Damit ich daraus trinken kann. Damit ich es weiß.«

Das Wasser floss ihm übers Kinn, machte das Bettzeug

nass. Rann in Tröpfchen durch seinen Bart und in seine klingelnden roten Ohren. Nach ein paar Schlucken begann er zu husten. May nahm ihm die Schüssel weg.

»Und?«, fragte sie, als er ruhig wurde. »Hast du jetzt alles begriffen? Mich?«

Die Augen geschlossen, schüttelte er den Kopf.

»Nichts?«

Er atmete ein, hustete. »Nein«, sagte er, als er wieder sprechen konnte. »Aber«, er langte nach ihr, erwischte ihren kleinen Finger und schüttelte ihn ein wenig. »Ich glaube, du. Wirst sehr reich und berühmt. Dein Fußwasser, Liebste, heilt Tinnitus.« Mit geschlossenen Augen lächelte er. »Ich höre. Keinen Laut.« Er führte ihren Finger an seine Lippen und küsste ihn. »Wunderbar. In einer hübschen blauen Flasche, meine ich.« Er hielt inne, um Luft zu schöpfen. »Es klingelt Ihnen in den Ohren? Versuchen Sie Mays. Zauber. Wasser …«

DIE OPIUMFANTASIEN EINER RATTE

Wo sind die anderen?«, fragte Alice, als sie den dunklen Eingangsflur in Dulcies Haus betrat. »Haben sie zu viel Angst zu kommen?«

Dulcie sagte nichts.

»Sie können doch nicht alle krank sein.« Alice schaute ins Esszimmer. Auf dem Tisch standen Gläser. Eine Flasche Bordeaux, eine Schale mit weißen Pfirsichen.

»Du siehst wunderschön aus«, sagte Dulcie. »Ich wusste, dass du dich für ein Flamenco-Kostüm entscheiden würdest.«

Alice drehte sich, ihr langer Rock wirbelte um sie herum. Als ihre provisorische Mantilla sich in einem Sesselarm verfing, löste sie sie und drapierte sie sich wieder um die Schultern. »Ich habe der Schneiderin gesagt, sie solle eine von Mutters Tischdecken zerschneiden und schwarz färben«, erzählte sie.

Das Haus war dunkel und still. Das leere Herrenzimmer hinter Dulcie war ebenso wie das Esszimmer und der Flur nur von Kerzen erhellt. Dulcie knöpfte ihr Cape auf. »Ich muss dir etwas gestehen«, sagte sie. Sie trug ein Torero-Kostüm, flache schwarze Schuhe, enge, knielange Hosen.

»Und zwar?«

»Ich habe sonst niemanden eingeladen.«

»Wie bitte?«

»Ich habe außer dir niemanden eingeladen. Ich wollte dich nicht hintergehen.« Dulcie fasste Alice am Arm. »Aber nachdem ich mit dir gesprochen hatte, hat, ähm, Tsung mich gebeten, sonst niemanden mehr anzurufen.«

Alice tastete nach dem Kamm, der ihre Mantilla auf dem Kopf zusammenhielt. »Hm«, sagte sie. Wohl war ihr nicht. »Wahrscheinlich, weil du immer das Gefühl hast, ihm einen Gefallen zu schulden. Stimmt's?« Tsung besorgte Dulcie ihr Opium.

»Bitte sei nicht böse.«

Alice schaute ihre Freundin an. »Bin ich ja gar nicht. Jedenfalls nicht besonders.« Sie richtete ihre Kopfbedeckung im Flurspiegel. »Wo ist er denn eigentlich?«

»Im Bad.« Dulcie ging in den Salon und legte eine Schallplatte auf. Kurbelte aber das Grammofon zu lange auf, so dass die Platte viel zu schnell lief.

»Wo ist dein Vater?« Alice musste laut sprechen, damit sie durch die Musik zu hören war.

»Weiß ich nicht«, rief Dulcie zurück. »Vielleicht in Singapur.«

»Was? Lässt dich hier allein? Ohne Aufpasserin? Ohne Amah?«

»Ich habe sie fortgeschickt. Ich habe sie dafür bezahlt, dass sie gehen. Dah su, Koch-Boy, die Haus-Boys. Alle miteinander.« Dulcie schlenderte ins Esszimmer, betrachtete den großen Tisch, die zwölf leeren Stühle, die so weit wie möglich darunter geschoben waren, und strich über die glänzend polierte Tischplatte. »Mittlerweile sind sie bestimmt meilenweit weg. Auf der Flucht vor dem Fieber.« Sie goss Bordeaux in die drei Gläser, die sie auf den Tisch gestellt hatte.

»Was isst du denn?«

Dulcie lachte. »Ich plündere die Speisekammer. Wir

haben immer noch jede Menge Kekse. Dosen mit allen möglichen Sachen. Wasser. Wein.« Sie hob die Schultern und zog sie zusammen, so dass sie jünger aussah, wie ein unartiges kleines Mädchen.

»Woher sind die Pfirsiche?«, fragte Alice. »Für die aus Kobe ist es doch noch viel zu früh.«

»Ich weiß nicht, woher sie sind.« Dulcie nahm einen und hielt ihn Alice unter die Nase. »Dieser Duft ist einfach einmalig. Tsung hat sie besorgt. Irgendwie. Stimmt's?«, fragte sie und drehte sich um. Er war, ohne ein Wort zu sagen, hereingekommen, nur sein Spiegelbild im Spiegel über dem Sideboard hatte ihn verraten. Er war barfuß, trug ein langes, halb zugeknöpftes Hemd, sonst nichts.

»Hallo«, sagte Alice. »Na, du hast dich ja mächtig für mich in Schale geschmissen.«

Tsung nahm Dulcie den Pfirsich aus der Hand, fuhr mit den blassen Lippen über die pelzige Haut und legte ihn, ohne hineinzubeißen, wieder zu den anderen. »Meins?«, fragte er und griff nach dem vollsten Glas. Ein wenig Wein schwappte über und tropfte über seine langen, bleichen Finger. Für einen Chinesen war Tsung groß, langgliedrig und schlank, er bewegte sich lasziv, gelangweilt, animalisch. Sein Künstleraussehen täuschte, denn die einzige Kunst, der er sich jemals hingegeben hatte, war die, seine eigenen Gelüste zu befriedigen. »Mir ist heiß«, sagte er, um seinen Aufzug zu erklären. »Im Bad ist mir heiß geworden.« Er sprach Englisch mit amerikanischem Akzent, den er sich in einem Internat in Massachusetts zusammen mit einer Tripperinfektion im Rektum zugezogen hatte. Nachdem er elf Monate daran herumlaboriert hatte, war er endlich nach Hause gekommen, um sich von den Heilern und Apothekern kurieren zu lassen, die seine Familie konsultierte. »Offenbar hatte mein Zimmergenosse noch nie einen Chinesen gesehen und mich mit der weiblichen Form der Spezies verwechselt«, pflegte er ohne eine Spur Bitterkeit zu bemerken.

Alice stellte ihr Glas ab, und er glitt mit der Hand vorn an ihrem Rock hinunter. »*Carpe diem*«, sagte er und küsste sie auf den Mund. »Weißt du, was ich heute gesehen habe? Auf dem Fluss? Einen Schleppkahn mit Särgen. So vielen, dass man sie gar nicht zählen konnte. Ich dachte, es wären Leichen drin, aber dann ist mir aufgefallen, dass der Kahn hoch auf dem Wasser lag und die Särge –« er hielt inne und leckte sich den übergeschwappten Wein vom Handrücken, »– leer waren.« Dann schlenderte er in die Küche, der lange Schoß seines weißen Hemdes flappte in dem dunklen Flur hinter ihm her.

»Vater ist alles egal«, sagte Dulcie. »Seit Mutter abgereist ist, ist er noch nicht wieder hier gewesen.«

»Wo ist sie?«

»Weiß ich nicht. Vielleicht auch in Singapur. Sie hat einen Liebhaber.«

»Wirklich?« Alice versuchte sich eine solche Situation vorzustellen.

»Hast du das noch nicht gehört? Einen Industriellen aus Bonn. Herrn Gröder oder Grauper. Jedenfalls irgend so was Unappetitliches. Er hat viel mehr Geld als Vater und kauft das ganze Wolfram der Welt auf. Wofür, weiß ich nicht mehr. So wie in Shanghai geklatscht wird, dachte ich, alle seien im Bilde.«

Alice schüttelte den Kopf. »Ich wünschte, meine Mutter würde auch abhauen«, sagte sie.

»So ist es am besten«, pflichtete Dulcie ihr bei. »Wenn sie zu Hause sind, fühle ich mich erst richtig einsam.«

Alice erwiderte nichts.

»Komm! Tsung hat den Kamin angemacht.« Dulcie ging durch die Tür und schwang ihr Cape, als wolle sie einen Stier reizen.

Alice folgte ihr in den Salon, wo die dunklen Samtvorhänge zugezogen waren und nur der Kandelaber, von dem Wachs auf den Klavierdeckel tropfte, Licht verströmte. Als Dulcie im Feuer stocherte, war der Raum plötzlich von einem bebenden orangefarbenen Glanz übergossen.

Sie setzten sich auf Polster vor den Kamin, hielten die Gläser vorsichtig in der Hand. »Magst du den Wein?«, fragte Dulcie. »Es gibt auch noch andere Sachen, wenn du lieber was anderes willst. Zum Beispiel Kognak.«

»Nein, der Wein ist gut.« Freigewordenes Gas explodierte in einem der Holzscheite, und ein glühendes Stück fiel auf den Vorleger. Keines der Mädchen rührte sich, um es wegzuschieben, und als die Wolle brannte, entstand ein stechender Geruch. Alice nahm einen großen Schluck aus ihrem Glas. Bisher hatte sie an Rotwein immer nur genippt. »Rat mal, was *meine* Mutter macht«, sagte sie.

»Was denn?«

»Sie hat die fixe Idee, dass jemand unsere Bücher infiziert hat. Letzte Woche ist einer von Daddys Kompagnons gekommen, um ein paar Dokumente abzuholen, und Nummer drei hat ihn in die Bibliothek geschickt, damit er dort wartet. Nun ist Mutter überzeugt, dass sie gesehen hat, wie er sich den Finger angeleckt und eine Seite umgeblättert hat.« Alice trank noch einen Schluck Wein. Das Licht der Flammen erhellte den Inhalt des Glases, und es sah aus, als befinde sich auch darin Glut.

»Und seit sie erfahren hat, dass er tot ist, ist sie überzeugt, dass die Bibliothek verseucht ist. Welches Buch er angefasst hat, weiß sie nicht, also verbrennt sie alle. Tagsüber liegt sie im Bett, und nachts wirft sie Bücher ins Feuer.«

»Was ist mit deinem Vater? Er bringt sie doch sonst immer zur Raison.«

»Der hängt in Hongkong fest.«

»Und deine Tante?«

»Kümmert sich im anderen Teil des Hauses um Eleanor und Arthur. Sie sind beide krank, und das ist ja das Unglaubliche: Wir haben die Grippe schon im Haus, aber Mutter meint, dass die Bücher uns alle umbringen werden.«

»Sie ist wahnsinnig«, stellte Dulcie nüchtern fest.

Alice leerte ihr Glas. Ihre Zunge fühlte sich an ihrem Gaumen schwammig an. »Na gut, sie war immer hypernervös. Und nach David …« Sie drehte ihr Glas um und beobachtete, wie ein roter Tropfen langsam an den Rand floss. »Als David gestorben ist, sind wir alle mehr so geworden, wie wir wirklich sind. Mutter wurde nervöser, Daddy hat noch mehr gearbeitet, Cecily hat sich mehr in sich zurückgezogen. Und ich flüchte vor ihnen allen. Habe mich von ihnen getrennt und meiner Tante zugewandt.«

»Triffst du dich mit Lawrence?«, fragte Dulcie.

»Wer will das wissen, du oder Tsung?«

»Ich.«

»Wir spielen Tennis, mehr nicht.« Alice legte sich auf den Rücken und stellte sich das leere Glas auf den Bauch. Sie hielt es am Stiel fest, damit es nicht herunterfiel.

Dulcie knöpfte ihre enge Jacke auf und zog sie aus. Stand auf, um den Bordeaux aus dem Esszimmer zu holen, und brachte auch die Schale mit den Pfirsichen mit. Sie nahm Alices Glas und füllte es.

»Hier«, sagte sie, und Alice setzte sich wieder auf.

»Trink!«, sagte Dulcie.

Die beiden Mädchen schmiegten sich in die Polster und betrachteten schweigend das Feuer. Dulcie nahm ein Stück Anmachholz und stocherte damit in der Glut herum. Als das Ende sich entzündete, warf sie es zu dem Rest und legte ein neues Scheit oben drauf. Zwei Käfer kamen unter der Rinde hervor und flitzten hin und her, um der plötzlichen Hitze zu entfliehen. »Arme Dinger«, sagte Alice, die sie beobachtete. Und dann: »Eine Frage.«

»Was?«

»May hat mir erzählt, dass sie einmal, als sie Opium geraucht hat –«

»Wenn ich nur auch eine Tante hätte, die rauchte«, unterbrach Dulcie sie. »Dann wäre alles ganz anders, wirklich.«

»– aufgeschaut und Ratten gesehen hat. Ratten auf den Dachsparren. Und die haben sich nicht bewegt. Sie lagen mit offenen Augen auf den Balken. Meine Tante konnte das Glitzern darin sehen. Die Tiere waren berauscht, weil sie den Opiumdunst eingeatmet hatten. Und nun frage ich mich: Was für Opiumträume hat eine Ratte?«

»Sie träumt von Käse«, sagte Dulcie. »Und Speck. Aber nicht in Fallen!«

»Nein«, sagte Alice. »Das ist zu leicht. Das liegt doch auf der Hand. Opiumträume nie. Die sind nie eindeutig.«

»Ach, ich weiß nicht«, sagte Dulcie. »Eine Ratte will, was alle Ratten wollen.« Sie stand auf. »Apropos …«

Alice schaute auf. Tsung kam herein.

Seine muskulöse Zunge schmeckte nach Wein. »Stoß nicht so fest«, beschwerte sich Alice. »Du schiebst deine ganze Zunge rein, und ich kann meine nicht mal bewegen.«

»Tut mir Leid. Bin übereifrig, sonst nichts.«

Das Telefon klingelte elfmal und hörte dann auf.

»Wer ruft denn jetzt an?«, sagte Alice. »Es ist mitten in der Nacht. Es ist – o Gott – es ist nach drei!«

»Bestimmt einer von Mutters Freunden.« Dulcie legte eine neue Schallplatte auf, setzte sich auf den Klavierschemel und beobachtete, wie Tsung mit aufgeknöpftem Hemd rittlings auf Alice saß. Mit den Händen schob er ihre Brüste um seinen Penis zusammen, den er mit Spucke feucht gemacht hatte. Er bewegte sich vor und zurück, die Augen vor lauter Konzentration geschlossen. Alice, die Augen offen, versuchte mit dem Arm um ihn herum zu langen, schaffte es aber nicht. Als er kam, landete Sperma auf ihrem Hals und Gesicht und in ihrem Haar.

»Wenn ich daran denke -« Tsung öffnete die Augen, »– dass deine Tugend immer noch intakt ist.«

»Na, jedenfalls mein Hymen.«

Er wischte ihr das Kinn mit der Hand ab. »Das ist ja alles, was zählt.«

Alice setzte sich auf, die Arme um die Knie geschlungen. Tsung lächelte, seine sonst blassen Lippen waren jetzt rot und voll.

Da klopfte es an der Haustür, und die beiden sprangen vom Kaminvorleger hoch. Sie hatten noch nicht einmal alle ihre Kleider eingesammelt, da hörten sie schon Schritte im Flur.

»Meine ... meine Tante«, sagte Alice, als sie den Klang des Jadestocks erkannte und May ins Zimmer kam.

»Um Gottes willen!« May schaute zu Alice, die nackt an der Kamineinfassung stand, und Tsung, der, die Beine frech gespreizt, genauso nackt auf dem Diwan saß und sich nicht einmal mit dem neben ihm liegenden Kissen zudeckte. Mit unverhohlener Verachtung starrte May beide an. Alice sah zu Boden, doch Tsung erwiderte Mays Blick. Leise und gedehnt sagte er ein paar Worte in Chinesisch zu ihr; sie antwortete in Englisch.

»Ich bin eine Hure? Und was bist du?« May sprach langsam, als hätte sie geraucht. »Der verzogene, faule sechste Sohn eines Handlangers der Grünen Bande?« Sie war nüchtern, Alice sah, dass sie nüchtern war. Trotzdem klang es, als kämen sie und das Grammofon gemeinsam leiernd zum Stillstand. »Alice«, sagte sie. »Zieh dich an. Damit wir gehen können.« Als Alice sich nicht rührte, trat May auf sie zu, hob die Hand, als wolle sie ihr ins Gesicht schlagen, ließ sie aber dann in der Luft zwischen ihnen hängen. »Was unterstehst du dich? Ist das – das ist der Dank dafür?«

»Aber Tante –«

»Mit einem Chinesen. Einem Chinesen.« Mays Hand zitterte. Ihre Stimme – wie komisch sie klang. Fremd. Nein, nicht fremd, sondern irgendwie falsch. Sie klang zornig und dennoch gefühllos, der Tonfall war völlig gelassen. Er blieb gleich laut, regelmäßig wie sonst nie. Stieg nicht, fiel nicht. Alice ergriff die Hand ihrer Tante und drückte sie herunter.

»Wie kannst du das sagen? Wie meinst du das, wo du doch – wo du doch Onkel Arthur geheiratet hast? Wo du mich dazu ermutigt hast ...« *Regeln zu missachten,* wollte sie sagen, doch sie sah, dass May gar nicht zuhörte. Ihre Wangen waren kreidebleich. Sie hatte sich auf den Klavierschemel gesetzt, beugte sich plötzlich vor und barg ihr Gesicht in den Armen. »Was ist los?«, fragte Alice. Bei ihrer Mutter hätte sie einen hysterischen Anfall erwartet oder Starre – alles Mögliche. Schließlich war es kein geringes Vergehen, die ganze Nacht wegzubleiben, noch dazu während der Grippeepidemie und der Ausgangssperre. Aber bei ihrer Tante? May war anders.

»Arthur«, sagte May schließlich.

»Was ist passiert? Ist er –«

May schüttelte nur den Kopf.

Dulcie kam mit Alices spanischem Tuch und legte es ihr um die Schultern. »Was ist?«, fragte sie. »Ist etwas passiert?«

May richtete sich auf, erhob sich von dem Schemel, stützte sich auf ihren Stock, schaute im Zimmer umher, als nähme sie nun erst langsam und der Reihe nach alles zur Kenntnis, das Feuer, die Schale mit den ausgespuckten Pfirsichkernen, die Zeiger der Uhr auf dem Kaminsims, die auf vier zugingen, die Kerzen, die auf den Klavierdeckel tropften. Endlich wanderte ihr Blick zurück zu Alice. »Deine Mutter hat das Haus abgebrannt«, sagte sie immer noch langsam, mit tonloser Stimme.

Alice schlug die Hand vor den Mund. »Ist –«

»Sie ist tot. Und Arthur. Arthur ist auch tot. Sie sind nicht mehr hinausgekommen.«

DAS FAMILIENOBERHAUPT

Als May nun wieder im Astor House Hotel logierte, fiel es ihr schwer, nicht an die Zeit ihres ersten Aufenthalts hier zu denken, in der es, wie nun, keinen Arthur gegeben und die Vergangenheit ausgelöscht und stumm hinter ihr gelegen hatte. Sie erinnerte sich daran, wie sie den Schubladeninhalt im Schlafzimmer ihrer Großmutter zerstört hatte. Nun hatte Dolly das Gleiche getan. Vielleicht nicht mit Absicht, doch sie hatte zerstört, was sie nicht ertragen konnte. May empfand unerwartetes Mitgefühl für ihre Schwägerin. Die Hitze des Feuers war so stark gewesen, dass das Eis auf der Einfahrt geschmolzen war. Von der Straße her sah es für May aus, als sei dies die einzige mutige Tat, die ihre Schwägerin je vollbracht hatte.

Der Rauch hatte Arthurs Erstickungstod einfach nur beschleunigt, mehr nicht. So drückte es jedenfalls der Arzt aus. May machte Dolly keinen Vorwurf. Hatte sie nicht immer damit gerechnet, ihn zu verlieren? Die Umstände hatten sich verschworen, um sie wieder zu dem zu machen, was sie gewesen war, bevor sie Arthur kennen lernte: eine Frau, die Erniedrigungen und Grausamkeit erduldet hatte und sie weiter erdulden würde, sollte es das Schicksal verlangen. Auch sie konnte eine geschlossene Schublade sein. Womöglich konnte man ja auch aus der Hoffnungslosigkeit der Situation Trost schöpfen. Welcher Verlust, fragte sie sich, konnte nun noch schmerzlicher sein als dieser?

In den Wochen, die seit dem Brand verstrichen waren, hatte Alice noch nicht einmal geweint. Sie schlief jede Nacht viele Stunden, stand um elf auf, ging um neun zu Bett. »Keine Lust«, sagte sie, wann immer man ihr etwas vorschlug. »Es ist komisch«, erzählte sie May, »aber ich fühle nichts. Absolut nichts.« Sie saßen zusammen auf dem schmalen, harten Sofa in der Suite, die sie gemietet hatten. Die Räume befanden sich auf der Nordseite des Hotels, und die Fenster schauten auf Baumwipfel und nicht auf den Fluss hinaus. »Ich mache mir Sorgen, dass ich Mutter nicht gerecht werde. Als könne ich ihr nicht geben, was ich ihr geben möchte, einen Beweis von ... von Trauer. Aber wenn ich danach suche, ist keine da.« Sie holte tief Luft und seufzte. »Nein, das stimmt nicht«, fuhr sie fort. »Es liegt daran, dass sie mich – uns – ja schon vor so langer Zeit verlassen hat, vor sehr langer Zeit. Als David gestorben ist.«

Alice seufzte noch einmal, und May küsste sie auf die Wange. »Heute Nachmittag lasse ich dich hier im Hotel allein. Ich muss noch etwas Geschäftliches erledigen, bevor wir uns einschiffen. Du passt auf Cecily und Eleanor auf, ja?«

»Was ist mit Daddy? Geht er auch raus?«

»Ja. Dein Vater und ich gehen zusammen. Wir müssen noch einige Dinge regeln.«

»Was denn?«

»Nichts. Geschäftliche Dinge. Ich bringe dir auch ein paar Bücher mit. Einverstanden?«

May ging in ihr Zimmer. Sie zog ihren gelben Cheongsam aus und einen blauen an. Dann zog sie den wieder aus und probierte den mauvefarbenen an, darauf den grauen, den roten und schließlich den schwarzen. Sie betrachtete sich im Spiegel. Sie war dreiundvierzig Jahre alt, und in Schwarz sah sie keinen Tag jünger aus. Dass ihr Gesicht alterte, störte sie nicht. Ihre Eitelkeit, entdeckte sie, bezog sich auf den Hals. Die Haut unter ihrem Kinn war erschlafft; wenn sie schluckte, entstand ein kleines Grübchen, und zwei dünne Sehnen stachen heraus. War es möglich, dass ihr einst so glatter Hals allmählich welkte wie der ihrer Großmutter Yu-ying, als sie sie das letzte Mal gesehen hatte?

May wischte den roten Lippenstift, den sie sorgfältig aufgelegt hatte, ab; sie wusch sich das Rouge von den Wangen, den Puder von Nase, Kinn und Stirn. Während sie ihr Spiegelbild betrachtete, entfernte sie die Haarnadeln aus dem kunstvoll frisierten Haar, kämmte es aus und nahm es in einem einfachen, festen Nackenknoten zusammen.

»So gehst du doch nicht aus!«, rief Alice, als May zurückkam. »So habe ich dich in meinem ganzen Leben noch nicht gesehen. Selbst bei Onkel ... also, selbst bei Mutters und Onkel Arthurs Beerdigung hast du nicht so ausgesehen!«

»Nein«, sagte May. »Heute kleide ich mich auch nicht für Arthur an.«

Alice folgte ihr zur Tür. »Für wen sonst? Für wen denn dann?«

»Für niemanden«, sagte May. »Für mich.«

»Aber –«

»Dein Vater wartet unten. Wir sind vor dem Tee zurück.«

Alice beobachtete, wie May durch den Korridor zum Lift lief, ging dann zur Tür ihrer Schwester und klopfte. Als niemand antwortete, schob sie sie vorsichtig auf. »Ces?«

»Was willst du?« An das ungemachte Bett gelehnt, die Arme um die Knie geschlungen, saß Cecily auf dem Boden.

»Du kannst nicht den ganzen Tag weinen«, sagte Alice.
»Nicht tagaus, tagein.«

»Das dachte ich auch.«

Gemeinerweise spürte Alice Erleichterung, als sie sah, dass Cecilys Trauer nichts Malerisches hatte: Ihre Augen waren rot gerändert, und ihre Nase glänzte rot und geschwollen.

»Es ist ungerecht«, sagte Alice und setzte sich aufs Bett, »aber ich werde langsam böse auf dich; es ist, als hättest du mir meine Gefühle gestohlen. Du tust gerade so, als seien die Tränen der anderen nichts im Vergleich zu deinem Kummer.« Seufzend stand sie auf und ging zum Fenster, schaute auf die Straße und den Verkehr, nahm aber nichts wahr. »May ist ausgegangen und hat sich pechschwarz und ganz streng und einfach angezogen und sich auch nicht geschminkt.«

»Ach ja?« Cecily klang völlig desinteressiert.

»Ja. Weißt du, warum?«

Cecily schüttelte den Kopf.

»Sie hat gesagt, sie müsste mit Daddy wohin. Sie müssten noch was Geschäftliches erledigen. Findest du das nicht komisch?«, fragte Alice, als ihre Schwester weiter schwieg.

»Was kann das für ein Geschäft sein? May hat nie was mit der Firma zu schaffen gehabt. Geschäftlich hat sie nichts mit denen ... zu tun.«

Cecily schaute Alice an. »Ich wünschte, alle wären gestorben. Außer Mutter. Ich wünschte, May wäre tot. Oder du. Warum bist du nicht gestorben?«

Wie gelähmt blieb Alice vor ihrer Schwester stehen.

»Wenn ich daran denke, dass du etwas – Jawohl! Denkst du vielleicht, ich wüsste es nicht? – mit einem ... Eingeborenen hattest, während sie –«

»Aber –«, unterbrach Alice sie.

»Verlass bitte mein Zimmer!« Cecily kam mit für sie

untypischer Eile auf die Füße. »Raus! Mir wird schlecht, wenn ich die sehe.«

Unten im kühlen Foyer saß Dick in einem Ledersessel. Er trank eine Tasse Kaffee, als May langsam wie immer auf ihn zukam.

»Nanu, May«, sagte er, überrascht von ihrer strengen Aufmachung. Er stellte die Tasse auf die Untertasse. May setzte sich auf die Kante des Ledersofas ihm gegenüber.

Zum ersten Mal seit Erbauung des Astor House hallten in den leeren Korridoren Schritte wider und kündigten seltene Besucher des Friseursalons an, des Teezimmers und der Bar, in der stumme Chinesen Dienst taten, die sich bei ihrem Nichtstun unwohl fühlten und sofort in Habachtstellung gingen, als nähere sich der Fiebergott selbst in seinen lauten Schuhen.

»Kommst du mit?«, fragte Dick wie schon viele Male zuvor. »Kommst du mit den Mädchen? Und mit mir?«

May streckte die Hand aus und tätschelte ihm wie einem Kind das Knie. »Ja«, sagte sie. »Ich habe dir doch gesagt, dass ich mitkomme.«

Über Tsung hatte sie mit Alice nicht gesprochen. Wenn sie über das nachdachte, was doch eigentlich selbstverständlich war, dass sich nämlich ein solches Abenteuer nie wiederholen dürfe, und wie sie dieses Verbot, sich mit Einheimischen einzulassen, erklären sollte, überfiel sie Zorn. Was für Erklärungen waren denn noch notwendig? Wozu hatte sie Alice all die Geschichten erzählt, Geschichten über ihren ersten Ehemann, ihren Vater? Alice war eigensinnig, sie war neugierig, sie liebte es, Grenzen zu überschreiten; und May war zu wütend, um das Thema chinesische Männer taktvoll und wohl durchdacht zu erörtern. Die Familie würde Shanghai verlassen, und damit löste sich das Problem von selbst.

»Ich schaffe es nicht mit den beiden«, sagte Dick, als habe er Mays Gedanken belauscht. »Besonders ... Also, besonders mit Alice nicht. Sie ist ... Ich ... Richtig gekannt hat die Mädchen nur Dolly.«

Der Ober brachte ein kleines Tablett mit der Kaffeerechnung und stellte es stumm auf den Tisch neben Dicks Sessel. »Du musst versprechen, dass du mitkommst«, sagte Dick noch einmal, und May schaute ihn an. Mit seiner Frau hatte er all seine joviale Polterigkeit und seinen Humor verloren.

»Ja«, sagte sie. »*Ja.*« Nun war sie das Oberhaupt der Familie.

Dick betrachtete seine Schuhe. Ächzend wie ein alter Mann bückte er sich und polierte die Spitze des einen mit seiner Serviette. »Einen Kaffee, bevor wir gehen?«, fragte er.

»Nein, Dick. Du weißt doch, dass ich keinen mag.«

»Ach ja. Richtig.« Er schaute sich im Foyer um, ohne etwas zu sehen. Runzelte die Stirn, als versuche er zu begreifen, warum er hier war. »Tee?«, fragte er nach einer Weile.

»Nein, danke. Wartet der Wagen schon?«

Dick schaute sie an. »Ich weiß nicht.«

»Ich dachte, du hättest einen bestellt.«

»O ja. Natürlich. Muss ich ja wohl.« Er ging so steif zum Tisch des Portiers, als sei er plötzlich von Arthritis geplagt. Während May noch hinter ihm her sah, wurde sie von dem abrupten Auftauchen Alices abgelenkt, die, mit frisch gekämmtem Haar, zwei Stufen auf einmal nehmend, die Treppe herunterkam und so wach wirkte wie schon seit Wochen nicht mehr. Im Laufen zog sie den Mantel an.

»Gehst du auch aus?«, fragte May. »Wohin?«

»Ich gehe mit dir. Du hast gesagt, du wolltest Bücher kaufen.«

May langte in ihre Tasche, nahm einen Jadearmreifen heraus, schob ihn über ihr Handgelenk, dachte nach, zog ihn wieder ab und steckte ihn in die Tasche. »Ich habe gesagt, dass ich etwas Geschäftliches zu regeln habe.« Sie sah wieder zu Dick hinüber, der hilflos beim Portier stand. Eine Frau in einem blauen Kleid trat zwischen ihn und den Mann und begann hektisch zu reden. Dick reagierte überhaupt nicht; er machte keinerlei Anstalten, die Aufmerksamkeit des Portiers wieder auf sich zu lenken. Vielleicht hatte er das Auto noch nicht einmal bestellt.

»Bitte!«, sagte Alice.

»Na gut«, seufzte May. »Dein Vater sieht aus, als könnte er einen ruhigen Nachmittag gebrauchen.«

»Warum?«, fragte Alice, als sie endlich auf dem Weg waren. »Warum hast du sie nie erwähnt?« Angesichts der Enthüllung, dass ihre Tante ein Kind hatte, eine heimliche, schon erwachsene Tochter, zog sie May eifersüchtig am Ärmel.

»Warum weinst du?«, fragte May und ersparte sich damit die wirklich wichtige, immer im Raum stehende Frage: Warum weinst du jetzt, wo du von meiner Tochter erfährst, obwohl deine Augen beim Tod deiner Mutter und deines Onkels und bei der Zerstörung deines Zuhauses trocken geblieben sind?

»Weil ... ich ganz schön schockiert bin, deshalb.«

»Ja, das verstehe ich.« May verriet nicht mehr Gefühle als bei einer Diskussion über schief gegangene Pläne für ein Abendmenu. »Ich habe sie nicht erwähnt, weil ich nicht wusste, wo sie war. Sie ... Wie sich herausgestellt hat, ist sie nach Siccawei gegangen.«

Stirnrunzelnd versuchte Alice sich darauf einen Reim zu machen. »Sie lebt in einem Kloster? Sie ist Nonne?«

»Nein, eine ... eine Waise.«

»Dann hast du sie vorher gekriegt? Bevor ... Sie ist nicht von Arthur?«

»Nein.«

»Aber du hast nur die eine, ja? Nicht mehr?«

May bedachte Alice mit einem gekränkten Blick.

»Na, bei dir weiß man ja nie. Du bist zu allem fähig.« Alice schmiegte sich an den Hals ihrer Tante. »Du weißt, dass ich das nicht böse meine. Wie hast du sie gefunden? Oder hat sie dich gefunden?«

May holte tief Luft, als wolle sie ins Wasser springen und eine lange Strecke tauchen. »Sie – sie hat mich nicht gesucht. Doch die Anzahl der Stellen, die solche Kinder aufnehmen, ist begrenzt.«

»Aber sie ist ... Du hast gesagt, sie ist ... Mit vierundzwanzig ist man doch keine Waise mehr. Warum ist sie immer noch in Siccawei? Warum ist sie nicht von dort weggegangen?«

May schloss die Augen, lehnte den Kopf an das Sitzpolster. »Sie wollte nicht draußen leben. Die Nonnen haben ihr erlaubt zu bleiben.«

»Dann ist sie konvertiert? Hat den Schleier genommen, meine ich?«

»Nein«, erwiderte May, »ist sie nicht, hat sie nicht.«

»Warum nicht?«

May öffnete die Augen und schaute Alice an. »Sie hat sich geweigert. Sie ist Atheistin. Hält nichts vom christlichen Glauben. Das haben die Nonnen jedenfalls dem Anwalt erzählt.«

»Na, so was«, sagte Alice. Die beiden schwiegen, während das Auto langsam durch die leeren Straßen fuhr und dann vor den Straßenbahnschienen anhielt.

In den Wochen, nachdem Dolly das Haus niedergebrannt hatte und Arthur gestorben war, hatte May überlegt, ob sie in Shanghai bleiben sollte. Sie hatte herumfantasiert, wie es wäre, wenn sie mit ihrer verlorenen, das heißt, ihrer wieder gefundenen Tochter wieder vereinigt würde. Sie wollte ihr erklären – wie, wusste sie nicht, aber irgendwie würde es schon gehen –, dass sie jung, eigentlich selbst noch ein Kind gewesen war, als sie ihr Kind weggegeben hatte – als man es ihr weggenommen hatte.

Nun könnten sie vielleicht zusammenleben; sie brauchten keinen Mann. Nein, ohne Mann ging es ihnen besser. May überlegte schon, womit sie ihren Lebensunterhalt verdienen konnten. Laut Aussage der Missionarinnen war ihre Tochter eine geschickte Näherin, und May malte sich aus, wie sie in einem der Läden in der Ningpo Road mit den Händen über Ellen makelloser reiner Seide fuhren. Oder sie konnten eine Sprachenschule gründen. Sie konnten Französisch unterrichten, Englisch, Deutsch. Eine Zukunft konnte in anderen Sprachen geschrieben werden.

Doch May war zweimal zu der Missionsstation gekommen, und jedes Mal hatte das Mädchen – *das Mädchen? Ihre Tochter!* – sich geweigert, sie zu sehen. Erst letzte Woche, bei Mays zweitem Besuch, hatte sie ihr schriftlich mitgeteilt, dass ihre Mutter in ihren Augen weniger wert sei als eine Schildkröte. Sie hatte die Worte in Englisch auf einem sauberen weißen Blatt Papier niedergeschrieben, jeden einzelnen Buchstaben grausam perfekt. Voller Zorn, wie May erkannte: einem unglaublich kalten Zorn, keinem heißen, der zu Hoffnung Anlass bot. Der Nonne, die May die Nachricht übergeben hatte, war es richtig peinlich gewesen.

»Sieben Jahre älter als ich«, überlegte Alice und rechnete leise weiter. »Also hast du sie einige Zeit, bevor du geheiratet hast ...« Sie beendete den Satz nicht, und May, in Gedanken versunken, antwortete ihr auch nicht darauf. Eine Waschküche war das Kinderzimmer gewesen, die Wäscherin das Kindermädchen. May erinnerte sich, wie das Baby auf einem Bündel schmutziger Bettlaken geschlafen hatte.

»Warum behalten die Nonnen sie in dem Alter noch?«, fragte Alice. »Vor allem, wenn sie den Glauben ablehnt?« May schaute auf die vor dem Fenster vorbeigleitenden Läden. Sie war so an die Sänfte gewöhnt, dass ihr in dem Automobil übel wurde. Ohne das Klatschen der Füße auf dem Bürgersteig, das von den menschlichen Schritten hervorgerufene Ruckeln, fühlte sie sich haltlos und desorientiert.

Wegen der Angst vor Ansteckung waren die Straßen leer. Die wenigen Fußgänger trugen über Mund und Nase befestigte Masken. Mit gesenkten Köpfen erledigten sie eilends ihre Besorgungen. May zog einen kleinen Spiegel aus der Tasche und betrachtete ihren Hals bei Tageslicht, bevor sie Alices Frage beantwortete.

»Sie arbeitet schwer, sagen sie. Sie gehört zu ihrer Gemeinschaft. Übt sich in Wohltätigkeit gegenüber anderen. Während der Grippeepidemie hilft sie bei der Krankenbetreuung.« May hielt inne. »Wie sagt man noch? Taten sind mehr als Worte?«

»Zählen.«

»Ja. Die Schwestern beten für sie. Damit sie … Sie beten für ihre Glückseligkeit, so drücken sie sich aus.«

An der Ecke Kiangse/Tientsin blieb das Auto stehen, nur ein paar Straßen von Madame Grace's entfernt, wo Mays erste Tochter in einer regennassen Frühlingsnacht geboren worden war. Auf der Straße saß eine winzige Chinesin mit einem Kind, einem Kind von drei oder vier Jahren in blauem Kittel und blauen Hosen. Sie stillte es noch, ihre Brustwarze klemmte im Mund des Kindes, das die braune Brust so lang und flach zog, dass sie aussah wie Arthurs Rasierriemen.

»Warum ist er diese Strecke gefahren? Das ist doch nicht

der direkte Weg.« May schloss die Augen. »Noch eine Minute und ich muss mich übergeben.«

Alice schaute aus dem Fenster. Sie war dankbar, dass der Fahrer – einerlei, warum – die Bubbling Well Road und damit die Ruine ihres Zuhauses und die verkohlten Möbelstücke, die noch von dem großen Hausputz auf dem Rasen standen, umfahren hatte. Nun würden sich nicht mehr die Amahs, sondern die Müllmänner um die Dinge kümmern. »Ich glaube, die Ningpo Road ist vom Roten Kreuz abgesperrt worden. Ich habe mal gehört, es geht einem besser, wenn man nach vorn durch die Windschutzscheibe sieht.« May setzte sich aufrecht hin.

»Nützt auch nichts«, sagte sie nach einem Moment. »Es hilft kein bisschen.«

»Spricht sie englisch?«, fragte Alice. »Versteht sie, worum es bei dem Treffen geht?«

»Sie kann lesen und schreiben. Ist nicht minder redegewandt als du und ich.«

»Na, da sind wir. Wurde auch Zeit. Du bist schon ganz grün im Gesicht.«

Der Fahrer kam um den Wagen herum und half ihnen beim Aussteigen.

»Wie heißt sie?«, fragte Alice.

»Sie hat einen europäischen Namen angenommen«, sagte May. »Den sie sich selbst ausgesucht hat.«

»Was für einen?«

»Agnes.«

Alice runzelte die Stirn und lächelte, beides gleichzeitig. »Komisch. Hört sich irisch an.«

»Katholisch, meinst du.«

»Wahrscheinlich.« Sie fasste ihre Tante an der Hand. »Dann komm. Bringen wir's hinter uns. Bist du nicht froh, dass ich mitgekommen bin?«

May küsste Alice auf die Wange. »Natürlich!«, sagte

sie. Doch ihre Stimme klang spröde, nicht melodisch wie sonst.

Die Kanzlei des Anwalts war mit schweren Nussbaummöbeln ausgestattet, die Beine der Tische und Stühle drückten sich so gewaltsam in den dicken karmesinroten Teppich, dass es ungemütlich wirkte. May versuchte, ihren Stuhl zu bewegen, doch sie stellte fest, dass es nicht ging. Als Mr. Barrett, der Anwalt hereinkam, rieb er sich die Hände, als friere er. »Sie sind im hinteren Zimmer«, sagte er. »Ich bringe sie her, ist das recht?«

Alice schaute May an, die zustimmend nickte. »Ja, bitte«, sagte May kalt. Obwohl sie beschlossen hatte, den Anwalt nicht zur Rede zu stellen, weil er das verraten hatte, was sie mit Fug und Recht als vertraulich betrachtete, hatte sie ihr Verhalten ihm gegenüber doch geändert. Sie strafte ihn mit eisiger Höflichkeit. Mr. Barrett machte freilich keine Anstalten, zur Tür zu gehen.

»Zu warten ist doch sicher sinnlos«, sagte Alice.

»Ja«, erwiderte der Anwalt. Er setzte sich auf den Stuhl ihnen gegenüber, schlug die Beine übereinander, nahm sie wieder auseinander, beugte sich, Ellenbogen auf die Knie gestützt, zu ihnen vor. »Sie ist, ähm … Miss Agnes ist nicht bereit, Ihr Angebot anzunehmen«, sagte er zu May.

May zog die Lippen ein, ihr Mund wurde ein schmaler Strich. Nach einem Moment nickte sie bedächtig. »Sie muss ja gar nichts mit mir zu tun haben. Weiß sie das? Weiß sie, dass ich weggehe? Dass ich weit von ihr entfernt leben werde, in einem anderen Land?«

»Ja.«

»Aber wenn sie nicht dazu bereit ist«, schaltete Alice sich ein, »warum ist sie dann hierher gekommen? Hat in dieses Treffen eingewilligt?«

»Offenbar«, sagte Mr. Barrett und versuchte wieder eine

entspannte Haltung einzunehmen, was ihm erneut misslang. »Offenbar möchte sie gern ... möchte sie gern die Gelegenheit wahrnehmen, Mrs. Cohen zu sehen.«

»Nun gut«, sagte May und richtete sich in ihrem Stuhl auf. Sie glättete das schwarze Kleid über den Knien und faltete die Hände im Schoß. »Da bin ich. Wir können vorgehen wie geplant. Sie unterbreiten ihr das Angebot, während wir ... während sie mich anschaut.«

»Ja«, sagte Mr. Barrett. »Ist recht. Dann hole ich sie jetzt.«

Einige Minuten blieb er weg. Weder May noch Alice sprachen während seiner Abwesenheit. Die Uhr auf dem Kaminsims tickte erstaunlich laut. Als Mr. Barrett zurückkehrte, sahen sie zunächst eine chinesische Nonne in weißer Ordenstracht, deren Rock genau bis zu den fest geschnürten Schuhen reichte.

»Ich bin Schwester Elizabeth«, stellte sie sich vor. »Und das ist Agnes.« Sie packte die junge Frau neben sich am Ellenbogen, und Agnes trat zwei Zentimeter vor.

Obwohl May erzählt hatte, dass ihre Tochter Atheistin war, hatte Alice sich der tröstlichen Vorstellung hingegeben, ein unelegantes Mädchen in der Kleidung einer Postulantin zu treffen, eine dickliche, womöglich hässliche, ganz gewiss jedoch sehr unansehnliche, bescheidene junge Frau. Agnes aber, die einen langen mauvefarbenen Rock und eine blaue Bluse trug, war hinreißend schön, so schön wie ihre Mutter – das heißt, sie wäre es gewesen, wenn sie gelächelt, ja selbst, wenn sie böse die Stirn gerunzelt hätte. Sie jedoch sah aus wie eine Schaufensterpuppe in einem Putzmacherinnenladen. Ihre blasse Stirn schien keinen Gedanken zu verbergen, die blutleeren Wangen verrieten keinerlei Gefühl. Sie hielt den Kopf so, dass man sie für arrogant halten musste; und als stehe sie tatsächlich über ihnen auf einem Sockel oder Podium, konnte man ihre feinen symmetrischen Nasenlöcher sehen. Alice ertappte sich dabei, wie sie an die Abguss-Sammlung denken musste und daran, wie sie Eleanor durch Reihe um Reihe gleichmütig erstarrter, weißlippiger Heiliger geschleppt hatte.

Agnes' Vater musste ziemlich hellhäutig gewesen sein, dachte sie weiter, denn ihr Haar war nicht schwarz, sondern braun, und ihre runden Augen waren grün. Außerdem war sie groß, größer als Schwester Elizabeth, größer als der Anwalt. Vergeblich bemühte Alice sich, die überraschende Statur der jungen Frau mit der kleinen Gestalt und den zarten Knochen ihrer Mutter in Verbindung zu bringen.

Die neigte nun leicht den Kopf, es war eher ein Nicken als eine Verbeugung. Agnes rührte sich nicht. Auf Drängen des Anwalts nahmen sie alle Platz und hörten zu, wie er den Fonds erklärte, den May für ihre Tochter eingerichtet hatte.

»Vierteljährlich wird eine Dividende ausgezahlt werden«, sagte er. »Und Sie können dieses Einkommen nach Ihrem Gutdünken verwenden. Es ist in jedem Falle ausreichend, Ihnen auf unbegrenzte Zeit ein finanziell eigenständiges Leben zu garantieren. Das ist allerdings nicht Bedingung. Sie können in der Gemeinschaft in Siccawei verbleiben, das Einkommen wieder investieren, es der Mission stiften oder –« Während dieser kleinen Rede war Mr. Barrett, Hände in den Taschen, eilig zwischen Schreibtisch und Kamin hin- und hergeschritten. Doch nun blieb er stehen und hörte auf zu sprechen.

Agnes hatte sich erhoben und ging über den Teppich auf May zu. Im Unterschied zu vorher war nun deutlich erkennbar, dass sie humpelte; ihr linker Fuß setzte sich zögernd in Bewegung, als bereite ihr das Gehen Schmerzen. Nur wenige Zentimeter vor den Knien ihrer Mutter blieb Agnes stehen und musterte May von oben bis unten, so sorgfältig und gründlich, als habe man ihr die Gelegenheit gegeben, eine unbekannte Spezies zu inspizieren. Eine Gelegenheit, die ebenso widerwärtig wie unwiderstehlich war.

»Warum …?« May richtete die Frage zunächst an ihre Tochter, wandte sich dann aber an Schwester Elizabeth. »Ist sie … War Agnes krank?«

»Als sie zu uns kam, war Agnes verletzt. Ihr linker Fuß war entzündet. Wundbrand, stellte sich heraus. Der Arzt vermochte nicht … Sie hat drei Zehen verloren.« Die Nonne sprach mit leiser, disziplinierter Stimme, wie man eben spricht, wenn man frühe Gebetsstunden, Matutin oder Laudes, von keiner Leidenschaft beflecktes Rezitieren gewöhnt ist. »Es sah aus, als sei sie gebissen worden«, fügte sie hinzu, als sei es ihr gerade noch eingefallen. Eine Minute verstrich, dann noch eine, bevor jemand darauf reagierte.

»Gebissen?«, fragte Alice. »Von einem Tier angefallen, meinen Sie?«

Schwester Elizabeth antwortete nicht.

May schaute Alice an, die Nonne, den Anwalt, Agnes. Während ihr Blick über deren Gesichter streifte, bewegten sich ihre Lippen lautlos, als sagte sie einen geheimen Zauberspruch oder spreche ein Gebet für sie alle.

Schwester Elizabeth schaute weiter nach unten auf ihre Hände, die gefaltet in ihrem Schoß lagen. »Agnes hatte am ganzen Körper Bisswunden«, sagte sie; ihr plötzlich aggressiver Ton erschreckte umso mehr, als er in völligem Kontrast zu ihren bis dahin so ruhig vorgebrachten Erklärungen stand. »Doch nur ihre Füße waren …« Sie beendete den Satz nicht. Sie schaute zu ihnen allen hoch, zuletzt zu dem Anwalt; beim Weitersprechen wandte sie sich an Mr. Barrett, als verkörpere er die Gerechtigkeit, die Gesetze, die er studiert hatte. Geradezu flehentlich streckte sie die Hände aus.

»Sie hat nie mit den anderen Kindern gespielt. Sie konn-

te nicht laufen. Erst mit vier Jahren fing sie an zu sprechen.«

Während die Nonne redete, ließ May Agnes nicht aus
den Augen. Sie musterte jedes Detail ihres wunderschönen
Gesichts und blieb dann schließlich an den großen grünen
Augen ihrer Tochter hängen. Alice beobachtete ihre Tante, die ihre Tochter beobachtete, und sie konnte sich des
Eindrucks nicht erwehren, dass May nach einer Chance
suchte, einem Grund zur Hoffnung.

Doch May war schon zu dem Schluss gekommen, dass
es keine gab; sie wusste, dass sie sich die Züge dieser jungen Frau einprägte, weil sie sie nie wiedersehen würde.

Da spuckte Agnes. Speichel flog in hohem Bogen aus
ihrem Mund und bildete einen zitternden Streifen, der an
ihrer Unterlippe hängen blieb und erst abrutschte, als der
Rest auf Mays Brust gelandet war.

»Agnes!« Schwester Elizabeth sprang auf. »Ich bitte viel-
mals um Entschuldigung. Das ist ganz und gar nicht ihre
Art. Es ist, oje … Es zeugt nur von der Belastung, die das
alles, diese ganze Entwicklung – es tut mir so Leid – mit
sich gebracht hat.«

»Nein.« May stieß die Hand der Nonne mit dem weißen Taschentuch weg. »Bitte, entschuldigen Sie sich nicht
für Agnes.«

»Wir müssen gehen«, sagte Alice und stand auf. »Wir
haben noch einen Termin«, log sie.

»Nein.« May wandte sich wieder an Schwester Elizabeth. »Ich gebe meiner Tochter dieses Geld. Es macht
nichts wieder gut, aber ich gehe weg, müssen Sie wissen,
und ich habe Geld. Es ist für sie. Sonst ist – ich habe sonst
niemanden. Wie Mr. Barrett erläutert hat, muss Agnes das
Geld nicht annehmen. Sie kann es Ihnen geben, der Mission, meine ich. Sie kann es auch auf der Bank lassen. Es
ist … verstehen Sie, es gehört ihr.«

Schwester Elizabeth nickte.

»Bitte.« May schaute Agnes an. »Wenn du gehen möchtest, geh.« Die junge Frau starrte May an. Ihre Augen waren so hart und trocken wie Glas; sie verrieten kein Bedauern, keine Verlegenheit. Nichts. Auf ihrer Lippe glitzerte der Speichel.

»Ich bitte um Entschuldigung«, sagte der Anwalt, als er die beiden Frauen zum Automobil brachte. Er sah May weder ins Gesicht noch auf den Flecken auf ihrem schwarzen Seidenkleid, sondern auf seine Schuhe.

»Warum entschuldigen Sie sich?«, sagte May barsch. »Was haben Sie getan?«

»Ich meinte –«

»Ich wollte nicht unhöflich sein«, fuhr sie fort, als habe er gar nichts gesagt. »Doch entschuldigen Sie sich nicht vor mir. Ich verdiene, was ich bekommen habe.« Merkwürdigerweise – und das hatte Alice noch nie erlebt – begann May sich zu verbeugen, besann sich dann aber eines anderen und streckte nach westlicher Sitte die Hand aus. Der Anwalt ergriff sie.

»Ich schicke Ihnen meine neue Adresse«, sagte sie.

Außerhalb der düsteren Kanzlei war es ebenfalls trübe, der graugelbe Himmel wolkenverhangen. Als Alice aufschaute, hatte sie plötzlich den Eindruck, als bewege sich die Sonne, als eile sie zurück, gen Osten. Ein Sturm zog auf, rasch wurden die Wolken vorbeigetrieben.

Alice setzte sich auf den breiten Rücksitz des Autos und beugte sich sofort vor, als sei ihr schlecht. »Was für ein schreckliches, schreckliches Mädchen!«, sagte sie in ihren Schoß hinein. »Mir einerlei, ob sie deine Tochter ist – Sie ist es nicht! Sie ist ein … ein … Kein Wunder, dass sie gebissen worden ist!«

»Halt den Mund!«, sagte May. Verblüfft richtete Alice

sich auf und starrte ihre Tante an. May saß mit geschlossenen Augen da, ließ die Arme herunterhängen, hatte die Hände zu Fäusten geballt. »Bitte«, sagte sie. »Bitte, sag jetzt nichts mehr.«

GASTFREUNDSCHAFT

Der Gendarm geleitete Suzanne Petrowna zu einer Villa, deren mit rosa Stuck verzierte Mauern und orangefarben gedecktes Dach von einem Licht überflutet waren, dessen Quelle sich hinter dem dichten Laub gewaltiger, zitternder Akazien verbarg. Es wurde immer windiger; abends gewann der Mistral an Kraft, er blies trockene Blätter und Staub durch die Straße.

Suzanne betrachtete die schwarzen Eisenstangen des verschlossenen Tors und verglich die Nummer mit der auf der Karte in ihrer Hand.

May-li Cohen
Avenue des Fleurs, 72

Der Name der Straße passte hervorragend. Es gab Zinerarien, Lavendel, Jasmin, Salbei, Spalieräpfel in voller Blüte – ein wildes Durcheinander an Farben und Düften.

»*Ici? C'est là?*«, fragte Suzanne den Gendarmen. Hier ist es?

»*Oui.*« Er stellte ihre Tasche auf den Boden und zeigte mit dem Finger – überraschend schlank und weiß, eher wie der eines Zauberers als der eines Streifenpolizisten – auf einen schwarzen Knopf in einem blitzblank polierten Messingring, die Klingel. »Soll ich läuten?«, fragte er.

»Es ist schon so spät. Stören wir nicht?«

»Ach, die sind hier immer die ganze Nacht auf.« Der Gendarm deutete mit weit ausholender Geste auf die Villa samt all ihren hell erleuchteten Fenstern. Suzanne sah, wie zwei schmale Silhouetten von einem Fenster im ersten Stock zu einem anderen gingen. Die Scheiben reichten vom Boden bis zur Decke, die Vorhänge waren durchsichtig wie Seidenstrümpfe. Suzanne erkannte die Umrisse der hochhackigen Schuhe der Frauen, als sie von einem leuchtenden Lichtkegel zum nächsten liefen. Während sie dorthin starrte – müde, die Szene vor ihr war regelrecht hypnotisierend –, strich der Wind durch die Akazienblätter, verursachte ein ungeduldiges Geräusch, als reibe sich jemand die Hände, vielmehr, als würden zwei trockene Handflächen aneinander gerieben.

»*Alors?*«, sagte der Gendarm. Packen wir's?

Suzanne nickte. Hatte sie denn eine andere Wahl mit siebenunddreißig Francs in der Tasche, dem Betrag, der übrig geblieben war, nachdem sie die Halskette ihrer Mutter versetzt hatte?

Der Gendarm langte nach vorn und drückte auf den schwarzen Knopf. Ein blau gekleideter chinesischer Boy mit schwarzen Filzpantoffeln trat aus der Haustür und kam energischen Schritts über den Pfad zum Tor. »*Bonsoir*«, sagte er, während er sich verbeugte. Sein langer Rock war so perfekt geplättet, und die Hosen hatten solch exakte Bügelfalten, dass Suzanne sich fragte, ob er sich jemals hinsetzte.

»*Une amie de Madame May*«, erklärte der Gendarm, und in der Hoffnung, das bereitzuhalten, was man als Einladung verstehen konnte, streckte Suzanne Mays Visitenkarte aus.

»*Oui*«, sagte der Haus-Boy, verbeugte sich abermals und zog den Schlüssel für das schwarze Eisentor aus der Tasche.

»*Bon*«, erwiderte der Gendarm. »Dann ist ja alles in Ordnung.« Doch als er den Finger an die Mütze legte, schaute sie ihn ängstlich, ja panisch an. »Ach«, lächelte er, »Sie müssen sich wirklich keine Sorgen machen. Die Karte –«, er deutete auf die Visitenkarte, die Suzanne in der angespannten Faust hielt, »– ist so gut wie bares Geld.« Noch einmal legte er den Finger an die Mütze und schlug zum Abschied militärisch-zackig die Hacken zusammen.

»*Merci*«, sagte sie, und wieder breitete der Gendarm die Arme aus, als wolle er sie mit dieser Geste auch noch durch das Tor schieben. Der Haus-Boy nahm ihr die abgenutzte, schmutzige Tasche mit der Gobelinstickerei ab. »*Merci*«, sagte sie noch einmal und nickte ihm zu. Ihr Mund war so trocken, dass es ihr sogar schwer gefallen war, das eine Wort zu sagen. Der Polizist ging weg, und sie folgte dem Haus-Boy. Wie adrett, fiel ihr auf, war der weiße Kies um die Stämme der Rosenbüsche gerecht, die den Pfad säumten.

Als sie die Haustür erreichten, sah Suzanne, dass die Villa tatsächlich voller Menschen war, die an einem ganz gewöhnlichen Dienstag im Mai noch spät auf und obendrein festlich gekleidet waren. Schmuckbehangen, in Abendgarderobe, redeten sie angeregt miteinander, manche tanzten, andere dinierten, und nach dem Geräusch spritzenden Wassers zu urteilen, schwammen sogar einige. Durch die Fenster des überfüllten Salons sah Suzanne, wie das Wasser in einem langen, erleuchteten Schwimmbecken im Garten hinter dem Haus ab und an blau aufblitzte.

»*Restez ici, s'il vous plaît*«, sagte der Haus-Boy, und Suzanne setzte sich wie geheißen auf einen roten chinesischen Lackstuhl in der Eingangshalle.

Als der Boy zurückkehrte, war er in Begleitung der außergewöhnlichen Chinesin, die sich an diesem Tag, vor ein paar Stunden, aus einer Sänfte gebeugt und Suzanne ihre Visitenkarte gegeben hatte. Oder war das gestern gewesen? Es war doch sicher schon nach Mitternacht.

Wie langsam, mit welch faszinierender, hypnotisch langsamer Anmut sich die Frau bewegte. Sicher, sie lief, aber mit solch winzigen, behutsamen Schritten, wie Suzanne noch nie jemanden hatte laufen sehen. Es war mehr als hoheitsvoll. Es war überirdisch. Ein ganzes Leben rollte zwischen Halle und Haustür ab; Eisenbahnzüge kamen an und fuhren ab; Stürme brachen aus, Bürgersteige wurden trocken; Brautsträuße welkten und wurden weggeworfen oder als Erinnerungsstücke getrocknet; Kinder kamen zur Welt, alte Menschen starben.

Doch die Stimme – melodisch, wohlklingend, überhaupt nicht langsam. Sie hatte ein nervöses Timbre, war jedoch wandelbar, gefällig.

Suzanne erhob sich, erleichtert, dass sie sich noch rechtzeitig bei dem lächerlichen Drang zu knicksen ertappte und nur am Saum ihres Rocks zupfte.

»Ich freue mich, dass Sie gekommen sind!«, sagte May in makellosem Französisch und schien sich nicht nur an Suzanne von der nachmittäglichen Begegnung zu erinnern, sondern wirklich froh zu sein, sie zu sehen. Sie streckte die Hand aus, eine schmale, glatte, manikürte und parfümierte Hand, die aussah, als seien keine Knochen darin. Suzanne ergriff sie mit einiger Verlegenheit, denn ihre eigenen Finger waren rau und gerissen, die Nägel abgesplittert.

»Was möchten Sie?«, fragte May. »Sie können aufbleiben und mit den anderen speisen. Da Dick sechzig geworden ist, wollen wir heute Abend ein wenig feiern. Wir sitzen nicht am Tisch, sondern haben ein Buffet. Boy macht Ihnen einen Teller zurecht, wenn Sie wollen. Sie können das Essen aber auch in Ihrem Zimmer einnehmen. Oder ein wenig schwimmen. Oder schlafen.« Sie zählte die diversen Möglichkeiten an den Fingern ab.

Suzanne, verblüfft über so viel Vertraulichkeit – ihre Gastgeberin sprach, als wisse sie, die Besucherin, ja sicher, wer Dick sei –, betrachtete die weiße Haut an Mays Händen, die zu den rot lackierten Fingernägeln in scharfem Kontrast stand. Unmöglich, eine solche Hand anzuschauen, ohne an Märchen, an Blutstropfen im Schnee oder auf Leintüchern denken zu müssen. Suzanne schaute May ins Gesicht; die lächelte und hob sanft die Brauen, weil sie auf eine Antwort wartete. Da begann Suzanne zum zweiten Mal an diesem Tag zu weinen.

»Oje.« Mays Gesicht spiegelte Kummer so unmittelbar wider wie ein Spiegel, doch nicht mit dessen kaltem Hohn, sondern voller Wärme. Sie wandte sich an den Haus-Boy. »Bitte, zeige Madame ...«

»Mademoiselle«, sagte Suzanne leise, peinlich berührt, nach kurzem Zögern. Furchtbar, wenn man sich selbst als alte Jungfer vorstellen musste. »Mademoiselle Petrowna.«

»Bitte führ Mademoiselle Petrowna in ihr Zimmer. Und wenn du ihr beim Auspacken behilflich gewesen bist, bring ihr ein wenig Abendbrot. Am besten eine *Consommé.* Toast. Tee – Kamillentee. *Non, gingembre.*« Sie drehte sich herum und musterte Suzanne. »Sie röcheln beim Atmen«, sagte sie. »Haben Sie etwas an den Bronchien?«

Suzanne starrte sie fassungslos an, ohne zu reagieren, so unerwartet war der Schmerz, den ihr die besorgte Nachfrage einer Fremden bereitete. Vor diesen letzten, geradezu märchenhaft verlaufenen Stunden – der Begegnung mit May auf der Promenade, der Errettung durch den Polizisten und der Ankunft in der Avenue des Fleurs 72 – war geraume Zeit vergangen, seitdem ihr jemand auch nur die geringste Freundlichkeit erwiesen hatte. Selbst die Katze, die sie seit Jahren als zu ihr gehörig betrachtete, hatte sie kurz vor ihrer Abreise wegen eines Nachbarn mit einer besser gefüllten Speisekammer verlassen.

»Wie dem auch sei«, sagte May, »ich habe Ingwertee für Sie bestellt. Der hilft Ihnen, wenn Sie erkältet sind, und wenn nicht, schadet er Ihnen auch nicht.«

Immer noch weinend wurde Suzanne weggeleitet, eine hohe, mit einem Läufer ausgelegte Treppenflucht hinauf in ein Zimmer mit blau-karmesinrotem Perserteppich und einem Himmelbett, einer mit glänzendem Chintz bezogenen Chaiselongue, einem Sekretär mit blauer Auflage und darauf einer Uhr und einer Lampe mit einem Unterteil aus geschliffenem Glas. Auf einem runden Tisch mit Spitzentischtuch und zwei Stühlen stand eine schlanke Vase mit Tuberosen. Der Haus-Boy öffnete den Schrank, stellte ihre Tasche hinein und zog sich schweigend zurück.

»Oh«, stieß Suzanne aus, sank vor dem Bett auf die Knie, als sei es ein Altar, und legte die Wange auf die blaue Tagesdecke. Wie kam es, dass sie es bisher nie gemerkt, es sich nie wirklich eingestanden hatte, dass sie so schrecklich müde war? Sie kniete immer noch mit geschlossenen Augen da, als der Haus-Boy mit einem Tablett zurückkehrte und es geräuschlos auf dem Tisch abstellte. Sie schlief nicht, sondern betrachtete eine Reihe juwelengeschmückter Lackschachteln, die sich vor einem schwarzen Hintergrund öffneten. Immer wenn sich eine Schachtel auseinander faltete, kam eine neue zum Vorschein, die kleiner und noch kunstvoller geschmückt war. »Chinesische Schachteln. Natürlich, chinesische Schachteln«, sagte Suzanne sich in dem Versuch, die seltsame, fast halluzinatorische Vision zu erklären, doch da hatte der Haus-Boy schon ihre Serviette auseinander gefaltet, ihr einen Stuhl zurechtgerückt und sich geräuspert. Erschreckt rappelte sie sich auf und verbeugte sich ungeschickt auf seine Verbeugung hin. Erst als sie am Tisch saß und Ingwertee trank, bemerkte sie, dass in dem weißen Marmorkamin ein Feuer brannte. Was für eine wahnsinnige Sucht nach Luxus und Verschwendung mochte dahinter stecken, wenn man an der warmen sonnigen Riviera im Mai ein Feuer anzündete? Suzanne betrachtete die Flammen. Sie trank ihren Tee in kleinen Schlucken, verzehrte eine halbe Scheibe Toast, nahm zwei Löffel Suppe zu sich und ging zu Bett. Wie immer schlief sie auf der Seite, mit angezogenen Knien und darum herum gefalteten Armen.

Als sie erwachte, war ihr Zimmer taghell. Voller Bangigkeit richtete sie sich gleich auf und schaute sich um. Auf dem Tisch stand ihr kaum angerührtes Abendessen. Draußen jenseits des Swimmingpools sah sie Zitronenbäume, deren Stämme mit weißem Kalk bestrichen waren. Sie setzte sich in den Sessel an der Glastür zum Balkon – auch der gehörte zu ihrem Zimmer – und trank den kalten Tee, der noch in der Tasse war.

Was nun, dachte sie. Das Haus war still. Die Uhr auf dem Schreibtisch zeigte auf zwanzig Minuten nach zwölf. Immer noch in den Kleidern, die sie am Vortag und auch am Tag davor getragen hatte, saß Suzanne eine Stunde lang da und trank kalten Ingwertee, ihr Kopf war leer und still wie der Korridor hinter ihrer Zimmertür. Ihr einziger Gedanke war, stellte sie überrascht fest, dass sie an nichts dachte. Ein Rechteck aus Sonnenlicht glitt langsam über den blau-karmesinroten Teppich.

Um halb zwei klopfte es an der Tür, ein schnelles, feines, so leichtes Pochen, dass Suzanne einen Moment lang dachte, der Ton komme aus ihr selbst, sei vielleicht ein Schlag ihres Herzens. Sie erhob sich. »*Oui*«, sagte sie kaum hörbar.

Die Tür ging auf. Es war die Chinesin, wieder in Seide, in roter Seide. Das Haar hatte sie auch nun wieder hoch frisiert, doch anders als am Vorabend. Sie blieb auf der Schwelle stehen. »*Bonjour*, Mademoiselle Petrowna«, sagte sie. »Haben Sie geschlafen?«

»Ja. Ja«, nickte Suzanne. Sie machte eine verlegene, ungeschickte Geste, halb rang sie die Hände, halb deutete sie auf das zerkrumpelte Bett, doch May schien ihre Befangenheit nicht im Geringsten zu bemerken.

»Ich dachte, Sie würden vielleicht gern den Lunch mit uns einnehmen.«

»Ah. Oh«, stotterte Suzanne. »Ja, natürlich.«

May nickte. »Wenn Sie fertig sind, gehen Sie einfach die Treppe hinunter und dann links an dem großen Blumentopf vorbei.« Sie zog sich zurück und schloss leise die Tür.

Suzanne wusch sich in dem blau gekachelten, an ihr Zimmer angrenzenden Bad das Gesicht. Dann kam sie zu dem Schluss, dass sie sich die Zeit nehmen musste, richtig zu baden, auch wenn sie dann zu spät kommen würde. Sie ließ die Wanne volllaufen und setzte sich in das warme Wasser. Es tat ihr nur Leid, dass sie keine wirklich sauberen Sachen mehr hatte und sich zwischen ihren wenigen zerknitterten Blusen entscheiden musste. Doch als sie zu ihrem Schrank ging und ihn öffnete, stellte sie fest, dass die Kleidung, die in ihrer Tasche gewesen war, nun frisch gewaschen und gebügelt dort hing.

Bitte, dachte sie, *o bitte, lass mich das genießen, ohne dass ich mich daran gewöhne. Ohne dass ich es als selbstverständlich erwarte.*

Als Mensch, dessen optimistischste Phasen von einem Wechsel vom Atheismus zum Agnostizismus gekennzeichnet waren, hätte Suzanne nicht angeben können, an wen, wenn nicht an ihre eigene Willenskraft, sie eine solche Bitte richtete. Sie wusste nur, dass ihr gesamtes Leben bisher eine einzige Mühsal gewesen war und dass sie unweigerlich von diesem lichtdurchfluteten, duftenden Haus mit Dienern und weichen Matratzen in ihr graues Zimmer im grauen fünfzehnten Pariser Arrondissement zurückkehren musste.

Sie schaute in den Spiegel und drehte ihr Haar zu einem akkuraten, festen Nackenknoten. Sie zog ihre beste Bluse an – die mit zusammenpassenden Knöpfen sowie noch nicht zerschlissener Knopfleiste und heilem Kragen –, schlüpfte in ihre Schuhe und schnürte sie sorgfältig. Zum Schluss band sie ordentliche Schleifen, deren Schlaufen gleich lang waren. Aus einem Fach ihrer Tasche nahm sie ein Paar goldene Amethystohrringe (sie gehörten zu der Kette, die sie versetzt hatte) und klipste sie sich, nicht ohne zusammenzuzucken, weil es kniff, an die Ohrläppchen. Dann trat sie von dem großen Spiegel an der Badezimmertür zurück. Alles an ihr wirkte fertig, nur ihr Gesicht nicht, dessen Ausdruck wie üblich von Angst und Kummer geprägt war. Suzanne übte ein wenig zu lächeln.

Die Treppe, die sie hinunterging, kam ihr unglaublich lang vor, der Blumentopf, an dem sie sich nach links wandte, obszön groß. Eine kräftige Geranie von riesigen, beinahe unverschämten Ausmaßen, streckte Blüten mit derselben kräftigen, blutig roten Farbe aus, die die Fingernägel ihrer mysteriösen Gastgeberin zierte. An der Tür zum Speisesaal zögerte Suzanne und schaute den riesigen, lackierten Tisch an, der so groß, rot glänzend und mit den allerweißesten Tellern und Servietten gedeckt war, dass ihr Blick zunächst davon festgehalten wurde und erst dann zu den Menschen abschweifte, die darum versammelt saßen.

»*Entrez.*« May saß am Kopfende. »Kommen Sie herein.«

Suzanne nahm auf einem leeren Stuhl am Fußende Platz. Wie die übrigen war er rot lackiert und hatte ein weißes Polster. Neben der Chinesin saß ein Mann mit dunkler Haut und fast weißem Haar, daneben eine junge Frau, noch keine dreißig, die ihm ähnlich sah. Sie war allerdings schön und er ziemlich hässlich, wenn er auch keineswegs unangenehm oder gar böse aussah. Neben der Chinesin war ein Platz leer, als warte er auf einen zu spät Kommenden.

»Das ist die Familie«, sagte ein nervöser Mann zu Suzannes Linker. »Wir anderen sind hier nur, hm, nur zu Besuch.« Als er seine Kaffeetasse nahm, zitterte seine Hand. »Und wer sind Sie?«

»Ich … nun ja, auch nur eine Besucherin, nehme ich an.«

»Das ist mir klar. Aber wo hat sie Sie gefunden?«

»Sie? Sie meinen Madame –«

»May. Ja, Madame May. Wie sind Sie hierher gekommen?«

»Ein Gendarm hat mich gebracht.«

»Was haben Sie denn angestellt?« Der Mann setzte seine Tasse ab und schaute sie interessiert an. Seine goldene Krawattennadel hatte die Form einer winzigen Roulettescheibe.

»Nichts.«

»Ich auch nicht. Aber keine Bange. *Elle a de bons avocats.*«

»Warum sollte ich einen guten Anwalt brauchen?«

»Na, Sie haben doch gerade gesagt, Sie hätten es nicht gemacht.«

»Was nicht gemacht?«

»Was auch immer die Polizei behauptet.« Er räusperte sich. »Ich, ich hatte Ärger mit dem Casino«, sagte er dann.

Suzanne nickte, ihr fehlte die Kraft, das Missverständnis zu korrigieren. Vielleicht hatten die meisten von Madame Mays Gästen Probleme der einen oder anderen Art, waren auf die eine oder andere Art am Ende. Auf der linken Seite des Mannes mit den zitternden Händen saß eine grobknochige Frau mit dramatischem Augenmake-up, Ringen an allen langen Fingern, einschließlich der Daumen. Suzanne trank einen Schluck Wasser aus ihrem Glas. Ein Haus-Boy in der gleichen Kleidung wie der, der sie letzte Nacht bedient hatte, kam mit einer Platte gedünstetem Lachs am Tisch entlang. Ihm folgte ein weiterer mit Spargel und noch einer mit einer Sauciere voll dicker, sahniger Tunke.

Der Mann neben Suzanne tätschelte ihre Schulter. »Es wird alles wieder gut«, sagte er. »Ich mache mir schon gar keine Sorgen mehr.« Mit zitternder Hand nahm er seinen Löffel, tauchte ihn in den Teller vor sich und hob ihn zum Mund.

Suzanne beobachtete, wie ein Tropfen von der wackelnden Spitze des Löffels fiel, bevor der Mann ihn in den Mund schieben konnte. Während des nun folgenden, in aller Muße eingenommenen Mahls erklärte ihr Nachbar, Monsieur Fantoni, dass er noch im letzten Monat als Croupier in einem der berühmten *salles privées* des Hôtel de Paris angestellt gewesen sei und nicht weit von dort in einem luxuriösen Appartement in Monte Carlo gewohnt habe.

»In der Rue Bel Respiro«, sagte er mit einem Seufzer. Doch wie es das Schicksal wollte, wurde er eines Nachts zu Unrecht beschuldigt. Der Direktor des Casinos (ein Mann, der wegen seines misstrauischen Charakters eingestellt worden war und jede Bewegung seiner Croupiers außerhalb des Hauses mit Hilfe von Spionen und auf dem Hoteldach installierten Fernrohren verfolgte) beobachtete M. Fantoni bei einem Verhalten, das die Leitung nicht duldete. Am 18. August um fünf Uhr nachmittags wechselte der nämlich mit einem der Gäste des Hôtel de Paris ein paar Worte, einem Deutschen, der prompt an dem Abend an M. Fantonis Roulettetisch einhundertunddreizehntausend Francs gewann.

Trotz seiner Beteuerungen, dass der Deutsche nur nach dem Weg zu einem bestimmten Restaurant gefragt habe, und trotz eines vollständigen Mangels an Beweisen – die Scheibe wurde von den Hausdetektiven untersucht, die feststellten, dass sie einwandfrei lief – bezichtigte man Fantoni der Verabredung zum Betrug des Casinos und kündigte ihm fristlos. Diese Wendung der Ereignisse hatte seinen ohnehin schon angegriffenen Nerven (das Leben eines Croupiers steht unter unnatürlichem Druck) derart übel mitgespielt, dass ein anfängliches, gelegentliches Zucken nun akut wurde. Bei nachfolgenden Bewerbungsgesprächen konnte er keine Roulettescheibe mehr in Bewegung versetzen, ohne am ganzen Körper zu zittern.

»Es war aber sowieso zwecklos, sich zu bewerben. Ist der Ruf erst einmal dahin, nimmt einen nicht mal mehr das Kitchen.«

»Wie, das Gefängnis?«

»Unsinn. Sie wissen aber auch gar nichts, was? Das Kitchen ist nicht das Gefängnis, sondern die große öffentliche Spielhalle.«

Suzanne lächelte verlegen. Fantoni unterbrach die Geschichte seiner eigenen Misere, um sie von der ihrer Tischgenossen in Kenntnis zu setzen. Der dünne Mann ohne Haar, ja, sogar ohne Wimpern, war ein Botaniker, der plötzlich mit heftigen Allergien auf bestimmte Heilpflanzen reagiert hatte, die er züchtete. Die Blonde, eine finnische Opernsängerin, hatte ihre Stimme vor Bühnenangst bei ihrem Debüt im Garnier's verloren. Neben ihr saß ein schwitzender Mann mit einem Menjoubärtchen. Er hatte all sein Geld verloren und dann Chloral genommen. Zu wenig, um sich umzubringen, aber genug, um seine Frau zu veranlassen, ohne ihn nach Amerika zurückzukehren. Sein blauer Hemdkragen war ganz dunkel von Schweiß. Die Frau mit den Ringen an den Daumen war natürlich eine Zigeunerin. »Wir kennen uns noch aus Monte Carlo«, erzählte Fantoni. »Sie hat ihren Lebensunterhalt als Wahrsagerin verdient, aber als sich herausstellte, dass die Zahlen, die sie vorhersagte, wirklich Glück brachten, hat man sie aus der Stadt vertrieben.«

»Aber was ist mit Madame May? Wer ist sie?«

»Ach, die Geschichte ist komplizierter, als irgendjemand weiß. Sie ist mit ihren zwei Nichten und deren verwitwetem Vater aus Shanghai gekommen, samt der Frau, die so schrecklich lispelt. Sehen Sie sie dort, neben der Opernsängerin?« Fantoni zeigte verstohlen hin. »Sie war Spionin! Kaum zu glauben, was? Hatte eine Stellung in dem Londoner Mädchenpensionat, aus dem die Schwestern herausgeflogen sind. Hatte sich dort als Mathematikerin ausgegeben und war in ein paar eigenartige unglückliche Zwischenfälle verstrickt. Ich glaube, es hatte was mit dem Schmuggel alter Meister zu tun oder Skulpturen. Auf dem schwarzen Markt. Etwas in der Art. Jedenfalls hat sie sich irgendwie nach China durchgeschwindelt und ist ihnen dann hierher gefolgt. Ihre Sprachstörung ist echt; niemand versteht ihr Französisch. Aber lachen Sie nicht, während des Krieges hat sie ein Vermögen gemacht. Hatte was mit dem Zusammenbruch des Kautschukmarktes zu tun und Blockaden. Sie hatte Geheiminformationen, eine gestohlene Formel für chemische Waffen.« Zutiefst beeindruckt starrte M. Fantoni Eleanor Clusburtson an. »Vielleicht ist das Lispeln ja doch nicht echt«, sagte er. »Könnte Tarnung sein.«

»Aber was ist mit der Frau?«, wiederholte Suzanne. »Mit der Chinesin?«

Fantoni war jedoch mit seinen Geschichten am Ende. Außer mit der eigenen. »Schrecklich, nicht wahr?«, sagte er vermutlich zum zehnten Mal, streckte seine Hand vor sich aus und betrachtete das Zucken. »Ich meine, einfach unmöglich!« Während er noch die Stirn in Falten zog und vor sich hinrummelte, setzte sich eine junge Frau an den Tisch, die mit, wie Suzanne fand, selbstbewussten langen Schritten hereingeschlendert war und den leeren Stuhl neben Madame May hervorgezogen hatte.

»Das ist die jüngere Tochter«, flüsterte Fantoni.

»Aha!«, riefen die drei am Kopfende des Tisches Sitzenden fast gleichzeitig, und Mr. Dick, der Vater, der gerade erst seinen Geburtstag gefeiert hatte, stand so abrupt auf, dass er gegen die Tischkante stieß und sein Glas Wasser umstürzte. May klingelte mit einer Glocke zur Linken ihres Tellers, worauf ein Haus-Boy mit einem Tuch erschien und die Wasserlache von der glänzenden Tischplatte wischte.

»Was hast du zu deiner Entschuldigung vorzubringen?«, fragte Mr. Dick die junge Frau, deren Name nach Auskunft Fantonis Alice lautete.

»Dick, mein Lieber.« May legte ihm die Hand auf den Arm. Die andere Schwester beugte sich flüsternd zu der mageren, mürrischen Frau zu ihrer Linken hinüber. Allgemein »Fräulein« genannt. Sie hatte einen gelblichen Teint, starke Wangenknochen und tiefliegende Augen, die dick mit Kajal umrandet waren. Die beiden Frauen waren einander offenbar ungewöhnlich liebevoll zugetan: Sie aßen von einem zwischen ihnen stehenden Teller, tranken aus einer Tasse Kaffee, wobei weder die eine noch die andere den Henkel benutzte, sondern sie nacheinander am Rand fasste und dabei den ersten und vierten Finger mit koketter, fast ironischer Eleganz abspreizte. Da Cecily offenbar Linkshänderin und Fräulein Rechtshänderin war, schienen die beiden für eine solche Symbiose wie geschaffen – zumindest bei Tisch, wo ihre Ellenbogen sich nie in die Quere kamen oder zusammenstießen und sie sich perfekt aneinander schmiegen konnten.

Die Schwester namens Alice ließ sich nieder und lächelte liebenswürdig. »Kaffee wollen ich«, sagte sie zu dem Haus-Boy, der mit Aufwischen fertig war. »Wollen alles. Stück Fisch, Suppe.« Knallend schlug sie ihre Serviette auseinander; auf ihren Wangen prangte die stolze, unartige

Röte, die man sich nur im Schlafzimmer eines Liebhabers holen kann.

»Alice, Liebes. Sprich ordentlich. Wie viele Male habe ich dich gebeten, Französisch zu sprechen.«

»Tut mir Leid, Tante.« Als ob es ihr Leid täte, sah Alice allerdings nicht aus.

»Wo um alles in der Welt warst du?« Mr. Dick schlug so fest mit der Faust auf den Tisch, dass alle Wassergläser wackelten.

»Dick, wollen wir uns nicht nach dem Lunch unterhalten?«, sagte May, und Cecily beugte sich ein wenig dichter zu Fräulein vor; ihre flüsternden Lippen lagen fast in der flachen Muschel des überraschend großen Ohrs der Dame.

»Ich war aus«, sagte Alice.

»Die ganze Nacht!«, brüllte ihr Vater.

»Und obendrein am Geburtstag des alten Herrn.« Fantoni zog missbilligend die Luft durch die Zähne.

Suzanne schaute in ihren Schoß. Sie merkte nicht, wie May aufstand und damit anzeigte, dass der Lunch beendet war.

SPRACHGEWANDTHEIT

Für May, die immer eine leichte Auffassungsgabe für Sprachen, ja, ein unerhörtes Talent dafür besessen hatte – vielleicht, weil sie ansonsten so eingeengt war –, waren die Schwimmbewegungen wie Buchstaben eines herrlichen neuen Alphabets. Es dauerte Monate, bis sie die notwendige Kraft entwickelt und gelernt hatte, zu essen statt zu rauchen und ihren Körper zu benutzen statt ihn zu ignorieren, doch nach anfänglichen Unsicherheiten und Fehlschlägen machte sie fast übermenschlich rasche Fortschritte. Als stünden ihr Engel oder Teufel bei – jedenfalls eine unsichtbare Macht –, durchströmte sie insgeheim eine tiefe Freude. Ihre ersten Runden ohne Hilfe erinnerten sie daran, wie es war, als sie endlich das Englische beherrschte und sich selbst Sätze, ganze Absätze, sprechen hörte, ohne zu stocken. Nun brachte sie jeden Zug genauso sicher zustande; jedem Beinschlag folgte ein fröhliches Sprühen; ihre Gesichtshaut wurde straff vor Vergnügen.

Schon bald hatte sie den Swimmingpool erobert, und er begann sie zu langweilen. Sie entließ den Lehrer und bat den Chauffeur, sie zum Strand zu fahren. »Warten Sie nicht«, sagte sie ihm. »Kommen Sie in zwei Stunden wieder.«

Über die Kieselsteine konnte sie nicht laufen, doch am Ende des Strandes hatte eines der Sanatorien eine Treppe angelegt, damit auch Kranke im Meer baden konnten, und über die konnte May sich langsam mit ihrem Stock bewegen. Es dauerte zwar eine geschlagene Viertelstunde, aber sie kam unten an. Wie lebendig das Meerwasser war, wie stark; weil es salzig war und einen trug, brauchte man sich nur halb so viel anzustrengen. Geradezu eine Offenbarung, wie sie sich unbeeinträchtigt von ihren Füßen bewegen und ohne Hilfe ebenso schnell und anmutig wie andere Menschen vorwärts kommen konnte, nun auch noch, ohne dass ihr die Kachelwände des Swimmingpools Grenzen setzten. Wie leicht es ging; ihr Körper war derart beschäftigt, dass ihr Kopf frei wurde und ihre Gedanken eigene Wege gehen konnten.

Manchmal dachte sie Unsinn, in wirren Bildern, diffusen Bruchstücken: ein niedriger Tisch in einem blauen Zimmer, ein Tisch mit weißen Tassen gedeckt, deren Porzellan so dünn war, dass die Sonne hindurch schien und sie wie Kerzen erglühen ließ. Was für klägliche kleine Hoffnungen sie verkörpert hatten! May schnaubte im Wasser. Erstaunlich, dass sie sich nun an ein anderes Ich, an *sich* erinnerte, wie sie auf ein Glück hoffte, das von einem solch jämmerlichen Licht verströmt wurde. Andererseits: Wäre es nicht gut, ja besser, wenn sie wieder dieser Mensch wäre? Konnte es denn sein, dass sie einmal eine Seele besessen hatte, die sich von Bröseln aus Licht ernährte?

Um die Tassen zu vergessen, konjugierte sie ein unregelmäßiges italienisches Verb, zählte die Hauptflüsse in Afrika auf oder zitierte aus Defoes *Die Pest zu London*, einem Buch, das sie während ihrer Jahre fieberhaften Lesens verschlungen hatte. In dem Abschnitt, den sie auswendig konnte, schwamm ein Mann durch die Themse. Obwohl er infiziert war, schwamm er der Pest weg, er überlistete seine Krankheit und entkam ihr.

May glitt durchs Wasser; sie atmete tief ein, atmete Gedichtzeilen aus. Sie ging im Kopf die Regeln des

Kontraktbridge im Vergleich zu den Whistregeln durch, Taktiken beim Schach und Mah-Jongg-Spielen. Den Fußbindestil in Hangchow-Soochow im Unterschied zum Stil in Kanton und diese beiden wiederum im Vergleich zur so genannten Tientsin-Technik, mittels derer man den Fuß noch schmaler wirken lassen konnte. Sie erdachte Fingersätze für das Flötenspiel. Sie berechnete Gewichte: Skrupel, Drachmen und Unzen; Temperaturen: Fahrenheit, Celsius, Réaumur. Zweiunddreißig Grad Fahrenheit waren null Grad Celsius, zweiunddreißig Unzen 256 Drachmen oder 512 Skrupel.

Ihre Mutter Chu'en hatte gern gekocht, doch Yu-ying hatte es nicht erlaubt. Vulgär – als Dame in der Küche! Winzige Füße auf heißem Lehmfußboden. Chu'en konnte Klöße mit solch süßem, rosafarbenem Tofu füllen, dass Marzipan dagegen eine Enttäuschung war.

Die Flut war derart stark und gewaltig, dass May nicht dagegen an konnte und zurückgetragen wurde. Zurück in eine Zeit, die sie vergessen wollte. Zu Geschichten, die ihre Großmutter ihr erzählt hatte, wenn sie ihr die Füße band und sie ablenken wollte. In ihrer Geburtsstadt, erzählte Yu-ying, habe man jedes Jahr im Frühling ein Mädchen ausgewählt, das mit dem Meeresdrachen vermählt wurde. In reiche Gewänder gehüllt, wurde sie auf ein Bett gesetzt und trieb mit der Flut hinaus, trieb zu dem weit im Osten liegenden, unermesslich tiefen Meeresschlund, dem Abgrund, in den sich alle Wasser der Welt ergossen – selbst die himmlischen Fluten, die großen Sternenflüsse. Dort sei das Mädchen verschwunden und nie wieder gesehen worden.

»Aber das ist lange her«, sagte May, bevor sie May hieß.

»Ja, Chao-tsing«, erwiderte ihre Großmutter und nähte die weißen Bänder fest. »Viele Jahre. Ein Jahrhundert.«

»Ich werde den Meeresdrachen nicht heiraten.«

May stellte sich das Mädchen auf dem Bett oft vor. Sie stellte sich vor, dass sie ihm ein Ruder gab, mit dem es wegrudern konnte, dass sie die Bettlaken in Segel verwandelte, die sich im Wind blähten. Sie rettete das Mädchen immer.

»Nein«, stimmte Yu-ying ihr zu und erzählte ihr von dem sagenhaften Inselkönigreich, das kein Schiff je erreichen konnte. Denn das Wasser, das die Insel umgab, trug nichts, das schwerer als ein einzelner Schwimmer war, und dann auch nur eine Frau, die so leicht schwamm wie eine auf der Flut treibende Feder. Alle Frauen auf der Insel lebten in Frieden miteinander. Jeden Monat, wenn sie bluteten, bluteten sie Edelsteine, Rubine zum Beispiel, und diese Rubine benutzten sie als Geld. Da es keine Männer gab, öffneten sie die Beine dem Südwind. Wurden sie schwanger, gebaren sie nur Töchter.

May war leicht. Wenn es eine Frau gab, die unsicheres Gewässer durchqueren konnte, dann war sie es; sie war an einen Sog gewöhnt, der sie nicht nur zu ihrer Mutter und Großmutter zurückbringen wollte, sondern auch zu den Töchtern, die sie verloren hatte.

Rose war so jung gestorben, dass May sie sich nicht als Frau vorstellen konnte, aber Agnes hatte sie als Erwachsene getroffen, sie hatte ihr Gesicht deutlich gesehen. Sie hatte den Fehler gemacht, es sich einzuprägen. Was konnte das Leben einer Tochter bieten, die im Kloster lebte und doch seine Verheißungen verschmähte, die Tröstungen Gottes und des Himmels, sein Mysterium und seine Herrlichkeit? Manchmal, wenn May an Agnes dachte, konnte sie nicht anders als korrigierend einzugreifen und ihre Tochter mit fantastischen Gaben auszustatten wie denen, die in den alten Geschichten von den Göttern verliehen werden. Dann verwandelte sie Agnes in einen Bogenschützen und gab ihr Shen Is göttlichen Bogen. Sie machte vor ihrer Tochter den Kotau, zerriss sich die Kleidung, entblößte ihre Brust und hielt den Kopf still, damit Agnes ihr die Augen ausschießen konnte. Völlig unnötig, denn Shen Is Pfeile verfehlten ihr Ziel ohnehin nie.

May schwamm rasch durch die Brandung aufs offene Meer. Sie ließ sich von Agnes jagen, und nun hatte Agnes die Nüstern Hengs. Nüstern, die tödliches Licht verströmten, das alles, was ihm im Wege war, vernichtete.

May schwamm zu allen Tageszeiten und bei jedem Wetter, aber am allerliebsten war ihr der Strand bei Nacht, wenn die Treppe, die zum Wasser führte, feucht und kühl war. Wenn der Mond nicht schien und Wolken die Sterne verdeckten. Wenn das Wasser schwarz war, pechschwarz. Sie ging geradewegs hinein, aufgeregt, mit rasch schlagendem Herzen. Es war wie ein Rendezvous mit einem Geliebten. Nein – es war mehr als ein Rendezvous, mehr als ein Rendezvous mit einem Geliebten jemals sein konnte.

May, die wusste, wie es klang, wenn Mädchen ertranken, schwamm. Mädchen waren in Teichen, Bächen, Flüssen und Seen ertrunken. In Essigfässern. Doch sie, May, schwamm.

Weichherzige Mütter legten ihren Töchtern einen schweren Stein in die Windeln, damit diese gar nicht erst, wenn auch noch so kurz und kläglich schrien. Im Jahr darauf war es nicht schwer zu erraten, wer mit einem strampelnden, verschnürten Bündel durch die Dunkelheit geschlichen war. Es waren die, die den Haferbrei dick verteilten, die ganze Wannen an den Toren des Friedhofs ausleerten. An den klebrigen Schleimseen, den Schuldgefühlen der Mütter, beschmutzten sich die Leute die Schuhe. Die Mütter verbrannten auch dicke Bündel Geistergeld, und das Licht, das die Flammen auf ihre Gesichter warfen, verriet sie.

Manche waren feige – oder tapfer? – und ertränkten sich mit ihren Töchtern. Um sich zu rächen, sprangen sie in Brunnen und vergifteten so das Trinkwasser für die Stadt. *Li-kuei.* Hungrig umherziehend. Unfähig, Tag und Nacht zu unterscheiden. Selbst die Hölle verweigerte solch einem Geist einen Aufenthaltsort. Einmal im Jahr leckte sie einen Bauch voll Haferschleim aus dem Schmutz auf, bekam eine Hand voll brennendes Geld. Sie konnte nie wieder geboren werden. Das heißt, nur dann, wenn erneut eine Mutter ertrank; wenn noch eine sich ertränkte und bereit erklärte, den Platz der vorherigen einzunehmen.

Doch bis dahin besaß eine Selbstmörderin eine Macht, die sie im Leben nie gehabt hatte. Tapfer, feige – spielte es eine Rolle? Nun verbreitete sie Furcht und Schrecken.

Mit gleichmäßigen Zügen schwamm May weit hinaus. Selbst wenn sie wusste, dass sie Angst haben sollte, wenn sie ein Schiff hörte, dessen Lotse ihren schwarzen, auf und ab tanzenden Kopf unmöglich rechtzeitig erkennen konnte, um anzuhalten, selbst dann empfand sie keine Furcht. Sie war eine so gute Schwimmerin, dass sie Risiken eingehen konnte.

»Kommt nicht in Frage!«, hatte Alice eingewandt, als sie zu ihrem Schrecken entdeckte, dass May nach Einbruch der Dunkelheit zum Strand ging.

May zuckte die Achseln.

»Nachts nicht! Nicht, wenn es niemand sieht.«

»Niemand sieht?«

»Sieht, ob du Probleme kriegst.«

Mit wütenden Blicken, langem, aufgelöstem Haar, das um sie flog, als sie sich zu Alice umdrehte, schrie May: »Was bildest du dir ein? Erzählst mir allen Ernstes, was ich tun oder lassen soll! Hörst du mich? Hörst du?«

Alice schwieg.

Die beiden starrten einander nur an.

Die sonnige Küste Frankreichs

Gott sei gedankt für Suzanne«, sagte Alice.

»Na ja.« Cecily drehte sich vom Bauch auf den Rücken.

»Was? Findest du sie nicht nett?«

»*Nett?*«

»Blödes Wort. Was ich meine, ist … Sie hat uns das Leben wieder erträglich gemacht. Dir muss doch auch aufgefallen sein, dass May wieder umgänglicher ist. Oder findest du das nicht?«

»Doch, schon«, sagte Cecily. »Aber ich weiß nicht recht. Warum bedeutet ausgerechnet sie May so viel?« Sie zuckte zusammen, entweder wegen der Sonne oder weil ihr etwas eingefallen war, das sie aber nicht sagen wollte. »Eigentlich wirkt sie gleichzeitig komisch und vertraut. Es … Ich kann es nicht erklären. Sie erinnert mich an jemanden. Mir fällt nur nicht ein, an wen.«

»Hm, mir ist es egal. Ich bin froh, dass sie überhaupt aufgekreuzt ist.«

»Ja. May ist glücklich. Das heißt, weniger unglücklich.«

Die beiden Schwestern ruhten auf Liegen am Swimmingpool. Es war ein heißer Tag, und die Bougainvillea loderte in der Sonne. Das Magentarot ihrer Blüten war so intensiv, dass sie vibrierten, wenn man darauf schaute, und die Hummeln, die sich darauf stürzten, grau wie Spatzen wirkten.

»Meinst du, sie vermisst Shanghai?«, fragte Alice.

»Ich weiß nicht«, sagte Cecily. »In all den Jahren, die wir in Nizza sind – wie viele sind es jetzt? Sieben? –, hat sie nie davon gesprochen, dass sie zurückwill. Dabei dauert die Überfahrt nach China längst nicht mehr so lang wie früher.«

»Meinst du zu einem Besuch? Sie ist nicht der Typ, der Besuche macht. Nicht, wenn sie einem Ort einmal den Rücken gekehrt hat.«

»Ja, ich weiß. Andererseits gibt sie immer wenig von sich preis. Redet nie von der Vergangenheit. Von Arthur. Oder Rose.«

»Aber von Rose hat sie auch in Shanghai nie gesprochen.« Die andere Tochter, Agnes, erwähnte Alice ohnehin nicht. Das hatte sie auch nie getan.

»Nein«, stimmte Cecily ihr zu. Sie stand auf, reckte sich und ging, dicht gefolgt von Fräulein, langsam die Stufen zum flachen Ende des Wassers hinunter. Die beiden trugen die gleichen Badeanzüge und schwammen einmal auf und ab. Synchron.

»Daddy ist weniger erpicht auf sie«, sagte Alice, als Cecily tropfend aus dem Becken stieg. Das Wasser lief ihr an den glatten Beinen hinunter.

»Auf wen? Suzanne?«, fragte Cecily. »Spielt das denn eine Rolle?«

»Absolut nicht. Ich frage mich nur –« Alice drehte sich auf den Rücken und schloss die Augen vor der hellen Sonne. »Glaubst du, dass sie … Du weißt schon?«

»Was?«

»Ob sie … Du weißt, wovon ich rede. Sie schlafen in einem Schlafzimmer. Und da gibt's nur ein Bett.«

»Woher soll ich das wissen?« Cecily langte nach dem Kamm, den sie auf dem Tisch neben ihrer Liege abgelegt hatte, und warf ihn versehentlich herunter. Alice sah zu, wie Fräulein ihn aufhob und ihrer Schwester gab.

Lag es daran, dass sie so privilegiert aufgewachsen war, an der stetigen Allgegenwart einer stumm gehorsamen Dienerschaft von Boys und Amahs? Im Unterschied zu Alice jedenfalls hob Cecily nie etwas vom Boden auf, niemals. Ihr ganzes Leben lang nicht. Sie bückte sich nach keinem Schuh, keinem Löffel, keinem Brief, Strumpf, Ohrring, Stift. Und es war, als teile die Welt um sie herum ihr Gefühl dafür, was ihr zustand. So wie Fräulein eben den Kamm aufgehoben hatte, legten Alice, Dick, Eleanor und sogar May in Cecilys träge weiße Hand, was immer sie hatte fallen lassen.

Alice betrachtete den schmalen Körper ihrer Schwester, der sich eng an den Fräuleins schmiegte. »Hör mal«, sagte sie, »du weißt doch sicher besser als ich, ob sie ein Verhältnis haben.«

Fräulein lächelte eines ihrer kleinen mysteriösen Lächeln, beugte sich auf der Liege ein wenig vor und schraubte den Verschluss einer Flasche Körperlotion auf.

»Willst du wissen, was ich denke?«, sagte Cecily. »Du lässt dich zu sehr in ihre Stimmungen hineinziehen. In ihr Privatleben.«

»Hineinziehen? Quatsch! Wie denn?«

»Wie jetzt zum Beispiel. Was geht es dich an, wie sie zueinander stehen?«

»Ich bin neugierig. Mehr nicht.«

»Und sie«, sagte Cecily. »Sie ist ja auch … Ihr beide habt … Ich weiß nicht. Es kommt mir vor, als sei sie eifersüchtig auf Ewlanoff. Du kannst dir gar nicht vorstellen, wie sie ist, wenn du nachts bei ihm bist.«

»Wie denn?«

»Aggressiv. Stinkwütend. Diese Glastür zum Beispiel … Was hat sie dir erzählt? Dass sie vom Wind zugeknallt ist? Unsinn. Sie hat eine von den schweren Messingschüsseln dagegengeworfen.«

»Weil ich ausgegangen bin?«

»Weil sie dich nicht mehr unter Kontrolle hat. Du … gehörst ihr nicht mehr. Bist nicht mehr ihr Mädchen. Ihre Tochter. Oder wofür immer sie dich hält. Hielt. Und das Einzige, was sie hat, das Einzige, von dem sie denkt, dass sie dich damit halten kann, ist …«

»Geld«, beendete Alice den Satz.

Cecily hielt Fräulein den Arm hin, die ihn mit Lotion einzureiben begann. »Ja, sie versucht Daddy dazu zu bringen, dass er dich enterbt, wenn du Ewlanoff weiterhin triffst oder ihn sogar heiratest. Allerdings hat sie Angst, dass es dir nicht wichtig genug ist.«

»Das mit dem Testament, meinst du?«

»Nein, das Geld. Sie. Beides. Weißt du, du wolltest ja eigentlich nie wahrhaben, oder vielleicht hast du es auch nie kapiert, dass May nur Menschen mag, die schwach sind, Menschen, die sie manipulieren kann.«

Alice schwieg. Sie schaute zur Villa hinauf, diesem da hingeklotzten Reichtum, optimistisch rosa angestrichen, in der Farbe vollkommener Reife, und das alles – jedenfalls das meiste – dank Eleanors Zahn, des künstlichen Zahns, den May bezahlt hatte. »Alles, was wir haben«, sagte Alice und verstellte den Schirm über ihrer Liege, »besitzen wir, weil sie sich um einen Menschen gekümmert hat, den sie manipulieren konnte, um dein Wort zu gebrauchen. Wo wären wir ohne Miss C. und ihren Zahn?«

Nach der anstrengenden Verfrachtung des Hausstandes (das heißt dessen, was nach dem Brand davon übrig geblieben war), von Shanghai an die Riviera war May in eine Depression verfallen. Doch sie redete nicht darüber, und es vergingen Monate, bevor die übrigen Familienangehörigen begriffen, dass etwas nicht stimmte und dass es um etwas anderes als bloß um Erschöpfung oder Trauer ging.

Die Veränderungen in Mays Stimmung waren zunächst kaum spürbar. Es war, als wichen, während sie durch einen Garten schlenderte, die Farben langsam und verstohlen aus den Blumen, dem Himmel und dem Gras und alles um sie herum werde grau. Als sei sie allein und ohne die Fähigkeit noch zu wünschen. Alles, was sie sah, hatte die Farbe von Staub. Nicht, dass es unerträglich war. Man konnte durchaus auch ohne Freude weiterleben; das zumindest redete sie sich ein. Als sie aber dann plötzlich die Lust verließ – oder war nur die Erkenntnis plötzlich? –, da verließ sie auch die Illusion, dass das Leben eine Bedeutung habe. Warum die ganze Mühe? Zu welchem Zweck?

Solcherlei Fragen zu umgehen war sehr leicht gewesen, als sie noch intensiv damit beschäftigt war, das Haus einzurichten, eine Aufgabe, die dadurch erschwert wurde, dass die Familie in eine alles andere als erstklassige Gegend gezogen war und dort wohnen musste, bis eine ideale Villa in einer begehrten Straße zum Verkauf stand. Da May sich noch nie zuvor mit diesem prosaischen weiblichen Zeitvertreib beschäftigt hatte, gab sie sich der irrigen Annahme hin, dass eine schöne Innenausstattung Befriedigung, sogar Trost verschaffen könne. Sie dachte beispielsweise, dass ihr die Entdeckung der perfekten Vase für die Nische im Foyer ersatzweise ein Gefühl von Harmonie geben würde. Dass sie sich fühlen werde, als sei sie nun selbst endlich am richtigen Ort. Warum sonst war der beste Dekorateur Monate im Voraus ausgebucht? Aus welch anderem Grund wimmelte es im Ausstellungsraum des Polsterers von aufgeregten Frauen mit glänzenden Augen, die emsig Stoffe betasteten und Schecks unterschrieben?

May suchte Teppiche und Möbel aus; sie beaufsichtigte das Verputzen und Streichen einschließlich der Schablonenmalerei, die Installation einer neuen Küche, das Einstellen eines Kochs und Kellermeisters aus der Provence. Sie kaufte Betten; sie kaufte Decken; sie kaufte Teekannen, Champagnergläser und Bowleschüsseln. Diwane, Schreibtische. Clubsessel, Lehnsessel und Sitzkissen. Couchtische. Uhren. Kerzenhalter. Silberbesteck. Dessertteller. Fünfzig weiße Leinenservietten mit rotem Monogramm.

Sie ließ ein Dutzend Gärtner vorsprechen, stellte drei ein, feuerte zwei, ließ das gesamte Areal aufreißen und neu gestalten, beaufsichtigte das Graben jedes einzelnen Lochs für jeden einzelnen Strauch.

Und dann, als alles fertig, als nichts mehr zu tun war, verzweifelte sie. Wozu das Ganze?

Wenn sie morgens durch die offenen Gardinen sah, wie sich das Meer an die Küste wälzte, unter seiner glitzernden blauen Fläche üble Absichten verbarg, erschrak sie. Dunkel schäumende schlechte Omen. Über dem Strand schüttelte der Wind die Palmen, er fauchte durch die Pinien und erfüllte May mit bösen Vorahnungen. Die Zypressen auf den Berghängen schrappten aneinander und knirschten wie schwarze Drachenzähne. Unheilvoll hingen Zitronen an den Bäumen. Kiefernzapfen rissen in der trockenen Hitze auf und knarzten wie schlecht sitzende Gebisse, klapperten, knacksten. Verhöhnten sie.

Besonders schlimm war, dass die übrige Familie ihr Unglück nicht teilte. Was May quälte, schien sie zu erfreuen. War das Miltons Vision der Hölle? Dantes? Oder bestand der Himmel darin, dass man von hoch oben die Qualen der Verdammten unten beobachtete? Nun ließ May alles im Stich: nicht mehr nur ihre Füße, sondern auch ihr Gedächtnis, ihre Fähigkeit zu denken. Der Schlaf, der Appetit.

Das rosafarbene Innere einer aufgeschnittenen, auf einem Teller liegenden Feige verwandelte sich in die anatomische Zeichnung eines sezierten Eierstocks, ein widerlich lebendiges Gewürm. Schaudernd schob sie es weg. Der

Haus-Boy, der es ihr serviert hatte, die Hausmädchen, sie alle erfüllten sie mit Abscheu und Entsetzen. Was waren sie mehr als – was war sie, May, mehr – als Eingeweidesäcke: nasse Münder am einen, klebrige After am anderen Ende. Das Leben ... Man konnte es nicht beschützen. Sie schaute hoch zu den bezaubernden Ruinen von Roquebrune und sah eine Höhle für wütende Drachen. Das weiße Licht blendete sie; es legte grellen Schmerz wie einen Heiligenschein um ihren Kopf.

Sie stritt sich mit Alice, oft wegen nichts und wieder nichts. »Du krittelst nur noch an mir herum«, warf sie ihr an dem Nachmittag vor, an dem sie Roquebrune besuchten. Sie saßen in einem idyllischen Café; die unberührten Wassergläser funkelten wie Diamanten.

Alice legte die Gabel auf den Teller. »Also hör mal –«

»Doch, das stimmt«, sagte May, bevor sie den Einwand beenden konnte. »Ich spüre deine Missbilligung.« Sie holte tief Luft, hielt sie an, stieß sie aus. »Das ist ja auch ganz normal. Als ich in deinem Alter war, war ich genauso kritisch. Weil du jung bist, weigerst du dich zu begreifen, dass jeder Mensch sein Bestes tut ... Wir sind alle unvollkommen. Angeknackst. Aber um solche Einsichten zuzulassen, muss man älter werden. Wenn man dem anderen zugesteht, dass er Fehler macht, dann muss man sich auch eingestehen, dass man möglicherweise selbst welche hat.« Während May sprach, änderte sich ihre Stimme, wurde weich; auch seufzte sie zwischendurch immer wieder. »Und das wäre nicht recht. Denn du bist jung und musst das empfinden, was du empfindest: dass dir die Welt offen steht.« Sie streckte Alice über den Tisch die Hand entgegen. »Ich wünsche dir jedenfalls, dass du so empfindest.«

Alice starrte May an. Was für eine seltsame kleine Rede ihre Tante da gehalten hatte. Das war ja völlig neu. Als sie anfing, hatte sie böse geklungen, und als sie aufhörte, traurig. Normalerweise bewegte sie sich in entgegengesetzter Richtung. Alice wusste nicht, was sie antworten sollte.

May schaute an den Felsen vorbei zum Meer. Es lag flach unter einer faltigen Haut und erinnerte sie an geschmolzenes, abkühlendes Wachs. Sie hatte Unrecht gehabt, dass sie immer gefunden hatte, China sei überladen von Tragödien. Sie hatte nicht den Wunsch, dorthin zurückzukehren, aber China war wenigstens ehrlich, seine Straßen schämten sich der Erbärmlichkeit der menschlichen Seele nicht. Diese felsige Küste, dieses blaue Meer, dieses bildschöne Land – Nizza, was für ein lächerlicher Name für die Stadt, in der Paganini in einem ärmlichen Kabuff in der Rue de la Préfecture die Violine weggelegt hatte und gestorben war, die Vorhänge zugezogen, vor der gnadenlosen Sonne versteckt, zusammengerollt wie eine verhungerte Zecke – dieser gleisnerische Ort erzählte Lügen über das Leben. Er versuchte, auch sie zu betrügen.

Wenn sie schlafen konnte, wurde sie von Albträumen gequält. Arthur erschien ihr mit Rose in den Armen. Er stand im Garten, die Bäume um ihn herum schüttelten sich. *Ich habe sie gefunden!*, rief er. *Ich habe sie gefunden!* Und May versuchte hinauszugehen. Sie musste zu ihnen gelangen, um zu sehen, ob Rose tot war oder nur schlief. Sie war verwirrt, und selbst im Traum fragte sie sich, ob sie nun auch starb. War sie vielleicht schon tot und auf dem Weg zu ihnen? *Komm! Unser neues Zuhause erwartet uns!*, rief Arthur, und im Schlaf lief May auf ihn zu, stolperte und fiel auf der Treppe hin.

Alice kam, drei Stufen auf einmal nehmend, zu ihr heruntergerannt und dankte Gott, dass sie zu Hause war. Sie hob ihre Tante auf und sprach mit ihr, doch May war gar nicht wach.

Sie lief einen Berg hinauf, über einen langen gewundenen Pfad, um zu einem Maulbeerbaum zu kommen. Denn der Traum hatte sich verändert; nun war er wie eine Geschichte, die sie als Kind gehört hatte, die Geschichte von der Mutter eines der Unsterblichen. May erreichte den Gipfel, und da stand der hohle Maulbeerbaum, doch in seinem Innern fand sie statt eines Babys die Leiche ihrer Tochter Agnes.

May bereitete sie für die Reise durch die nächste Welt vor. Nach altem Brauch – wie lange hatte sie die Traditionen ignoriert! – nahm sie eine Reisschale und zerbrach sie. Dann wusch sie den großen Körper ihrer Tochter sorgfältig und kleidete ihn in neue Gewänder. An die Schulter stellte sie eine Lampe, damit deren Licht Agnes auf ihrer dunklen Reise geleitete. In Agnes' linke Hand legte sie Reisbällchen, mit denen die Hunde der Unterwelt beschwichtigt werden mussten, und die Finger der rechten legte sie um einen Stock, falls die Reisbällchen ihre Wirkung verfehlten.

Damit Agnes den Drachen bezahlen konnte, der die scharf bewachten Pforten zur Nai-Ho-Brücke bewachte, füllte May den Mund ihrer Tochter mit Gold und Juwelen. Das heißt, sie versuchte es. Denn das war der Teil des Traums, an dem immer alles schief ging: Die Münzen und Rubine, die Perlen und Jadestücke fielen stets wieder heraus. Es war, als spucke Agnes ihr die Reichtümer zurück ins Gesicht: Einerlei, wie oft May sie ihr in den Mund legte, sie blieben nicht darin. Allein auf dem windumtosten Berg mit dem weit aufklaffenden Maulbeerbaum wie einem Mutterleib, der sich in ein Grab verwandelt hatte, geriet May in Panik. Sie schob ihrer Tochter die Perlen in den Mund, drückte ihr die Lippen zu, aber es gelang auch diesmal nicht. Die Perlen wurden schmutzig und blutig. Die neuen Gewänder zerrissen, und die beiden Frauen kämpften miteinander und verfingen sich in langen nassen schmutzigen Verbänden.

May erwachte, das Haar schwer und strähnig vor Schweiß, die Arme und Beine glitschig, auch das Nachthemd nass und kalt. Sie langte nach Arthur und fand sich in Alices Armen wieder.

Sie war siebenundvierzig Jahre alt. Sie trank grünen Tee mit Zucker, trank Jasmintee mit Milch und Zucker, Kamillentee ohne alles, aß nichts. Ohne Opium konnte sie nicht schlafen. Wenn seine Wirkung nachließ, wenn sie erwachte und nicht sofort wieder einschlief, wurde es grauenhaft. Ihr Herz klopfte so penetrant, so schnell und heftig, dass sie es auf der Matratze spürte, wenn sie auf dem Bauch oder auf der Seite lag. Drehte sie sich auf den Rücken, spürte sie es im Hals und in den Handgelenken: die Berührung des Kragens und der Manschetten ihres Nachthemdes konnte sie nicht ertragen.

Ein Dr. Michael Ewlanoff, den Alice an dem Morgen, an dem May einen Schwindelanfall erlitt und sich erbrach (im Waschbecken waren Blutspuren, auch ihre Nase blutete), kennen lernte, untersuchte sie und sagte, sie werde sterben. Sie bringe sich selbst um.

»Typisch, dass ich an einem Feiertag krank werde, wenn nur Russen Hausbesuche machen«, gab May zurück. Das Gesicht wie aus Pergament, lag sie da, doch ihre Zunge war noch giftig.

Ewlanoff machte seine Tasche zu. Als Alice ihm einen Scheck gab, zerriss er ihn. »Es gibt keine Heilung«, sagte er. »Und ich nehme ihr Geld nicht.«

Die barsche Diagnose hatte jedoch den heilsamen Effekt, dass May zornig wurde. Sie setzte sich auf und ließ Ewlanoff aus dem Haus werfen; sie schimpfte über westliche Quacksalberei, ja, sie wäre auf- und abgelaufen, wenn ihre Füße ihr diesen Ausdruck von Erregung erlaubt hätten. Stattdessen lag sie fuchsteufelswild auf der Chaiselongue und klopfte mit ihren langen Fingernägeln auf die Porzellankanne auf dem Tablett, in der der Tee kalt wurde.

In der Woche darauf unternahm sie mehrere Exkursionen in die Stadt, die Promenade des Anglais, den Boulevard Gambetta, die Rue Dante auf und ab und wieder hinauf und wieder hinunter. Mit einer Decke auf den Knien, ließ sie sich von Boy und Bruder Boy in der Sänfte tragen – beide waren inzwischen grau geworden –, was viel Aufmerksamkeit erregte. Aber May war an starrende Blicke gewöhnt und machte sich nichts daraus; nur die ihres allerersten Projekts ließen sie nicht gleichgültig: die eines Drehorgelspielers, dessen Affe gestorben war.

SCHUHE ZUM LAUFEN

Künstliche Glieder und Stützapparate«, stand mit diskreten, beinahe verschämt kleinen Buchstaben auf dem Schild über der Tür.

»So etwas brauche ich nicht!« May klang mehr als empört. Mit der Spitze ihres Stocks stach sie in das Begonienbeet an der Straßenecke.

»Ich weiß.« Alice hatte schon alles versucht, ihre Wut zu zügeln. Bis zehn zählen – das nützte nichts. Tief Luft holen – das hatte bei der Autofahrt geholfen. Nun vermied sie es, May ins Gesicht zu blicken; anstatt auf die abgrundtiefe, eisige Verachtung darin schaute sie, wann immer möglich, auf die verkrüppelten Füße. »Ich weiß. Ich weiß. Aber hier machen sie auch Schuhe. Hier sind wir richtig.« Sie zog May am Arm. »Komm«, sagte sie. »Es ist heiß.«

»Warum stehst du da und guckst so komisch nach unten? Willst du etwa, dass man dich für eines der reizlosen, abgerissenen Dämchen hält, die, den Blick auf die Bürgersteige geheftet, durch die Straßen promenieren?«

Böse riss Alice den Kopf hoch. Die Mittelmeersonne war zu hell. Mittags schien ein Licht, in dem man jeden Makel in einem Gesicht, jede Enttäuschung in einem Leben erkannte.

Jemand hatte das Ladenfenster mit künstlichen Armen und Beinen dekoriert und dazwischen Zimmerpflanzen hübsch arrangiert. Eine Efeuranke kroch durch die Schnüröse eines Bruchbandes. »Das«, sagte May, »ist grotesk. Die Dienste eines Menschen, der ein solches Schaufenster gestaltet, möchte ich nicht in Anspruch nehmen.«

»May, bitte. Es dauert eine Stunde, und dann haben wir es hinter uns. Hier sind die Röntgenbilder. Alles ist vorbereitet.«

Schweigend blieben Alice und ihre Tante an der Ecke Rue Rossini und Avenue Auber stehen. May stützte sich auf ihren Stock mit dem Jadeknauf; Alice beobachtete die nach Süden fahrenden Autos und versuchte nicht zu weinen. Warum war es so schwer zu erreichen, dieses simple Ziel? Sie wollte ihr doch einfach nur ein paar Schuhe besorgen – richtige Schuhe, in denen man laufen konnte, Schuhe, die einem Menschen halfen zu laufen? Warum reagierte May, als habe Alice eine besonders schlaue Folter für sie ersonnen? Es war ja beinahe, als ärgere sie sich über Alices Versuch, ihre Schmerzen zu lindern. Als sei sie der Meinung, Alice wolle ihr etwas stehlen. Etwas Wertvolles.

Und je aggressiver May sich wehrte, desto sturer bestand Alice auf ihrem Vorhaben. Es wurde ein Wettstreit zweier Willen. Eine innere Stimme riet Alice, Nachgeben sei klüger, May werde die Schuhe doch nie tragen, ihre, Alices Sturheit könne sogar zu einer Katastrophe führen. Doch sie schaffte es nicht mehr, von dem Wunsch, ihre Tante in orthopädische Schuhe zu bekommen, abzulassen. Weil sie sich plötzlich über Mays langsame Schritte ärgerte – irrsinnig, brutal, maßlos ärgerte. Das Tempo, das sie einst verzaubert hatte, der Beweis, dass ihre Tante in einer anderen Welt lebte, einem Reich der Anmut und Leichtigkeit, kam ihr nun unmöglich vor, sie empfand es als Zeichen von Widerspenstigkeit. Urplötzlich fand sie, dass ihre wunderbare Tante nicht nur verkrüppelt, sondern mutwillig und hartnäckig verkrüppelt war. Das würde sie nun ändern. Sie gab keine Ruhe; die beiden stritten sich oft.

»Man kann sie nicht wieder in Ordnung bringen! Nein! Nein! Nein!«, hatte May Alice noch am Abend zuvor angeschrien, sich allerdings am Morgen dafür entschuldigt. »Es tut mir Leid«, hatte sie eisig gesagt und total unaufrichtig geklungen.

Alice antwortete nicht, sondern tauchte ihren Löffel in den Kaffee und zeigte mit ihrem ostentativ sorgfältigen, schweigenden Rühren und damit, dass sie, ganz gegen ihre Gewohnheit, entschieden vermied, das Metall gegen das Porzellan knallen zu lassen, wie beleidigt sie war.

»Du kannst mich nicht wie andere Menschen machen.«

»Natürlich nicht. Wie sollte ich? Ich versuche ja nur, dir das Leben ein ganz kleines bisschen zu erleichtern.« Alice gab nicht zu, dass Mays provozierend langsames Tempo sie immer ungeduldiger und aggressiver machte. Natürlich behielt sie das für sich. Doch sie spürte, dass es nicht mehr lange dauerte und sie würde ihre Tante durchschütteln. Sie umstoßen. Anschreien. Die übrige Familie hielt sich aus dem Konflikt heraus. Sobald Alice das Wort Schuhe aussprach, verschwanden sie einer nach dem anderen: Cecily, Dick, Suzanne, Eleanor.

Alice legte den Löffel leise auf die Untertasse. »Ich habe ja auch nie behauptet, wir würden sie in Ordnung bringen. Oder dass es irgendjemand könnte.«

May nickte, als wolle sie einlenken, und sie brachen auf, um rechtzeitig zu dem Termin zu kommen. Doch nun standen sie vor der Tür des Ladens und kamen nicht weiter. Alice beobachtete den Verkehr, die Autos, die von glücklich und zielbewusst ausschauenden jungen Leuten gesteuert wurden, Leuten, die entschlossen in die Zukunft fuhren. Shanghai, Nizza – beides keine Städte, aus denen die Menschen wirklich kamen.

Aus dem Innern des Geschäfts langte eine Hand in die Auslagen im Schaufenster. Sie zog an einer Kordel, und die Stäbe einer Jalousie schlossen sich und bildeten einen weißen Hintergrund zu den hässlichen Gegenständen.

»Was jetzt?«, fragte Alice.

»Gut«, antwortete May, »ich ergebe mich.« Wie eine Geisel hob sie die Arme und starrte weniger auf Alice als auf deren Brustkorb, als bedenke sie einen Weg, sie zu erdolchen. »Was bleibt mir anderes übrig, wenn du mich so quälst?«

Alice verkniff sich einen Kommentar und hielt die Tür auf. May ging hinein. Sie setzte sich auf einen blauen Sessel, während Alice der blonden Frau an der Theke schweigend den großen Umschlag mit den Röntgenaufnahmen von den Füßen ihrer Tante hinhielt. »Sie haben einen Termin?«, fragte die Frau.

Alice nickte. »Vierzehn Uhr dreißig«, sagte sie.

Die Frau stand auf und ging durch eine Tür, die von zwei Crassulaceae eingerahmt wurde, deren dicke gewachste Blätter sie streiften. Nach einer Minute kehrte sie mit einem bärtigen Mann zurück, der eine rote Schürze trug. »Kommen Sie herein, Mrs. Cohen«, sagte sie.

»Soll ich mitkommen?«, fragte Alice, doch May antwortete nicht. Alice sah zu, wie sie dem Mann mit der Schürze folgte, wobei sie sich selbst für ihre Verhältnisse langsam bewegte und ein hoheitsvolles Tempo beibehielt. Ihre Nasenlöcher weiteten sich wunderbar verächtlich, die Haut um ihre Lippen war weiß, alle Farbe war daraus gewichen: zwei untrügliche Zeichen von Zorn. Alice seufzte, fächerte sich mit der Zeitschrift, die sie mitgebracht hatte, Luft zu und starrte aus dem Fenster.

Hinter der engen Tür befand sich ein Raum mit einem verstellbaren Stuhl wie in einer Zahnarztpraxis. »So«, sagte der Mann mit der Schürze. »Ich bin Dr. Dumonteil.« Er streckte die Hand aus und nach einem Moment Zögern, der lang genug war, um ihr Missfallen auszudrücken, nahm May sie.

»Sie haben noch nie orthopädische Schuhe getragen. Ist das richtig?«

»Ja.« May saß seitlich auf dem Sitz des Stuhls. Sie behielt beide Hände auf dem kühlen Jadeknauf ihres Stocks.

»Die Sache ist ganz einfach. Ich nehme einen Abdruck von Ihren Füßen und mache davon Positive, das heißt, ich benutze die Abdrücke, um Kopien beider Füße herzustellen: in Gips. Mit Hilfe dieser Gipsformen fertige ich die Schuhe an.« Dumonteil, der die schlechte Laune seiner Patientin scheinbar gar nicht wahrnahm, öffnete, während er sprach, den Umschlag, nahm die Röntgenaufnahmen heraus und klemmte sie sorgfältig an ein Leuchtbrett. Er wandte May den Rücken zu und studierte sie; auch May schaute sie sich an. Sie hatte sie bereits vorher in der Praxis des Orthopäden gesehen. Um ihre Deformiertheit zu verdeutlichen, hatte der sie neben Röntgenaufnahmen von normalen Füßen gehängt. Im Vergleich zu denen sahen Mays Füße wie die einer anderen Spezies aus.

Dumonteil strich sich über den Hinterkopf. »Bereitet Ihnen dieser hm, hm, Zustand, arge Schmerzen?«, fragte er.

»Es kommt darauf an«, sagte May.

»Worauf?«

»Darauf, wie viel Aufmerksamkeit ich ihm schenke.«

Dumonteil drehte sich herum, seine Miene war unverändert freundlich. Entweder war er gegenüber dem Seelenzustand anderer Menschen immun, oder er ignorierte den Sarkasmus in Mays Antworten. »Nach Auskunft Ihres Arztes«, sagte er, »gibt es Komplikationen wegen Arthritis.«

»Offenbar ja.«

»Aber Sie spüren nichts davon?«

May holte tief Luft. »Dr. Dumonteil«, sagte sie, »ich bin hier, weil meine Nichte sich die Wiederherstellung ihrer chinesischen Tante zur Aufgabe gemacht hat, und zwar mit dem missionarischen Eifer, den sie sich für die wenigen Projekte bewahrt, die sie kompromisslos durchzufechten gedenkt. Sie ist überzeugt, dass es mir mit neuen Schuhen besser geht. Ich habe eingewilligt, mich darauf ... einzulassen ... Auf dieses hier.« Mit welchem Ekel sie die letzten Worte aussprach!

Der Orthopäde setzte sich auf einen Hocker mit Rädern, rollte langsam vorwärts, bis seine Augen auf einer Höhe mit Mays Stock und ihren weißen, beringten Fingern waren, und fragte: »Darf ich Sie untersuchen?«

Sie zuckte die Achseln.

»Vielleicht nehmen Sie selbst Ihre Schuhe ab. Ich habe dergleichen noch nie gesehen«, fügte er hinzu und klang geradezu bittend, vorsichtig, derart beherrscht in Ton und Gestik, als bereite er sich darauf vor, einen Sprengkörper auseinander zu nehmen und zu entschärfen.

May knotete die schmalen schwarzen Schleifen über dem Spann beider Füße auf. Schweigend wickelte sie die Binden ab. Zuerst links, dann rechts.

Dumonteil sah sich alles ruhig an. Ein Drittel der Haut an Mays beiden Füßen war vereitert. Ihre großen Zehen waren an den Seiten geschwollen und voller Blasen; die Knöchel der übrigen Zehen waren völlig unnatürlich umgeknickt, um das Körpergewicht zu tragen, und mit dicken Schwielen und Wundschorf bedeckt.

»Dr. Guerin hat mich angerufen«, sagte er wie zu sich selbst. »Deshalb war ich mit dem Krankheitsbild vertraut. Aber ich hatte noch nie Gelegenheit, diese besondere Art von ... Verletzung zu behandeln.«

»Nein«, sagte May. »Warum sollten Sie auch?«

Er nahm ihren linken Fuß in die Hand, sorgsam darauf achtend, die offenen Stellen nicht zu berühren. »Ich weiß gar nicht, wie Sie überhaupt laufen.« Er benutzte einen Zirkel, um die Entfernung vom untersten Gelenk des großen Zehs bis zu dem des kleinsten zu messen.

»Ich muss schon sagen«, begann er.

»Was?«, fragte May, als er nicht fortfuhr. »Was müssen Sie sagen?«

Der Orthopäde schaute sie an. »Zu meinem Beruf gehört es, natürliche Fehlentwicklungen zu korrigieren. Manchmal die Folgen von Unfällen. Doch meist organische oder entwicklungsbedingte Missbildungen. Geburtsfehler.« Er drehte Mays Fuß herum. »Das ist alles ein wenig …«

»Was?«

Der Arzt fuhr mit dem Zeigefinger über die heilen Hautpartien. »Verstörend«, sagte er schließlich.

»Das kann ich mir vorstellen.« Der Gedanke, dass Dumonteil versuchte, gebeugte Rücken gerade zu richten und fehlende Glieder zu ersetzen, erinnerte May an Arthur, und sie fand, dass sie zu Unrecht böse mit ihm war. Sie schaute auf sein dichtes, lockiges Haar, als er sich mit dem Kopf über ihre Füße beugte.

»In China«, sagte sie, »verbiegen Eltern ihren Säuglingen die Wirbelsäule mit Gewalt, damit sie den Buckel eines Weisen bekommen. Auf diese Weise erlangen sie – ich rede natürlich nur von Jungen – die Achtung, die gelehrten Männern zusteht.« Als Dumonteil schwieg, fuhr sie fort: »Eigentlich will ich Ihnen, glaube ich, nur erzählen, dass ich aus einer anderen Welt komme. Ihr Mitleid ist fehl am Platze.«

Er schaute sie an, als habe sie ihm eine Ohrfeige verpasst. »Dass ich Mitleid mit Ihnen habe, habe ich nicht gesagt«, antwortete er.

»Ach, nein?«

»Nein.«

Dumonteil stand auf und holte eine flache weiße Emailleschüssel. »Die benutze ich, um die Abdrücke zu machen«, sagte er ganz nüchtern und sachlich.

May nickte. Mit verschränkten Armen, übereinandergeschlagenen Beinen, den Stock mit dem Jadeknauf neben sich, sah sie zu, wie der Arzt aus einem Edelstahlkanister weißen Puder in einen Messbecher schüttete, Wasser hinzufügte und zu einer Paste vermischte, die er dann mit einem Spatel in der Schüssel verteilte. Darüber legte er eine Schicht Gaze, dann wieder eine aus der Paste, dann immer abwechselnd Gaze und Paste. Abwägend betrachtete er die Schüssel, dann Mays rechten, frei hängenden Fuß – den linken hatte sie ja untergeschlagen – und fügte noch eine Schicht hinzu.

Während May ihn beobachtete, kam ihr schmerzlich zu Bewusstsein, wie ihre Mutter sich über eine Schale mit Ton gebeugt und die Fläche geglättet hatte, auf der sie die Umrisse der kleinen Füße ihrer Tochter festhalten wollte, bevor diese zum Bindestuhl geführt wurde.

Und als sie sich auf die zähe Masse stellte und ihre Füße langsam einsanken, stöhnte sie, leise, fast unhörbar. Unwillkürlich.

»Tut es weh?«, fragte der Arzt.

May antwortete nicht sofort. Als sie sprach, war ihre Stimme gefasst, leise. »Wenn meine Füße nicht gebunden sind«, sagte sie, »machen sie mir Beschwerden. Ich muss sie binden, um Halt zu haben.« Sie erlaubte sich, die Augen zu schließen.

Wir werden deinen Freiern erzählen, hatte ihr die Großmutter versprochen, *dass du nie geweint hast. Sag mir, dass du nie geweint hast. Sag die Worte: Ich habe nie geweint.*

Dumonteil sah auf seine Armbanduhr, verfolgte die

Bewegung des Sekundenzeigers. »Noch eine halbe Minute«, sagte er. Als die um war, griff er May am Ellenbogen und half ihr zurück auf den Stuhl. Dann bückte er sich, hob die Füße aus dem weißen Gips und inspizierte seine Arbeit im Licht am Fenster. »Das müsste genügen«, sagte er. »Ich glaube, Sie werden überrascht sein, wie viel Halt Ihnen die neuen Schuhe geben.«

May erwiderte nichts.

»Welche Farbe hätten Sie gern?«, fragte Dumonteil. »Ich kann sie Ihnen in schwarz oder braun machen. In marineblau oder weiß.«

»Oh«, sagte sie. »Die Farbe ist unwichtig. Nur nicht weiß.« Dann korrigierte sie sich. »Und auch nicht braun. Oder blau.«

»Dann bleibt nur schwarz.«

Sie zuckte die Achseln.

VORSCHLAG

Um drei Uhr morgens hatten sich alle Gäste zurückgezogen; auch die Diener. Aus der Küche kam kein Laut. Nach Mitternacht war der Wind wie immer stärker geworden, und die weißen Gardinen wurden durch die offene Verandatür hineingeweht. Suzanne hustete.

May fasste die Teekanne an, um zu sehen, ob sie noch warm war. Sie goss sich eine Tasse Tee ein und knöpfte die Schnurverschlüsse an ihrer langen türkis-grünen Jacke auf.

»Sie erlauben mir nur aus Mitleid hier zu bleiben«, sagte Suzanne, worauf May laut aufstöhnte.

»Nicht das schon wieder.«

»Warum sonst? Sie wissen, wie mein Leben aussieht. Sie wissen, dass ich allein bin. Und arm.« Suzanne fasste sich nervös an den Knopf an ihrem Hals.

May stellte die Teetasse auf die Untertasse. »Ich kenne viele einsame, verarmte Menschen«, sagte sie.

»Warum dann? Warum?«

May zog langsam die Haarnadeln aus dem Haar. Sie legte sie der Reihe nach auf das Teetablett. »Ich habe mein Bett, von meinem Leben ganz zu schweigen, nie aus Großzügigkeit mit jemandem geteilt. Niemals. Noch viel weniger aus Mitleid. Die Gäste in meinem Haus – die hier essen und schlafen, weil sie sonst nichts haben – sind … Sie halten mich davon ab, zu viel nachzudenken.«

»Worüber?«

»Die Vergangenheit.«

Suzanne hustete noch einmal, mehr aus der Notwendigkeit heraus, ein Geräusch zu machen, als um den Hals frei zu bekommen. »Was ist mit mir?«, fragte sie. »Wozu bin ich da?«

»Suzanne«, antwortete May. »Ich bin ganz und gar selbstsüchtig. Verstehen Sie das denn nicht?« Sie legte die Hände auf den Mund, als wolle sie sie mit ihrem Atem wärmen, und nahm sie auch nicht weg, während sie Suzanne ins Gesicht schaute. »Was bin ich denn?«, fragte sie und ließ die Hände nun doch herabsinken. »Eine heimatlose Chinesin. Fünfzig. Witwe. Meine Töchter habe ich verloren. Wer soll mein –« Sie hielt inne, um die Frage neu zu formulieren. »Wer leistet mir Gesellschaft?«, fuhr sie lächelnd, scherzhaft fort in dem Versuch, den Ton des Gesprächs zu verändern. »Außerdem können Sie mittlerweile sehr gut Mah-Jongg spielen. Nach den stundenlangen Lektionen will ich nicht wieder mit jemand Neuem ganz von vorn anfangen.«

Doch Suzanne ließ sich nicht beirren. »Sie haben Ihre Familie«, sagte sie.

»Die braucht mich nicht mehr. Cecily wollte ohnehin immer nur etwas von ihrer Mutter. Und Alice«, schnaubte May verächtlich, »Alice hat ihren ... ihren Doktor.« *Doc-teur*. May sprach die beiden Silben aus, als seien sie so bitter wie die Medikamente in seiner Tasche. »Sie ist auch jetzt bei ihm. In seinem Bett.«

Suzanne ging nicht länger auf und ab, sondern setzte sich auf das Sitzkissen. Zog die Knie hoch und umschlang sie mit den Armen. Nicht zum ersten Mal fiel May die mädchenhafte Ungeschicklichkeit ihrer Bewegungen auf. »Bemerkenswert«, sagte sie, »wie jung Sie aussehen, wenn Sie wie jetzt angezogen sind; wie für die Schule in diesem albernen, praktischen Faltenrock. Noch jünger sehen Sie aus, wenn Sie sich ausziehen. Liegt das daran, dass niemand Sie angerührt hat? Ich bin jünger und sehe viel älter aus.«

Suzanne schwieg und stellte die Füße wieder auf den Boden.

»Lächerlich«, sagte May. »Ich hätte nie gedacht, dass mir solche Dinge wichtig sind, doch ich bin – ich muss feststellen, dass ich angezogen … *portée* … bin. Ist das das richtige Wort?«

»Von was angezogen?«, fragte Suzanne.

»Hingerissen? Gerührt?« May schüttelte den Kopf. »Auch nicht ganz richtig.«

»Von was?«, fragte Suzanne noch einmal.

May hob den Blick von einem losen Faden, den sie an einer Naht ihres Ärmels gefunden hatte. »Von Ihrer Jungfräulichkeit«, sagte sie, zog an dem Faden und riss ihn ab.

Bei dem Wort wand Suzanne sich vor Verlegenheit. Sie beugte sich vor und verbarg das Gesicht im Schoß.

May zog ihre Jacke aus und schlüpfte in einen seidenen Morgenmantel. Während sie das Band zuknotete, nahm sie den Blick nicht von Suzanne. »Und Sie mögen Männer nicht einmal«, sagte sie. »Herr im Himmel! Als Sie mir die Geschichte erzählt haben, wie Ihr Vater Ihren Bruder geschlagen hat, haben Sie sich anschließend in mein Waschbecken erbrochen. Dabei hat sich das ganze vor vierzig Jahren zugetragen!«

Suzanne sprach in ihren Schoß. »Es lag nicht an der Geschichte«, sagte sie. »Sie wissen, dass es mir schon länger nicht gut geht.«

»Ja, ja«, erwiderte May ungeduldig. »Ich weiß auch nicht, warum wir Nacht für Nacht diese sinnlose Diskussion führen müssen.«

»*C'est parce que* …«, sagte Suzanne und begann zu weinen. »Weil ich sehr verwirrt bin.«

»Warum? Weil jemand freundlich zu Ihnen ist?«

»Nein. Hm, ja, vielleicht. Ich weiß es nicht.«

May stand an der Glastür, von der aus man auf den Balkon und den Garten dahinter blicken konnte. Es wurde kühl, doch sie schloss sie nicht. Draußen waren die Lampen noch an; sie warfen helle runde Kreise durch den dünnen Stoff der sich blähenden Gardinen.

»Ich bin nicht …« Suzanne zögerte. »Ich habe mir nicht etwa vorgenommen, Jungfrau zu bleiben«, sagte sie.

»Nein?« May drehte sich um und Suzanne stand vom Hocker auf.

»Nein.« Suzanne knöpfte ihre Bluse auf, ihren Rock. »Natürlich nicht.« Ihre Stimme war unnatürlich hoch, fast schrill. Binnen einer Minute war sie nackt, ihre Haut bläulich wie Milch, die völlig entrahmt worden ist. Ihre vollen Brüste waren immer eine Überraschung: Wie üppig sie sich auf ihrem knochigen Brustkorb ausbreiteten.

May schaute sie an und lächelte. »Was tun Sie da?«, fragte sie.

Als das Licht aus war und die Vorhänge gespenstisch unter der schmalen Mondsichel in die offene Tür wehten, lag May neben Suzanne im Bett; sie tastete nach ihrer Hand und spürte das rasche Schlagen des Pulses im Handgelenk.

»Wie?«, fragte May. »Wie soll ich es machen?«

»Wie Sie wollen«, entgegnete Suzanne. Ihre Worte kamen scharf und präzise; aber selbst wenn sie geschwiegen hätte, hätte May gewusst, wie zornig sie war. Sie spürte in der Dunkelheit, dass Suzanne unmittelbar vor einem gewaltigen Wutausbruch stand. Beide Frauen rührten sich nicht. Als auf der Straße Reifen quietschten, spannten sie sich an, doch das Automobil fing sich wieder und fuhr um die Kurve. May drehte ihr Kissen um, schlug es auf und legte sich wieder darauf.

»Warum benutzen Sie nicht Ihren Fingernagel?«, höhnte Suzanne. »Wozu sonst sind solche langen roten Nägel da? Oder hier.« Sie setzte sich und tastete nach einem Teelöffel, der auf dem Nachttisch liegen geblieben war. »Wie wär's damit?«

May nahm den Löffel, sagte nichts, spürte nur das kühle schwere Metall in der Hand und wie rasch es von ihrer Berührung warm wurde. Plötzlich schwang Suzanne die Beine über die Bettkante und machte das Licht wieder an. Ihre sonst blassen Wangen waren gerötet, ihre Augen funkelten.

»Wie wär's hiermit? Oder damit?« Sie begann durchs Zimmer zu stolzieren, Gegenstände von Regalen und Ablagen zu sammeln und sie aufs Bett zu werfen. Einen Brieföffner und eine Handvoll Stifte. Einen Stiefelknöpfer. Haarkämme. Operngläser. Nagelschere, -polierer und -feile. Familienfotos in silbernen Rahmen. Eine Schale voller Schmuck, die gegen das Kopfteil knallte und deren Inhalt – Ringe, Armbänder, Ohrringe – sich wie Hagelkörner um May herum ergoss. Eine Haarbürste mit Elfenbeingriff und dazu passendem Handspiegel; das helle runde Glas sprang heraus und kullerte vom Bett, zerbrach aber seltsamerweise nicht. »Na, Gott sei Dank«, sagte Suzanne sarkastisch, »bleiben wir wenigstens von Pech verschont.«

Sie bewegte sich immer rascher, packte die Gegenstände ohne Rücksicht auf Verluste und warf sie in Mays Richtung, ohne jedoch auf sie zu zielen. Ein Set Cloisonné-Emaille-Schachteln. Fünf kleine Pferde aus rosafarbener Jade. Die leere Teekanne. Die Tassen mit den Resten nasser Teeblätter, die Haarnadeln, die May auf dem Tablett aufgereiht hatte. Bücher. Papiere. Parfüms. Eine antike Messinguhr. Mays Rauchertablett. (Obwohl sie mit dem Rauchen aufgehört hatte, bewahrte sie die lange Pfeife so auf, dass sie sie, ihre treue Begleiterin seit dreißig Jahren, stets sehen konnte.) Den Blasebalg, der am Haken neben dem Kamin hing und – »Ja! Warum nicht?« – den Schürhaken hinterher. Suzanne schleuderte ihn wie einen Speer; seine Spitze hinterließ einen Rußstreifen auf der Bettwäsche.

May zog die Füße von dem immer größer werdenden Haufen weg. Die Beine untergeschlagen, die Arme verschränkt, saß sie da und nahm nicht mehr Raum in Anspruch als ihr Kissen. »Sind Sie fertig?« Ihre Stimme verriet nichts, weder Missbilligung noch Belustigung.

»Nein! Nein, bin ich nicht!« Suzanne raste durchs Zimmer und häufte alles, was sie noch fand, aufs Bett, als errichte sie einen Scheiterhaufen. Riss an den weißen Vorhängen – mit gedämpftem Klirren kamen die Stangen herunter – und trat den ganzen Kladderadatsch in Mays Richtung. Schleuderte eine Vase mit Schnittblumen hinterher, deren Wasser die Bettwäsche durchnässte und tröpfelnd über den Fuß des Bettes rann. Aus dem Badezimmer flogen Seifen und Handtücher, eine Schachtel parfümierter Puder fiel in einer buchstäblich atemberaubenden Wolke auseinander. Lotionen, Zäpfchen, Kopfschmerzpulver. Jede Menge Medikamente in blauen und braunen Glasflaschen. Aus dem Schrank Abendtaschen und Schuhe, Mays Sammlung von Stöcken, mehr als ein Dutzend, alle mit kunstvoll geschnitzten Griffen und metallbeschlagenen Spitzen. Suzanne hielt sie wie Anmachholz, und warf sie klappernd dazu.

Als endlich nichts mehr übrig war, als Regale ebenso wie Schreibtisch und Tische leer waren, nahm Suzanne vier gerahmte Miniaturen von den Haken über Mays Frisierkommode und legte sie oben auf den Haufen. Eine glitt zu Boden, sie bückte sich und hob sie auf.

Dann legte sie sich auf das bisschen Platz, das auf dem Bett übrig geblieben war, ließ den Kopf über den Rand

hängen, setzte den linken Fuß zwischen May und den hoch-
getürmten Haufen, den rechten ans Kopfende. Sie spreiz-
te die Oberschenkel, entblößte ihre Genitalien und schob
sie auseinander, damit May sie sehen konnte. Die Sehnen
in ihrem Hals traten hervor, als sie May anschaute, die
ausdruckslos, gleichgültig blieb.

»Jetzt!«, sagte Suzanne. »Nun aber los! Jetzt können Sie
es tun. Stecken Sie alles rein – alles!« Sie nahm eine Handvoll ihres Schamhaars und zog daran, dehnte das Fleisch,
so dass sich ihre Vulva zu einem schmalen malvenfarbe-
nen Strich verengte und die Farbe einer alten Narbe
annahm. »Nun fangen Sie schon an!«, kreischte sie. Ihre
Stimme war rau, und der Schrei verursachte einen Hus-
tenanfall, aber sie war noch nicht fertig. »Sie! Sie, die Sie
überall gewesen sind und alles gesehen haben, was zu sehen
ist! Mit allen geschlafen und alles gehabt haben, was Sie
wollten und was Sie nicht wollten, und es verloren haben
und gefunden und, und … Nur zu! Stopfen Sie alles hinein – Ihr ganzes Leben! Souvenirs! Fotografien! Die Dinge, die Sie gesammelt haben! Die Menschen! Ihre Pfeife!
Und hier –« Sie setzte sich, nahm etwas aus dem Haufen.
»Wie wär's mit einem Ihrer Schuhe, einem Ihrer kleinen
roten Schuhe? Vergessen Sie die nicht! Blut hinterlässt auf
solchen Schuhen keine Flecken.« Mit stoßweisen Bewegungen stopfte sie die Spitze in sich hinein.

May sagte immer noch nichts.

»Nun machen Sie schon!«, schrie Suzanne, holte aus und
schlug May. Sie traf sie voll im Gesicht. »Geben Sie es mir
jetzt! Alles, was ich verpasst habe! Was – was außer meiner Jungfräulichkeit – meiner, meiner Leere – habe ich
Ihnen zu bieten?«

SPAZIERGANG

Alice hatte geglaubt, dass die Schuhe helfen würden. Sie hatte sich ganz entschieden dafür eingesetzt, May bearbeitet, nicht locker gelassen. Doch nun war sie zutiefst enttäuscht, denn May benutzte sie nicht. Schon gar nicht lief sie darin herum, wie Alice es erhofft hatte. Weder mit Begeisterung noch mit neuer Kraft. Auch nicht mit Erleichterung. Und schon gar nicht dankbar. Die neuen Schuhe hatten Mays Leben nicht verändert, oder wenn doch, dann jedenfalls nicht leichter oder bequemer gemacht.

Sie trug sie, als sie von der letzten Anprobe nach Hause kam, aber sobald sie durch die Tür war, schnürte sie sie auf und legte sie wieder in die Schachtel.

Es kostete Alice einen Monat, bis sie ihre Tante so weit hatte, dass diese sie auf der Promenade des Anglais trug, die Bühne, die sie für den Einweihungsspaziergang ausgewählt hatte. Sie waren zu dritt: Alice, May, Suzanne. Die Gruppe hätte größer sein können, doch Cecily und Fräulein waren auf Bildungsreise in Italien, und Eleanor weigerte sich mitzukommen.

»Alice, meine Liebe, ich – ich habe wenig Vertrauen in Rehabilitationsapparaturen. Und Familienstreitigkeiten kann ich schon gar nicht ertragen, wie Sie wissen.«

»Aber Miss C., bitte! Schuhe sind was anderes als Gebisse, und niemand streitet sich.«

»Noch nicht.« Um ihre Pläne für den Nachmittag anzudeuten, hielt Eleanor ungerührt ein Buch hoch – *Villette*, zum elften oder zwölften oder siebzehnten! Für die Brontes hatte sie eine Schwäche –, und zog sich in den Wintergarten zurück. Abgesehen von ihr und der Dienerschaft war die Villa leer. In den vergangenen Monaten hatte es May zunehmend gelangweilt, Feste zu veranstalten; alles langweilte sie: die Hausgäste, die Menüs, die gemeinsamen Mahlzeiten, das schmeichelnde Kerzenlicht. Sie hatte während der gesamten Saison keine einzige Party gegeben; außer fürs Schwimmen schien sie sich für nichts mehr zu interessieren; und ihr einziges verbleibendes Projekt war ein dahinsiechender italienischer Leutnant, der an einer Kriegsneurose litt. Im Übrigen war natürlich auch noch Alices Vater da, der das Anwesen niemals verließ. Die Zeitungen im Schoß gefaltet, saß er stundenlang unter der Glyzinie in seinem Lehnsessel und betrachtete das Meer. Zur Teezeit, das wusste Alice, trafen er und Eleanor sich allerdings mit ihrem neuen Spielzeug, einem Börsentelegrafen, in der Bibliothek und rissen den Papierstreifen fast aus dem Metallschlitz, wenn sie – in aller Freundschaft – über Investitionen stritten. *Villette* lag dann aufgeschlagen, mit dem Deckblatt nach oben, auf dem Schreibtisch und die Zeitungen waren achtlos zu Boden geworfen.

Alice hatte die Küche gebeten, aus Anlass des feierlichen Spaziergangs ein besonderes Picknick vorzubereiten: belegte Brote, kalte Salate, Käse, Kekse, Trauben, Limonade, einen Kuchen. Champagner sollte auch dabei sein. Sollte, doch als May die Flasche sah, nahm sie sie aus dem Picknickkorb. »Hab ein bisschen Mitleid mit mir«, bat sie. Und Alice spürte einen Schmerz, den sie erst später begreifen sollte.

Auf der sonnigen Promenade setzten sich die drei Frauen auf eine schmiedeeiserne Bank und speisten unter wolkenlosem Himmel. Als seien sie Fremde, die in einem Wartezimmer zusammengewürfelt worden waren, sprachen sie kein Wort miteinander. Suzanne öffnete ihr Sandwich und legte die Roastbeefscheiben gleichmäßiger hin. Mit dem Nagel ihres kleinen Fingers entfernte Alice sich ein Fleischfetzchen zwischen Eck- und Schneidezahn.

Die Beine übereinander geschlagen, die Spitzen ihrer neuen schwarzen Schuhe auf das blaue Meer gerichtet, saß May da und hob ihr Glas Limonade. »Auf die Fußsteuer!«

»Also, das ist unfair«, protestierte Alice.

»Ich kann doch nichts dafür, wenn sie mich daran erinnern, wie ich schon einmal westliche Fußbekleidung ausprobiert habe«, erklärte May Suzanne. Sie streckte die Füße aus und schlug die Spitzen gegeneinander.

»Also, *westlich* sind die ja nun nicht gerade«, sagte Alice, die den Auftritt ihrer Tante mit den fest geschnürten, großen Schuhen wieder vor Augen hatte. May hatte drei Paar von Arthurs Wollsocken getragen, und Alice hatte sie im Ankleidezimmer überrascht, als sie auf ihr eigenes Spiegelbild zuschwankte.

»Nein, das sind sie nicht.« May faltete ihre Serviette. »Es sind – wie lautet das deprimierende Wort – orthopädische Schuhe. Stützapparate. Die werden mich auf Vordermann bringen.« Alice wusste nicht, wie sie diesen Ton interpretieren sollte. Sie hatte so selten gehört, dass ihre Tante bekümmert war.

»Na, dann gehen wir mal«, sagte May, nachdem mehrere Minuten lang niemand gesprochen hatte, und benutzte ihren Stock zum Aufstehen. Die anderen folgten ihrem Beispiel. Schweigend liefen die drei Frauen um die Blumenbeete herum, die rot, orange und rosa leuchteten. Sie liefen zweimal herum, dreimal, spazierten die Promenade hinauf und hinunter, eine Meile und mehr, dann kehrten sie zu dem wartenden Auto zurück und fuhren nach Hause.

Kaum waren sie durch die Tür, zog May die Schuhe aus. Sie ließ sie am Fuß des Esstischs stehen und niemand nahm sie weg, nicht einmal während der Mahlzeiten. Da standen sie wie unerwünschte Gäste, die die Zunge herausstrecken.

»Nach dem opulenten Lunch«, sagte Suzanne und hustete, »habe ich keinen großen Hunger heute Abend.« Sie entschuldigte sich nach der Hälfte der Mahlzeit. Eleanor und Dick zogen Cognac dem Dessert vor, die Bibliothek dem Speisezimmer; schließlich spuckte der Telegraf in der Bibliothek seine endlosen und unendlich faszinierenden Zahlensätze aus. Und da der schützengrabenkollernde Italiener allein in seinem Zimmer aß, waren Alice und May allein und schauten sich über den noch nicht abgedeckten Tisch hinweg an. Als beide keine Anstalten machten aufzustehen, überlegte Alice, ob sie sich nun streiten würden.

»So«, begann sie, nach einem Thema suchend, das neutral war, ohne allzu diplomatisch zu klingen. Nicht das Schwimmen, nicht die Schuhe. Nicht die Vergangenheit, nicht die Zukunft. Keine Bücher. Und keine neuen Gäste, über die man spekulieren konnte. Kein Klatsch. »Wir könnten –« Mah-Jongg spielen, wollte sie sagen, als May sie unterbrach.

»Kennst du mich?«, fragte sie.

»Was?«

»Ich habe *Kennst du mich?* gefragt. Meinst du, du weißt, wer ich bin?«

Alice zögerte. Sie zog die dunklen Augenbrauen zusammen. »Ja«, sagte sie, nachdem sie eine Weile in ihren Schoß geblickt hatte.

»Warum hast du mich dann nie nach Agnes gefragt?«

»Ich …« Alice war zu perplex, um nachzudenken. »Ich weiß nicht. Keine Ahnung.« Dieses Thema hatten sie seit vielen Jahren nicht angerührt; seit sie Shanghai verlassen hatten, nicht mehr.

»Warum nicht?«, fragte May noch einmal. Sie faltete die Hände auf dem Tisch.

»Ich … Ich glaube, ich wollte es nicht. Und ich …« Alice überraschte sich selbst damit, dass sie errötete. »Ich hatte nie den Eindruck, dass du über sie sprechen wolltest.«

Der Haus-Boy kam durch die Schwingtür des Speisezimmers, doch noch ehe er den Tisch erreicht hatte, hielt May ihn auf. »Geh«, befahl sie ihm auf Chinesisch. Er verbeugte sich stumm und entfernte sich. May wandte sich wieder an Alice. »Immerhin hast du bei dem Anwalt einiges gesehen und gehört«, sagte sie. »Du –«

»Es ist so lange her.« Alice stand auf. Da der Boy sich zurückgezogen hatte, begann sie das nicht benutzte Silberbesteck einzusammeln. »Es ist … Es kommt mir vor, als sei seit dem Nachmittag bei dem Anwalt ein ganzes Leben verstrichen. Können wir es nicht –«

»Nein!«, sagte May, und Alice schaute von dem Tisch, den Tellern mit dem halb aufgegessenen Essen hoch. Überrascht, wie zornig May war, ließ sie einen Löffel fallen und bückte sich, um ihn wieder aufzuheben.

»Ich wollte nicht mehr wissen, als … als ich schon wusste«, sagte sie, als sie sich, das Gesicht noch röter, wieder aufrichtete.

»Weil du mich auch weiterhin lieben wolltest?«

Ärgerlich schnaubend stieß Alice die Luft durch die Nase. »Ich konnte mich nie dagegen wehren, dich zu lieben«, sagte sie. »Damals genauso wenig wie heute.«

May verschränkte die Arme. »Sieht aber nicht so aus. In letzter Zeit.«

»Das liegt daran, dass du unbedingt einen Wettstreit da-

374

raus machen musst. Zwischen dir und Ew. Als sei ich nicht fähig, zwei Menschen auf einmal zu lieben.«

Das ignorierte May. »Gib es zu«, sagte sie. »Ich hätte dich nie mit zu dem Anwalt nehmen sollen. Ich hätte nie ... Ich hätte ...« Sie schüttelte den Kopf. »Es ... Es muss an Arthurs Tod gelegen haben.«

»Was?«

»Dass ich so durcheinander war. Normalerweise habe ich ein gutes Gefühl dafür, was ich mit jemandem teilen kann. Was ich mit dir teilen konnte.« Sie presste die Lippen aufeinander und schwieg. Doch dann sagte sie: »Ich bin weich geworden, weil ich einsam war. Das passiert mir normalerweise nicht, doch an dem Tag war es so.«

»Onkel Arthur«, sagte Alice. »Wusste er es?«

»Was glaubst du?«, fragte May.

»Er wusste es nicht.«

May schüttelte den Kopf. »Falsch.«

»Er muss dir −»

»Mir verziehen haben? Ja. Natürlich. Er verzieh alles. Aber ich wollte − will − kein Verzeihen.« Alice blieb stehen. Sie hielt die Messer und Gabeln mit beiden Händen vor sich, ein seltsames, schimmerndes Bouquet. »Verstehst du mich?«, fragte May. »Verstehst du, was ich meine?«

»Dass du kein Verzeihen erwartest − nicht darum bittest?«

»Ja.«

»Ja. Das verstehe ich.« Alice legte das Besteck in eine Hand und wischte sich die andere, vom Schweiß glitschige Hand am Rock ab.

»Als du so losgeweint hast, als wir wieder im Hotel waren«, sagte May. »Es waren nicht, wie du behauptest hast, die aufgestauten Tränen und dass du endlich wegen deiner Mutter zusammengebrochen bist. Stimmt's?«

Alice schüttelte den Kopf. »Nein. Ich weiß nicht. Es war

alles zusammen … Es passierte so vieles. Und alles auf einmal.« Ihre Stimme war leise, heiser, wie immer, wenn sie
übermüdet war.

»Es lag daran, was du bei dem Anwalt gesehen hattest.
Was du verstanden hattest. Von mir. Habe ich Recht?«

Alice antwortete nicht. May packte sie an den Handgelenken. Sie nahm Alice die Gabeln und Messer aus der
Hand und zog sie hinunter auf den Stuhl neben sich. Einen
Moment bewegte sie sich nicht, dann nahm sie eine Handvoll Besteck und warf es an die gegenüberliegende Wand.
Ein Messer traf ein eingerahmtes Bild, eine dreieckige Glas-
scherbe fiel zu Boden.

»*Ich* habe das Kind gebissen«, sagte May. »*Ich* habe sie
verkrüppelt.«

»Nein!« Alice legte die Hände über die Ohren, aber es
nützte nichts, es verhinderte nicht, dass sie hörte, was May
sagte.

»Sie war unten bei der Wäscherin, im Keller, vier Treppen tiefer als ich. Müll und kaputte Möbel lagen dort.
Nachts ging ich hinunter. Weil ich … Ich musste sie berühren. Ich wollte sie …« Die Worte kamen so langsam, als
habe May die Sprache vergessen, die sie so gut kannte.

»Ich wollte sie küssen, und ich ging langsam die Treppen hinunter, um keinen Lärm zu machen.« May schnaubte und korrigierte sich: »Weil ich gar nicht anders als langsam laufen kann.« Eine einzige Gabel lag noch auf dem
Tisch, die schnappte sie und schleuderte sie auch an die
Wand. Als sie zu Boden fiel, summte sie wie eine Stimm-
gabel.

»Jedes Mal«, sagte May, »dachte ich – war ich fest davon
überzeugt –, dass es nicht passieren würde. Die letzten
Kunden waren gegangen. Die Wäscherin schlief. Das Kind
war ruhig.« May hielt inne. Sie schaute sich im Esszimmer
um, schaute die Wände und die Decke an, all die elegan-

ten Einrichtungsgegenstände, die sie ausgewählt hatte. Ein Fremder hätte geglaubt, dass sie sich nicht in ihrem eigenen Haus befand, dass es sich um ein fremdes Haus handelte. Vielleicht eines, dessen Kauf sie erwog. Als sie fortfuhr, stockte ihre Stimme nicht mehr. »Kaum berührte ich das Kind, schrie es, und die Wäscherin wachte auf. Aber ich hatte ihr Angst eingejagt.« May lachte, ein freudloses Geräusch. »Ich hatte ihr erzählt, ich hätte meine eigene Großmutter umgebracht. Also blieb sie still auf ihrem Strohlager liegen und ließ mich gewähren.«

»Nein, das hast du nicht gemacht«, stotterte Alice, die Hände immer noch ganz unnötig auf den Ohren.

»Was nicht gemacht?«

»Deine Großmutter –«

»Nein.« May schloss die Augen, nur einen Moment lang, dann öffnete sie sie wieder. »Ich habe Agnes in die Arme und Füße gebissen, bis sie schrie«, sagte sie.

»Nein. Nein, das hast du nicht!« Alice schüttelte den Kopf. »Nie im Leben –«

»Doch!« May schlug mit der flachen Hand auf den Tisch. Wieder und wieder, zehnmal oder mehr, bevor sie aufhörte.

»Sobald ich … Sobald ich das Baby im Arm hielt, spürte ich, was für einen Anspruch es auf mich hatte. Ich war einer Art von Sklaverei entkommen und sah mich nun mit einer anderen konfrontiert.« May hörte auf zu reden. Nach einer Minute nahm Alice die Hände von den Ohren.

»Ein entsetzliches Gefühl«, murmelte May. »Nie im Leben kann ich das vergessen. Ihre Füße waren … Sie waren weich. Wie Butter an meinen Lippen. An meinen Zähnen. Danach schob ich Agnes der Wäscherin in die Arme und lief wieder hinauf.« Alice starrte May an.

»Ihre Füße. Ausgerechnet ihre Füße. Ich frage mich immer wieder, ob es dadurch besser oder schlimmer wird?

Verständlicher oder weniger verständlich?« May schüttelte den Kopf. »Weniger schändlich oder schändlicher?« Sie hörte mit dem Kopfschütteln gar nicht auf.

»Wenn ich ihr gegeben hätte, was ich ihr schuldete – alles – dann ... Dann wäre alles ruiniert gewesen. Alle meine ... meine ... Pläne.« May betrachtete ihre Handfläche, die vom vielen Auf-den-Tisch-Schlagen ganz rot war. »Im Keller hielt ich den Atem an, versuchte nachzudenken. Hatte ich mir nicht durch Willenskraft eine andere Zukunft erschaffen als die, für die ich gemacht war? Mich meinem Schicksal entgegengestemmt? Das Baby war ein Fehler, ein Rechenfehler. Es kam zum falschen Zeitpunkt. Agnes war die Tochter meines toten Ich. Und dann«, Mays Stimme war selbst jetzt ruhig, »haben sie sie mitgenommen ... Niemand hat mit mir gesprochen«, fügte sie hinzu, nachdem sie Alice die Möglichkeit gegeben hatte zu antworten. Doch die saß schweigend da, fuhr sich mit der Zunge über die Zähne und sagte nichts. »*Über* mich ja. Ich hörte, wie Madame Grace mit dem Arzt sprach. Ich hatte ... Ich war vorher schon einmal schwanger gewesen, und da war ein Arzt gekommen. Sie riefen einen Arzt und der –« May schüttelte den Kopf und schloss die Augen. »Das hätte ich nicht noch einmal ertragen.«

»Was?«, fragte Alice, als sie es nicht näher erklärte. »Meinst du eine –«

»Er hat es beendet. Und beim nächsten Mal. Ignorierte ich es. Tat so, als sei ich es nicht. Schwanger. Bis es zu spät war, etwas zu unternehmen. Als Agnes dann auf der Welt war ... Sie war unten, und ich hörte, wie Grace mit ihm, mit eben dem Arzt sprach. Ich stand auf dem Flur vor ihrem Wohnzimmer und lauschte. ›Glauben Sie, das chinesische Mädchen ist gefährlich?‹, fragte sie den Arzt. Und der lachte. ›Wenn sie Ihre Kunden beißt‹, sagte er, ›können Sie ihnen mehr abknöpfen.‹«

May gab einen Laut von sich, es klang wie ein Stöhnen. »Seltsame Worte. Wie oft habe ich sie in meinem Kopf gehört. *Wenn sie Ihre Kunden beißt, können Sie ihnen mehr abknöpfen.*« May schaute Alice an. »Als die Schuhe angefertigt wurden, die Abdrücke und später, als ich zu den Anproben und für Korrekturen hinging, da hörte ich dieselben Worte immer und immer wieder. *Wenn sie Ihre Kunden beißt, können Sie ihnen mehr abknöpfen.*« Sie sah weiter prüfend in Alices Gesicht und sagte: »Ich weiß nicht, warum«, als erwarte sie eine Erklärung von ihr.

»Beides«, sagte Alice.

»Beides was?«

»Es ist beides, schändlicher und weniger schändlich. Verständlich.«

»Dass ich sie in die Füße gebissen habe? Ausgerechnet in die Füße?«

»Ja.«

May senkte den Kopf. Sie ließ das Schweigen anwachsen, dann erzählte sie weiter: »Eines Nachts ging ich hinunter, und da war das Baby verschwunden. Ich suchte im Keller, unter den Abfallhaufen, den zerbrochenen Gegenständen. Nichts. Die Damen von der Mission waren gekommen und hatten es mit nach Siccawei genommen. Am nächsten Tag erwachte ich mittags, das Licht schien mir hell ins Gesicht. Ich stand auf. Setzte mich an den Tisch, trank meinen Tee. Öffnete meine Bücher, um zu lernen. Die Nacht davor, die dunklen Treppen – Ich verbannte sie aus meinem Kopf. Das konnte ich. Damals konnte ich es, nun nicht mehr.« Sie schaute Alice an. »Warum? Was meinst du?«

Alice schüttelte den Kopf.

»Weil ich jung war?« May zuckte die Achseln. »Mein Körper trug keine Zeichen, die mich daran erinnerten. Ein Kind zu bekommen – das war etwas, das ich wegpacken konnte. Wie in eine Schublade, die ich nie öffnete. Aus den

Augen, aus dem Sinn. Es hielt mich lediglich für ein paar Monate von der Arbeit ab. Und wenn Grace nicht Christin gewesen wäre, dann wäre Agnes, glaube ich ...«

»Nur noch ein weiteres weggeworfenes chinesisches Mädchen gewesen.« Alice langte nach vorn, als wollte sie May berühren, dann ließ sie die Hand wieder in den Schoß fallen. »Aber was ist jetzt passiert?«, fragte sie. »So viele Jahre später? Was ist anders geworden, dass du jetzt daran – an sie – denkst?«

May zog die Schultern hoch. »Ich weiß es nicht. Die neuen Schuhe?«, lachte sie, schaute Alice an, runzelte die Stirn. »Du weinst«, sagte sie. »Ich nicht. Wie kommt das?«

Alice stand von ihrem Stuhl auf und kniete sich hin. »Du willst kein Verzeihen, ich aber schon. Warum, *warum* gewährst du es mir nicht?« Sie schlang die Arme um Mays Taille und legte den Kopf in ihren Schoß.

»Verzeihen wofür?«

»Für Ewlanoff.«

May fasste Alice unterm Kinn und hob es, damit sie ihr ins Gesicht schauen konnte. »Ich kann es nicht. Begreifst du das nicht? Du hast mir versprochen, dass du mir gehörst.«

Alice schüttelte den Kopf. »Selbst richtige Töchter verlieben sich. Und heiraten.«

»Ach, ja, *richtige* Töchter, *richtige* Mütter.« May hob die Augenbrauen. Jemand, der sie nicht kannte, hätte es für ein Zeichen von Belustigung halten können. »Die können es sich vielleicht leisten.«

May sprach das Wort »richtig« mit einer Bitterkeit aus, der Alice nicht gewachsen war. Sie barg ihr Gesicht in Mays Seidenhosen, dachte wieder an den Nachmittag vor Jahren, als sie May in ihrem Ankleidezimmer überrascht hatte. May hatte minutenlang da gestanden und beobachtet, wie ihr Spiegelbild sich im Spiegel bewegte.

»Meinst du das wirklich?«, fragte Alice. »Das mit den Schuhen? Dass die Schuhe ... alles verändert haben?« Sie hockte sich auf die Hacken. »Verzeih mir. Verzeih mir wenigstens die Schuhe.«

»Wieso?«

»Weil ich gedacht habe, sie würden helfen. Das ... Das war ein Fehler.«

»Wirklich?« May beugte sich vor. Sie betastete Alices Gesicht, Stück für Stück. Fuhr mit dem Finger das Rund beider Augen, die Brauen nach. Die Nase. Die Lippen. »Schon seltsam, das hätte ich nie gedacht. Doch es tut mir nicht Leid, dass ich dir das alles erzählt habe.« Sie richtete sich auf, rieb sich die Hände, eine bewusst ironische Geste, als schlage sie sich den Staub nach einer schmutzigen Arbeit ab. »Die Schuhe«, lächelte sie fröhlich, ein wenig zu fröhlich, »die trage ich nicht. Die werfe ich ins Meer.«

GEBURTSTAGSFEIER

Rose erschien May im Traum, sie nannte sie nicht Mutter und auch nicht May, sondern Chao-tsing.

Mein vierter Geburtstag rückt näher, sagte das Kind und sprach so förmlich, wie es im Leben nie gesprochen hatte. *Er muss so gefeiert werden, dass wir uns mit Freude und Zufriedenheit daran erinnern werden. Denn wie du weißt, wird es mein Letzter sein.*

May nickte. Sie schaute ihre Tochter an und sah mit Schrecken, dass Rose keine Mischung aus Chinesin und Europäerin war, sondern ein hässliches Nebeneinander der Verschiedenheiten. Sie hatte ein rundes blaues und ein schwarzes Schlitzauge. Als Rose merkte, wie ihre Mutter sie anstarrte, lächelte sie. Für ein kleines Mädchen war ihr Ausdruck seltsam melancholisch und altklug. *Ja*, sagte sie, nickte und hob den Rock. Zum Vorschein kamen ein gebundener Fuß und ein normaler.

Aber wie kannst du denn so laufen?, fragte May, wohl wissend, dass die Frage sinnlos, ja dumm, sie aber gleichzeitig unfähig war, sie nicht zu stellen. *Wie kannst du denn so spielen?*, fragte sie.

Rose lachte, ein glockenhelles Lachen, so freudig, so heiter, dass May lächelte, obwohl sie den Anblick ihrer Tochter nicht lustig fand. *Ach, ich komme schon zurecht*, sagte Rose. Dann wurde ihre Miene ernst.

Also, folgende Leute müssen zur Feier kommen. Sie zählte die Namen an ihren kleinen Fingern ab. *Deine Mutter und dein Vater und die Mutter deines Vaters, Yu-ying. Mein Vater, meine Cousinen Alice und Cecily und mein Cousin David. Und,* fuhr sie fort, *du musst die Einladungen schreiben. Mit eigener Hand.*

May nickte. *Natürlich, das mache ich,* versprach sie.

Rose listete die Speisen auf, die serviert werden sollten. Feste Klößchen mit roter Sojapaste gefüllt, Suppenklößchen in heißer Brühe, die mit Bambushalmen getrunken werden sollte, Wachteleier und süßsauer eingelegtes gelbes Gemüse. Waren das nicht alles Dinge, die May selbst gern gemocht hatte? Als Kind?

Rose erzählte ihrer Mutter, welche Spiele sie spielen wollte: *Scharaden. Verstecken. Und dieses lustige, weißt du, bei dem wir Städte mit Mah-Jongg-Steinen bauen.*

Aber das – das war ich, Rose, wandte May ein. *Nicht du. Das war ein Spiel, das ich immer mit meiner Mutter gespielt habe.*

Vor Wut stampfte Rose mit dem Fuß auf. *Nein!*

Was für Geschenke möchtest du?, fragte May, um sie zu beschwichtigen.

Seitlich geknöpfte weiße Ziegenlederstiefelchen, sagte Rose. *So weich wie Handschuhe. Und beide gleich groß, in der Größe des nicht gebundenen Fußes, damit ich meine nicht zusammenpassenden Füße darin verstecken kann.*

Und Spielsachen?

Ja, aber das sage ich dir nicht. Ein bisschen überraschen sollst du mich schon.

Noch einmal ermahnte sie May, daran zu denken, dass dies ihr letzter Geburtstag sei und alles perfekt sein müsse. *Du weißt, dass du nur zwei Tage hast,* warnte sie ihre Mutter und schaute ihr über die Schulter, als diese sich alles, was erledigt werden musste, nacheinander notierte.

Als May von dem Papier hochsah, war Rose fort.

Auf dem Markt ging May von Stand zu Stand. Auf ihren eigenen Füßen, ohne den Stock oder eine Amah, suchte sie die Art Laternen, um die Rose gebeten hatte – große blaue mit den Schriftzeichen für Glück und Zufriedenheit dekoriert –, aber sie fand sie nicht. Als sie einen Verkäufer geradezu anflehte, sie bei ihm bestellen zu dürfen – und versprach, so viele zu kaufen, wie er verlangte, ein Dutzend, zwei Dutzend, drei –, lehnte er ab mit dem Argument, es sei nicht genug Zeit. Und außerdem, wisse Sie denn nicht, wo sie sich befinde? In Nizza! Das hier sei Frankreich, nicht China. Wenn sie chinesische Lampions haben wolle, werde sie hier kein Glück haben!

Das Gleiche passierte mit den Klößen. May fand Soufflés und Cremetörtchen, alle möglichen Wurstsorten, Gläser mit Kaviar, Schalen mit Wellhornschnecken und Miesmuscheln, haufenweise Pasteten, Berge von Kanapees, aber keinen einzigen süßen roten Tofukloß. Keine Wachteleier und kein eingelegtes gelbes Gemüse. Wo konnte man wohl so was kaufen?, wollte der *boulanger* wissen. Doch gewiss nicht in Südfrankreich!

Es gab auch keine blauen Feuerwerkskörper. Keine roten. Und keine rosafarbenen.

Und kein einziges Paar seitlich geknöpfter weißer Ziegenlederstiefelchen, in denen Rose ihre nicht zusammenpassenden Füße hätte verbergen können.

Da strömte Licht durch die offenen Vorhänge. Suzanne rüttelte May an der Schulter. Sie erwachte und schluchzte vor Enttäuschung.

Die Bucht der Engel

Zwanzigster September. Die Saison war vorüber, die Sommergäste hatten Nizza verlassen, die Cafés bedienten draußen nicht mehr. Schlechtes Wetter war vorhergesagt, der Himmel verdunkelte sich schon. Plötzlich aufkommende Windböen zerzausten die Palmen; die raschelnden Wedel klangen so sehr nach Regen, dass May mit geschlossenen Augen geschworen hätte, der Sturm sei schon losgebrochen. Ihr klapperten die Zähne, doch daran war vielleicht nicht die Kälte schuld. Im Meer würde ihr sicher wärmer werden. Die Wassertemperatur hatte am Vortag zweiundzwanzig Grad Celsius betragen, die Flut um sechzehn Uhr vierundvierzig den höchsten Stand erreicht. Seit einiger Zeit war der Wetterbericht der einzige Teil der Zeitung, den May überhaupt noch las.

»Kommen Sie«, sagte sie zu Suzanne. »Stürzen wir uns hinein.« Sie benutzte ihren Stock für die Treppe hinunter zum Wasser.

»Ich stürze mich in nichts hinein«, widersprach Suzanne und schlang beim Gehen die Arme um sich. »Und Sie auch nicht.«

»An Land nicht«, sagte May. »Ins Wasser aber durchaus.«

»Ja, Sie schon!«

Die Promenade des Anglais war verlassen, der Himmel

ein trotziges, purpurnes Grollen. Über die Bucht krachten Donnerschläge; das Geräusch erinnerte May an die Feuerwerkskörper, die über dem Huangpu entzündet wurden, das stumpfe, zittrige Knallen sprach dem festlichen Funkenregen Hohn. May schaute über ihre Schulter zurück. Das wenige noch verbleibende Licht machte die weißen Fassaden der Hotels ungesund fahl, als hätten sie Gelbsucht. Die schwarzen Löcher ihrer im Schatten liegenden Türen erinnerten an ausgefallene Zähne und die Fensterläden an Augen; wie plötzlich gealterte Gesichter wirkten die an sich hübschen Gebäude.

Die Ebbe setzte ein, der Strand blieb nass zurück, die Kiesel glänzten. Zwei Möwen stolzierten über die Rückenlehne einer Bank, eine dritte ruhte sich, die Brustfedern aufgeplustert, um die Wärme zu halten, auf den Felsen aus. Weitere Möwen trieben auf dem Wasser und bellten einander an wie Straßenköter. May legte ihr gefaltetes Handtuch auf die letzte trockene Stufe und setzte sich, um ihre Spezialschuhe aufzuschnüren. Nun trug sie sie nur, wenn sie schwimmen ging, und immer noch widerstrebend; doch mit den Schuhen konnte sie immerhin allein die Treppe zum Wasser hinuntergehen. Sie zog die Haarnadeln aus dem Haar und löste den langen Zopf, den sie am Morgen geflochten hatte.

»Wie? Tragen Sie heute keine Badekappe?« Suzanne verzog das Gesicht, als sie ihr Haar unter das enge Gummi ihrer eigenen schob. Das Meer schwappte an die unteren Stufen, es war voller Algen, heimtückisch grün.

»Von der Kappe bekomme ich Kopfschmerzen. Ich lasse mein Haar lieber offen.«

»Dann erkälten Sie sich.«

»Nein.«

Suzanne seufzte. »Warum versucht man Sie überhaupt zu überzeugen?«, sagte sie. »Gegen Ihre Redekünste ist doch kein Kraut gewachsen.« Sie legte sich das Handtuch um die Schultern. »Kommen Sie. Je schneller wir drin sind und es hinter uns haben, desto schneller sind wir wieder zu Hause in der heißen Badewanne.« Suzanne sah zu, wie May einen ihrer teuren orthopädischen Schuhe nahm und in die Bucht schleuderte. Sprachlos vor Überraschung öffnete sie den Mund und machte ihn auch nicht wieder zu, als der Schuh sofort versank und May den anderen hinterherwarf. Eine Minute lang trieb er auf dem Wasser, weil in der Spitze noch Luft war, dann entwich sie, und auch er ging unter und verschwand. Erst da fand Suzanne ihre Sprache wieder.

»Was machen Sie? Was denken Sie sich eigentlich?« Vor Ärger stampfte sie mit dem Fuß auf. »Wie wollen Sie die Treppe wieder hochkommen? Sie haben Boy gesagt, er soll nach Hause gehen. Sie haben ihm gesagt, wir ließen uns von dem Portier im Negresco einen Wagen bestellen!«

May zuckte die Schultern. »Wir schaffen es schon.« Im Sitzen rutschte sie zügig nach unten, schob sich mit Hilfe der Arme auf die letzte Stufe und schlüpfte ins Wasser.

Das Salz stach ihr in die Füße; sie hatte immer offene Blasen. Doch einmal im Wasser, glitt sie rasch in die Bucht hinaus. Suzanne folgte ihr verbissen. Als sie sich den Möwen näherten, fingen diese an zu flattern und flogen mit klagenden Schreien hoch. Die beiden Frauen waren bald so weit draußen, dass sie nicht mehr stehen konnten. May hatte zwar selbst sowohl Kraulen als auch Brust-, Seiten- und Rückenschwimmen gelernt, Suzanne aber nur Brustschwimmen beigebracht, das diese zwar gut konnte, jedoch nie mit Begeisterung betrieb.

May fand das Bedürfnis grausam – anders als mit Grausamkeit vermochte sie es sich nicht zu erklären –, doch sie genoss es, Suzanne über den Punkt hinauszuführen, an dem diese sich noch wohl fühlte. Ohne Brille konnte sie obendrein sehr schlecht sehen, ja, war fast blind; alles verschmolz ihr zu einem nassen graugrünen Nebel. Schon vom Atmen allein völlig in Anspruch genommen, blieb sie nun immer weiter zurück und redete nicht. Sie merkte auch nicht, in welche Richtung sie sich bewegte; wo der Horizont war, wo das Ufer, konnte sie nicht unterscheiden.

May schwamm in kräftigen Zügen vorweg und ignorierte Suzannes Keuchen. Der Wind blies von Osten, an der Küste entlang, auf der Meeresoberfläche spielten Windstöße, peitschten auf die Wellen ein, dass sie sprühten. Die Gischt spritzte May beim Schwimmen ins Gesicht, stach ihr in die Augen, quoll ihr in die Nase. Brannte und floss ihr hinten im Hals herunter. Es schmeckte wie Tränen.

»Ich bin müde.« Suzanne schnappte nach Luft. »Bitte lassen Sie uns anhalten. Lassen wir uns einen Moment treiben. So schnell – also, so schnell kann ich nicht schwimmen, dazu fehlt mir die Luft.«

»Noch ein kleines Stückchen«, sagte May, und Suzanne, zu blind, um allein zum Ufer zurückzukehren, folgte ihr.

Unter ihnen hoben und senkten sich die Wassermassen. Wer wusste, was darin war? Suzanne empfand mittlerweile nichts mehr außer Furcht. Sie stellte sich eiskalte, schlammige schwarze Höhlen unter ihrem Körper vor. Nasse Rachen. Hummer mit Scheren. Riesige Aale, die ein Schiff hinunterziehen konnten. Sie hustete, wie üblich nervös, rasselnd. Allein das Geräusch ließ May verzweifeln, es brachte sie auf die Palme. Es klang nach Katastrophe, und sie stellte sich dabei immer vor, sie selbst falle mit Tabletts voller Silberbesteck eine lange Treppe hinunter. Nun freilich war sie ruhig und gelassen, wie auch schon in den vergangenen Tagen. Sie spürte eine Distanz, ja, mehr noch, eine derart tiefe, umfassende Gleichgültigkeit wie seit Jahren nicht mehr. Alles, was sie tat – Tee ausgießen, ihr Haar flechten, die Zehennägel schneiden –, war von einem Gefühl des Friedens durchtränkt.

Als sie nun stetig rhythmisch weiterschwamm, wusste sie plötzlich, wann sie sich das letzte Mal so gefühlt hatte: Sie war fünfzehn und gerade erst verheiratet. Sie goss Lampenöl in eine Teetasse. Durchsuchte ihre Kleider nach einem Bindeband, das stark genug war, um ihr Gewicht zu halten. Nachdem sie die Entscheidung getroffen hatte, fühlte sie sich nicht mehr behindert von dem üblichen Hin und Her menschlicher Unschlüssigkeit und Verzweiflung.

Natürlich, dachte sie, als sie das Wasser schmeckte, das Salz darin. Wie offenkundig es war, wie jäh und beinahe lächerlich eindeutig. Die ganze Zeit war *das* der Grund für den Schwimmunterricht gewesen!

Sie hatte Schwimmen lernen wollen, weil sie ertrinken wollte. Das Geheimnis hatte sie sogar vor sich selbst bewahrt. Während ihrer waghalsigeren Schwimmausflüge hatte sie es zwar ein paar Mal flüchtig geahnt, sich jedoch nie eingestanden.

Erst vor einer Stunde hatte sie in ihrem Schlafzimmer ein Foto von Alice zur Hand genommen, das an deren siebzehntem Geburtstag aufgenommen worden war. Alice anzuschauen war die Probe aufs Exempel gewesen; May wollte einerseits sehen, wie sehr sie noch in der Welt verwurzelt war, und andererseits versuchen, sich wieder zu verankern. Das hatte sie zwar nicht begriffen, als sie das Foto angestarrt hatte. Doch jetzt begriff sie es sehr wohl, da sie im Wasser und weit vom Ufer, von zu Hause, entfernt war. Nur, sie hatte kein Zuhause. Sie konnte anderen ein Zuhause schaffen, doch sich selbst nicht.

Sie hatte das Foto in dem silbernen Rahmen gehalten und einen dünnen Schmierstreifen von der Glasfläche gerieben. Von Anfang an hatte sie gewusst, wer Alice war; natürlich. Alice. Das Kind, das sie für ihren Verlust entschädigen, das eine Tochter, keine Nichte, sein sollte. Und das war sie ja auch lange – wirklich sehr lange – gewesen. Alice war Trost und Liebe gewesen. Vergnügen. Sie war ein Widerpart gewesen, sie war Sorge und Streit und Kummer gewesen. Und eine Gefährtin. Sie hatte May vor Einsamkeit bewahrt. Und sie bisweilen sogar gebraucht.

Aber als May das Foto in Händen hielt, kam es ihr vor, als betrachte sie eine Fremde. Sie merkte, wie sie *Wer ist das?* fragte, und spürte, wie es rascher in ihren Ohren klopfte, ein Gefühl, das sie mit Furcht verband. Sie hatte sich sogar gefragt: *Habe ich Angst?* Die Antwort lautete: *Nein, Angst nicht.*

Trotzdem: Wer war die junge Frau, eine Perlenkette um den glatten Hals, die Augen mürrisch zusammengekniffen?

Sie war *na guo ning*. Eine Fremde. May legte das Foto mit dem Gesicht nach unten auf den Sekretär. Dann rief sie in die Eingangshalle hinunter und fragte, ob Suzanne fertig sei, damit sie zum Strand gehen konnten.

Im Wasser befreite May ihren rechten Arm von ihrem langen Haar, das sich darum verfangen hatte. Das Salz schmerzte ihr in den Augen.

»Bitte«, sagte Suzanne. »Können wir nicht umkehren?«

»Wir sind ja schon umgekehrt«, log May. »Man merkt es nur kaum, weil die Wellen so hoch sind.«

Eine klatschte Suzanne gerade mitten ins Gesicht. Sie spuckte, schnappte nach Luft. »Wie lange noch?«, fragte sie schwer atmend. »Ich kann die Treppe nicht sehen. Den Strand auch nicht. Ich kann überhaupt nichts sehen.«

»Wir sind bald da. In fünf Minuten. Vielleicht zehn.«

Suzanne hörte auf zu schwimmen. Sie drehte sich auf den Rücken, keuchte, hustete. Die Wogen brandeten so hoch, dass man selbst mit guten Augen die Orientierung hätte verlieren können. »Ich weiß nicht, warum ich Ihnen gefolgt bin«, sagte sie, als sie schließlich wieder zu Atem gekommen war. Sie lachte, ein kurzes, ironisches, ersticktes Lachen. »Wirklich nicht, besonders, nachdem ich gesehen habe, dass Sie Ihren Stock nicht zugedeckt haben.«

May hatte tatsächlich nicht das getan, was sie sonst immer tat: den glänzenden Jadeknauf in ihr Handtuch gewickelt, damit kein Stranddieb ihn schimmern sah und auf den Gedanken kam, ihn zu stehlen.

Nun antwortete sie nicht. Sie trat schweigend Wasser. Langsam wurde ihr kalt, weil sie schon so lange darin waren; sie spürte die Kälte als Schmerz in Oberschenkeln und Unterleib, da war sie empfindlich.

»Arme Alice«, sagte Suzanne.

»Nein.« May schüttelte den Kopf. Sie spuckte, um das Salz aus dem Mund zu bekommen, und wischte sich die schmerzenden Lippen mit dem Handrücken ab.

Die Sonne war untergegangen, und es war nun so dunkel, dass sich die Täler zwischen den Wellen mit schwarzen Schatten füllten. Immer wenn eine der Frauen in ein Wellental geriet, wurde sie unsichtbar.

»Warum ›nein‹?«, fragte Suzanne. »Warum nicht arme Alice?«

»Weil sie frei ist. Ich lasse sie frei.«

Suzanne schnaubte. »Nur aus Selbstsucht«, sagte sie. Ihre Stimme klang, als spräche das Wasser selbst.

»Aber ich bin selbstsüchtig«, erwiderte May.

»Was sie wohl tun wird?«, fragte Suzanne nach einer Pause.

»Sie wird bei Ewlanoff bleiben. Oder sich jemand anderen suchen. Wen immer sie will. Vergessen Sie nicht, dass sie eine reiche Erbin ist. Eine sein wird. Sie kann wählen.«

Die See wurde immer rauer und wirkte in dem plötzlichen Schatten auch kälter.

»Meinen Sie?«, fragte Suzanne. »Meinen Sie, dass irgendjemand wählen kann?«

Vom Fenster in Ewlanoffs Appartement sah Alice zu, wie das Licht auf der Meeresoberfläche erstarb. Der Wind fuhr darüber hinweg, kritzelte silberne Zeichen darauf. »Baie des Anges.« Sie zitterte; sie trug nur einen Schlüpfer. »Wer hat sie so genannt?«

»Was?«, fragte Ewlanoff. Sie kleideten sich zum Dinner an; er suchte seine Manschettenknöpfe.

»Bitte«, Alice drehte sich um und ging mit ausgebreiteten Armen auf ihn zu. »Ich möchte wieder ins Bett.«

»Wir sind doch gerade erst aufgestanden.« Er sprach in ihr Haar hinein; die Worte kitzelten, und die Gänsehaut auf ihren Armen wurde stärker; es kribbelte intensiv und überall. Als sie einander umarmten, warfen sie ein paar von den Glasstücken, Muscheln und hübschen Steinen hinunter, die Alice gesammelt hatte und die hinter ihnen auf dem Fenstersims lagen.

»Bitte, bitte, komm!«

Ewlanoff schaute Alice in die Augen. Er hatte gerade loslachen wollen, doch als er ihren wehmütigen Gesichtsausdruck sah, hielt er inne. »Na gut«, sagte er und begann sein Hemd wieder aufzuknöpfen. »Aber dreimal an einem Nachmittag ist zu viel für einen alten Mann«, witzelte er, als sie die Decke hochzog.

Alice bedeckte seine Hoden mit der Hand und spürte, wie sie sich bei der kalten Berührung zusammenzogen. »Du bist doch nicht alt«, flüsterte sie.

»Im Vergleich zu dir schon.«

»Außerdem will ich das ja gar nicht.« Sie legte ihre eisigen Füße auf seine warmen Beine und schob die Hände unter seinen Körper. Sie zitterte immer noch. »Ich will nur, dass du mich hältst.«

Die Arme um sie geschlungen, barg er die Stirn zwischen ihren Brüsten. Sie spürte den heißen Atem auf ihrer Haut, hörte die Worte gedämpft durch die Decke. »Das ist die einzige Zeit, in der ich wirklich glücklich bin. Unbeschwert, nicht …« Seine Worte verklangen mit einem Seufzer. »Alles andere ist nur die Zeit dazwischen«, beendete er den Satz. Sie küsste ihn auf den Kopf.

In dem trüben Licht vom Fenster her verwandelten sich die Bücherstapel am Bett (dicke illustrierte Medizinwälzer in Russisch, die Alice gern aufschlug und bei deren Bildern sie sich gruselte) in eine dunkle Stiege. Vom Trottoir unten trieben Stimmen hoch. Aus dem Negresco, ein paar Häuser weiter, hörte man Melodiefetzen. Alice schloss die Augen.

»›An der schönen blauen Donau‹, stimmt's?«, sagte Ewlanoff. Sie antwortete nicht. Sie hörte ihn, schlief aber schon ein. Sie wusste nicht, warum, aber sie wollte sofort einschlafen und sagte nur in Gedanken ja; aus ihrem Mund kam kein Wort.

Was für eine Lust, in seinen Armen zu liegen, was für eine Wärme und Geborgenheit. In seinen Armen und in seinem Geruch: Kölnisch Wasser und Tabak. Sie liebte es, wenn sein Bart sie kitzelte, sie rutschte ein wenig nach unten und schob ihren Mund und ihre Nase an die Stoppeln. Der komische Kochgeruch von Haar. Sie sah Dah Sus Küche, die glänzenden Töpfe, ein langes Regal voll davon. Die Scheuer-Boys schrubbten sie. Merkwürdig, woran man dachte, wenn man einschlief. Sie war geborgen in seinen Armen, sie atmete seinen Duft ein und war von einem beneidenswerten Gefühl durchdrungen, und nachdem sie es einmal gefühlt hatte, erkannte sie es als das, wonach alle sich sehnten: das pure Glück der Liebe, unverdient und deshalb ein wenig beängstigend. Es kam mit Schwindel erregendem Tempo – würde es genauso schnell vergehen?

Doch Ewlanoff hatte Recht, sich in den Armen der Liebe zu grämen war schwer, eigentlich unmöglich. Liebe machte alles andere so ... klein, so viel kleiner als den Geliebten.

Alice schlief. Die Landschaft, durch die sie gereist war, um einzuschlafen, war ihr vertraut, obwohl sie sie vor vielen Jahren durchquert hatte: eine blau-weiße Weite, das Eis hatte dieselbe Farbe wie der Himmel, und ein Zug verließ lautlos die Geleise. Ohne einen Ton durchdrang er die gefrorene Fläche eines Sees, sank in das dunkle Wasser. Es musste ein Zauberreich sein. Wie sonst war die Wärme zu erklären, die *Hitze* in diesen Tiefen?

Und dann wurde getanzt, Alice in den Armen des Hauptmanns, doch der Hauptmann war nicht der Hauptmann, sondern Ewlanoff. Wie durch Zauber war er beide Männer: die magische Verwandlungskraft der Träume machte es möglich.

May war auch dort. Sie tanzte ebenfalls. Aber sie tanzte nicht mit einem Mann, sondern allein, und ihre Füße bewegten sich wie die aller anderen Tänzer. May trug ihre neuen Schuhe; Alice hatte sie dazu überredet.

In dem Traum lag Eis über warmem Wasser, und May mochte die Schuhe, sie mochte sie sogar sehr. Die Schuhe waren ihre Partner. Andere brauchte sie nicht. Alice und der Hauptmann – der Hauptmann, der Ewlanoff war – traten beiseite, das Klavier wurde von unsichtbaren Händen gespielt, und die ertrunkenen Fahrgäste machten die Mitte des Parketts frei, um May beim Tanzen zuzusehen, ein Publikum, das zu ehrfürchtig, zu atemlos war, um zu applaudieren.

Alice murmelte im Schlaf. Den Kopf unter Ewlanoffs Kinn geschmiegt, fand ihre rechte Hand seine linke.

»Heute Nacht hast du Walzer getanzt«, würde er ihr am nächsten Morgen erzählen. »Als du eingeschlafen bist,

habe ich über ein Musikstück gesprochen. Den Donau-
walzer. Er wurde im Negresco gespielt und muss sich in
deinen Traum geschlichen haben.« Alice würde ins Kissen
nicken; sich an ihn schmiegen, die Augen noch geschlossen.

»Ein guter Traum«, würde sie sagen. »Ein alter Lieb-
lingstraum von mir.«

Draußen in der Bucht schrien May und Suzanne sich durch
das Dröhnen des Wassers Dinge zu, die sie sich früher nicht
einmal zugeflüstert hätten.

»Ich habe Sie für tapferer gehalten«, sagte Suzanne vor-
wurfsvoll.

»Da haben Sie sich geirrt.« May hatte aufgehört, Wasser zu treten, und lag auf dem Rücken, das Gesicht kaum
aus den Wellen herausgestreckt. Die Wogen hoben die
Frauen hoch und ließen sie wieder fallen. Immer und
immer wieder. Das hatten sie vorher beim Schwimmen
nicht so deutlich gespürt. »Sie haben gesehen, dass ich meinen Stock nicht zugedeckt habe und sind dennoch mit mir
gekommen«, sagte May. »Warum?«

»Ich habe kein Leben. Ohne. Sie. Das. Wissen. Sie.«
Zwischen den Worten, den Sätzen schnappte Suzanne nach
Luft.

»Ja.« May hob einen Arm und schwamm wieder los.
»Deshalb nehme ich Sie ja auch mit.«

Suzanne paddelte erschöpft hinter ihr her. »Wie lange.
Haben Sie. Das. Schon geplant?«

»Überhaupt nicht«, sagte May. Sie konnte auch schnell
Rückenschwimmen. »Ich schwimme jetzt weiter hinaus«,
warnte sie Suzanne.

Doch mit einem kräftigen Sprung kletterte Suzanne
plötzlich auf May und klammerte sich fest. Das, begriff
May, hätte sie vorhersehen müssen, diese Kraft war ihr

wohl bekannt: die Kraft der Verzweiflung. Suzanne redete nicht, sie hielt Totenklage.

Da bin ich ja schon, dachte May. *Im Blutsee. Ich höre die Schreie. Wie war das noch? Jedes Mal, wenn die Glocken läuten, einmal Luft holen?*

Sie ging unter. Suzanne, wie eine Katze auf ihren Schultern, hämmerte auf ihren Kopf ein. May ließ zu, dass Suzanne sie hinunterstieß, sie nahm deren Gewicht als Hilfe, erinnerte sich aber noch an den jungen Schwimmlehrer, daran, wie sie ganze Tage lang geübt hatte, den Atem anzuhalten.

Hinunter. Sie musste unten bleiben. Unter Wasser. Aber gegen ihren Willen entwand sie sich Suzannes Armen und Beinen und tauchte keuchend ein paar Meter weiter wieder auf. Schwamm erneut los, so schnell sie konnte – trat mit den Beinen aus, sowohl um sich anzutreiben als auch, um das Geräusch zu übertönen, wie Suzanne ertrank. Trotzdem hörte sie, dass Suzannes Sterbelaute nicht anders als ihre Lebenslaute waren: ein rasselndes ersticktes Husten.

May konzentrierte all ihre Willenskraft darauf, die Luft aus den Lungen zu pressen. Sie tauchte mit geschlossenen Augen, stürzte sich hinunter, versuchte mit kräftigen Armbewegungen weiter nach unten zu gelangen. Ein Meter achtzig unter der Oberfläche, zwei Meter. Nun mussten es drei, drei fünfzig sein. Sie spürte, wie das Wasser von allen Seiten auf sie drückte. Es stach ihr in den Ohren, und sie fragte sich einen Moment lang, ob Arthur der Tinnitus wehgetan hatte. Hatte sie ihn wirklich nie danach gefragt? Auf dem Meeresboden knallten Steine zusammen. Oder hörte sie das Pochen ihres Pulses, ohne Sauerstoff unregelmäßig, hektisch?

Die Augen fest zusammengepresst, schwamm May dahin, sie schwamm und schwamm. Es ging nun nicht mehr einfach, sie hatte sich das Schwimmen genauso schwer gemacht wie das Laufen.

Wo war der Hirsch? Der weiße Hirsch mit dem silbernen Geweih, dem juwelengeschmückten Zaumzeug, dem Sattel, aus Jade gemeißelt? Unmittelbar außerhalb der Stadt, der Stadt Shanghai, tranken Rehe und Hirsche aus dem schmutzigen Huangpu. Im Schlick hinterließen sie Abdrücke ihrer gespaltenen Hufe. Das hatte Arthur ihr einmal gezeigt. Er hatte am Ufer gestanden, darauf gezeigt und gesagt: »Schau, deine Fußabdrücke sind auch nicht größer.«

Wo war ihr weißer Hirsch? Würde er kommen, wie auch zuvor, und sie retten? Davontragen? Ohne Luft zum Atmen brannte es May in der Brust. Ihr war kalt, entsetzlich kalt, doch innen fühlte sie sich, als habe sie Feuer eingesaugt, und sie sah nicht schwarz, sondern rot. Rote Wellen vor den Augen. Das Blut hämmerte ihr im Kopf. Sie hörte Becken schlagen. Eine Parade. Das Läuten der Feuerwehrglocke.

Ein Mann lief über die Garden Bridge, eine goldene Harfe auf dem Rücken. Shanghai. Das war eine Stadt, in der alles möglich war.

May wartete. Sie konnte warten, das hatte sie immer hervorragend gekonnt. Wie lange sie allein auf das hier gewartet hatte. Noch eine Minute, höchstens zwei. Mehr nicht. Ihr Körper würde es beenden.

Sie öffnete Mund und Herz dem Wasser.

DANKSAGUNG

Die Autorin dankt Pamela Cannon, Stella Dong, Dawn Drzal, Janet Gibbs, Joan Gould, Nan Graham, Emily Hall, Colin Harrison, George Hayim, Kate Medina, Aziza Mowlem, Christopher Potter, Meaghan Rady, Joyce Ravid, Deborah Rogers und Amanda Urban.

INHALT

Schwimmstunden 9
Die Uhr des Zaren 17
Der Fußbindestuhl 31
Der Bauzug 40
Doppeltes Unglück 53
Erscheinungen 69
Die Sicht der Dinge vom Rücken des Gärtners 74
Kurze Geschichte eines Wunderkinds 86
Ein Löffel mit langem Stiel 94
Séance 107
Eine Schwäche für russische Offiziere 116
Besuch eines Freundes der Fußbefreiung 133
Flucht und Arrest 146
Eine Suchaktion 156
Glänzende, wertlose Münzen 160
Das Jahr der Fußsteuer 174
Rezept gegen Lispeln 190
Disziplin für Mädchen 200
Zehn auf einen Streich 215
Alles, was recht ist 220
Dolly macht Hausputz 228
Immer rundherum 239
Helden des Großen Krieges 248
Syntax und Symmetrie 265

Die Spanische Grippe.................................... 275
Trink das Wasser 285
Die Opiumfantasien einer Ratte 294
Das Familienoberhaupt.............................. 304
Gastfreundschaft.. 322
Sprachgewandtheit.................................... 337
Die sonnige Küste Frankreichs................. 343
Schuhe zum Laufen.................................... 354
Vorschlag 363
Spaziergang.. 370
Geburtstagsfeier 382
Die Bucht der Engel................................... 385

Danksagung.. 398